4차 산업혁명과 규제개혁

4차 산업혁명과 규제개혁

초판1쇄 발행 2022년 2월 28일
초판2쇄 발행 2022년 5월 10일

지 은 이 변재웅
펴 낸 이 신일희
펴 낸 곳 계명대학교출판부
출판등록 제347-1998-1호(1970. 9. 1)
주 소 대구광역시 달서구 달구벌대로 1095
대표전화 053-580-6233
팩 스 053-580-6235
홈페이지 www.kmupress.com

ISBN 979-11-6516-128-6 93320 정가 21,000원

"본 연구는 2018년도 계명대학교 비사연구기금으로 이루어졌음."

4차 산업혁명과 규제개혁

(The 4th Industrial Revolution and Regulatory Reform)

변 재 웅

(BYUN, JAE-WOONG)

계명대학교 출판부

"본 저서를 순국순열과 국가발전을 위해 과학계, 산업계, 교육계, 국방분야에서 묵묵히 헌신하시는 많은 분들의 희생과 노고에 존경과 감사의 마음으로 바칩니다."

머리말

WEF(세계경제포럼) Klaus Schwab 회장은 '4차 산업혁명'(the 4th industrial revolution)을 유전자 공학, 나노 공학, 컴퓨터 공학 등 모든 기술이 상호 융합하여 물리학, 디지털공학, 생물학 분야의 첨단 정보통신기술과 연계된 혁신적인 차세대 산업혁명으로 정의한다. 현재 COVID-19 팬데믹(pandemic)으로 비대면, 비접촉 기술 및 서비스 관련 사업이 신규 시장을 형성하면서 AI, 빅데이터, 사물인터넷, 빅데이터, 바이오, 가상현실, 로봇 등 관련 기술이 큰 주목을 받고 있고, 이러한 기술의 발달은 4차 산업혁명을 더욱 가속화하고 있다.

4차 산업혁명은 산업을 혁신시키는 신기술의 진보가 팬데믹, 미·중 기술분쟁, 글로벌밸류체인(global value chain)의 변화 등으로 예상보다 빨리 진전되고 전 산업에 걸쳐 막대한 영향을 미치고 있어 기업 및 산업의 성장과 생존, 국가산업의 경쟁력을 좌우할 핵심키워드로 부상하였다. 4차 산업혁명을 대표하는 혁신기술의 등장은 신산업, 신시장 형성과 함께 기존의 제조업과 서비스업 등 전통산업에 응용되면서 전혀 새로운 모습으로 기존 산업을 변화시키는 원천기술로 작동하고 있으며, 이러한 변화의 큰 물결은 기업, 산업, 국가에게 그동안 경험하지 못한 위험과 함께 기회를 동시에 주고 있다. 하지만 최근 국내외 주요기관의 연구(대한상공회의소, 한국경제연구원, WEF, IMD)에 따르면 경쟁국에 비해 한국은 규제의 강도가 높은 수준이고, 이는 4차 산업혁명 가속화를 저해하는 요인으로 작용하고 있어, 신산업 활성화 및 일자리 창출을 위해서는 정부의 전략적이고 과감한 규제개혁이 필수적으로 요구된다.

본 저서 '4차 산업혁명과 규제개혁'은 4차 산업혁명과 관련 정부 정책의 올바른 방향과 규제개혁의 필요성을 연구하여, 관련 학문을 공부하는 일반인 및 학생, 정책 입안자 및 공무원, 기업가에게 도움을 주고자 4차 산업혁명과 규제개혁의 다양한 측면을 최근 주요 산업별 사례분석을 통하여 관련 정보를 제공하는 전문서적으로 집필되었다. 한국경제는 '초격차 혁신국가'를 실현하기 위하여 과감한 규제개혁을 통한 4차 산업혁명의 가속화로 현재의 저성장, 청년 실업, 인구 및 기후문제 등의 위기를 기회로 전환하는 혜안의 정책이 필요한 시점이다. 본 저서는 모두 6개의 큰 주제로 구성되었다. '4차 산업혁명과 글로벌 패러다임의 변화'(제Ⅱ장), '한국의 4차 산업혁명과 규제'(제Ⅲ장), '주요국의 4차 산업혁명 성공정책'(제Ⅳ장), '4차 산업혁명 주요 산업별 규제와 성공사례 분석'(제Ⅴ장), '4차 산업혁명 글로벌 성공기업 사례분석'(제Ⅳ장), '한국의 4차 산업혁명 대응전략 및 시사점'(제Ⅶ장)을 각각 분석한다. 관련 참고자료는 주로 국내외 발표된 전문학술지, 각종 문헌연구, 국내외 공신력 있는 관련 기관 통계자료 등 2차 발간 자료를 중심으로 분석하였다.

지난 3년간 관련 주제 및 산업분석과 자료 수집에 많은 시간이 소요되었는데, 당면한 4차 산업혁명 시대에 기업과 정부가 해야 할 역할에 대해 미력하나마 방향성을 제시하고, 미래 정책 결정에 도움이 되었으면 하는 마음입니다. 산업 전반의 디지털화가 급속히 가속화되는 급변하는 기업생태환경에서 기술혁신을 위해서는 국회 등 국가 정책 입안자와 기업 경영자의 혁신적인 사고, 과거의 '따라잡기'(catch-up) 패러다임이 아닌 과감한 '선도자'(first mover, leader) 정신의 패러다임으로의 전환이 요구된다. 한국은 이제 초격차 혁신 '선도자' 패러다임으로 경제, 정치, 사회로 대전환되어야 한다. 2040년 '빅3' 혁신 선도국가로 성장하기 위해서는 4차 산업혁명의 체계적 추진과 함께 규제개혁, 안정적 글로벌공급망 확보, 미래인재 육성을 위한 교육개혁, '선도자' 패러다임 전환이 최우선으로 시급한 과제이다. 4차 산업혁명의 목적은 '신기술 융합을 통한 산업과 기술의 경쟁력 확보'이지만, 궁극적인 목표는 '지속 가능 성장을 통한 인류공영과 인간 존엄성 유지(회복)'가 되어야 한다. 이를 위해서는 건전한 윤리성이 강조되는 인문학의 발전도 반드시 동반되어야 한다.

본 저서가 출간되어 기쁘게 생각하며, 은사 철웅 큰스님과 운문사 명성 큰스님의 가르침, 권상장 교수님과 이일형 선배님(서울대 국제대학원)의 격려, 교정에 수고해준 박사과정 신호경 이사, 김미정 제자, 계명대학교 출판부, 본 저서가 비사연구비로 수행될 수 있게 허락해준 계명대학교에 감사드립니다. 마지막으로 그동안 연구 활동을 늘 지지해주고, 격려해준 사랑하는 아내와 딸에게 따뜻한 감사의 마음을 전합니다.

2022년 2월 4일 입춘

아름다운 계명대학교 캠퍼스에서

저자 변재웅(올림)

Contents

머리말 5

I. 서론 10

II. 4차 산업혁명과 글로벌 패러다임의 변화

2.1. 4차 산업혁명과 글로벌 패러다임의 변화 20

2.2. 4차 산업혁명과 문화, 제조업 패러다임의 변화 24

III. 한국의 4차 산업혁명과 규제

3.1. 4차 산업혁명과 규제 32

3.2. 한국 4차 산업혁명 규제 국제비교 47

IV. 주요국의 4차 산업혁명 성공정책

4.1. 미국 74

4.2. 독일 87

4.3. 일본 99

4.4. 중국 111

4.5. 인도 126

V. 4차 산업혁명 주요 산업별 규제와 성공사례 분석

5.1. 드론 139

5.2. 의료 158

5.3. 빅데이터 ··································177
5.4. 자율주행 ··································200
5.5. AI ··································223
5.6. 바이오 ··································248
5.7. 핀테크 ··································267
5.8. IoT ··································285
5.9. 스마트팩토리 ··································299

VI. 4차 산업혁명 글로벌 성공기업 사례분석
6.1. 서론··································319
6.2. 글로벌기업 사례분석 ··································321
6.3. 시사점 ··································369

VII. 한국의 4차 산업혁명 대응전략 및 시사점
7.1. 규제개혁 개선방안 ··································376
7.2. 4차 산업혁명 대응전략 및 시사점··································378

통합 참고문헌 ··································393

부록 ··································421

I.

서론

인공지능(AI: artificial intelligence), 빅데이터(big data), 사물인터넷(IoT: internet of things), 가상현실, 로봇기술 등 산업을 혁신시키는 4차 산업혁명 신기술의 진보가 예상보다 빨리 진전되고 전산업에 상당한 영향을 미치고 있어 기업과 산업의 성장 및 생존, 국가경쟁력을 좌우할 핵심키워드가 되고 있다. 4차 산업혁명을 상징하는 혁신기술의 등장은 신산업과 신시장을 형성하였고, 기존의 제조업과 서비스업 등 전통산업에 응용되면서 기존 산업을 완전히 새로운 모습으로 변화시키는 원천기술로 작동하게 되었다. 최근 4차 산업혁명 시대에 산업을 혁신시키는 신기술의 진보가 팬데믹(pandemic), 미·중 기술분쟁, 글로벌밸류체인(GVC: global value chain)의 변화 등으로 인해 예상보다 빨리 진전되고, 전산업에 상당한 영향을 미치고 있어 이러한 변화의 큰 물결(mega trend)은 기업, 산업, 국가에게 그동안 경험하지 못한 위험과 기회를 동시에 제공한다.

융복합 기술로 발전을 계속하는 드론, 의료, 빅데이터, 자율주행, AI, 바이오, 핀테크, IoT, 스마트팩토리 등은 4차 산업혁명 핵심기술이다. 하지만 4차 산업혁명 시대에 산업을 혁신시키는 신기술의 진보와 변화는 기존규제의 틀에서 자유롭지 못한 실정이며, 때로는 기술 적용과 신제품 출시에 장애 요인으로 작용한다. AI, 빅데이터, IoT, 클라우드 등 다양한 ICT 지능정보기술의 등장은 산업의 판도를 변화시키고 있다. 미래산업과 글로벌경제의 불확실성에도 불구하고 데이터 경제에 기반한 시장분석은 유효한 수단으로 인식되어 AI, 빅데이터 등을 활용한 데이터 기반 정보분석이 중요한 산업으로 부상하고 있는 것이 좋은 예이다. 한국도 지능정보기술을 활용한 ICT 융합이 전 산업분야로 확산되고 있으나, 규제가 기술 변화를 따라가지 못하여 외국에서 성공적으로 운영되는 혁신적인 비즈니스 모델이 한국에서는 산업화가 불가능한 경우도 있다. 결국 혁신적인 기술·서비스가 규제장벽을 넘지 못하고 사장되면 산업 성장은 물론 소비자 후생에도 악영향을 미친다.

일례로 드론산업은 최근 급성장하는 산업이지만, 한국은 각종 규제로 활성화가 늦어 중국이 상업용 시장을 장악하고 진입장벽이 형성되었고, 최근에는 자율주행차 기술과 접목된 새로운 산업인 '도심 항공 모빌리티' 에어택시 'UAM'(urban air mobility)로 진화, 발전하고 있어 정부의 과감한 규제혁신을 통한 경쟁력 확보가 시급하다. 의료산업은 모바일, 사물인터넷, 빅데이터, 인공지능, 로봇 등 ICT 기술이 융합되어 원격의료, 헬스케어 등 활용될 분야가 많아 잠재적인 성장산업으로 그 적용 범위가 넓다. 하지만 각종 규제로 원격의료도 제한적으로 허용된 상태이다. 바이오분야도 최근 팬데믹으로 크게 주목받는 미래성장산업으로, 크게 보건의료 관련 바이오기술을 지칭하는 레드바이오, 농작물이나 식품생산과 관련되는 그린바이오, 미생물·효소 등을 활용하여 공업제품이나 중간재를 생산하는 화이트 바이오 등 다양한 기술이 적용된다. 하지만 바이오분야도 다른 기술 분야와 같이 각종 규제로 산업 발전에 어려움이 많다. 일례로 국내 유전자검사인 DTC(direct-to-consumer)는 규제로 인해 혈당, 혈압, 콜레스테롤, 피부노화 등 아주 제한적인 검사항목만 유전자 분석 서비스가 가능한 실정이다. 스마트 공장(smart factory)은 IoT, 빅데이터, AR(증강현실), 지능형 CPS(cyber physical system), 인공지능, 클라우드, 5G 등 다양한 기술들이 융합적으로 적용된다. 국내의 4차 산업혁명 기술을 이용한 신성장산업 기술개발업체는 드론, 원격의료, DTC, 헬스케어 등에 적용된 각종 규제로 인해 결국 제대로 사업을 전개할 수 없는 실정이다.

한편 코로나 팬데믹(pandemic)의 확산은 다양하게 세계 경제에 영향을 주며, 4차 산업혁명을 더욱 가속화하고 있는 상황이다. 일례로 QR코드, 서비스로봇, 무인점포, 메타버스, 코로나 안심 앱, 마스크 판매 앱, 잔여 백신 확인 앱 등의 사용이 대표적이다. 코로나 팬데믹은 산업에 막대한 손실을 주고 있지만, 일부 산업 분야에는 기회로 작용한다. 일례로 코로나 사태로 언택트(untact) 비즈니스는 주목받는 산업으로 성장하였고 줌(Zoom) 회사는 이제 세계 100대 브랜드파워를 가진 회사로 성장했다. 비대면 성장산업으로는 원격의료, 원격교육, 원격근무, 무인화 산업등이 있다. 첫째, 팬데믹 사태 초기에 원격의료 분야는 환자들의 의료기관 이용에 따른 감염을 방지하기 위해 2020년 2월 말부터 전화상담 및 처방을 한시적으로 허용하였다. 둘째, 원격교육 분야로 국내에서도 2020년 3월부터 전국 교육기관에서 순차적으로 온라인 수업을 시행했다. 세번째, 신종 코로나 팬데믹으로 기업에서 원격근무가 확산되었다. 넷째, '무인화 산업'의 활성화 계기가 되어, 소비문화에서도 최근 코로나 사태로 인하여 키오스크나 셀프결제, 무인 로봇 배송 등 무인화 기계를 이용하는 소비문화와 기업의 면접, 제품 홍보 등 기업 마케팅에 활용하는 메타버스(metaverse)가 최근 미래산업으로 성장하고 있다. 코로나19 팬데믹으로 감염병 대응을 위한 비대면, 비접촉 기술과 서비스가 신규 시장으로 부상하면서 관련 AI 기술 및 의료, 헬스케어용 서비스 로봇기술(수술 로봇, 돌봄 로봇, 재활 보조 로봇, 의약품 등 배달 로봇, 병원 안내 로봇 등) 등의 관련 기술이 큰 주목을 받고 있다.[1] 이러한 4차 산업혁명 관련 기술의 발달은 앱 결제, 무인 로봇, 원격의료, AI, 빅데이터, 사물인터넷, 5G, 메타버스 등 많은 기술들이 융합되고 더욱 고도화되며 발전되고 있다.

한국의 경우 최근 연구 보고서(대한상공회의소, 한국경제연구원, WEF, IMD)에 의하면 경쟁국에 비해 규제의 강도가 높은 수준이다. 일례로 대한상공회의소 규제혁신팀(2021)은 신산업에 진출했거나 진출할 계획이 있는 기업대상으로 '신산업 규제환경에 대한 인식'을 조사한 결과, 많은 기업이 규제로 인해 사업 차질 경험이 있으며, 신산업 규제의 주요 문제점으로 포지티브 규제(29.9%), 진입장벽(27.5%), 법제도 미비(26.6%), 공무원의 소극적 태도(13.1%)를 지적하였다. 한국의 경우 주요 4차 산업혁명 정책은 2017년 4차 산업혁명에 대한 종합적인 국가전략을 수립하기 위하여 '4차산업위원회'를 설치함으로써 본격적으로 준비하고 있으며,[2] 1998년 규제개혁위원회의 설립 등 규제개혁을 위해 노력하고 있으나, 여전히 경쟁국에 비해서 규제수준이 상당히 높은 수준으로 평가된다. 2021년 한국의 유니콘기업수는 10개로 미국(370개), 중국(138개), 인도(32개) 등 경쟁국에 비해서 적은데, 규제가 스타트업(유니콘)기업의 생태계 조성을 저해하는 걸림돌로 작용하고 있어 기술혁신 이전에 제도적 혁신이 필요한 시점이다. 일본은 1990년대 이후 디지털 시대를

1 산업경제리서치(2020)

2 4차 산업혁명위원회

효율적으로 대비하지 못하여 잃어버린 시대를 경험한 적이 있다. 과거에는 자본과 노동력 등 요소투입이 우월한 대기업이 절대적으로 유리한 기업 생태환경이었지만, 4차 산업혁명 시대에는 지식, 기술, 유연성, 민첩성이 우수한 기업의 핵심 경쟁력이다. 따라서 4차 산업혁명 시대에는 과거의 성장방식인 추종자(follower)가 아닌 산업의 선도자(leader)의 역할 및 패러다임의 전환, 건전한 생태환경 조성이 더욱 중요하다. 혁신적 창의적 기업에게 무한한 가능성과 기회가 따르며, 4차 산업혁명은 현재의 기업, 산업, 국가의 생존 패러다임에 일대 큰 변화를 요구하고 있는 중대한 시점이다. 이에 따라 현재 한국경제가 직면한 저성장, 높은 청년 실업률 및 인구문제 등의 위기를 기회로 전환하기 위하여 과감한 규제개혁을 통한 4차 산업혁명 관련 신산업 활성화 및 일자리 창출이 필요하다.[3] 일례로 한국의 저출산율은 1.15명(2009), 0.94명(2019)에서 0.837명(2020년)으로 OECD 최저 수준이며, 고령인구 비중이 2022년 17.3%, 2025년 20.3%(초고령사회), 2045년 37%로 일본도 추월하는 심각한 고령인구사회가 예상된다. 특히 2020년 코로나 팬데믹 이후 결혼과 출산율이 급격히 줄어, 팬데믹 시대에 출생한 신생아가 성인이 되는 2039년에는 학령 및 생산가능인구의 급속한 감소, 고령화 사회 진입이 예상보다 빠를 수 있어 경쟁국에 비해 늦었지만, 로봇, 바이오 생명과학, 최첨단 미래산업 육성 등 4차 산업혁명의 매진과 미래인재 육성을 위한 교육의 질적 향상, 과학·기술 중심국가 전략 등의 과감한 혁신조치가 필요하다. 4차 산업혁명은 이제 단순한 기술·산업 영역뿐만 아니라 종교 생활, 사회 및 구직활동 등 많은 일상 생활양식도 변모시키고 있다. 최근 팬데믹과 미·중 기술분쟁으로 안정적인 글로벌공급망(GVC) 구축이 국가의 중요

3 한국경제연구원(2021b)

한 과제로 대두되어 향후 4차 산업혁명의 성패가 국가의 경쟁력에 지대한 영향을 미친다고 사료된다.

본 '4차 산업혁명과 규제개혁' 저서는 4가지 질문에서 그 해답을 구하고자 한다. 첫째, '4차 산업혁명 시대 한국의 경쟁력과 규제수준(현주소)은 어느 정도인가?' 둘째, '한국과 한국기업이 4차 산업혁명 시대에 나아가야 할 방향은 무엇인가?' 셋째, '4차 산업혁명 시대 주요산업에서 한국의 현실적인 규제와 문제점은 무엇이며, 타국의 성공사례와 시사점은 무엇인가?' 넷째, '한국은 과연 4차 산업혁명 시대의 초격차 혁신 선도국가가 될 수 있는가?' 이 물음에 대해서는 다음 6개의 큰 주제로 구성하여 자세히 분석하도록 한다. 첫째, '4차 산업혁명과 글로벌 패러다임의 변화'(제Ⅱ장), 둘째, '한국의 4차 산업혁명과 규제'(제Ⅲ장), 셋째, '주요국의 4차 산업혁명 성공정책'(제Ⅳ장), 넷째, '4차 산업혁명 주요산업별 규제와 성공사례 분석'(제Ⅴ장), 다섯째, '4차 산업혁명 글로벌 성공기업 사례분석'(제Ⅵ장), 마지막으로 '한국의 4차 산업혁명 대응전략 및 시사점'(제Ⅶ장)을 각각 분석한다. 관련 참고자료는 주로 국내외 발표된 전문학술지, 각종 문헌연구, 공신력 있는 국내외 관련 기관 통계자료 등 2차 발간 자료를 중심으로 분석하였다. 다음은 주요 분석 내용이다.

(제Ⅱ장) '4차 산업혁명과 글로벌 패러다임의 변화'이다. 4차 산업혁명으로 디지털기술의 진전, 수요 맞춤형 생산으로의 패러다임(paradigm)의 변화, 글로벌 경쟁 심화에 대응하여 제조업뿐만 아니라, 문화산업에 미치는 영향도 지대하다.[4] 4차 산업혁명 시대의 가장 큰 특징 중 하나는 제조업과 문화서비스산업의 경계가 사라지며, 상호 융합하여, 시너지 효과를 창출하며, 또한 생산 및 마케팅면에서 제조업체는 문화서비스산업인 가상 서비스

---

4 변재웅(2017)

와 접목되는 현상이 있다. 4차 산업혁명은 제조업의 혁신뿐만 아니라, 문화 산업에도 지대한 영향이 예상되며, 결국 제조환경의 변화로부터 시작되지만, 궁극적으로는 사회문화 전반의 변화로 인해 소프트파워가 국가적인 과제가 된다. 제Ⅱ장에서는 4차 산업혁명과 글로벌 패러다임의 변화와 문화산업과 제조업을 중심으로 분석한다.

(제Ⅲ장) '한국의 4차 산업혁명과 규제'이다. 4차 산업혁명과 규제 문제점, 규제개혁의 필요성, 경쟁국의 규제개혁정책을 각각 분석한다. 이어서 한국의 4차 산업혁명 현주소를 보다 객관적 시각에서 파악하기 위하여 국내외 공신력 있는 기관의 발표자료를 중심으로 경쟁국과의 규제수준 및 기술 수준 비교, 기업의 4차 산업혁명에 대한 인식과 대응 등을 다각도로 비교 분석하여 첫번째 '4차 산업혁명 시대 한국의 경쟁력과 규제수준(현주소)은 어느 정도인가?' 질문에 답을 구한다.

(제Ⅳ장) '주요국의 4차 산업혁명 성공정책'이다. 주요국 4차 산업혁명 추진 정책은 2011년 독일의 '인더스트리 4.0' 발표를 시작으로 많은 선진국과 BRICs 국가들이 4차 산업혁명의 중요성을 인식하고 추진하고 있다. <표 1-1> 참조. 독일 이외에 4차 산업혁명을 선도하는 대표적 사례로는 미국의 '산업인터넷', 일본의 '로봇 신전략', 중국의 '중국 제조 2025' 계획 등이 있다. 주요국은 글로벌화, 인구구조 변화, 성장잠재력 약화, 기술 변화, 제조 경쟁력 제고 등 급변하는 산업환경변화에 신속하게 대응하기 위해 산업경쟁력 강화 전략을 발표하고 '4차 산업혁명'을 견인할 차세대 미래성장산업을 적극 발굴하여 추진하고 있다. 제Ⅳ장에서 4차 산업혁명의 성공국가인 미국, 독일, 일본, 중국, 인도의 4차 산업혁명 정책과 시사점을 각각 분석하여 두번째 '한국이 4차 산업혁명 시대에 나아가야 할 방향은 무엇인가?' 질문에 답을 구한다.

<표 1-1> 주요국 4차 산업혁명 추진 정책

국가	정책
독일	• '인더스트리 4.0'(Industrie 4.0) 제안(2011) • 민간주도의 '첨단기술전략 2020'(Hightech-Strategie 2020)의 일부로 추진
미국	• 민간 차원: 산업인터넷 컨소시엄(IIC)으로 산업인터넷 기술개발 확산 • 정부 차원: '첨단제조 파트너십 2.0'(2011) 및 '국가제조업혁신 네트워크'(2013) 구축
영국	• '캐터펄트센터 프로그램'(2011)
이탈리아	• '지능형 공장 클러스터'(2012)
네덜란드	• '스마트 산업계획'(2014)
벨기에	• '지능형 공장 클러스터'(2014)
프랑스	• '미래산업'(2015)
일본	• '4차 산업혁명 선도전략'(2015), '로봇신전략'(2015), '일본재흥전략'(2016)
스페인	• '연결 산업 4.0'(2016)
BRICs	• 브라질 '4차 산업혁명에 관한 새로운 국가전략'(2018) • 러시아 '국가 기술 계획'(2014) • 인도 '인도 제조'(2017) • 중국 '중국 제조 2025'(2015) • 남아프리카공화국 '국가전략'(2017)

(제V장) '4차 산업혁명 주요산업별 규제와 성공사례 분석'이다. 4차 산업혁명의 주요 핵심산업 중 본 저서에서는 드론, 의료, 빅데이터, 자율주행, AI, 바이오, 핀테크, IoT, 스마트팩토리 산업을 중심으로 산업 및 시장분석, 한국의 관련 규제 및 문제점, 주요국 성공 요인, 그리고 시사점을 분석한다. 로봇, 조선, 반도체, 스마트팜, 스마트시티, 블록체인, 우주항공, 물산업, 재생에너지산업 등과 함께 4차 산업혁명의 핵심산업으로 현재 잠재력은 있지만, 각종 규제로 인해서 활성화가 늦거나 경쟁국에 비해 뒤처진 산업도 있다. 따라서 각 산업에서 한국의 규제정책의 문제점은 무엇이고 현실적인 해결방안이 무엇인지, 선진국의 성공정책과 사례를 통하여 바람직한 시사점을 도출하고자 한다. 이를 통해 세번째, '4차 산업혁명 시대 주요 산업에

서 한국의 현실적인 규제와 문제점은 무엇이며, 타국의 성공사례와 시사점은 무엇인가?' 질문에 답을 구한다.

(제VI장) '4차 산업혁명 글로벌 성공기업 사례분석'이다. 국가의 4차 산업혁명 정책도 중요하지만, 4차 산업혁명의 선도 주체는 혁신기업들이다. 4차 산업혁명과 디지털 전환이 가속화되고 있고, 특히 글로벌 선도기업들은 신기술 및 융합기술을 개발하거나, 기존의 첨단 기업 및 스타트업(start-up)기업 인수 및 합병(M&A)으로 신기술 확보, 유망 진출 산업 분야의 다양화, 신시장 개척으로 지속 가능한 성장을 지속적으로 추진하고 있다. 일례로 GE처럼 기존 제조업 중심에서 산업인터넷 전문 서비스 회사로 변모하거나, 전기차 Tesla, 드론 DJI 등은 새로운 영역의 산업을 개발한다. 또한 구글, 아마존, 페이스북 등은 AI, 빅데이터 첨단기업 M&A를 통하여 사업을 다각화 및 전문화하여 혁신 선도기업으로 계속 변모하기도 한다. M&A의 주요 목적은 성장 한계 극복, 신규사업에 소요되는 기간과 비용 절감, 인재확보, 경쟁사 인수를 통한 시장점유율 확대 등의 요인이 있다. VI장에서는 4차 산업혁명의 주체인 주요 글로벌 혁신기업들이 4차 산업혁명을 선도하기 위하여 어떻게 대처하고, 이를 위해 첨단 및 스타트업 기업 M&A를 통하여 어떻게 지속 가능한 성장에 대비하고 있는지 최근 자료를 중심으로 분석한다. 글로벌 성공기업들의 M&A를 분석하면 기업들의 미래전략과 4차 산업혁명의 준비 정도를 알 수 있다. 페이스북, 오라클, 구글, 아마존, 애플, MS, GE, 테슬라, 지멘스, 필립스 등 외국계 기업 10개와 삼성, LG, 현대차, SK 한국 4개 기업 총 14개 기업에 대해서 4차 산업혁명 관련 M&A 동향과 4차 산업혁명 준비 정도를 각각 분석한 후, 시사점을 도출한다. 이를 통해 두번째 '한국기업이 4차 산업혁명 시대에 나아가야 할 방향은 무엇인가?' 질문에 답을 구한다.

(제VII장) '한국의 4차 산업혁명 대응전략 및 시사점'이다. 앞장의 분석

을 바탕으로 먼저 규제개혁의 개선방안을 제시하고, 4차 산업혁명 대응전략과 시사점을 제시한다. 고임금, 낮은 노동생산성과 저성장률, 인구절벽 문제에 직면한 한국의 경우, 4차 산업혁명은 기술보다 규제개혁이 더 중요한 시점이다. 각종 주요산업 규제개혁, 고급인재 양성, 4차 산업혁명 관련 교육개혁, 규제 관련 담당 공무원의 전문화, 기술표준 선도, 선진기술개발 및 유출 보호, 핵심 광물 및 원자재의 수입처 다변화, 국가간 4차 산업혁명 기술 및 산업협력, 기술 특허권 확보, 혁신 스타트업 육성, 기업 우대 및 경영환경 개선, '선도자' 패러다임 전략 등의 대응전략과 시사점을 분석하여 '한국은 과연 4차 산업혁명 시대의 초격차 혁신 선도국가가 될 수 있는가?'의 마지막 네번째 질문에 답하고자 한다. 마지막 부록에서 4차 산업혁명의 주요 핵심산업인 드론, 의료, 빅데이터, 자율주행, AI, 바이오, 핀테크, IoT, 스마트팩토리, 로봇, 조선, 반도체, 스마트팜, 스마트시티, 블록체인, 우주항공, 물산업 등의 한국 추진 주요 정책을 각각 살펴본다.

II.

4차 산업혁명과 글로벌 패러다임의 변화

2.1. 4차 산업혁명과 글로벌 패러다임의 변화

4차 산업혁명은 3차 산업혁명을 기반으로 한 디지털과 생명공학, 물리학 등을 융합하여 산업 간 기술장벽을 제거하는 기술혁명으로, 과거 1, 2, 3차산업혁명과 비교하여 속도, 범위, 변화의 3가지 측면에서 질적으로 큰 변화가 있다. 첫째, 속도 측면에서 이전 산업혁명들과 비교하면, 4차 산업혁명은 산술급수적이 아니라, 기하급수적으로 전개되고 있다. 둘째로, 영향 범위에서 일부 산업, 일부 국가에 한정되었던 과거와 달리 모든 국가의 모든 산업에 영향을 미친다. 셋째, 이러한 변화의 폭과 깊이가 전체 생산,

관리 통치 시스템의 전환을 가져올 것이라 예견된다.[5] 따라서 산업과 기업뿐만 아니라 국가의 산업정책에도 새로운 큰 변화를 가져올 것이며, 글로벌 기업환경에 미치는 영향이 지대하다. 생산현장 중심의 이전 산업혁명에 비해서 4차 산업혁명은 정보통신기술(ICT)과 연결되어 산업영역뿐만 아니라, 국가, 기업과 일상 생활양식에도 4차 산업혁명이 미치는 영향과 파급속도는 과거의 산업혁명에 비해 상당히 빠르다.[6]

과거 기업들은 비용 절감을 위해 제품의 대량생산과 마케팅에 치중하였는데, 4차 산업혁명 시대에는 생산과정이 지능화되고 소비자 요구를 실시간으로 반영하는 유연한 생산이 필수적으로 수행되어야 하기 때문에 소비자의 요구를 파악하는 IoT, 빅데이터, AI 등 기술의 중요성이 커지고 있고, 개방 공유 플랫폼이 생산과 유통, 소비의 새로운 흐름이 되고 있다. 개방 공유 플랫폼으로는 '에어비앤비', '우버' 등이 좋은 사례이며, 더 나아가 소비자가 생산 활동에 참여하는 프로슈머(prosumer) 사회가 심화되어 소비자가 공급자에 영향을 미치는 플랫폼 환경으로 바뀌게 된다. 따라서 4차 산업혁명의 도래로 기존의 제조업은 빅데이터, IoT, AI 등 디지털기술 및 플랫폼 비즈니스와 같은 새로운 패러다임과 융합되며, 맞춤형 소량생산, 스마트공

---

5 *"The First Industrial Revolution used water and steam power to mechanize production. The Second used electric power to create mass production. The Third used electronics and Information technology to automate production. Now a Fourth Industrial Revolution is building on the Third, the digital revolution that has been occurring since the middle of the last century. It is characterized by a fusion of technologies that is blurring the lines between the physical, digital, and biological spheres." "There are three reasons why today's transformations represent not merely a prolongation of the Third Industrial Revolution but rather the arrival of a Fourth and distinct one: velocity, scope, and systems Impact. The speed of current breakthroughs has no historical precedent. When compared with previous Industrial revolutions, the Fourth is evolving at an exponential rather than a linear pace. Moreover, it is disrupting almost every Industry in every country. And the breadth and depth of these changes herald the transformation of entire systems of production, management, and governance." Schwab(2016)*

6 변재웅(2017), p. 110.

장 등 제조공정 측면의 혁신과 소비자 역할이 강조되는 혁신적인 패러다임으로 변화되고 있다. 4차 산업혁명의 특징은 O2O(online to offline), IoT, 빅데이터, AI, 클라우드 컴퓨팅(cloud computing)을 활용하여, 3차 산업혁명을 기반으로 한 디지털과 바이오산업, 물리학 등의 경계를 넘어 융합하는 혁명으로 초융합, 초연결성(hyper-connected)을 가진다. 초연결 사회는 사람, 사물, 미디어 등의 모든 것들이 네트워크, 인터넷으로 연결된 사회를 뜻한다. John Fredette은 이러한 초연결성의 기여(the attribute of hyperconnectivity)를 상시 연결성(always on), 접근 가능성(readily accessible), 정보 다양성(information rich), 상호작용성(interactive), 사물 상호성(not just about people), 상시 기록성(always recording)의 6가지 특성으로 요약한다.[7]

4차 산업혁명은 기존의 오프라인에서 온라인을 융합하는 산업혁명으로, 기존 산업혁명들과 달리 특정 기술의 변화가 아니라, 스마트공장과 같은 가상 시스템과 물리 시스템의 융합이며, 이것은 사회 전체를 최적화하는 방향으로 진화하고 있다.[8] 따라서 속도, 범위, 영향력 면에서 4차 산업혁명은 3차 산업혁명과 다르고, 4차 산업혁명은 전 산업분야에서 세계 경제 시스템과 사회구조를 크게 변화시킬 것으로 예상되어 기존 산업의 재편, 생산, 관리, 소비 및 생활형태에 큰 변화가 예상된다. O2O 초융합 경제에서는 진입장벽이 허물어지고 누구나 아이디어만 있으면 상품 혹은 서비스 공급자이자 플랫폼 사업자로 참여할 수 있고, 기술 발전에 따라 단순 거래의 '커머스'(commerce) 형태에서 '서비스'(service) 형태로 진화하고 있다.[9] 따라서 4차 산업혁명의 특징인 개방 공유 플랫폼이 생산과 유통, 소비의 새로

7 Fredette, J. and Marom, R. *et al.*(2012), p. 113. 변재웅(2017), p. 110.

8 이민화(2017), p. 14. 장석인(2017), p. 23.

9 안상희, 이민화(2016), p. 2353.

운 흐름으로 나타나고, 기존 제조업은 빅데이터, IoT, AI 등 디지털기술 및 플랫폼 비즈니스와 같은 새로운 패러다임과 결합된다. 맞춤형 소량생산, 스마트공장 등 제조공정 측면의 혁신과 소비자의 수요가 제품에서 IoT 제품 기반의 서비스로 변화하는 혁신적인 패러다임의 변화가 진행된다.[10]

4차 산업혁명의 경제변화는 수확 체증과 네트워크 경제의 실현으로, 사람, 기계, 지능, 데이터, 서비스가 상호 연결되는 초연결 환경이 그 기반이다.[11] 제4차 산업혁명은 생산과 소비가 결합되며, 공급이 수요를 창출하는 경험 경제로 발전한다. 소비면에서는 소비자가 직접 자신이 구매할 제품 생산과 판매에 관여하는 '프로슈머'(prosumer), 산업현장에서 필요에 따라 사람을 구해 임시로 계약을 맺고 일을 맡기는 형태의 '긱 경제'(gig economy), 필요한 물건을 직접 만드는 D.I.Y., 넷플릭스 추천 서비스 등의 새로운 소비 방식으로 다양하게 나타난다.[12] 4차 산업혁명 시대에는 빅데이터, IoT, 인공지능의 급속한 발달로 엄청난 정보가 실시간 처리돼 소비자와 공급자가 언제 어디서든 거래할 수 있게 되고, 다수 공급자와 소비자가 기업 조직이 아닌 네트워크로 연결된 공유 플랫폼이 다양한 부가가치를 창출한다. 4차 산업혁명 시대가 과거의 산업혁명과 구분되는 중요한 차이점은 소비자가 능동적으로 직접 자신이 구매할 제품 생산과 판매에 관여하는 프로슈머의 역할로 생산자는 소비자가 원하는 제품과 서비스를 파악하는 것이 무엇보다 중요한 시대가 된다는 점이다. 4차 산업혁명으로 야기되는 장점으로는 기술 발전과 경제적 번영, 새로운 형태의 일자리 창출, 노동생산성 향상, 소득 증가와 삶의 질 향상의 효과가 있고, 단점으로는 기존 단순 일자리 소

---

10 변재웅(2017), p. 111.

11 최계영(2016), p. 3.

12 안상희, 이민화(2016), p. 2352.

며, 기술격차 확대에 따른 계층, 국가, 지역 간 불균형 우려, 기계가 사람의 역할을 대신 수행하면서 인간적 접촉 감성 및 인간 존엄성 결여, 윤리 등의 문제도 있다. 따라서 4차 산업혁명은 이제 과학, 기술의 발전에 따른 개인, 기업, 산업의 경제적, 산업측면의 패러다임의 전환뿐만 아니라, 개인 및 사회의 노동, 의식주, 인생관 등 생활양식(방식), 교육, 종교 활동 등 많은 분야에서 광범위한 영향이 예상된다.

2.2. 4차 산업혁명과 문화, 제조업 패러다임의 변화

2.2.1. 문화산업: 소프트파워와 문화

4차 산업혁명 시대에 가장 큰 특징 중 하나는 제조업과 문화서비스산업의 경계가 사라지며, 상호 융합을 통한 시너지 효과 창출이며, 생산 및 마케팅면에서 제조업체는 문화서비스산업인 가상 서비스와 접목되는 현상이 있다. 생산·제조면에서는 사이버 물리 시스템(cyber physical system)을 이용한 생산, 마케팅면에서는 다양한 메타버스(metaverse)를 각각 광범위하게 적용하고 있다. 일례로 전 세계적 팬데믹 상황으로 온라인 가상공간을 이용한 비대면 수용에 부응하여 XR(eXtened reality) 기술과 관련 사업에 관심이 폭발적으로 증가하고 있다. 인간의 감각을 통한 정보를 제공하여 실제와 유사한 체험을 가능하게 하는 실감 기술인 증강현실(AR: augmented reality), 가상현실(VR: Virtual reality), 혼합현실(HR: hologram, MR: mixed reality) 등의 신기술을 XR이라고 통칭한다. 최근 AR, VR 중심의 엔터테인먼트, 게임, 시뮬레이터 등 제한적인 분야에서 적용되던 메타버스의 개념이 XR 기술의 발전으로 광범위한 비즈니스 모델로 주목받고 다양한 마케팅 분야에 응용되고 있으며,[13] 최근에는 메타버스와 연계한 진보된 형태의 스마트팩토리를 추진하고 있다.

4차 산업혁명을 통해 특히, 소프트웨어 산업의 발전으로 문화산업의 획기적인 발전이 기대되며 사고, 상상력, 아이디어, 소프트웨어가 경쟁력이 되는 산업과 사회가 진정한 경쟁력의 우위를 확보할 수 있다. 4차 산업혁명이 창조할 생산방식의 변화(스마트화), 거래·유통 방식의 변화, 산업 문화의 변화(융·복합, 다양성 확대)에서, 인간의 역할 중 창의적인 부분이 더욱 중요해질 것으로 인식한다.[14] 3차 산업혁명에서 자동화를 위한 프로그래밍이 인간의 주요 역할이었다면, 4차 산업혁명에서는 컴퓨터와 기계가 소통하는 생태계를 어떻게 활용하고, 의미 있는 가치를 창출해 낼 것인지가 인간의 주요 역할이 될 것이다. 따라서 4차 산업혁명에서는 인간의 역할 중 창의적인 부분이 중요해져서 소프트파워가 곧 핵심 동력이 된다.[15] 4차 산업혁명으로 더욱 인터넷을 통해 정보에 접근할수록 문화 등 소프트웨어 산업이 AR, VR로도 재현되어 누구나 쉽게 접근할 수 있어 문화 콘텐츠의 다양성과 관련 산업의 중요성이 더욱 증대된다.[16] 구글, 페이스북(Meta), 애플, 마이크로소프트 등 혁신기업들이 AI, VR, AR, 메타버스 분야에 최근 미래 투자를 집중하고 있고, 이는 콘텐츠 기반 문화산업의 발전에 많은 영향을 미칠 것으로 보인다.

소프트파워(soft power)가 곧 핵심 동력으로 이는 교육·문화·과학·기술 등 인간의 이성 및 감성적 능력을 포함하는 문화적 힘으로 4차 산업혁명에서

13 변재웅(2021), p. 144.

14 김상윤(2016)

15 변재웅(2017), p. 111.

16 박대수 외(2016), pp. 164-165.

의 소프트파워는 창의적인 아이디어를 기술, 지식, 제품과 연계·융합하여 혁신적인 비즈니스로 구현하는 역량이다. 즉, 다양한 개체를 상상력과 아이디어로 연계하는 연결성(connectivity)과 산업, 문화를 넘나드는 독창적인 시각인 창의성(creativity)으로 파악되는데,[17] 이는 군사력이나 경제력 등 물리적으로 표현되는 힘인 하드파워(hard power)와 대립되는 개념이다. Nye교수는 소프트파워(soft power)는 결국 문화적 파워이고,[18] 이는 한 국가의 문화, 가치, 정책의 매력에서 생성된다고 인식한다.[19] 따라서 4차 산업혁명은 제조업의 혁신뿐만 아니라, 문화산업에도 지대한 영향이 예상되어, 결국 제조환경의 변화로부터 시작되지만, 궁극적으로는 사회문화 전반의 변화를 야기할 것이며, 소프트파워를 키우는 것은 국가적인 과제가 된다.[20]

4차 산업혁명에서는 몇 가지 점에서 3차 산업혁명에서의 문화 상품과 서비스 개발과정에서 차이가 있다. 첫째, 3차 산업혁명에서 자동화를 위한 단순한 프로그래밍이 인간의 주요 역할이었다면, 4차 산업혁명에서는 컴퓨터와 기계가 소통하는 생태계를 어떻게 활용하고, 의미 있는 가치를 창출해 낼 것인지가 인간의 주요 역할이 된다. 둘째, 과거 기업들은 비용 절감을 위해 대량생산과 마케팅에 중요했는데, 4차 산업혁명 시대에는 생산과정이 지능화되고 소비자 니즈(needs)가 실시간으로 파악되어, 저렴하게 생산하는 기술 이상으로 문화 이용자(소비자)의 니즈를 파악하는 기술의 중요해진다. 셋째, 문화 이용자(소비자)가 능동적으로 직접 자신이 구매할 제품 생산

17 김상윤(2016), pp. 4-5.

18 Nye(2004), Nye(2006)

19 Nye(2006), p. 94. "*Soft power is the ability to affect others to obtain the outcomes one wants through attraction rather than coercion and payments. A country's soft power rests on its resources of culture, values, and policies*".

20 변재웅(2017), pp. 111-112.

과 판매에 관여하는 프로슈머의 역할이 증대됨으로써 문화 이용자가 사고, 상상력, 아이디어, 소프트웨어 개발에 직접 참여하여 새로운 창의적인 콘텐츠를 개발한다. John Fredette이 언급한 사람, 사물, 미디어 등의 모든 것들이 네트워크, 인터넷으로 연결된 사회를 뜻하는 초연결 사회가 4차 산업혁명의 특징이다. 4차 산업혁명에서는 초연결성에 소비자가 직접 제작에 참여하는 동시에 생산자가 되는 프로슈머 사회가 실현되기 때문에 연결이 곧 소통으로 4차 산업혁명의 성공을 위해서는 기존의 ICT 기술에 다양한 창의적인 아이디어를 연결하여 혁신적인 문화산업에 연결하는 역할이 중요하다.[21]

사고, 아이디어, 상상력, 소프트웨어가 경쟁력이 되는 산업과 사회가 진정한 경쟁력의 우위를 확보할 수 있다. 일례로 영국 J. K. Rowling의 Harry Potter 소설로 인하여 파급되는 출판, 문화, 영화, 교육, 놀이시설, 완구산업 등 파급효과는 상당하다. 문화적인 측면에서 최근 한류(Korean Wave)를 4차 산업혁명과 연계할 수 있는데, BTS, 오징어게임 등 한류 열풍으로 가요, 드라마, 영화, 관광, 화장품, 의료, 식료품 산업 등 문화 및 제조업에서 미친 국가 브랜드 향상의 긍정적 파급효과가 좋은 사례이다. 소프트파워, 즉 창조적인 혁신이 중요시되는 4차 산업혁명은 국가경쟁력이 국가 브랜드의 상승효과와 긴밀히 연관된다. 이러한 관점에서 4차 산업혁명에서 문화의 중요성도 강조되는데, 4차 산업혁명에서는 인간의 역할 중 창의적인 부분이 중요해져서 소프트파워가 곧 핵심의 동력이 되기 때문이다. 4차 산업혁명 시대에는 제조업 육성 정책과 함께, 다양한 상상력과 아이디어로 경계를 초월하는 연결성과 창의성을 활용하는 창조적인 서비스 산업의 육성도 필요

21 변재웅(2017), pp. 111-112.

하다.[22] 이를 위해 정부 주도보다는 민간(개인과 기업)이 창의적 아이디어를 자유롭게 창출할 수 있도록 지원하고, 수렴하는 게 중요하다. 일례로 2016년 사드사태 후 중국의 '한류금지령'으로 한국의 대중국 문화산업(드라마 및 콘텐츠) 수출 비중은 32%(2015)에서 3.1%(2019)로 급속히 줄어든 반면, 이를 계기로 적극적인 문화 수출 다변화와 예술인의 끊임없는 창조적 노력으로 현재의 한류를 창출할 수 있었다. 지속적으로 개인과 기업의 창의력이 발현될 수 있는 환경의 조성을 위해서는 4차 산업혁명 시대에 부합하는 교육제도의 혁신과 각종 규제를 해제하는 것이 무엇보다 중요하다.

2.2.2. 제조업: 제조업 패러다임의 변화

최근 제조업이 국가경쟁력의 핵심 요인으로 다시 인식되며, 글로벌기업들은 제조업의 새로운 혁신을 위하여 다양한 정책을 추진하고 있다. 각국의 제조혁신 정책은 추진 방향에서 다소 차이가 있으나, 첨단 제조기술 개발 및 IT분야 적용을 통한 제조업 혁신 패러다임의 변화는 공통된 추진 방향이다. 일례로 특히 미국, 독일, 일본 등 전통적 제조 강국과 한국, 중국도 스마트공장에 대한 관심이 급속히 확산 추세이며, 최근에는 메타버스와 연계한 진보된 형태의 스마트팩토리를 추진하고 있다. 스마트공장은 제조업은 물론 관련 소프트웨어 및 서비스 시장에 대한 직·간접적 파급효과가 크기 때문에 관련 산업에 미치는 영향이 중요하다.[23] 특히 고용과 생산 측면에서 글로벌기업들의 해외직접투자전략과 글로벌 협력생산체계 구축에도

---

22 변재웅(2017), pp. 111-112.

23 변재웅(2021)

영향을 미친다. 4차 산업혁명 시대 글로벌경영의 핵심은 스피드와 유연성이며, 이는 산업과 기업의 패러다임을 변화시키고 있다. 모바일 인터넷 확산으로 거의 모든 국가와 산업은 디지털화되었고, 사물들은 IoT와 유기적으로 연결되고 있는 제조업 패러다임의 변화로 4차 산업혁명 물결은 글로벌기업과 국가산업 정책에 큰 흐름으로 작용하고 있다. 따라서 기업의 글로벌경영에도 미치는 영향이 크며, 특히 기업 간 M&A, R&D, 경쟁, 해외직접투자, 신규산업 진출 및 재조정, 경쟁업체의 사업 진출 변화, O2O 등 글로벌 온라인 사업의 활성화, IoT, 빅데이터, AI 등 관련 글로벌기업의 역할이 강조된다.[24]

4차 산업혁명은 ICT와 다양한 산업기술들을 연결하고 융합해 다양한 산업과 분야의 경계를 허무는 것이 특징인데, 이를 선도하는 중요한 주체는 바로 기업이다. 또한 대기업과 중소기업의 상생이 중요해졌으며, 글로벌기업들은 부가가치를 창출하며, M&A는 건실한 상생 생태계와 혁신의 기회로 작용한다. 4차 산업혁명의 성공을 위해 소프트웨어 업체와 전통적인 제조업체와의 IT융합이 필수적이며, 기존 경쟁의 규칙이 근본적으로 바뀌고 있어 R&D 투자와 M&A가 중요한 시점이다. 이에 따라 글로벌기업은 4차 산업혁명 환경에 빠르게 적응하지 않으면 경쟁에서 낙오되거나 소멸하게 되며, 성장 모델과 신사업의 선정, 시장 지배력과 영업이익 실현 기간에도 영향을 받을 수 있다. 4차 산업혁명의 토대가 되는 기술들이 실제로 모든 산업의 비즈니스에 엄청난 파급효과를 미치고 있다. 공급 측면에서 많은 산업이 완전히 새로운 방식으로 생겨나 기존의 수요를 충족시키는 동시에, 혁신적인 경쟁자로 자리 잡으면서 현재의 가치사슬은 빠르게 붕괴

24 변재웅(2018), pp. 53-59.

되고 있다. 또한, 신규로 진입한 4차 산업혁명 기반 기업들은 글로벌 디지털 플랫폼을 통해서 조사, 개발, 마케팅, 판매, 유통 등의 서비스를 제공받아 품질, 속도, 가격이라는 가치를 전달하는 방식에서 기존의 기업들과 차별화함으로써 새로운 경쟁자로 부상하고 있다.[25]

전반적으로 4차 산업혁명은 글로벌경영에 소비자 기대, 제품 향상, 협력적 혁신, 조직 형태에서 중요한 변화를 가져오는데, 특히 최근 혁신과 붕괴의 빠른 속도를 고려할 때 고객 경험, 데이터 기반 서비스, 분석을 통한 자산관리의 새로운 형태의 협력을 요구한다. 따라서 글로벌 플랫폼과 새로운 비즈니스 모델의 출현은 기존 글로벌기업의 역량과 문화, 조직 형태를 재고하게 해서, 단순한 디지털화(3차 산업혁명)에서 기술의 조합에 기반을 두는 혁신(4차 산업혁명)으로의 전환은 피할 수 없는 현실이다.[26] 4차 산업혁명은 공급과 수요면에서 많은 변화가 예견되며, 4차 산업혁명에 선제적으로 대응하는 선도기업들은 가치사슬(value chain)의 혁신과 그에 따른 비즈니스 모델의 변화를 시도한다.[27] 구글, 애플, 아마존, 페이스북, MS 등의 글로벌기업들이 4차 산업혁명의 범주화되는 분야의 선두주자로 관련 기술과 데이터로 글로벌시장을 선도하고 있다. 또한 가상현실의 오큘러스, 전기차의 테

25 변재웅(2017), 변재웅(2018), 변재웅(2021)

26 클라우스 슈밥 외(2016), pp. 22-23.

27 "*Indeed, across all Industries, there is clear evidence that the technologies that underpin the Fourth Industrial Revolution are having a major Impact on businesses. On the supply side, many Industries are seeing the introduction of new technologies that create entirely new ways of serving existing needs and significantly disrupt existing Industry value chains. Disruption is also flowing from agile, Innovative competitors who, thanks to access to global digital platforms for research, development, marketing, sales, and distribution, can oust well-established Incumbents faster than ever by improving the quality, speed, or price at which value is delivered. Major shifts on the demand side are also occurring, as growing transparency, consumer engagement, and new patterns of consumer behavior (increasingly built upon access to mobile networks and data) force companies to adapt the way they design, market, and deliver products and services*". Schwab(2016)

슬라, 드론의 DJI 등 다양한 산업 분야의 혁신적인 기업들은 제4차 산업혁명에서 등장하는 새로운 성장환경에 최대한 빨리 적응하면서 기존 통념에서 벗어나 새로운 성장 전략들을 추구하고 있다. 이들 혁신기업의 성공사례는 제VI장에서 자세히 분석한다. 혁신기업들의 공통점은 연구개발, 마케팅, 판매, 유통부문 등 기존의 가치사슬에서 파괴적 혁신을 추구하는 한편, 글로벌 디지털 플랫폼 구축 등을 통해 상품기획, 품질 제고, 소비자 대응 속도, 가격 개선 등에서 시장을 주도하고 지속적인 글로벌 경쟁우위를 유지한다는 점이다. 또한, 어떤 기업보다 먼저 변화의 흐름 속에서 형성되고 있는 새로운 인터넷 기반의 산업생태계 환경을 최대한 활용해 저비용이면서도 효율적인 비즈니스 모델을 구축하고, 고객의 숨겨진 니즈를 파악하여 새로운 시장의 창출을 시도한다는 점이 동일하다.[28]

28 장석인(2017), p. 25. 변재웅(2018), pp. 54-55.

III.

한국의 4차 산업혁명과 규제

3.1. 4차 산업혁명과 규제

4차 산업혁명 시대의 신산업 활성화 및 일자리 창출을 위해서는 규제개혁이 필수적이다. 규제개혁은 세계적인 화두이며, 이전까지는 규제완화(deregulation)가 개혁의 핵심적인 주요 쟁점이었지만, 불확실성으로 재규제(re-regulation)의 문제점 등 지금은 더 나은 규제(the better regulation)로 진화 중인데, 이는 규제도입의 원인이 되는 규제목적의 개방적인 논의에서 출발한다.[29] 규제에 따른 불확실성과 사회적 비용의 관점에서 포지티브규제 대신 네거

29 김현종(2017)

티브규제, 사전적 규제 대신 사후적 규제로의 전환, 중간의 규제샌드박스 (regulatory sandbox) 등도 이러한 맥락으로 이해할 수 있다.

3.1.1. 규제의 문제점

규제방식은 크게 포지티브시스템(positive system), 네거티브 시스템(negative system)으로 구별되며, 응용 적용 방식으로 포괄적 네거티브규제(원칙적 허용, 예외적 규제), 네거티브규제보다 유연하고 탄력적인 시스템인 규제샌드박스 시스템, EU 국가들의 정부조달에 적용되는 더 나은 규제로 스마트규제가 있다. 하지만 드론, 자율 자동차, VR, AR 등의 신기술의 발달로 규제가 불명확한 사례가 증가하고 있어 규제는 흔히 행정규제(red tape)로 표현한다. 규제와 기술혁신의 관계는 상당히 복잡하여 규제와 기술혁신의 공존이 가능한지는 여전히 해결해야 할 과제이다. 첫째, 포지티브규제는 허가하는 사항을 열거하는 방식으로 많은 법령이 취하고 있는 시스템이다. 포지티브규제는 네거티브규제와 반대로 정부가 촘촘한 규제를 통해 출시가 가능한 제품을 지정해주는 방식이다. 하지만 포지티브규제는 관리자 위주의 규제시스템으로서 관리가 용이하고 처벌 기준이 명확하나, 불확실성이 큰 상황이거나 새로운 비즈니스 모델이 출현하는 신시장에서는 규제 순응 비용의 상당한 증가를 초래할 수 있다.

둘째, 네거티브시스템은 공익적 목적을 위해 금지하는 내용을 제외한 모든 사항이 법률이나 정책으로 금지된 것이 아니면 모두 허용하는 규제 제도이다. 즉 '이것만 안되고 나머지는 다 된다'는 방식의 포괄적인 규제방식이다. 응용 방식으로 포괄적 네거티브규제로 이는 원칙적 허용, 예외적 규제이다. 포괄적 개념은 유연한 분류체계, 성과 기준 규제, 하위 법령으로의 위임 등이다. 포괄적 개념 정의란 요건과 기준을 지나치게 제한적으로 정의하지 않고 유연하게 정의함으로써 해당 요건과 기준을 충족시키는 새로운 제품과 서비스가 창출되기 용이하게 하는 것이다. 같은 맥락에서 더 좋은 규제(better regulation)의 하나로 활용하는 것이 스마트규제(smart regulation)이다. EU 국가의 경우, 스마트 조달 프로그램(smart procurement programme)으로 사회적으로 높은 가치를 창출할 수 있는 혁신적인 솔루션과 서비스 제공을 성공적 공공조달로 인식한다. 공공혁신 조달(public procurement)을 위한 재정적 지원은 물론 기술개발기업과 수요기관을 연계하여 지방자치단체가 혁신 상품을 구매할 수 있도록 돕고 있는데, 성과(목표) 지향적 규제의 대표적 사례로서 과정을 규정하지 않고 실행 과정의 높은 자유도를 보장하는 제도이다. 또한 기존의 분류체계에 해당하지 않는 것에 대한 일종의 완충을 두는 경우를 스마트규제라고 한다. 일례로 유연한 분류체계는 EU의 자동차 관리법처럼 현재의 기술로 분류할 수 없는 새로운 제품(자율주행차, 스마트카 등)에 대한 분류를 신설함으로써 미래의 기술과 시장의 불확실성에 대비하는 제도이다.

셋째, 규제샌드박스 시스템은 네거티브규제보다 유연하고 탄력적인 시스템으로 2016년 영국 정부가 처음으로 도입하고, 현재 한국을 비롯한 60여 개국에서 운영 중인 제도로 새로운 제품이나 서비스가 출시될 때 일정 기간 기존규제를 면제, 유예시켜 주는 규제 특례 제도이다. 따라서 신제품을 시장에 빨리 출시할 수 있는 장점의 새로운 규제정책으로 신기술 개발과 이러한 기술을 통하여 4차 산업혁명 추진에 유리하다. 즉, 규제샌드박스 실증 특례는 현재법으론 시행할 수 없거나 모호한 신사업·신기술을 일정 기간 규제를 면제해 실제 시장에서 사업을 할 수 있도록 허용해 주는 제도로서 다양한 연구가 가능하다. 한국의 규제샌드박스 제도는 필요 여부와 시행까지 실증 특례, 임시허가, 신속확인 3가지 원칙이 있다.[30] 한국 정부는 ICT 융합 신기술 및 신서비스 분야 '정보통신융합특별법' 개정안(과학기술정보통신부), 핀테크 분야 '금융혁신지원특별법'(금융위원회), 융·복합 신산업 분야 '산업융합촉진법'(산업통상자원부), 지역특구 내 신기술혁신을 위한 '지역특구법'(중소벤처기업부)에 근거하여 적용 가능한 사례와 개별법령 개정 또는 유권해석을 통해 규제샌드박스를 적용하는 방식으로 진행되고 있다.[31] 한국의 규제샌드박스는 2017년 규제샌드박스 도입 발표 후, 2019년 1월 정보통신 융합(ICT)·산업융합 분야를 시작으로 제도를 시행하였다. 이후 혁신금융, 규제자유특구(2019.4월), 스마트 도시(2020.2월), 연구개발특구(2020.12월) 분야로 확대되었고, 제도운영 중 기업들의 추가적인 요청 사항을 반영하여 제도를 지속적으로 보완(2019.04, 2019.07, 2020.02)하여 한국형 규제샌드박스 체계 정비를 추진하고 있다.[32] 기술력은 있으나 자본력과 행정력이 부족한 중·소, 스타트업기업 등의 규제샌드박스 신청을 지원하기 위해 제도 시행과 동시에 각 분야별로 전담기관을 설치하였다. 기업들의 접근성과 편의성을 제고하기 위해 대한상공회의소 샌드박스 지원센터를 설치해(2020.05) 운영하고 있다. '규제정보포털'을 개설하고 주로 기술은 있으나 여러 가지로 시행에 문제를 안고 있는 중소기업을 지원하기 위해 규제샌드박스를 시행하여 현재까지 433건의 규제샌드박스 실적이 있다.[33] 하지만 이러한 노력

30 중소벤처기업부, 최해옥(2017)

31 정우성, 송정현(2020), 최정락(2017). 규제샌드박스 관련 3개의 법률(정보통신 융합, 산업융합, 지역특구), 1개 법률(금융혁신)이 제정되어 신속확인, 실증특례, 임시허가의 법률이 구성되었다. 또한 특허 출원과 분쟁 해결에 있어서 소요 기간 단축방안으로 우선 허용, 사후규제 행정법령을 통해 관련 특허는 출원시 우선 심사 대상으로 추진이 가능한 샌드박스를 적용할 수 있다. 기존에는 일반심사에 13개월이 걸렸지만, 우선 심사는 2개월로 단축하여 권리 확보를 지원한다는 목적인데, 특허 분쟁에 걸리는 시간을 일반 심판과 신속심판을 비교했을 때 평균 100일로 단축할 수 있다. CEO&(2019.09.01)

32 관계부처합동(2021)

33 규제정보포털

에도 불구하고 현장에서 느끼고 있는 규제개혁은 기술 발달을 따라가지 못하고 있다.

<표 3-1> 규제방식

규제방식	내용
포지티브 시스템 (positive system)	• 허가하는 사항을 열거하는 포지티브시스템(positive system)으로 대부분의 법령이 취하고 있는 시스템 • 포지티브규제는 네거티브규제와 반대로 촘촘한 규제를 통해 출시가 가능한 제품을 지정하는 방식 • 포지티브시스템은 공급자 위주의 규제시스템으로서 관리가 용이, 처벌의 기준 명확. 하지만, 불확실성이 큰 상황이거나 새로운 비즈니스 모델이 출현하는 신시장에서는 규제 순응 비용의 상당한 증가 초래 가능성
네거티브 시스템 (negative system)	• 법률이나 정책으로 금지된 것(공익적 목적을 위해 금지하는 내용을 제외한 모든 사항)이 아니면 모두 허용하는 포괄적인 규제방식 • 응용 방식으로 포괄적 네거티브규제가 있는데, 이는 원칙적 허용, 예외적 규제(포괄적 개념의 정의, 유연한 분류체계, 성과 기준 규제, 하위 법령으로의 위임 등. 여기서 포괄적 개념 정의란 요건과 기준을 지나치게 제한적으로 정의하지 않고 유연하게 정의)
	• 스마트규제(smart regulation): 더 좋은 규제(better regulation)로 활용하는 사례(예. EU의 혁신조달은 성과(목표) 지향적 규제의 대표적 사례로서 과정을 규정하지 않고 실행 과정의 높은 자유도를 보장하는 제도) • 기존의 분류체계에 해당하지 않는 것에 대한 일종의 완충을 두어 미래기술과 시장의 불확실성에 대비하는 제도(예. EU의 자동차관리법 해당 요건과 기준을 충족시키는 새로운 제품과 서비스가 창출될 수 있도록 하는 유연한 분류체계)
규제 샌드박스 (regulatory sandbox)	• 네거티브보다 유연하고 탄력적인 시스템으로 규제샌드박스 • 규제샌드박스는 모래 놀이터처럼 제한된 환경에서 규제를 풀어 신사업을 테스트, 즉 시범 사업하도록 하는 것. 영국 핀테크 산업 육성을 위해 최초로 시도된 제도 • 기존규제에도 불구하고 기업이 새로운 비즈니스를 적극적으로 도입할 수 있도록 시범사업에 대한 근거조항을 마련하고, 기존규제의 적용 면제 또는 일부 유예, 빠른 시장 출시를 위한 임시허가 등을 통해 정부가 기술혁신을 위한 유연성을 최대한 확보해 주고 시장 창출을 돕는 제도

자료: 이수일(2017), 최정락(2017), 안준모, 문성욱(2017), 최해옥(2017), 규제정보포털 참조 후 작성

현재는 연구개발특구(규제 자유특구)에도 규제샌드박스 방식을 시행하여 업

종 관련 없이 많은 분야에서 허용하고 있다.[34] 현재 지정됐거나 앞으로 지정될 연구개발(R&D) 특구에 각종 인허가 규제를 풀어주는 '규제샌드박스 방식의 테스트 베드 시스템'도 도입한다. 규제샌드박스 시행 후 인슈어 테크를 포함하여 업종별로 혁신금융, 산업융합, 지역특구, ICT 융합 순으로 많은 과제가 승인되어 혜택을 받고 있다. 기술분야는 앱을 기반으로 하는 플랫폼 기술, IoT, 빅데이터, 블록체인, AI 기술 등의 분야에서 점진적으로 확장 적용되고 있다. 현재까지의 규제샌드박스의 사례는 실증 테스트 분야에서 시작되는 양상이며,[35] 아직까지는 사례가 많지 않고, 적용 분야가 제한적이지만 이와 같은 사례가 축적될 경우 규제샌드박스의 활용도는 더욱 높아질 것으로 판단된다. 영국, 일본, 싱가포르 등 다양한 국가에서 규제 샌드박스를 통하여 기술을 인정해 주고 있는데, 일례로 영국과 싱가포르 등의 국가에서는 핀테크 분야에 한정하는 반면, 일본의 경우에는 핀테크, AI, 개인정보의 가공·서비스, IoT 기술, 스마트시티 등 분야까지 확대 적용하고 있다.

규제의 문제점을 살펴보면, 정부는 신산업 규제혁신을 위하여 2017년 포괄적 네거티브 규제방식을 도입한 이후 중앙부처 법령 및 지자체 자치법규를 대상으로 네거티브규제 전환을 추진하고 있다. 이는 포괄적 네거티브 규제방식이 4차 산업혁명 시대에 기술융합과 빠른 변화 속도에 부응하는데 가장 유리한 규제체계이기 때문이다. 신제품, 신기술을 적용한 제품의 시장 출시를 위하여 우선 허용하고 사후 규제하는 방식으로 입법방식을 유연화(네거티브 리스트, 포괄적 개념 정의, 유연한 분류체계, 사후평가 관리)하는 방법으로 규

34 중소벤처기업부(2018)

35 정우성, 송정현(2020), p. 166.

제샌드박스가 가장 효율적이다.[36] 현재 시행 중인 규제에 대한 문제점은 포지티브규제의 문제점, 규제의 불명확성 증가, 규제로 인한 신규산업 진입 방해, 규제샌드박스 문제점, 업역(業域)의 문제 등 법체계 문제 등이 있다.

첫째, 포지티브규제의 문제점이다. 규제 자체가 신기술을 적용한 제품의 출현을 저해하는 근본적인 문제인데, 시행할 수 없는 것만 법에 명시하고, 원칙적으로 나머지는 허용하는 네거티브 방식이 아니면 법에 나열된 것이 아니면 모두 불법이다. 4차 산업혁명에는 다양한 분야의 기술과 정보가 결합하여 혁신적인 제품을 창조하는데, 포지티브규제는 단일기술과 산업에 대한 나열식 규제여서 다양한 기술의 융·복합에 적용하기에는 문제가 많다. 또한 포지티브(열거주의) 규제는 관련 법률에 없으면 원칙적으로 금지하기 때문에 기득권자를 보호하는 제도여서 신기술 및 산업 발전의 창의성을 크게 저해하여 기업들은 다양한 도전을 할 수 없는 실정이다.[37] 열거주의 '포지티브규제'는 관계 부처와 산업계 의견이 충분히 반영되지 못한 규제가 생성될 우려가 있으며, 네거티브 규제방식에서도 예외적 금지조항이 상품과 서비스의 순기능을 저해할 가능성도 배제할 수 없다. 이러한 이유로 한국은 4차 산업혁명 관련 규제수준이 경쟁국에 비해 높은 수준이다. 일례로 자동차와 다양한 신기술이 융합된 자율주행차, 드론의 출현처럼 4차 산업혁명 시대에는 어떤 혁신적인 기술, 상품, 서비스가 출현할지를 예측하기 어렵기 때문에 기업들의 자율성과 창의성을 최대한 보장하는 생태환경 조성이 매우 중요하다.

둘째, 규제로 인한 신규산업 진입 방해 문제이다. 경제가 지속 성장하려

---

36 산업통상자원부(2020)

37 강준모 외(2017), p. 15.

면 많은 스타트업 기업 출현으로 신산업이 창출되어야 하는데 규제로 인해 한국에서는 스타트업 기업이 새로운 시장에 진입할 수 없는 경우가 많다. 일례로 4차 산업혁명의 핵심 분야 중 하나인 차량 공유(타다 카풀 서비스) 및 원격의료, 유전자 연구 바이오 스타트업, 핀테크(금융기술) 스타트업의 온라인 환전 서비스 등 많은 혁신적인 사업이 현재 한국에서는 새롭게 성장하기 어려운 실정이다. 민간을 규율하는 규제 강도는 선진국에 비해 강하고, 정부의 경제성장 전략은 '혁신성장'이지만, 이에 필요한 규제 완화는 속도가 늦은 편이다.

셋째, 규제의 불명확성 증가이다. VR, AR 등의 신산업분야에서 현행 법체계가 기술을 따라가지 못하는 과도기적 규제도 존재한다. 신종 코로나 바이러스 감염증으로 비대면 핵심기술 중 하나로 주목받는 VR, AR 기술의 빠른 성장이 예상되는 만큼 산업을 먼저 키우고 규제하는 '네거티브 규제'를 도입할 필요가 있다. VR, AR 선제적 규제 혁파는 기술의 발전 방향과 상용화 시기를 예측하고 이에 따라 예상되는 규제를 먼저 찾아내 기술 발전 시기에 맞춰 개선이 필요하다.[38]

넷째, 규제샌드박스 문제점으로 규제샌드박스 처리 과정에서 처리 기간이 길어질 수 있다. 또한 시범사업, 민원사무처리기한 등 기존제도나 규제개혁사업(국무조정실 주도)과의 관계가 불명확하고 심의과정의 투명성과 일관성 부족 문제도 있으며, 부처간 합의가 어렵거나 사회적 파장이 큰 신청은 심의를 통과하지 못하는 경우도 있다.[39] 또한 한국형 규제샌드박스가 규제

38 정부가 개선하기로 한 규제에는 과학기술정보통신부, 문화체육관광부 등 정부 부처 16개가 관여하고 있는데, VR, AR이 최근 도입되기 시작한 만큼 빠르게 해결해야 할 규제들인데, VR기기의 기술기준 등 규제가 불명확한 사례도 있다.

39 CEO&(2019.09.01.). 일례로 금융위는 30일 이내 질의에 응답해야 하는데 여기에 다른 부처 의견 확인 기간은 포함되지 않는데 실제 처리 기간은 30일을 훨씬 상회할 것으로 추정된다.

를 완화하였지만, '무과실 배상 책임제' 조항 등 배상 책임을 기업에게 무리하게 부과하여 신사업의 의지를 꺾을 수 있는 문제점이다.[40]

다섯째, 업역에 관한 법체계 문제로서 식의약 분야의 경우 식품위생법, 건강기능식품에 관한 법률, 의료기기법, 화장품법 등 각 업역별 규제로 한국의 법체계는 업역별로 되어있다. 따라서 4차 산업혁명 시대 각 업역을 뛰어넘는 융합기술과 적용을 통해 생성되는 신상품이 시장에 출시하는 경우 '어떤 유형의 제품에 정의하는 문제', '기존 제품 유형 중 하나로 정의할 수 있다 해도, 그런 기존 제품의 규제 기준을 적용할 수 있는지', '기존규제 기준을 적용한다 해도 특별히 불합리한 점은 없는지' 등의 많은 문제점이 있다.[41] 따라서 업역별 법체계의 기존규제 기준을 신제품에 적용할 수 있는지의 판단에 긴 시간이 소요되고, 이것에 넣을 수 없는 경우 대처를 할 수 없어 4차 산업혁명의 속도에 효율적으로 대응할 수 없는 실정이다. 이러한 규제시스템으로 한국의 4차 산업혁명에 대한 경쟁력은 경쟁국에 비해 낮은 수준인데, 정부도 이러한 사실을 인지하고 포지티브 규제에서 네거티브 규제로 프레임을 전환하고 있지만, 변화가 미비하여 아직 좋은 성과가 부족한 실정이다.

3.1.2. 규제개혁 필요성

4차 산업혁명 시대에 혁신성장이 조기에 가시화되도록 시장 진출입 관

40 무과실배상책임제는 규제 특례를 부여받아 신제품이나 서비스를 제공한 사업자가 그로 인한 인적·물적 손실이 발생하면 고의 또는 과실이 없더라도 배상책임을 면할 수 없다.

41 이혁우(2018)

련 규제개혁 필요성이 증대되고 있다.[42] 산업혁명에서는 기술과 규제(제도)가 서로 밀접히 연관되어 있는데, 문제는 규제 제정 당시 합리적 규제가 시간이 경과한 후 현재의 관점에서는 전혀 합리적이지 않았다는 점이다. 기술발전을 제약하는 규제들은 그 정당성에 대해 좀 더 현명한 관점을 가지고 평가할 필요가 있다.[43] 급변하는 4차 산업혁명 시대에 국가 및 산업이 직면한 신기술 수용 혹은 거부의 문제는 산업혁명 주도권 확보와 경쟁력에 큰 파급효과를 가져올 것으로 예상된다. 이에 따라 미국, 영국, 일본, 중국 등 각국 정부는 기업들의 시장 선점을 지원하기 위한 테스트베드 제공, 관련 기술을 활용한 창업과 시장진입을 위한 법·규제 완화에 적극적이다. 포지티브(positive) 규제시스템을 기본으로 하는 한국의 열거주의 방식 법체계와 공급자 위주의 규제, 중앙 정부의 획일적·경직적 규제는 새로운 산업이나 신기술의 활성화를 저해하는 요인이다. 일례로 4차 산업혁명의 핵심인 데이터의 수집, 유통과 관계된 규제가 상당히 높은 수준으로 현재 가장 시급한 문제는 데이터 관련 규제의 실질적 완화이다. 데이터 관련 규제가 2020년 개정되었지만, 여전히 실질적 활용의 문제점으로 데이터 시스템 구축을 위한 기술이 아무리 발달해도 데이터의 자유로운 수집, 유통을 보장하는 제도적 장치가 없다면 4차 산업혁명의 확산은 제약될 수밖에 없는 실정이다.

중요한 점은 기술의 발전을 위한 규제개혁의 필요성이다. 기술의 발전 속도는 항상 규제의 대응 속도보다 빠르며, 규제는 안정성을 지향하는 본

42 WEF(2020). 4차 산업혁명과 규제개혁의 필요성이 강조된다. 윤혜선(2017, 2018), 심영섭(2017), 안준모(2018), 이수일(2017), 강준모 외(2017)

43 장윤종(2017), p. 15. 대표적인 예는 산업혁명시기인 1860년대 영국은 '붉은깃발법'을 제정하여 자동차 운행을 심하게 규제하여 자동차산업이 부진하게 된 데 상당히 큰 영향을 미쳤다.

성 외에도 사회적 합의의 산물이라는 특성이 있다. 특히 현재 다양성과 절차가 중시되고 이해관계가 복잡한 사회에서 사회적 합의에 이르는 과정은 쉽지 않기 때문에 양자의 속도 간 격차가 심화되고 있다. 즉 기술의 발전과 기술·산업 간 융합의 속도는 유례없이 가속화되고 있는데, 규제의 대응 속도는 지속적으로 감속화 되는 상황이어서 규제 자체의 문제, 특히 신흥 기술규제에 있어서 기술발전과의 시간 차이는 심각해지고 있다.[44] 단일기술과 단일산업 중심의 현재 법·제도 체제에서는 융·복합의 특징을 반영하기 어려운 한계로 특정 기술과 특정 산업을 엄격히 구분하는 '포지티브규제'로는 드론, 의료, 빅데이터, 자율주행, AI, 바이오, 핀테크, IoT, 스마트팩토리 등 4차 산업혁명 시대 원천기술을 활성화하기 어려운 실정이다.

AI, IoT, 클라우드, 빅데이터 등 지능정보기술의 등장으로 산업의 판도를 변화시키고, 규제가 기술변화에 부응하지 못해서 외국에서 성공적인 혁신적인 비즈니스 모델이 한국에서는 출시가 불가능한 경우가 많다. 4차 산업혁명의 혁신적인 기술 및 서비스가 규제장벽을 극복하지 못하면 관련 시장은 사장되고 산업적 성장은 물론 소비자 후생에도 악영향을 줄 수 있다. ICT 규제 및 법의 개선이 국가경쟁력, 사업고도화 및 혁신전문화에 긍정적인 영향을 미친다.[45] ICT 융합 신산업에 관련한 규제의 문제점은 크게 진입규제 인프라 미흡, 효과적이지 않은 대안 규제개선제도, 이해관계자 간 갈등을 해결하기 위한 행정 수단 부재, 데이터산업 활성화를 저해하는 강력한 개인정보보호법제 등 네 가지로 분류할 수 있다. 특히, 법에서 규정하고 있는 범위 이외의 사업을 불허하는 열거주의(positive) 방식 법체계, 기존 산

44 윤혜선(2017), pp. 12-13.

45 김영신(2019)

업 중심의 정부 부처 편제와 이에 따른 칸막이 규제·중복규제, 규제 당국의 소극적 유권해석과 그림자 규제 등은 ICT 융합 신산업 활성화를 저해하는 대표적인 요인으로 작용한다. 따라서 4차 산업혁명 시대에는 새로운 규제방식 필요성이 증대되고 있다. 4차 산업혁명 시대 기술 및 산업분야에서 효과적인 규제개선이 이루어지지 못하고 있는 요인으로 조직적 요인, 제도적 요인, 거버넌스적 요인으로 구분할 수 있는데,[46] 제도적 요인은 규제 지체 현상, 규제 병목 현상, 규제 공백 현상 등의 문제점이 있다.[47] 4차 산업혁명의 특성을 고려할 때 사전적 포지티브 규제방식은 개별 산업과 기술에 대해 효율적으로 대응하기 어려워 법규정의 유연한 해석과 네거티브방식으로의 전환을 통해 신기술·신산업의 진입장벽 제거가 필요하다.

3.1.3. 경쟁국의 규제개혁정책

미국의 경우 트럼프 정부는 기존규제 중 75% 이상을 완화하겠다는 의지로 신규 규제 1건당 기존규제 2건을 폐지하고, 총 규제비용(규제로 발생하는 사회적 기회비용)의 증가분이 '0(zero)'을 넘지 않게 하는 규제비용 총량제 시행을 위한 행정명령을 발동하여 규제비용을 성공적으로 축소하였다. 또한 기존규제 67개를 폐지·개선하면서 신규 규제는 3개만 신설했는데, 신규 규제 1개당 기존규제 2개를 폐지한다는 당초 목표를 넘어 신규 규제 1건당 22개의 기존규제를 폐지하는 성과를 냈다. 영국의 경우, 규제의 기본원칙은 'One In-One Out' 규제총량제로 2010년 규제 1건을 도입하면 1건

46 최유성 외(2017), p. 21.

47 최우성 외(2017), p. 24. 정우성 외(2018), pp. 24-27.

을 폐지하는 원칙을 도입했다. 'One In-One Out' 방식은 규제에서 선택을 강조하며, 규제에 의한 행정부담이 감소하는 방식이다. 즉 영국 정부부처에서 새로운 입법을 추진할 경우, 먼저 우선순위를 설정하고 이러한 입법에 의하여 불필요하게 되는 규제나 제도를 검토하여 새로운 입법과 함께 기존의 불필요한 제도를 폐지한다는 취지이다. 'One In-One Out' 접근 방식을 시도하면서, 이를 제도적으로 형상화시키는 개념으로 '단순화 계획'(simplification plan)을 추진하는데,[48] 영국은 규제샌드박스를 통하여 신기술을 인정하고 핀테크 분야에 한정하여 규제개혁을 실시하여 성공하였다. 영국은 태동기 신산업에 대한 선제적인 규제혁신 전략을 마련하고, 민간 자문기구인 '미래규제대비위원회'(regulatory horizons council)와 범부처가 협력하는 규제혁신 거버넌스를 확립했다.[49]

<표 3-2> 주요국의 규제 완화

국가	주요 규제 완화 내용
미국	• 신규 규제 1건당 기존규제 2건 폐지하고, 연내 총 규제비용(규제로 발생하는 사회적 기회비용) 증가분이 '0'을 넘지 않게 하는 규제비용 총량제 시행
영국	• One In, One Out(규제 1건 도입하면 1건 폐지 원칙) 규제총량제 도입
중국	• 유연한 규제방식(사후규제, 네거티브방식의 열린 규제, 시범적 사업 허용) • 시장진입 제한 최소화(업종별 칸막이 규정 제거, 산업자본 제한규정 제거, 시장진입 허들 철폐)
일본	• 신산업 관련 규제 완화를 주된 내용으로 하는 특례법을 제정해 모든 법보다 상위법으로 현장에 적용

일본의 경우, 신산업 관련 규제 완화를 주된 내용으로 하는 특례법을 제

48 매일경제(2018.06.18), 한국일보(2019.02.28)

49 장윤섭(2020)

정해 모든 법보다 상위법으로 현장에서 시행되고 있다. 특히 2017년 개인정보보호법을 개정해 비식별화한 익명의 가공정보는 정보 주체의 동의 없이도 활용할 수 있도록 법적인 근거를 마련하고, '내 정보는 절대 활용할 수 없다'는 의사를 밝힌 경우가 아니면, 개인정보를 활용할 수 있도록 예외 조항도 만드는 등 빅데이터와 AI의 발전에 기반이 되는 폭넓은 활용을 위한 관련 규제를 개선했다.[50] 중국의 규제정책은 4차 산업혁명을 주도하기 위하여 적극적인데, 유연한 규제방식으로 사후규제, 네거티브방식의 열린 규제, 시범적 사업 허용 등이 있고, 시장진입 제한 최소화로 업종별 칸막이 규정 제거, 산업자본 제한규정 제거, 시장진입 허들 철폐 등을 실시하여 4차 산업혁명의 기반을 마련한 점이 특징이다.[51]

한국의 규제샌드박스는 임시허가, 시범사업, 규제의 탄력적 적용, 사후규제 등의 수단이 있다. 이러한 방식은 창업기업이 인·허가 없이 사업모델 및 서비스를 실제 시장에서 테스트함으로써 비용과 시행착오를 줄이며, 사업을 조기 안정화할 수 있다는 장점이 있다. 영국,[52] 싱가포르,[53] 일본,[54] 미국의[55] 사례와 한국의 규제샌드박스 제도를[56] 비교해 보면 한국의 규제샌드박스는 중앙 정부 주도하에 이루어지면서 다른 국가에 비해 좀 더 제조 기술 분야의 규제 완화에 초점을 맞추고 있다는 점이 특징이다. <표 3-3> 참조.

50 매일경제(2018.06.18), 한국일보(2019.02.28)

51 일례로 중국은 2013년 원격의료기술 발전계획에 따라 관련 규제를 완화하고, 2016년 원격의료서비스를 본격 도입하여 원격의료 이용자와 온라인 의약품 판매량은 급증했으며, 알리바바, 텐센트, 샤오미, 화웨이 등 중국의 주요 IT업체들은 디지털 의료분야에 진출하여 성과를 내고 있다.

52 구자현(2016), 이현준(2019)

53 차경엽, 황덕연(2019), 이현준(2019)

54 이현준(2019), 이수영, 원혜연(2017)

55 석호영(2020)

56 정우성, 송정현(2020), 이현준(2019), 관계부처합동(2018, 2021), 규제정보포털, 중소벤처기업부

<표 3-3> 국가별 규제샌드박스 제도 비교

구분	영국	싱가포르	일본	미국	한국
도입 시기	2016년 5월	2016년 6월	2018년 6월	2018년 8월	2019년
도입 범위	• 금융 중심, 최근 에너지 분야 확대	• 핀테크 중심	• 실물경제 제한적 도입	• 제조업, 서비스업	• 실물경제 포함 4대 분야
운영 기관	금융감독청 (FCA)	통화청 (MAS)	일본경제 재생종합 사무국	지방정부	과기정통부 산업부 중기벤처부 금융위
모집 기간	평균 7개월 간격	수시	수시	수시	수시
업체 평가	• 미래대비 결과중심 소통기반 글로벌 선도	• 기술 혁신성 산업 영향성 사업 확장성 위험 요소 회피 전략	• 신기술 생산성 향상 혁신성	• 혁신적인 금융 서비스	• 산업융합 시장 가치 창의성 새로운 제품
주요 특징	• 세계 최초 시행 코호트 운영	• 샌드박스 익스프레스 제도 운영 (21일 이내 허가)	• 일몰제도 해외기업 가능	• 주(洲)단위 운영	• 신속확인/실증특례/임시허가 • 정보통신/산업융합/지역특구 등 다양한 분야 포괄

출처 : 이현준(2019), p. 11. 참조 후 정리

3.2. 한국 4차 산업혁명 규제 국제비교

3.2.1. 서론

한국의 4차 산업혁명과 연관된 경쟁국과의 기술 수준 비교, 국가 및 기업경쟁력, 규제 및 기업의 규제인식, 기업의 4차 산업혁명에 대한 인식과 현주소를 보다 정확히 분석하기 위하여 WEF, IMD, Fortune, Interbrand, Future Research, 유럽특허청(European Patent Office), 한국경제연구원, 한국은행, 국제무역연구원, 대한상공회의소, 국토연구원 등 공신력 있는 국내외기관의 최신 발표 및 보고서를 중심으로 분석한다. 이러한 분석은 한국의 현재 4차 산업혁명의 기술 및 환경, 인력경쟁력 수준을 알 수 있게 하며, WEF 'The Global Competitiveness Report', IMD 'World Competitiveness Yearbook'은 최근 국가경쟁력을, Fortune 'Fortune 500 list of Companies', Interbrand 'Best Global Brands 100', Future Research 'The Future Brand Index Top 100', European Patent Office 'Patents and the Fourth Industrial Revolution'의 최근 보고서를 통하여 기업 관련 경쟁력 분석이 가능하다.

4차 산업혁명 시대에 국가 정책과 함께 개별기업은 기술 및 연구개발, 제품생산 등을 주도적으로 담당하고 있어 국가의 경쟁력과 함께 기업의 경쟁력을 평가 분석하는 것도 4차 산업혁명 시대에 한국기업의 현주소를 이해하는 데 도움이 된다. 특히 4차 산업혁명에 대한 기업의 규제인식과 규제 관련 평가는 기업이 체감하는 규제의 문제점을 파악할 수 있다. 마지막으로 기업의 4차 산업혁명에 대한 긍정적, 부정적 영향, 고용, 기술 도입 및 대응전략 등의 인식에 대한 설문 분석을 통해 한국기업의 4차 산업혁명에 대한 자세한 인식 및 대응전략을 분석할 수 있다.

3.2.2. 4차 산업혁명 주요국 4차 산업혁명 환경 및 기반 기술 비교

1) 한국의 4차 산업혁명 기반 기술 비교

한국과 미국, 독일, 일본, 중국 등 주요 경쟁국의 4차 산업혁명 기술 수준, 정책지원 및 규제 정도의 환경 비교, 4차산업 인력경쟁력 등을 비교 분석한다. 이러한 경쟁국의 4차 산업혁명 기술, 환경, 인력 수급 상황을 비교 분석하면 한국의 4차 산업혁명 준비와 경쟁력 분석에 도움을 줄 수 있다. 먼저 한국과 경쟁국의 4차 산업혁명 기술 수준을 비교 분석한다. 첫째, 한국과 경쟁국의 4차 산업혁명 기반 기술 측면에서 한국은 4차 산업혁명이 타국에 비교열위이다. 한국경제연구원(2018)의 연구에 따르면 우리나라의 4차 산업혁명 기반 기술은 2018년과 2023년을 비교하면 미국, 일본, 중국에 비해 모두 비교열위인 것으로 조사되었다. 조사 결과, 2018년 한국의 4차 산업혁명 12개 분야(바이오, 사물인터넷, 우주기술, 3D프린팅, 드론, 블록체인, 신재생에너지, 첨단소재, 로봇, 인공지능, 증강현실, 컴퓨팅 기술(빅데이터 등)의 기술 수준을 100으로 가정할 때, 중국 108, 일본 117, 미국 130으로 뒤처지고 있다. 2023년에도 중국 113, 일본 113, 미국 123으로 일본과 미국에 대한 기술격차는 줄어들지만, 비교열위는 지속될 것으로 전망된다. KOTRA(2018)도 4차 산업혁명 연관 해외경쟁력 설문조사에서도 한국은 경쟁국인 미국, 독일, 일본보다 경쟁력이 열위이며, 중국은 항공, 드론, 전기차, 자율차, AR, VR 분야에서 상대적으로 높은 경쟁력이 있는 것으로 조사되었다.[57]

57 박건원(2018)

<그림 3-1> 한국과 미국의 기술격차(2018-2023년)

<한국과 미국의 현재 기술격차>

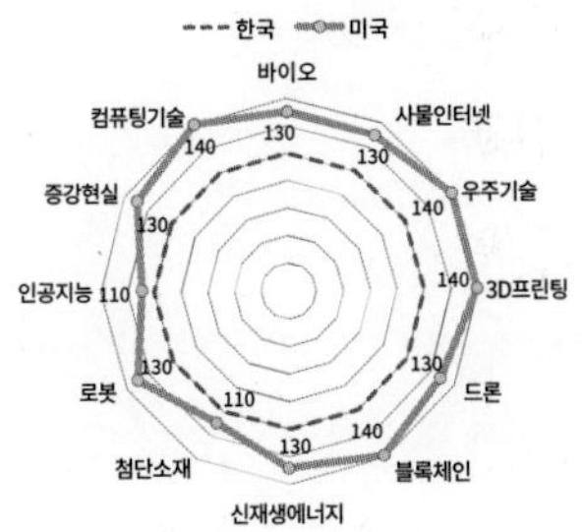

<한국과 미국의 5년 후 기술격차>

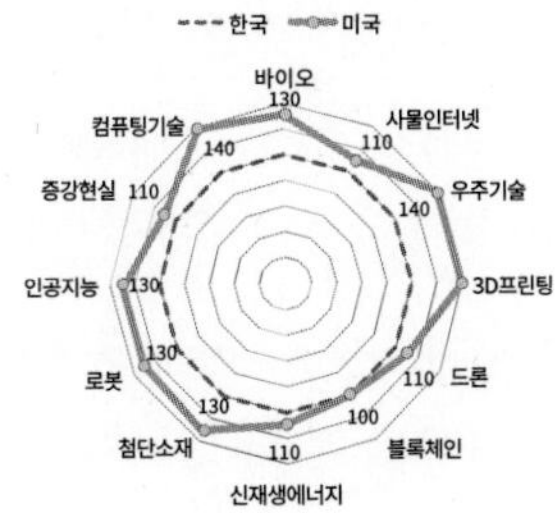

자료: 한국경제연구원(2018)

2018년 한국은 미국에 비해 4차 산업혁명 12개 모든 분야의 기술에 대해 열위이다. 한국의 기술 수준을 100으로 가정하면 격차가 30 이상인 분야는 우주기술, 3D프린팅, 블록체인, 컴퓨팅 기술(이상 미국 140), 바이오, IoT, 드론, 신재생에너지, 로봇, 증강현실(이상 미국 130)이며, 첨단소재, 인공지능 기술(이상 미국 110)에서도 기술력이 뒤처진다. 2023년에도 한국은 미국에 비해 블록체인을 제외한 11개 기술에 대해 비교열위를 보이며, 기술격차가 확대되는 분야는 첨단소재(+20), AI(+20)이며, 기술격차가 축소되는 분야는 IoT(△20), 신재생에너지(△20), 드론(△20) 등이다.

<그림 3-2> 한국과 중국의 기술격차(2018-2023년)

<한국과 중국의 현재 기술격차> <한국과 중국의 5년 후 기술격차>

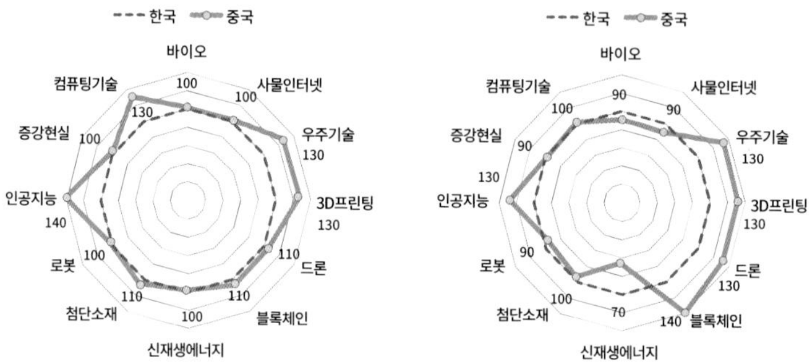

자료: 한국경제연구원(2018)

중국과의 기술격차에서도 2018년 한국은 중국에 비해 4차 산업혁명 5개 분야(블록체인(중국 140)), AI, 우주기술, 3D프린팅, 드론(이상 중국 130)에 열위, 2개 분야(첨단소재, 컴퓨팅 기술) 경합, 5개 분야(바이오, IoT, 로봇, 증강현실(이상 중국 90)), 신재생에너지(중국 70)에 우위인 것으로 나타났다. 중국은 4차 산업혁명 기술에 대한 빠른 발전 속도로 바이오, IoT, 신재생에너지, 로봇, 증강현실의 기술 수준이 2023년 한국과 비슷한 수준으로 발전하며, 경합 분야였던 첨단소재와 컴퓨팅 기술은 한국을 추월할 것으로 전망된다.

일본과의 기술격차도 2018년 한국은 일본에 비해 4차 산업혁명 9개 분야에 열위, 3개 분야 경합이다. 비교 열위 분야는 블록체인(이상 일본 140), 우주기술, 3D프린팅, 첨단소재, 컴퓨팅 기술(이상 일본 130), 바이오, IoT, 신재생에너지, 로봇(이상 일본 110)이며, 경합 기술은 AI, 증강현실, 드론이다. 2023년 한국은 일본에 대해서 블록체인에 대해서 비교열위에서 비교우위로 전환될 전망이나, 인공지능과 증강현실은 경합에서 비교열위로 경쟁력이 뒤처질 것

으로 조사되었다.[58]

<그림 3-3> 한국과 일본의 기술격차(2018-2023년)

<한국과 일본의 현재 기술격차> <한국과 일본의 5년 후 기술격차>

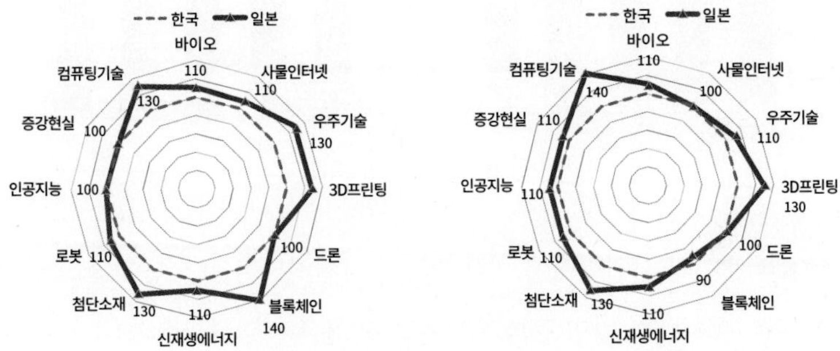

자료: 한국경제연구원(2018)

2) 4차 산업혁명 주요국 4차 산업혁명 환경 비교

한국의 4차 산업혁명 환경을 비교 분석해 보면, 한국경제연구원(2019)은 4차 산업혁명 관련 한국, 미국, 일본, 독일, 중국의 정책지원 수준과 정부 규제 강도 비교·조사에서 미국, 일본, 독일, 중국 등 주요 경쟁국과 비교하여 정책지원 수준은 가장 낮은 반면, 정부규제 강도는 가장 높다고 인식되고 있다.[59]

58 한국경제연구원(2018)

59 한국경제연구원(2019) 조사 분야는 '클라우스 슈밥'이 제시한 4차 산업혁명 12가지 분야 중 9개 분야로서 바이오, 사물인터넷, 우주기술, 3D프린팅, 드론, 블록체인, 신재생에너지, 인공지능, 가상·증강현실(VR·AR)이며, 미조사 분야는 컴퓨팅 기술, 로봇공학, 첨단소재이다.

<그림 3-4> 주요국 4차 산업혁명 정책지원 수준, 4차 산업혁명 정부규제 강도

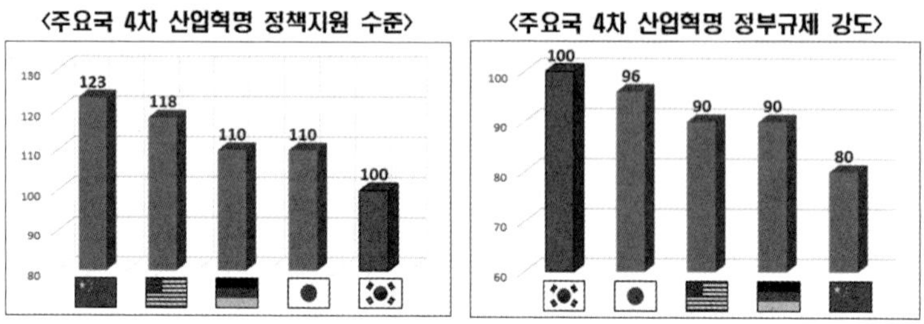

자료: 한국경제연구원(2019)

주요국 중 4차 산업혁명에 대한 한국의 정책지원이 가장 낮고(중국 123, 미국 118, 독일·일본 110, 한국 100), 반면 규제 강도는 가장 높은(중국 80, 미국·독일 90, 일본 96, 한국 100) 수준이다. 반면, 중국은 규제는 가장 낮고, 정책지원 수준이 가장 높고, 비교 대상 국가 중 4차 산업혁명 육성환경에 있어서 중국이 가장 앞서 나가고, 한국이 가장 뒤처져 있는 것으로 조사되어 심각한 우려가 있다.

<그림 3-5> 한국-중국 간 정책지원 및 정부규제 강도(2019) (기준: 한국 100)

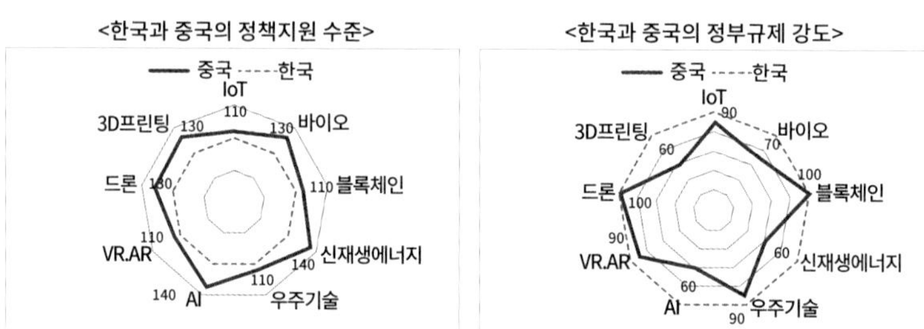

자료: 한국경제연구원(2019)

4차 산업혁명 9개 분야에 대한 한국, 중국 간 정책지원 비교에서 중국은 한국에 비해 모든 분야에서 앞서 있으며, 정부규제 강도도 9개 분야 모두

중국이 한국보다 약하거나 비슷한 것으로 조사되었다.[60]

<그림 3-6> 한국-미국 간 정책지원 및 정부규제 강도(2019) (기준: 한국 100)

<한국과 미국의 정책지원 수준> <한국과 미국의 정부규제 강도>

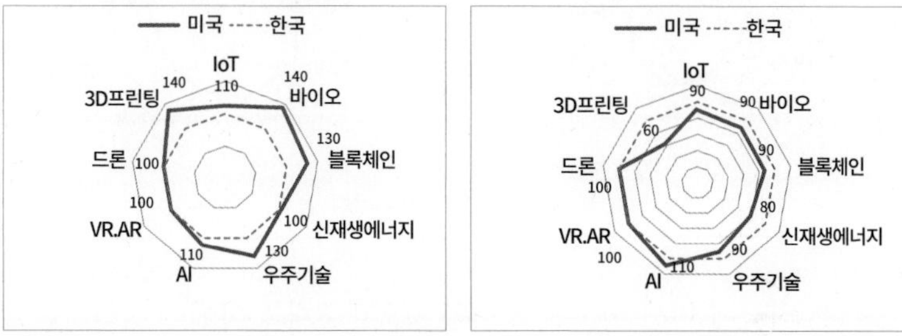

자료: 한국경제연구원(2019)

미국과의 정책지원을 비교하면 미국이 한국보다 6개 분야에서 지원 수준이 높고, 3개 분야에서는 비슷하며, 정부 규제 비교에서는 미국은 한국에 비해 AI 분야를 제외한 8개 분야에서 규제 강도가 약하거나 비슷한 것으로 나타났다.[61]

60 한국경제연구원(2019), p. 2. 분야별 한국의 정책지원 수준을 100으로 했을 때, 중국의 정책지원 수준은 신재생에너지 및 AI 140, 3D프린팅과 드론, 바이오 130. IoT, 블록체인, 우주기술, VR·AR 110이다. 정부 규제 강도도 9개 분야 모두 중국이 한국보다 약하거나 비슷한 것으로 조사되었다. 중국이 한국보다 규제 강도가 약한 분야는 7개로, 한국의 규제 강도를 100으로 했을 때, 중국은 3D프린팅, 신재생에너지, AI 60. 바이오 70. IoT, 우주기술, VR·AR 90이다. 드론과 블록체인은 각각 100으로 한국과 비슷하다.

61 한국의 정책지원 수준을 100으로 했을 때, 미국은 바이오, 3D프린팅 140. 블록체인, 우주기술 130. IoT, AI 110. 드론, 신재생에너지, VR·AR 100으로 조사되었다. 정부 규제 비교에서는, 미국은 한국에 비해 AI 분야를 제외한 8개 분야에서 규제 강도가 약하거나 비슷한 것으로 나타났다. 한국의 규제 강도를 100으로 했을 때, 미국은 3D프린팅 60. 신재생에너지 80. IoT, 바이오, 블록체인, 우주기술 90. 드론, VR·AR 100으로 한국보다 규제 강도가 약하거나 비슷하며 AI는 110으로 한국보다 규제가 강하다고 평가되었다. 한국경제연구원(2019)

<그림 3-7> 한국-일본 간 정책지원 및 정부규제 강도(2019) (기준: 한국 100)

<한국과 일본의 정책지원 수준>

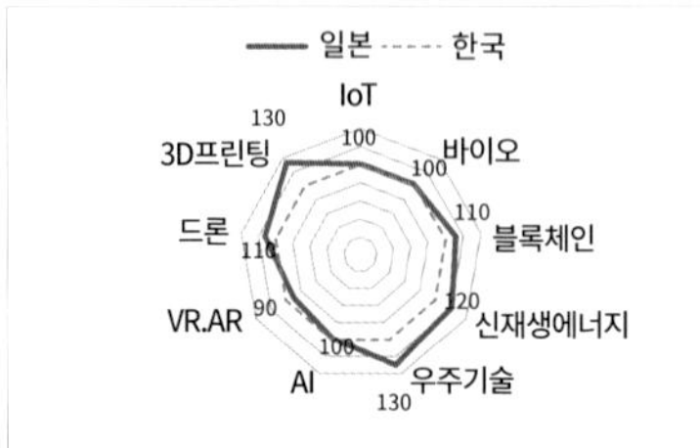

<한국과 일본의 정부규제 강도>

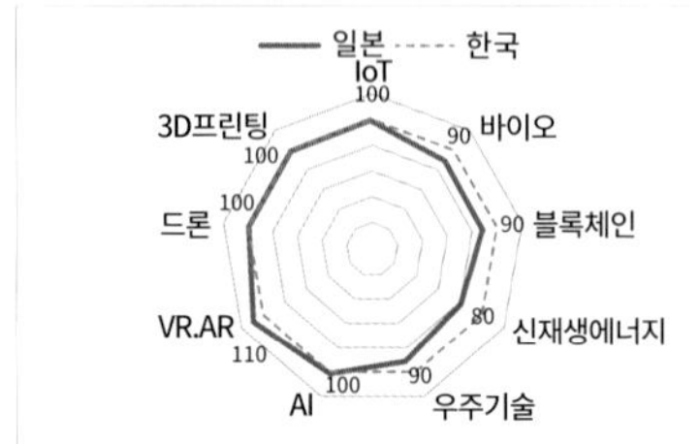

자료: 한국경제연구원(2019)

일본은 한국에 비해 VR·AR 분야를 제외한 8개 분야에서 정책지원 수준이 높거나 유사한 것으로 나타났다. 일본은 한국에 비해 정부규제는 VR·AR 분야를 제외한 8개 분야에서 규제 강도가 약하거나 비슷한 것으로 나타났다.[62] 독일은 한국에 비해 VR·AR를 제외한 8개 분야에서 정책지원 수준이 높거나 유사하며, 정부규제는 독일이 한국에 비해 AI를 제외한 8개 분야에서 규제 강도가 약하거나 비슷한 것으로 각각 조사되었다.[63]

62 한국경제연구원(2019), p. 3. 한국의 정책지원 수준을 100으로 가정했을 때, 일본은 3D프린팅, 우주기술 130. 신재생에너지 120. 블록체인, 드론 110. IoT, 바이오, AI 100. VR·AR 90으로 조사되었다. 정부 규제 비교에서는, 일본이 한국에 비해 VR·AR 분야를 제외한 8개 분야에서 규제 강도가 약하거나 비슷한 것으로 나타났다. 한국의 규제 강도를 100으로 했을 때, 일본은 신재생에너지 80. 바이오, 블록체인, 우주기술 90. IoT, 3D프린팅, 드론, AI 100. VR·AR 110으로 조사되었다.

63 한국경제연구원(2019), p. 4. 한국의 정책지원 수준을 100으로 가정했을 때, 독일은 3D프린팅 140. 블록체인 130. 신재생에너지 120. 바이오, 우주기술, AI 110. IoT, 드론 100. VR·AR 70으로 조사되었다. 정부 규제 비교에서는, 독일이 한국에 비해 AI를 제외한 8개 분야에서 규제 강도가 약하거나 비슷한 것으로 나타났다. 한국의 규제 강도를 100으로 했을 때, 독일은 3D프린팅, 우주기술 70. 블록체인, 신재생에너지 80. IoT, 바이오, VR·AR, 드론 100. AI 110으로 조사되었다.

<그림 3-8> 한국-독일 간 정책지원 및 정부규제 강도(2019) (기준: 한국 100)

<한국과 독일의 정책지원 수준> <한국과 독일의 정부규제 강도>

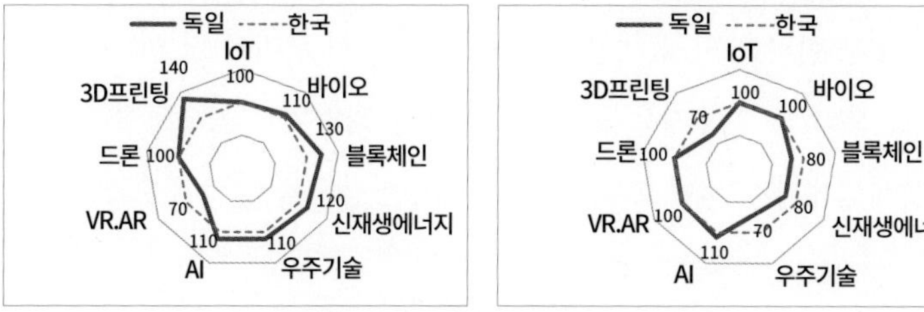

자료: 한국경제연구원(2019)

3) 한국과 타국의 4차 산업혁명 인력경쟁력 비교

한국의 미래 성장동력인 4차 산업혁명에 필요한 인력 현황을 주요국과 비교해 보면, 한국경제연구원(2020)의 '주요국 4차 산업혁명 인력경쟁력 현황 및 전망' 조사 결과, 2020년 한국과 타국의 인력경쟁력 현황 및 전망 비교에서 2020년과 향후 2025년 한국, 미국, 독일, 일본, 중국 등 총 5개 주요국의 4차 산업혁명 인력경쟁력을 비교 및 예측 조사에서 한국이 가장 뒤처져 있다. 한국의 경우 4차 산업혁명의 인력 부족률은 2020년 29.4%로 인력 수요의 약 3분의 1이 부족한 것으로 나타났고, 2025년에도 28.3%의 인력이 부족할 것으로 전망되었다. 2020년 한국, 미국, 독일, 일본, 중국 등 5개 주요국의 4차 산업혁명 인력경쟁력 비교에서 한국(100)은 미국(123.3), 독일(114.4), 일본(107.8), 중국(106.7)보다 가장 뒤처졌고, 2025년에도 미국(121.1), 중국(114.4), 독일(106.7), 일본(104.4) 보다 여전히 한국이 최하위일 것으로 예상된다. 문제는 졸업 후 미취업한 청년이 코로나 사태 등으로 2020년 사상 최대를 기록되었지만, 미래 성장동력인 4차 산업혁명 분야에서는 오히려 구인난이 있다는 조사 결과이다. 이는 일자리 미스매치 문제의 심각성을 보여주어 4차 산업혁명을 대비한 인재 육성이 필요하다는 점을 시사한다. 주요 국가별 4차 산업혁명의 9개 기반 기술에 대한 인력경쟁력 1위 분야(공동 1위 포함)를 살펴보면, 미국은 신재생에너지를 제외한 8개, 독일은 4개(3D프린팅, 신재생에너지, 첨단소재, 컴퓨팅 기술), 중국은 3개(블록체인, AI, 컴퓨팅 기술), 일본은 2개(블록체인, 첨단소재)로 나타났다. 한국은 비교 대상 국가 중 가장 앞선 분야가 단 하나도 없고, 9개 기술 분야 중 인공지능 등 6개 분야에서 최하위를 기록하였다. 다만, 로봇, 신재생에너지, 첨단소재 3개 분야에서는 중국을 앞선 것으로 조사되었다.[64]

<그림 3-9> 한국과 미국, 일본의 인력경쟁력 현황

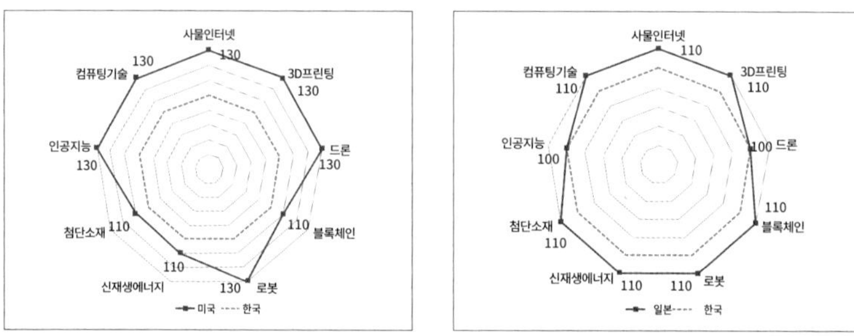

자료: 한국경제연구원(2020), p. 2.

<그림 3-10> 한국과 중국, 독일의 인력경쟁력 현황

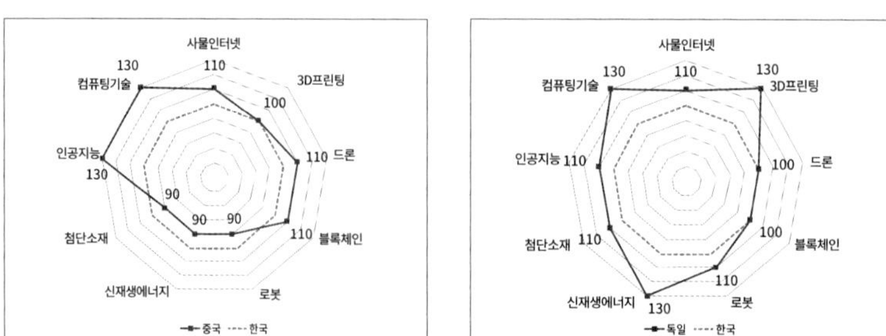

자료: 한국경제연구원(2020), p. 2.

64 한국경제연구원(2020)

2025년 기준 주요 국가별 4차 산업혁명 9개 기반 기술에 대한 인력경쟁력 공동 1위 포함한 1위 분야는 미국은 컴퓨팅 기술을 제외한 8개, 중국은 3개(드론, AI, 컴퓨팅 기술), 독일은 2개(3D프린팅, 신재생에너지), 일본은 2개(신재생에너지, 첨단소재)로 예상된다. 한국은 2020년 중국에 로봇, 신재생에너지, 첨단소재 3개 분야에서 앞서 있으나, 2025년에는 이 분야도 중국에 뒤처지고, 모든 4차 산업혁명 기술 분야에서 비교 대상 5개 국가 중 최하위를 차지할 것으로 전망되었다.[65]

<그림 3-11> 한국과 미국, 일본의 인력경쟁력 전망

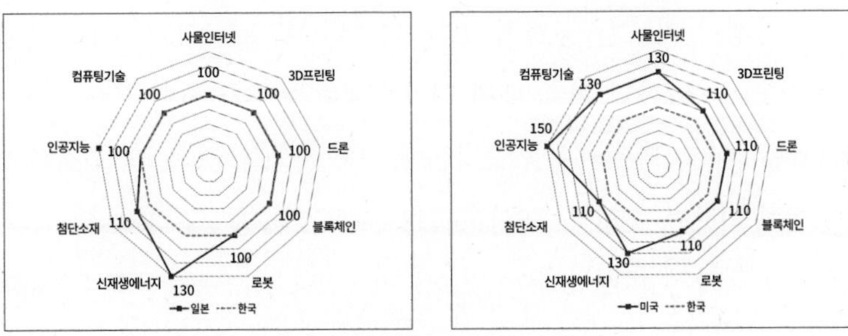

자료: 한국경제연구원(2020), p. 3.

<그림 3-12> 한국과 중국, 독일의 인력경쟁력 전망

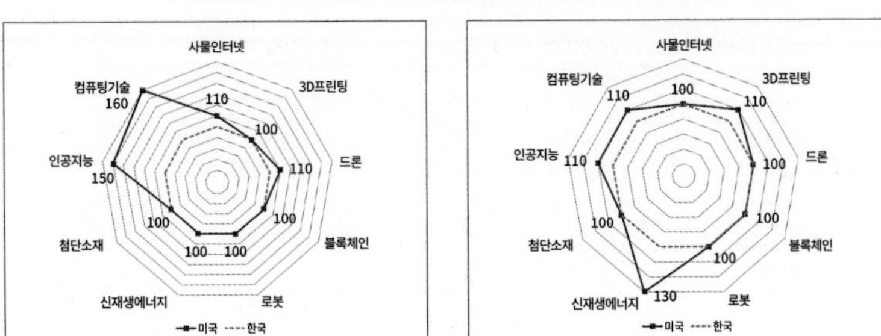

자료: 한국경제연구원(2020), p. 3.

65 한국경제연구원(2020)

2025년 한국은 특히 드론(75%), 로봇(55%) 등 분야에서 인력 부족률은 2020년보다 심각할 것으로 조사되었다. 산업계의 인력 확보 애로 요인은 실무에 적합한 기술 인력 부족(40.7%), 석박사 등 전문인력 부족(33.3%), 예산지원, 규제 완화 등 정부 지원 부족(11.1%), 근로시간, 호봉제 등 경직된 근무환경 및 조직문화(7.4%), 경쟁국 수준 임금 지급 어려움(7.4%) 등이다.[66]

3.2.3. 국가경쟁력 및 기업경쟁력

1) 국가경쟁력

국가경쟁력 지표는 공신력 있는 기관인 WEF, IMD가 매년 발표한다. WEF는 1979년 이후 매년 국가경쟁력을 평가하며 'The Global Competitiveness Report'를 발표하는데, 최근 한국의 WEF 국가경쟁력 평가 결과에 의하면, 17위(2017), 15위(2018), 13위(2019)로 매년 상승하여 주요 선진국 수준의 국가경쟁력을 보유한 것으로 평가된다. WEF는 한국의 4대 분야 순위를 보여주는 거시건전성 관리 노력과 적극적인 ICT 및 인프라 확충, 혁신성장 추진 등에 힘입어 기본환경과 혁신역량이 매우 우수하게 평가되었으나 생산물시장의 경쟁구조, 노동시장의 경직성 등이 상대적으로 취약한 것으로 나타났다.[67]

66 한국경제연구원(2020), p. 4.

67 기획재정부(2019), p. 1.

<표 3-4> 한국의 WEF 4대 분야 12개 부문별 순위(2019)

분야	기본환경				인적자원		시장				혁신생태계	
부문	제도	인프라	ICT 보급	거시경제 안정성	보건	기술	생산물 시장	노동 시장	금융 시스템	시장 규모	기업 활력	혁신 역량
18	27	6	1	1	19	27	67	48	19	14	22	8
19	26	6	1	1	8	27	59	51	18	14	25	6
변화	1				11		8	3	1		3	2

자료: WEF 'The Global Competitiveness Report', 기획재정부(2019), p. 1.

IMD도 매년 국가경쟁력을 평가하여 'World Competitiveness Yearbook'을 통해 순위를 발표한다. 한국의 IMD 국가경쟁력은 2018년 27위, 2019년 28위, 2020년 23위, 2021년 23위를 유지하고 있다. 반면 싱가포르, 중국은 각각 5위와 16위로 한국보다 앞서 있으며, 일본은 32위를 기록하였다. 한국 IMD 4대 분야 20개 부문별 순위에서 수출실적 상승 등으로 경제성과 분야가 상승하고, 기업 여건 등의 정부 효율성 부문은 다소 하락하였다.

<표 3-5> 주요국 IMD 국가경쟁력 (2020-2021)

구분	스위스	스웨덴	덴마크	네덜란드	싱가포르	노르웨이	홍콩
2020년	3	6	2	4	1	7	5
2021년	1	2	3	4	5	6	7
	대만	UAE	미국	중국	영국	한국	일본
2021년	11	9	10	20	19	23	34

자료: IMD 'World Competitiveness Yearbook'

<표 3-6> 한국 IMD 4대 분야 20개 부문별 순위(2021)

	경제성과 (27→18)					정부 효율성 (28→34)					기업 효율성 (28→27)					인프라 (16→17)				
	국내·경제	국제·무역	국제·투자	고용	물가	재정	조세정책	제도·여건	기업여건	사회·여건	생산성	노동·시장	금융시장	경영활동	행태가치	기본·인프라	기술·인프라	과학·인프라	보건·환경	교·육
'20년	11	41	30	12	48	27	19	29	46	31	38	28	34	36	15	20	13	3	31	27
'21년	5	33	34	5	51	26	25	30	49	33	31	37	23	30	21	18	17	2	30	30

자료: IMD 'World Competitiveness Yearbook', 기획재정부(2021)

WEF 'The Global Competitiveness Report', IMD 'World Competitiveness Yearbook'의 최근 국가경쟁력 발표에 의하면 한국의 국가경쟁력은 전반적으로 매년 조금씩 상승하고는 있지만, IMD의 조사처럼 기업 여건 등의 정부 효율성 부문은 다소 하락하고 있어 기업 여건 및 환경, 정부 효율성 개선이 필요하다. WEF 발표한 국가경쟁력 평가 순위에서도 한국은 '정부규제 부담' 부문은 87위로, 방글라데시(84위)나 에티오피아(88위) 등 세계 최빈국 수준과 비슷해 규제개혁이 필요하며, 정부 정책의 안정성(76위)도 미국이나 독일 등 주요국과 대비해 매우 낮은 수준으로 평가한다. 따라서 4차 산업혁명 시대와 팬데믹 상황에서 혁신을 저해하는 규제를 해소하려는 노력이 필요하며, 단기간에 시장성 검증과 경쟁력 확보가 어려운 신산업은 장기적 관점의 연속성 있는 정부 지원책이 필수적이다.[68]

블름버그(Bloomberg)도 매년 7개의 혁신지표(R&D 집중도, 제조업 부가가치, 생산성, 첨단

68 WEF(2020)

기술 집중도, 교육 효율성, 연구 집중도, 특허 활동)를 중심으로 60여 개국에 대한 혁신지수를 발표하는데, 2021년 한국은 1위로 GDP 대비 연구개발 비중 4.64%로 세계 2위(절대 규모 면에서는 세계 5위)를 차지하여, 싱가포르(2위), 스위스(3위), 독일(4위), 미국(11위), 일본(12위), 중국(16위)보다 높게 평가되었다.[69] 세계지식재산기구(WIPO)도 2021년 132개국을 대상으로 발표한 글로벌 혁신지수에서 스위스(1위), 스웨덴(2위), 미국(3위), 영국(4위)에 이어 한국이 5위로 아시아 경쟁국인 싱가포르(8위), 중국(12위), 일본(13위)보다 앞서 있다.[70] 81개 세부 지표는 크게 인적자본연구, 인프라, 기업고도화, 지식기술 산출, 창의적 산출 대분류로 구성되는데, 한국은 2020년보다 5개 많은 9개 지표에서 세계 1위를 차지하였다. 그중 지식재산 관련 지표는 GDP 대비 특허출원 등 4개이며, 정부 온라인 서비스, 하이테크 수출 비중 등도 새롭게 추가되었다.

2) 기업경쟁력

4차 산업혁명 시대는 기업이 기술 및 연구개발, 제품생산 등을 주도적으로 담당하게 될 것으로 예상되며, 기업의 경쟁력 평가 분석도 4차 산업혁명 시대 한국기업의 현주소를 이해하는 데 도움이 된다. 기업경쟁력 지표는 Fortune, Interbrand, Future Research, European Patent Office의 최근 기업 관련 경쟁력 발표를 중심으로 분석한다. Fortune은 매년 글로벌 500대 기업(Fortune 500 list of Companies), Interbrand는 최고 글로벌브랜드 100(Best Global Brands 2020), FutureBrand는 글로벌 브랜드 톱 100(The FutureBrand

---

69 Bloomberg(2021)

70 산업통상자원부(2021). 81개 세부지표는 크게 인적자본연구, 인프라, 기업고도화, 지식기술 산출, 창의적 산출 대분류로 구성되는데, 한국은 작년보다 5개 많은 9개 지표에서 세계 1위를 차지하였다. 그중 지식재산 관련 지표는 GDP 대비 특허출원 등 4개에 달하였고, 정부 온라인 서비스, 하이테크 수출비중 등도 새롭게 추가되었다.

Index Top 100), 유럽특허청(European Patent Office)은 4차산업 기술 특허 순위(Patents and the Fourth Industrial Revolution)를 각각 발표했다.

포춘(Fortune)사는 매년 전 세계 주요 국가 기업들의 재무제표를 바탕으로 매출액 기준 500대 기업 순위를 선정하여 발표하는데, '2021년 글로벌 500대 기업'(Fortune 500 list of companies 2021)에 월마트가 8년 연속 1위 자리 유지했으며, 삼성전자, 현대차, SK 등을 비롯하여 한국기업 15개 사가 포함되었다. 이는 2020년 14개 사가 포함된 것보다 1개 기업이 늘어난 수치이다.[71] 포춘 글로벌 500대 기업들의 전체 매출액은 2020년 31조 7천억 달러로 전 세계 GDP의 3분의 1이 넘으며, 순익은 1조 6천억 달러(20% 감소)를 올렸고 전 세계에서 6천 970만 명을 고용하고 있어 세계정제에 미치는 파급력이 아주 크다. 2021년 순위에서 중국 기업 122개(홍콩 포함 135개), 미국기업 122개, 일본 기업 53개가 각각 포함되어 한국보다 훨씬 많은 기업이 글로벌 500대 기업에 포함되었다.

글로벌브랜드 컨설팅 전문업체 Interbrand가 '2020년 최고 글로벌브랜드 100'(Best Global Brands 2020)에서 한국기업은 삼성전자는 5위, 현대차는 36위이며, 현대차는 자동차 브랜드 가운데 5위를 차지했다.[72] 삼성의 브랜드가치는 애플(1위), 아마존(2위), 마이크로소프트(3위), 구글(4위)에 이어 5위(623억 달러)이다. 삼성은 2000년 50억 달러(43위), 2010년 195억 달러(19위), 2012년 329억 달러(9위), 2017년 562억 달러(6위), 2019년 611억 달러(6위)로 꾸준히 상승세이다. 현대차는 토요타(7위), 메르세데스 벤츠(8위), BMW(11위), 혼다(20위)에 이어 36위이며, 전기차 기업 테슬라는 40위이다. 팬데믹으로 비대면 산업이 비약적으로

71 2021년 목록에 오른 기업들은 전 세계 220개 도시, 31개 국가에 본사를 둔 기업들이다. Fortune(2021)
72 Interbrand(2020)

발전하여 넷플릭스는 41위로 약진했고, 우버는 96위, 화상회의 시스템 줌(Zoom)이 100위로 처음 글로벌브랜드로 진입하여 팬데믹으로 초래된 급격한 변화는 전 세계 비즈니스에 장기적인 영향을 미치고 있다. 국가별로 미국은 애플(1위), 아마존(2위), 마이크로소프트(3위), 구글(4위), 인텔(12위), 페이스북(13위) 인스타그램(19위) 등 4차 산업혁명 관련 기업과 벤츠(8위), BMW(11위), 루이비통(17위), SAP(18위), 에르메스(28위), 아우디(44위), 폴크스바겐(47위), 필립스(53위), 지멘스(61위) 등 유럽 전통 제조기업들이 글로벌브랜드를 주도하고 있다. 일본은 7개로 토요타(7위), 혼다(20위), 소니(51위), 닛산(59위), 캐논(71위), 닌텐도(79위), 파나소닉(85위)이며, 중국기업은 화웨이(80위)가 유일하다. 지난 10년간 브랜드파워의 흐름을 살펴보면 전통적인 소니, 노키아, 모토로라 등 제조기업의 쇠퇴와 4차 산업혁명 관련 미국기업들의 약진이 인상적이다.

영국의 글로벌브랜드 컨설팅 전문업체 FutureBrand가 최근 발표한 '2021 글로벌 브랜드 톱 100'(The FutureBrand Index Top 100, 2021) 명단에서 한국기업으로는 삼성전자가 유일하게 13위를 기록했으나, 스마트폰 경쟁사인 미국 애플은 물론 반도체 경쟁사인 대만 TSMC에게 뒤처졌다.[73] 2014년 5위, 2016년 3위, 2018년 9위, 2020년 3위 등 매년 '톱10'에 올랐지만, 2021년 처음으로 10위 밖으로 밀려났다. 한편 산업 분야별 랭킹인 '테크놀로지' 브랜드 중에서는 ASML, 애플, 프로서스, TSMC, 마이크로소프트에 이어 6위를 기록하여 최근 삼성의 브랜드파워가 투자 지연 등의 요인으로 후퇴하였다.

유럽특허청(European Patent Office)의 4차산업 기술 특허 순위 발표에 의하면 삼성전자가 4차 산업혁명 관련 기술 특허를 전 세계기업 중 가장 많이 냈다. 2000년대부터 2018년까지의 4차 산업혁명 관련 전체 발명품의 4.6%

73 FutureBrand(2021)

에 해당하는 압도적인 수치로, 전 세계기업 중 삼성전자가 가장 많다. 기관으로는 한국전자통신연구원(ETRI)은 2000년부터 2018년 사이에 1,500개가 넘는 특허를 출원해 전 세계 공공 연구 기관과 대학들을 통틀어 1위에 올랐다. 큰 차이로 독일의 프라운호퍼 연구소(636개), 캘리포니아대(334개)가 그 뒤를 이었다. KAIST는 7위를 기록하며 미국 MIT보다 한 단계 높은 순위를 기록했다.

<그림 3-13> Patents and the Fourth Industrial Revolution (2010-2018)

Comparison of top 10 applicants between 2000-2009 and 2010-2018

	Ranking 2000-2009			Ranking 2010-2018	
	Company	Share		Company	Share
1	SAMSUNG ELECTRONICS [KR]	2.8%	1	SAMSUNG ELECTRONICS [KR]	5.2%
2	SONY [JP]	2.6%	2	LG [KR]	2.9%
3	PANASONIC [JP]	2.1%	3	QUALCOMM [US]	2.7%
4	SIEMENS [DE]	1.8%	4	SONY [JP]	2.4%
5	NOKIA [FI]	1.8%	5	HUAWEI [CN]	2.1%
6	PHILIPS [NL]	1.7%	6	INTEL [US]	2.0%
7	APPLE [US]	1.5%	7	MICROSOFT [US]	1.8%
8	MICROSOFT [US]	1.5%	8	ERICSSON [SE]	1.7%
9	CANON [JP]	1.4%	9	NOKIA [FI]	1.5%
10	HITACHI [JP]	1.3%	10	APPLE [US]	1.5%
	Total 2000-2009	18.5%		Total 2010-2018	23.8%

자료: European Patent Office(2020), p. 12.

<그림 3-14> Universities and Public Research Organisations (2000-2018)

	Institution	IPFs	Specialisation (RTA > 1.5)
1	ETRI (ELECTRONICS AND TELECOMMUNICATIONS RESEARCH INSTITUTE) [KR]	1566	Power supply, data security, software
2	FRAUNHOFER [DE]	636	User interfaces
3	UNIVERSITY OF CALIFORNIA [US]	334	Healthcare, agriculture, core AI, 3D systems
4	ITRI (INDUSTRIAL TECHNOLOGY RESEARCH INSTITUTE) [TW]	290	-
5	CAICT (CHINA ACADEMY OF INFORMATION AND COMMUNICATIONS TECHNOLOGY) [CN]	281	Core sectors, power supply, connectivity
6	HARVARD UNIVERSITY [US]	229	Healthcare, 3D systems
7	KAIST (KOREA ADVANCED INSTITUTE OF SCIENCE AND TECHNOLOGY)	185	Healthcare, power supply
8	MIT (MASSACHUSETTS INSTITUTE OF TECHNOLOGY) [US]	179	Healthcare, core AI, geo-positioning, 3D systems
9	CEA (COMMISSARIAT A L'ENERGIE ATOMIQUE) [FR]	169	Core AI, geo-positioning, power supply
10	TNO (NETHERLANDS ORGANISATION FOR APPLIED SCIENTIFIC RESEARCH) [NL]	138	Home, data security, connectivity

자료: European Patent Office(2020), p. 48.

3.2.4. 기업의 규제인식

1998년 규제개혁위원회를 설립, 2017년 4차 산업혁명위원회 출범 등 규제개혁을 위해 많은 노력에도 불구하고, 한국의 규제수준은 국가경쟁력 및 경쟁국 대비 높은 수준이다. IMD(2019)에 의하면 한국기업 관련 규제 부문 순위는 조사대상 63개국 중 50위로 전년 47위에 비해 하락하였으며, WEF(2018) 규제 부담 순위에서는 한국은 79위로 인도(16위), 중국(18위), 인도네시아(26위), 일본(32위)보다 순위가 낮다. 또한 OECD(2018) 상품시장규제지수에서 한국은 34개국 중 30위로 규제수준이 상당히 높은 편이다.[74] 다음은 국토연구원(2019), 국제무역연구원(2019), 현대경제연구원(2017), 대한상공회의소(2017)가 조사한 4차 산업혁명에 대한 한국기업의 인식 특히 규제 부문 인식에 대해서 분석한다. 국토연구원(2019)의 일반 제조업체들의 4차 산업혁명 규제수준 인식조사에서 AI, 드론, 로봇 등 4차 산업혁명 관련 부문 기업과 기계, 자동차, 부품 등 일반 제조업체를 대상으로 한 규제인식조사에서도 아직도 기업 체감 규제수준과 강도는 높은 것으로 나타나고, 전반적인 규제수준은 '높다'(41.9%)라는 인식이 '낮다'(10.1%)보다 크게 높은 수준이다. 기업들은 제품의 사전인증 절차가 복잡하고 신기술 신산업에 대한 요건 기준이 한정적이기 때문에 규제개선 필요성에 대해 77.8%는 '필요하다'고 응답했다. 조사 응답 기업들은 정부의 4차 산업혁명 규제개선 정책과제의 중요도 평가항목에서 '규제 담당 공무원의 전문성과 문제해결 역량 강화'(5.44점, 7점 만점), '원스톱서비스 등 효율적 규제행정 시스템 운영'(5.36점), '신기술, 신규 융합 업종에 대한 입지 규제 적용'(5.18점), '특정 분야의 개인정보

74 국제무역연구원(2019), p. 2.

의 보호 활용 요건 완화'(5.17점) 등 순으로 나타나 4차 산업혁명 규제개선에서 '규제 담당 공무원의 전문성과 문제해결 역량 강화'의 중요성과 필요성을 보여준다.[75]

국제무역연구원(2019)의 신산업 규제개선에 관한 한국과 주요국 비교조사에 의하면 한국경제는 혁신동력이 추세적으로 약화 되어 경제성장률 둔화가 지속되고, 사업 부문에서 규제가 혁신의 걸림돌로 작용했다. 일례로 한국의 경우 해외 신사업 모델인 Airbnb, Uber와 같은 공유 산업이 여러 가지 규제로 인해 사업을 영위할 수 없는 상황이다. 승차 공유, 핀테크, 원격의료 등의 신산업 모델에 대한 규제가 혁신의 장애물로 작용한다. 데이터 규제수준도 중국, 인도, 일본에 비해 강도가 높은 것으로 나타나 4차 산업혁명 시대에 혁신을 주도할 신산업분야가 각종 규제로 성장이 제약되고 혁신의 장애물로 작용한다.[76]

<표 3-7> 신사업 한국내 추진 곤란한 사례

구분	투자액	업체수	업체 예시
불가	40.9%	13	Airbnb, UBER
조건부 가능	30.4%	44	SoFi, Credit Kama
가능	28.7%	43	Spotify, instacart

자료: Pinchbook, 정부자료(2018). 국제무역연구원(2019), p. 1. 에서 재인용

현대경제연구원(2017)은 선진국의 4차 산업혁명에 대한 대응 수준(10점)과 비교하였는데 한국 정부의 대응은 낮은 수준(6.3점)으로 조사되었고, 산업

75 정우성 외(2019), pp. 1-3.

76 국제무역연구원(2019)

별로는 제조업에 대한 정부 대응 수준(6.4점)이 서비스업(6.0점)보다 다소 높게 나타났다. 기업들은 4차 산업혁명에 대한 대응이 미흡한 가장 큰 이유가 과도한 규제 및 인프라 부족이며, 서비스업 기업이 제조업에 비해 4차 산업혁명 대응이 어려운 주요 원인은 전통 주력산업 위주의 경제정책인 것으로 조사되었다.[77] 따라서 기업들은 과도한 규제가 4차 산업혁명에 가장 큰 걸림돌로 인식하고 있는 것으로 분석된다.

<표 3-8> 데이터 규제수준

(1:낮음 -> 5: 높음)	한국	중국	일본	인도
데이터 관리	5	4	3	3
마케팅 활용	5	4	4	3
데이터 국외이전	5	3	1	3
법규 집행 강도	4	4	2	2

자료: Hogan Lovells, 정부자료(2018), 국제무역연구원(2019), p. 1. 에서 재인용

대한상공회의소(2017)의 한국의 신산업 차질 유형 및 차질 경험의 조사에서도 한국기업들은 규제로 어려움을 겪고 있는 것으로 나타났다. 5개 신산업분야 700여개 기업을 대상으로 '국내 신산업 규제 애로 실태조사'를 실시한 결과, 설문에 응답한 기업 중 53.1%가 정부규제로 사업 추진이 지연된 경험이 있다고 답했다. 실제로 현장에서는 4차 산업혁명 핵심과제인 IoT, 빅데이터, 자율주행, 드론, 핀테크, 바이오 의약품 등 차세대 혁신산업에 대한 규제로 근원적 경쟁력 확보에 어려움을 겪고 있다. 또한 AI, IoT, 3D프린팅 등 4차 산업혁명 관련 기술들을 이용하면 생산·소비 등 경

77 주원 외(2017), pp. 6-10.

제 활동부터 건강·의료·공공서비스 등에 이르기까지 활용범위가 다양하지만, 규제에 가로막혀 실제로 적용할 수 있는 분야는 한정적이다.[78]

대한상공회의소 규제혁신팀(2021)은 신산업에 진출했거나 진출할 계획이 있는 기업 244개사를 대상으로 '신산업 규제환경에 대한 인식'을 조사한 결과, '사업지연'(71.8%), '사업 축소·변경'(37.9%), '추가비용 발생'(34.7%), '사업포기'(12.1%), '해외진출 추진'(10.5%)으로 많은 기업이 규제로 인해 사업 차질 경험을 겪었다고 답했다. 신산업 분야에 진출한 기업들이 겪은 규제 애로 유형으로는 '근거법령이 없거나 불분명'(55.6%)한 경우가 가장 많았으며, '인증·허가 등 복잡한 행정절차'(47.6%), '제품·서비스 원천 금지'(34.7%), '시설·업력 등 자격요건 제한'(19.4%) 등으로 조사됐다. 신산업 규제의 주요 문제점으로 '포지티브 규제'(29.9%), '진입장벽'(27.5%), '법제도 미비'(26.6%), '공무원의 소극적 태도'(13.1%) 순이다.[79]

3.2.5. 4차 산업혁명에 대한 기업 인식

현대경제연구원(2017)의 4차 산업혁명에 대한 기업 인식도 조사에 의하면 국내 기업 중 약 43.2%가 4차 산업혁명에 대해 인지하고 있고, 서비스업(51.5%) 기업이 제조업(40.9%) 기업보다 상대적으로 인지도가 높다. 기업들은 한국기업과 정부의 4차 산업혁명에 대한 대응 수준이 매우 미흡하며, 기업은 4차 산업혁명에 대한 대응 수준(7.1점)이 글로벌기업(10점)에 비해 미흡하다고 각각 평가하고 있다. 기업들은 정부가 기업투자 관련 세제 혜택, 산업규

78 대한상공회의소(2017)

79 대한상공회의소 규제혁신팀(2021)

제 혁신 및 법률 정비, 인적자본투자의 필요성을 지적했다.[80] KOTRA(2018)의 4차 산업혁명 인식 현황 조사에서는 전체 응답자 중 77%가 인식하고 있어 산업계에서 4차 산업혁명에 대한 인식이 점차 높아지고 있지만, 혁신적 변화에 대한 준비는 상대적으로 미흡한 것으로 조사되었다. 5개국 간 경쟁력 비교에서 한국(100 기준)은 독일, 미국, 일본 대비 경쟁력 열위이고, 중국은 항공·드론(96), 전기차·자율차(89), AR·VR(88) 분야는 상대적으로 높은 평가로 일부 분야에서 한국을 근소한 격차로 추격하고 있다. 한국 12개 신산업 요소별 평가에서 전반적으로 품질·기술력은 우수하나, AS 등 고객관리, 합리적 가격에 대한 평가는 낮은 것으로 평가했다.[81]

한국은행(2018)의 제조업체의 4차 산업혁명에 대한 인식 및 대응 현황 조사에 의하면 4차 산업혁명이 각 업체에 미칠 영향에 대해서는 57.9%가 '중요하다'('매우 중요하다' 6.3%, '중요하다' 51.7%)고 보았으며 28.4%는 '중요하지 않다'로 13.7%는 '잘 모르겠다'로 응답했다. 4차 산업혁명에 대해 '알고 있다'라고 응답한 업체의 69.7%, '들어 보았다'고 응답한 업체의 38.0%가 중요하다고 응답해 4차 산업혁명에 대한 이해도가 높을수록 각 업체에 미칠 영향이 클 것으로 판단된다.[82] 또한 조사 대상기업의 64.4%가 4차 산업혁명에 대해 '알고 있다'('잘 알고 있다' 14.0%, '어느 정도 알고 있다' 50.4%)고 응답하였고, '들어보았다'라는 응답한 업체가 33.8%로 대체로 4차 산업혁명에 대해 인식하고 있다. 이는 현대경제연구원(2017), KOTRA(2018) 설문 조사 때보다 4차 산업혁명에 대한 인식 수준이 시간이 지날수록 높아지고 있다는 것을 보여준다.

---

80 주원 외(2017), pp. 2-4.

81 박건원(2018)

82 조사대상 업체는 규모별로 대기업 138개(50.7%)와 중소기업 134개(49.3%)였으며 업종별로는 IT 37개(13.6%), 자동차 30개(11.0%), 석유화학·정제 29개(10.7%), 기계장비 26개(10.7%), 철강 22개(8.1%), 조선 12개(4.4%) 및 기타 업종 116개(42.6%)였다. 한국은행(2018)

4차 산업혁명이 각 업체에 미칠 영향에 대해서는 57.9%가 '중요하다'('매우 중요하다' 6.3%, '중요하다' 51.7%)고 인식하고, 반면 '중요하지 않다', '잘 모르겠다'는 각각 28.4%, 13.7%로 응답했는데 4차 산업혁명에 대한 이해도가 높을수록 각 업체에 미칠 영향이 클 것으로 판단했다.

4차 산업혁명이 각 업체에 미칠 긍정적 영향으로 '생산성 향상'(26.1%), '생산비용 절감'(23.3%), '고객의 다양한 니즈 충족'(17.3%), '혁신제품 개발'(14.5%), '고객 접근성 강화를 통한 제품 판매시장 확대'(10.3%), '사업영역 확대'(7.2%), '기타'(1.3%)가 있다. 반면 4차 산업혁명이 각 업체에 미칠 부정적 영향으로는 '신규투자 관련 비용 증가'(39.0%), '경쟁 심화와 수익성 악화'(20.2%), '사업환경의 불확실성 확대'(18.5%), '사이버 위험 증가'(11.3%), '기존시장 잠식'(9.2%), '기타'(1.7%)가 있다. 4차 산업혁명이 고용에 미칠 영향에 대해 '고용 감소' 59.0%, '고용 증가' 15.4%, '고용 변화가 거의 없을 것' 25.6%로 각각 응답했는데, '고용 감소'를 예상한 업체 중 61.8%가 정규직·풀타임에서 고용 증가를 전망했다.[83] 4차 산업혁명이 초래할 영향력의 중요성을 인식한 업체 중 이미 대응책을 마련하여 실행하고 있는 업체(25.6%), 대응계획 수립 후 실행 직전 단계인 업체(12.2%), 현재 대응 관련 논의를 진행 중인 업체(43.6%)가 많으며, 반면 대응하지 않고 있는 업체들도 18.6%이다.

4차 산업혁명의 중요성을 인식한 기업 중 이미 도입해 활용 중인 4차 산업혁명 기술은 로봇(37.3%), 스마트팩토리(32.8%), 빅데이터(28.6%), IoT(21.0%), 무

83 업종별로는 석유화학·정제, 자동차, 철강, 조선 등에서는 '고용 감소'를 예상하는 응답 비중이 높았으나, IT산업에서는 '고용 증가'를 예상하는 응답 비중이 더 높았다. 고용 감소를 예상하는 업체 비중은 석유화학·정제(71.4%), 자동차(68.4%), 철강(62.5%) 순으로 높았고 각각 증가 예상 업체 비중(14.3%, 5.3%, 6.3%)을 크게 상회한 반면, IT산업은 고용 증가를 예상하는 업체 비중(46.2%)이 감소 예상 업체 비중(19.2%)보다 상당 폭 높게 나타났다.

인운송수단(20.5%), 3D프린팅(15.1%), AI(14.4%), 블록체인(3.5%)의 순이다.[84] 조사대상 업체들은 4차 산업혁명 대응 관련 애로사항으로 '기술 역량 부족'(29.9%), '핵심 인력 확보 애로'(21.3%), '국내 인프라 부족'(17.5%), '투자자금 부족'(16.0%), '정부의 지원정책 미흡'(10.4%), '경영층의 인식 부족'(3.8%) 등으로 업체들은 정부의 관련 인프라 확충, 투자 관련 보조금 지급, 세제 혜택, 교육훈련비 지원, 투자 관련 규제 완화 등이 4차 산업혁명에 대응하는 데 도움이 될 것으로 기대한다.[85]

3.2.6. 시사점

한국의 4차 산업혁명과 연관된 경쟁국과의 기술 수준 비교, 국가 및 기업경쟁력, 규제 및 기업의 규제인식, 기업의 4차 산업혁명에 대한 인식과 한국의 현주소를 공신력 있는 국내외기관의 최신 발표 및 보고서를 중심으로 분석하였다. 미국, 독일, 일본, 중국 등 주요 경쟁국의 4차 산업혁명 기술 수준, 정책지원 및 규제 정도의 환경 비교, 4차산업 인력경쟁력 등을 비교분석에서 몇가지의 시사점을 알 수 있다. 첫째, 한국과 경쟁국의 4차 산업혁명 기반 기술 측면에서 한국은 4차 산업혁명이 타국에 비교열위이다. 특히 중국은 4차 산업혁명 기술에 대한 빠른 발전 속도로 바이오, 사물인터넷, 신재생에너지, 로봇, 증강현실의 기술 수준이 2023년 한국과 비슷한 수준으로 발전하며, 경합 분야였던 첨단소재와 컴퓨팅 기술은 한국을 추월

84 한편 한국은행 대구경북본부가 2018년 5월 지역 내 비제조업체 117개사를 대상으로 4차 산업혁명 관련 도입·활용 중인 기술을 조사한 결과 빅데이터(22.2%), 무인운송수단(13.4%), AI(13.0%) 등의 응답 비중이 높았으며, 향후 5년 이내에 도입을 희망하는 기술로는 빅데이터(16.5%)와 AI(16.0%)을 우선순위로 고려하고 있는 것으로 나타났다. 한국은행(2018)

85 한국은행(2018)

할 것으로 전망되어 이에 대응 전략이 시급하다.

둘째, 4차 산업혁명 관련 한국, 미국, 일본, 독일, 중국의 정책지원 수준과 정부규제 강도에 대한 비교·조사에서 미국, 일본, 독일, 중국 등 주요 경쟁국과 비교하여 정책지원 수준은 가장 낮은 반면, 정부규제 강도는 가장 높다고 인식되고 있어 이에 개선이 필요하다.

셋째, 한국의 미래성장동력인 4차 산업혁명에 필요한 인력 현황을 주요국과 비교에서 2020년과 향후 2025년 한국, 미국, 독일, 일본, 중국 등 총 5개 주요국의 4차 산업혁명 인력경쟁력을 비교 및 예측한 조사에서 한국이 가장 뒤처져 있어 필수 인력양성이 시급하다.

넷째, 국가 및 기업경쟁력 이면에서 WEF, IMD의 최근 국가경쟁력 발표에 의하면 한국의 국가경쟁력은 전반적으로 매년 조금씩 상승하고는 있지만, IMD의 조사처럼 기업 여건 등의 정부 효율성 부문은 다소 하락하고 있어 기업 여건 및 환경, 정부 효율성 개선이 필요하다. 최근 비대면 팬데믹으로 넷플릭스, 우버, 화상회의 줌(Zoom) 등이 글로벌브랜드로 부상했다. 또한 지난 10년간 브랜드파워의 흐름을 살펴보면 전통적인 소니, 노키아, 모토로라 등 제조기업보다는 미국 중심의 4차 산업혁명 관련 기업들의 약진이 인상적이다.

다섯째, 규제 및 기업의 규제인식 면에서 규제개혁을 위해 많은 노력에도 불구하고 IMD, WEF, OECD의 자료에 의하면, 한국의 규제수준은 아직 국가경쟁력 및 경쟁국 대비 높은 수준을 유지하고 있어 이에 대한 진지한 부처별 및 부처간 검토가 필요하다.

여섯째, 기업의 4차 산업혁명에 대한 인식에서 4차 산업혁명에 대한 기업의 인식도 조사에 의하면 산업계에서 4차 산업혁명에 대한 인식이 점차 높아지고 있지만, 혁신적 변화에 대한 준비는 상대적으로 미흡한 것으로 조사되었다. 기업들은 4차 산업혁명 준비와 관련하여 투자 불확실성, 전문

인력 부족, 신 비즈니스모델 창출 어려움을 가장 큰 애로사항으로 지적했다. 4차 산업혁명의 국내 활성화를 위해서는 산업간 협업, 전문인력 양성, 규제개혁 등이 시급한 사항으로 인식하고 있다.[86]

86 강준모 외(2017)

Ⅳ.

주요국의 4차 산업혁명 성공정책

4.1. 미국

4.1.1. 미국 4차 산업혁명과 정책

미국의 4차 산업혁명은 경쟁력 강화 및 혁신 기술 개발에 중점을 두고 추진하고 있다. 오바마 정부는 경쟁력 강화 정책('미국 경쟁력 이니셔티브', 2006)을 구체적으로 발전시켰다. '미국혁신전략'은 과학기술정책의 기본방침으로, 세계에서 가장 혁신적인 경제 국가로서의 위상을 유지함과 동시에 당면한 국가적 과제 해결을 목표로 하며, 세부 전략으로 혁신 기반의 투자, 경쟁 환경의 정비를 국가 최우선 과제로 삼아 대응하는 것을 제시했다.[87] 2015년 오바마 정부는 혁신전략을 구체적으로 추가한 '신미국혁신전략'(New Strategy for American Innovation)에서 핵심 목표를 R&D 투자 및 장기적 경제성장의 토대 마련, 9대 전략 분야 집중 투자를 통한 국가 우선 과제 해결 및 공동 번영 창출, 정부 성과 개선 및 민간 주도 혁신환경 조성을 위한 정부 혁신역량 제고 등으로 설정했다. 그리고 혁신 강대국 지위 유지에 있어 중요한 9대 전략 분야에 대한 적극적인 투자를 강조했다.[88] 최근 바이든 정부는 고용 및 산업 부흥을 위하여 환경 인프라와 AI 등 IT분야에 3조 달러를 투입하는 등 뉴딜정책을 적극 추진하고 있다. 미국의 4차 산업혁명 정책 목표는 산업인터넷, 3D 프린팅, AI 등의 산업에서 최고의 기술력 확보와 이를 활용한 제조혁신 및 경쟁력 제고이다.

미국 경제는 서브프라임 충격으로 일자리 창출의 중요성이 부각 되면서 미국 제조업 부흥이 큰 이슈가 되었다. 오바마 행정부에 의해 추진된 제조업 혁신정책을 추진하는 과정에서 4차 산업혁명 시대를 준비하는데 핵심적인 기술들이 선정되었다. 제조업 혁신 클러스터(연구소)를 전국적인 네트워크로 서로 연결하여 혁신을 가속화한다는 오바마 행정부의 구상은 '국가제조업 혁신네트워크'(NNMI: National Network for Manufacturing Innovation) 발표로 구체화 되었다. 미국 정부는 4차 산업혁명에 대비하기 위한 종합 대책을 제시하고 있지는 않지만, 각 산업부문별로 제도 보완 측면에서 대응하고 있

87 The White House(2006)

88 The White House(2015) 9대 전략 기획 분야(areas of strategic opportunity)는 첨단제조업(advanced manufacturing), 정밀 의학(precision medicine), 두뇌 이니셔티브(brain initiative), 첨단 자동차(advanced vehicles), 스마트시티(smart cities), 청정에너지 및 에너지 효율 기술(clean energy and energy efficient technologies), 교육용 기술(educational technology), 우주(space), 고성능컴퓨팅(new frontiers in computing)이다.

다. 미국 정부 주도의 4차 산업혁명 대응 정책은 국가제조업 혁신네트워크, 클라우딩, IoT 인터넷, 빅데이터 및 관련 R&D, 자율주행차, AI 등의 핵심 분야의 집중 육성이다. 이러한 4차 산업혁명에 대비하기 위한 미국 정부의 노력이 기술, 일자리, 경쟁력 부문에서 가시적인 성과로 나타나고 있다.

1) 첨단제조파트너십(Advanced Manufacturing Partnership)

미국 정부는 4차 산업혁명에 필요한 제조업 기술 지원을 위해 2012년 'The President's Plan to Revitalize American Manufacturing'을 공표함과 동시에, 제조업 이노베이션을 추진할 산관학 협력 주체(hub)로서 15개의 '제조업 혁신연구소'(Institutes for Manufacturing Innovation)를 설립하였다. 또 제조 기술의 혁신을 통해 제조업 경쟁력을 강화하고 4차 산업혁명에 대비하기 위하여 향후 유망 제조 기술 중점 육성 분야와 잠재적 유망 투자 분야를 선정해왔다.[89] 미국의 혁신정책으로 '첨단제조파트너십'(Advanced Manufacturing Partnership)과 '새로운 미국 혁신전략'(New Strategy for American Innovation)이 있다. 미국 혁신전략은 1차(2009), 2차(2011)에 이어 2015년부터 시작된 정책으로 4차 산업혁명과 연관된 9대 전략 기술 산업 분야를 정부가 선정하고, 향후 민간이 주도할 혁신환경을 조성하는 것이 목표이다. 정부보다는 민간 주도의 산업 발전을 추구하고 있는 미국의 혁신정책은 대부분 민간이 활동할 수 있는 영역의 인프라를 구축하는 형태로 진행되고 있다는 점이 특징이다.[90] 첨단제조파트너십은 미국 제조업의 해외유출(offshoring)을 다시 본국 회귀(reshoring)를 위한 정책의 일환으로 추진되었다. 타국으로 이전된 제조시

89 김규판 외(2017), pp. 59-64.

90 첨단제조, 정밀의료, 두뇌, 첨단자동차, 스마트시티, 청정에너지, 교육기술, 우주, 고성능컴퓨팅. 김승현(2017), pp. 3-4.

설 이탈을 극복하기 위해서는 높은 수준의 자동화나 고급인력 중심의 생산시설로 타국(개발도상국)에 비해 비교우위를 가지는 생산수단을 중심으로 생산시설이 재편될 필요성이 제기되었다.[91] 최근 4차 산업혁명의 진전, 미·중 기술분쟁 및 팬데믹 등으로 GVC에 변화가 발생하였고 이런 변화는 미국기업들의 본국 회귀에도 영향을 미치고 있다.[92]

미국은 2013년 R&D 투자와 인프라 확충을 위해 해당 정책을 추진하고, 산업 내 기술 이슈 해결을 위해 '제조업혁신센터'(Manufacturing Innovation Institute)를 미국 전역에 확대하는 '국가제조업 혁신 네트워크'(NNMI)를 출범시켰다. 제조업 혁신 클러스터(연구소)를 전국적인 네트워크로 서로 연결하여 혁신을 가속화 한다는 구상은 2013년 '국가제조업 혁신 네트워크' 발표로 구체화 되었으며, 2014년에는 유망 제조인력의 혁신과 구체화된 전략을 포함한 '첨단제조파트너십 2.0'을 발표하여 NNMI의 부족한 부분을 보완 및 추진하고 있다.[93] NNMI 구상의 핵심적인 역할을 수행하는 제조업 혁신연구소에는 관련 정부 부처, 연구소, 기업 등이 참여하고 있다. 첨단제조업 연구소 설립 시 기업들은 정부의 예산지원 규모와 비슷하거나 큰 금액의 매칭펀드를 조성하고 있으며, 연구소에서 진행되는 각종 프로젝트에도 참여하고 있다.[94] 한편 미국 정부는 2012년부터 4차 산업혁명에 대비한 미국 첨단제조 기술 중점 육성 우선 기술 분야를 선정했는데, 3D 프린팅, 센서, 검

91 김승현(2017), pp. 3-4.

92 Bank of America(2020)

93 김규판 외(2017), p. 61, 김승현(2017), pp. 3-4, 백흥기, 이장균(2017), pp. 4-5.

94 김규판 외(2017), pp. 61-62. 2012년부터 2017년 3월까지 총 14개의 '첨단제조업 혁신연구소'가 설립되었는데, 적층가공, 디지털 제조설계, 경량화 금속개발, 차세대 전력전자, 첨단소재, 직접광학, 유연 하이브리드 전자제품, 첨단 기능성 섬유, 스마트 제조혁신, 제조업 생물 약재, 생체조직 제조, 에너지 지속가능 제조업, 첨단 로봇 제조, 화학 재료 공정 등의 분야에 연방정부와 매칭으로 미국의 첨단 연구소 설립 및 운영하고 있다.

사장비 등 4차 산업혁명에 대비하기 위한 기초기술이 주로 선정되었으며, 2016년에는 바이오 제조, 재생의료를 위한 생체공학, 지속 가능한 제조공정 등 보다 많은 응용기술이 선정되었다.[95] 미국 정부의 첨단제조업 혁신정책의 핵심은 산관학 협력을 통해 4차 산업혁명에서 필요로 하는 첨단제조기술을 연구하고 개발된 기술을 상업화할 수 있도록 제도적으로 지원하는 것이다. 특히 미국은 기업들이 제조업 혁신 클러스터에 초기부터 참여하여 자신들이 필요로 하는 것을 수시로 정부에 요구함으로써 제품의 개발부터 상업화까지의 기간을 최소한으로 줄이는 데 많은 노력을 하고 있다는 점이 특징이다.[96]

2) 벤처기업 육성 및 산업부문별 제도 보완

미국 정부는 4차 산업혁명과 관련된 혁신기술 개발에 벤처기업의 역할의 중요성을 인식하고 벤처기업에 대한 지원을 강화하였으며, 또한 산업부문별 제도 보완 지원을 강화하였다.[97] 첫째, 벤처기업 육성을 위하여 오바마 정부는 2011년 'Startup America Initiative'를 발표하는 등 벤처기업의 창업과 일자리 창출 지원을 매우 적극적으로 추진했는데, 'Startup America Initiative'에서는 혁신기술 개발을 위해 정부, 기업, 대학, 재단 등 공공 및 민간부문의 협력을 강조하고 있다. 연방정부 R&D 투자에 대해 상업화(commercialization)를 강조함으로써 신산업 창출 및 혁신적인 스타트업 기업양성을 간접적으로 지원하고 있다. 민간부문은 'Startup America

95 김규판 외(2017), p. 63. 2012년 총 11개 산업, 2016년 총 15개 산업을 각각 선정하였다.

96 김규판 외(2017), pp. 60-61.

97 일례로 2018년의 경우, 산업군별로 헬스케어, 프롭테크, 모빌리티서비스를 주목할 신산업으로 선정하였다. 우리금융경영연구소(2018)

Partnership'과 같이 장기적으로 성장할 수 있는 기업가 생태계 조성, 차세대 기업가 양성, 창업가와 멘토의 연결, 창업가와 대기업의 연결, 혁신 가속화의 역할을 주로 담당하고 있다. 미국 정부는 기업양성에 필요한 각종 투자와 지원을 하며, 민간부문에서 자율적인 기업양성을 주도하는 이러한 시스템은 실리콘 밸리를 중심으로 혁신 창업생태계(innovation ecosystem) 시스템을 잘 갖추고 있으며, 대규모 벤처캐피털과 엔젤투자가 기존 기업이나 스타트업에 자금을 원활히 공급할 수 있는 생태계 시스템을 갖추고 있기 때문이다.[98] 이에 따라 2021년 기준 유니콘 기업 수에서도 미국 370개, 중국 138개, 인도 32개, 영국 29개로 미국이 압도적으로 많다.[99]

둘째, 미국은 산업부문별 제도를 지속적으로 보완 및 육성하고 있다. 미국 정부는 4차 산업혁명에 대비하기 위한 종합 대책을 제시하고 있지는 않지만, 각 산업부문별로 제도 보완 측면에서 대응하고 있다. 4차 산업혁명으로 인해 야기될 수 있는 개인정보보호 이슈, 데이터 보안 강화 및 효율성 증가, 자율주행 자동차 관련 제도 및 인프라 구축 등이 대표적인 제도 보완 분야이다. 미국 정부는 민간 참여를 유도하고, 정부 프로젝트의 기획 단계에서부터 민간기업을 참여시켜 기반 기술개발, 응용기술 개발, 상업화를 동시에 달성하는 방향으로 정책을 추진하고 있다.[100] 이러한 정책 덕분에 미국기업들은 자율주행 자동차, 드론, 빅데이터, 클라우드, 가상현실 등 4차 산업혁명을 주도하는 신기술분야에서 새로운 사업 모델을 꾸준히 창출하고 있고, 산업인터넷(industrial internet) 혹은 제조업의 디지털화(digital

98 김규판 외(2017), pp. 64-71.

99 CBINSIGHTS(2021)

100 김규판 외(2017), pp. 72-81.

manufacturing) 분야에서도 두각을 나타내고 있다.[101]

<표 4-1> 미국 정부 주도의 4차 산업혁명 대응정책

정책	주요 내용
국가제조업 혁신네트워크 (NNMI)(2013)	• 하이테크 중심의 산·학·연·관 협력을 통해 지역 협력 거점을 마련함과 동시에 장기적 혁신 추구 • 2017년 3월까지 14개의 '제조업 혁신 연구소(IMIS)' 설립
클라우드 컴퓨팅 기술 로드맵(2014)	• 클라우드 서비스 도입을 촉진시키기 위해 최우선으로 요구되는 기술과 이를 실현하기 위한 실행계획 제시
IoT (정보 보호 보안)(2015)	• 기업들이 소비자의 개인정보를 보호하고 보안을 강화할 수 있도록 구체적인 조치들 권고
빅데이터 지역허브 구축 계획(2015)	• 4개 권역별 빅데이터 지역혁신 허브 설립 • 데이터에 대한 접근 개선, 데이터 라이프사이클 자동화 등
연방정부 빅데이터 R&D 전략계획(2016)	• 연방 빅데이터 연구개발을 확대하기 위한 지침 • 7대 전략과 18가지 세부 과제 제시
자율주행차 15대 성능지침 발표(2016)	• 관련 정책과 입법의 방향 제시 및 15가지 항목의 자율주행차 성능 가이드라인 발표
인공지능 국가 연구개발전략계획(2016)	• 인공지능기술의 필요성을 확인하고 인공지능 연구개발을 위한 투자 효과 극대화 목적 • 기술발전에 대비하기 위한 7대 분야와 23개 권고사항 제시

자료: 김규판 외(2017), p. 81.

일례로 4차 산업혁명을 위한 혁신기술인 AI 분야의 발전을 위하여 미국 정부 차원에서의 2013년 '브레인 이니셔티브'(Brain Initiative)가 출범하면서 AI 연구개발이 본격화되었다. 'Brain Initiative'는 인간의 뇌 연구를 바탕으로 인공지능 원천기술 확보를 목표로 활동을 시작하여, 2016년 구체적이고 체계적인 AI 연구개발 전략을 발표하게 되었다. 인공지능과 관련된 미

101 김규판 외(2017), p. 6.

국 정부의 정책은 인공지능의 활용성을 제고하여 사회에 긍정적인 파급효과를 미치는 한편 부정적인 측면을 최소화하는 데 초점을 맞추고 있으며, 증가하는 인공지능 개발자에 대한 수요에 대비하기 위한 조치들을 마련하는 데도 많은 노력을 경주하고 있다.[102] 특히 최근 AI 거버넌스 구축, 인재양성, 지식재산 보호, 반도체산업 경쟁력 및 기술 보호 강화, 기술동맹 구축 등에 역점을 두고 있다.[103] 미국 정부는 과학기술 정책조정을 담당하는 백악관 과학기술정책국(Office of Science and Technology Policy)주관으로 AI 기술개발을 추진하였다. 미국은 지난 2013년 'Brain Initiative' 정책을 발표하고 인공지능 기초연구에 10년간 총 30억 달러를 투자하였다. 국립보건연구원(NIH), 국가과학재단(NSF), 국방고등연구계획국(DARPA), 식품의약국(FDA), 정보고등연구기획팀(IARPA), 연구소, 재단, 산업계 등이 참여하여, 기초연구에 집중하면서도 기업참여를 통해 R&D와 산업화를 동시에 이루어 개발 후 상용화 기간을 최소화하는 전략을 채택하였다. 미국 정부는 최고 기술력을 갖춘 자국 ICT·SW 기업들이 혁신 서비스를 지속 창출할 수 있도록 AI 원천기술 개발, 공공시장 활용 등 직·간접적인 지원을 지속하고 있다. AI 발전의 핵심과제는 기초 및 응용 연구개발 투자, 정부 주도 응용사례 도입, 테스트베드 구축 및 파일럿 프로젝트 지원, 데이터셋 구축, '중대 도전과제' 선정 정책적 법적 규제적 환경구축 등이다.[104]

미국은 빅데이터 산업의 중요성을 인식하고 행정부, 연방정부 등 중심기관에서 빅데이터 관련 정책 육성과 연관된 전반적인 로드맵 및 방향을

102 김규판 외(2017), pp. 79-81. 4차 산업혁명위원회(2017b), pp. 9-66. 김희연(2016)

103 산업연구원(2021)

104 The White House(2016). Executive Office of the President National Science and Technology Council Committee on Technology(2016), 4차 산업혁명위원회(2017b), pp. 9-66.

수립하여 각 부처기관이 관련 기술개발 및 법 제도를 정비하여 빅데이터 산업 육성과 선도적인 생태계 조성을 지속적으로 추진하고 있다.[105] 4차 산업혁명의 핵심 요소인 빅데이터산업의 경우, 미국은 대기업이 앞장서서 빅데이터 산업 발전을 주도하고 있고, 미국 정부도 클라우드 컴퓨팅 인프라 구축을 적극적으로 지원하고 있다.

스마트카 산업도 안정적인 도입과 부작용 최소화를 위한 법적·제도적 장치 마련이 중요한데, 특히 소비자의 안전과 직접적으로 관련이 있는 설계, 개발, 테스트, 제품인증, 관리체계 등에 엄격한 기준이 요구되고 있다. 미국 연방기관인 도로교통안전국(NHTSA)은 2016년 자율주행차와 관련된 정책과 입법의 방향을 제시하고, 일반도로에서 운행될 자율주행차가 지켜야 할 15가지 항목의 성능지침(vehicle performance guidance)을 발표하였다. 이 항목들은 법적 구속력은 없지만 향후 미국 스마트카의 정책과 입법 방향을 제시해 준다는 데 의미가 있다.[106] 드론, 클라우드 컴퓨팅, 스마트공장, 로보어드바이저 등의 분야에서도 4차 산업혁명에 대응하기 위한 정책을 추진하고 있다. 스마트공장은 연방정부 주도로 설립된 'Smart Manufacturing Leadership Coalition'이 주도하고 있다.[107] 이러한 기술들은 개별적인 기술의 발전과 함께 연관 기술과의 융합을 통한 혁신을 통해 4차 산업혁명을 주도하는 기술로 거듭나고 있다. 클라우드 컴퓨팅, 로보어드바이저, 산업인터넷 기술의 융합을 통한 스마트공장 시스템 구축과 '아마존고'(Amazon Go)와 같은 물류 유통혁명이 대표적인 예이다.

---

105 정보통신기술진흥센터(2016)

106 NATSA(2016), NATSA(2017)

107 김규판 외(2017), pp. 75-82.

4.1.2. 시사점

미국 4차 산업혁명 관련 정책의 몇 가지 특징과 시사점은 다음과 같다. 첫째, 미국 정부는 4차 산업혁명에 대비하기 위한 종합 대책을 제시하고 있지는 않지만, 각 산업부문 별로 제도 보완 측면에서 대응하고 있고 정부는 각종 지원책을 통해 4차 산업혁명 기술을 활용한 새로운 산업생태계가 빠르게 조성될 수 있도록 노력하고 있다. 미국의 4차 산업혁명은 경쟁력 강화 및 혁신기술 개발에 중점을 두고 추진해 오고 있다. 미국의 4차 산업혁명 관련 주요 정책은 첨단제조파트너십, 벤처기업 육성, 산업부문별 제도 보완이다. 제도 보완 분야로는 4차 산업혁명으로 인해 야기될 수 있는 개인정보보호 이슈, 데이터 보안 강화 및 관리 효율성 증가, 자율주행자동차 관련 제도 및 인프라 구축 등이 대표적이다. 정부는 민간의 참여를 유도하고, 정부 프로젝트의 기획 단계에서부터 민간기업을 참여시켜 기반 기술 개발, 응용기술 개발, 상업화를 동시에 달성하는 방향으로 정책을 추진하고 있다. 4차 산업혁명에 대비하기 위한 미국 정부의 노력은 기술, 일자리, 경쟁력 부문에서 가시적인 성과로 나타나고 있다.[108]

미국의 4차 산업혁명은 '미국 경쟁력 이니셔티브'(2006)를 근간으로 경쟁력 강화 및 혁신기술 개발에 중점을 두고 추진해 오고 있다. '미국혁신전략'은 과학기술정책의 기본방침으로, 미국을 세계에서 가장 혁신적인 경제국가로 유지함과 동시에 당면한 국가적 과제 해결을 목표로 한다. 세부 전략으로 혁신 기반의 투자, 경쟁 환경의 정비를 국가 우선 과제로 대응하는 것을 제시했다. 2015년에 혁신전략을 구체적으로 추가한 '신 미국혁신전

108 김규판 외(2017), p. 63.

략'(New Strategy for American Innovation)의 핵심 목표는 R&D 투자 및 장기적 경제 성장의 토대 마련, 9대 전략 분야 집중 투자를 통한 국가적 우선 과제 해결 및 공동 번영 창출, 정부 성과 개선 및 민간 주도 혁신환경 조성을 위한 정부 혁신역량 제고 등이다.

둘째, 미국 정부의 첨단제조업 혁신정책의 핵심은 산·관·학 협력을 통해 4차 산업혁명에서 필요로 하는 첨단 제조기술을 연구하고, 개발된 기술을 상업화할 수 있도록 제도적으로 지원하는 것이다. 특히 미국은 기업들이 제조업 혁신 클러스터에 초기부터 참여하여 자신들이 필요로 하는 것을 수시로 정부에 요구함으로써 제품의 개발부터 상업화까지의 기간을 최소한으로 줄이는 데 많은 노력을 하고 있다는 점이 특징이다. 미국은 민간이 주도하고 정부가 돕는 형태의 정책 추진 방법이 주로 사용되고 있는데, ICT 업계가 가장 적극적으로 이런 방식을 취하여 산업계의 4차 산업혁명을 추진하고 있다. 세계를 주도하는 미국 소프트웨어·서비스 기업들(애플, 구글, 마이크로소프트, 페이스북, 아마존, IBM 등)은 AI, 자율주행차, 전기자동차, 에너지, 스마트공장, 드론(무인기), 재해대응 시스템 등 많은 분야에서 새로운 사업 모델을 제시하고 있다.[109]

셋째, 미국 4차 산업혁명과 관련된 혁신기술 개발에 벤처기업의 역할이 중요하다고 판단하고, 벤처기업에 대한 지원을 강화한다. 특히 'Startup America Initiative'에서는 혁신기술 개발을 위해 정부, 기업, 대학, 재단 등 공공 및 민간부문의 협력을 강조하고, 정부를 비롯한 공공부문의 정책들은 기업가정신을 강조한다. 또한 주 단위의 지역 창업 지원 네트워크 구축과

109 AT&T, CICSO, GE, IBM, 인텔 등은 2014년 4차 산업혁명 컨소시엄인 '산업인터넷컨소시엄'(IIC)을 출범시키고, 이후 '올신얼라이언스'(All Seen Alliance), '오픈인터커넥트컨소시엄'(OIC), '스레드' 등 목적이 조금 다른 컨소시엄이 있다. 오바마 정부는 2013년 뇌과학 연구를 지원하는 '브레인(BRAIN) 이니셔티브'를 출범시켰으며, 2025년까지 50억 달러의 예산이 투입해 지능형 ICT를 개발 계획이다.

민관의 유기적인 연계를 촉진시키는 역할을 정부가 수행하고 있으며, 연방정부 R&D 투자에 대해 상업화를 강조함으로써 신산업 창출 및 혁신적인 스타트업 기업양성을 간접적으로 지원하고 있다. 이러한 노력의 결과로 미국은 많은 산업 분야에서 유니콘 기업 수가 세계 1위로 미국 스타트업 생태계의 저력을 입증하고 있다.

<표 4-2> 미국 유니콘 스타트업의 혁신요인

핵심 전략	세부 내용
독자적 플랫폼 구축 전략	• 독자적인 플랫폼을 조기에 구축하고 조기에 시장을 선점하여 고객 lock-in 효과를 높이는 전략 • 공유경제, 핀테크 등 신성장 산업으로 부상하는 분야에서 시장 선점 • 고객이 필요한 제품과 서비스에서 수요를 파악하고 이를 충족시키는 역할을 하는 서비스 제공
IT 융합 전략	• IoT, 클라우드 등 IT 기술을 기존 전통적 산업에 융합하여 새로운 고객가치 창출 • 전자상거래(도소매업+IT), 핀테크(금융+IT), 차량공유(운송+IT) 등 산업 간 융합 • 금융, 교육, 의료, 미디어 분야 스타트업도 전통적 비즈니스 모델에 IT기술이 접목된 경우
린스타트업 전략 (lean startup)	• 시장과 고객의 피드백에 따라 비즈니스 모델을 최적화하고 사업 확장 도모 • 초기 아이디어를 빠르게 MVP(minimal viable product; 최소 요건제품)으로 만든 후, 시장의 피드백을 통해 지속적 개선 전략

자료: 김보경(2018), pp. 33-35.

미국 유니콘 스타트업의 구체적인 혁신요인은 첫째, 핀테크, 공유경제 등 신성장 산업에서 기존시장의 문제점을 해결할 수 있는 독자적인 플랫폼을 조기에 구축하여 경쟁우위를 높이는 전략이다. 두 번째로는 IoT, 클라우드 등 IT 기술을 기존 전통적 산업에 융합하여 새로운 고객가치를 창출한 점이다. 순수 IT보다 전자상거래(도소매업+IT), 핀테크(금융+IT), 차량공유(운송+IT) 등 산업 간 융합이 스타트업에서도 중요한데, 특히 최근 금융, 교육, 의료, 미디어 분야 유니콘 기업들이 전통적 비즈니스 모델에 IT기술을 접목한 스타트업 기업의 경우이다. 셋째, 미국 유니콘들은 성장 과정에서 '린 스타트업'(lean startup) 방식을 통해 시장과 고객의 피드백에 의해서 비즈니스 모델을 최적화 및 사업 확장을 추진하면서 기업의 지속가능성을 제고한다.[110]

<표 4-3> 독일과 미국의 4차 산업혁명 정책 비교

구분	독일	미국
아젠다	• Industry 4.0	• 산업인터넷
추진배경	• 제조업 강국의 경쟁력 약화	• 생산 공장의 해외이전 가속화와 2008년 금융위기로 인한 경제력 약화
기본전략	• 생산과정의 효율성과 유연성	• 경제성장을 위한 방편으로 제조업의 경쟁력 강화정책 -Reshoring 정책 -9대 혁신전략 발표
핵심기술	• 사물인터넷, 클라우드, 빅데이터, 인공지능	• 산업인터넷 : 기계와 소프트웨어를 연결하여 '최적화'라는 가치 창출
적용사례	• 디지털공장 : 전 과정의 컴퓨터 기반. 가상공장 시뮬레이션을 통해 생산공정과 방법을 가상공장에서 사전 검증 가능 스마트공장 : 시뮬레이션 결과를 바탕으로 데이터를 활용한 생산의 최적화. 부품들이 정해진 시간과 장소에 정확히 투입되어 다품종 소량생산 가능	• GE는 오프라인(현실)에서 Brilliant Factory를 구축하여 정보를 주고받기 위한 센서를 산업기기에 부착하고, 센서로부터 수집된 데이터를 Predix에서 분석하여 장비 관리유지의 효율성을 높임

자료: 정분도, 홍미선(2018), p. 5.

넷째, 미국의 제조혁신은 독일의 스마트팩토리 전략과 구별되는 차이점이 있다. 독일은 '인더스트리 4.0'전략을 통하여 제조업과 IT 시스템을 결

110 김보경(2018), pp. 33-35.

합한 차세대 생산체제(스마트팩토리)의 창출이라는 목표를 추구하는 반면, 미국은 기존 산업의 효율성을 증대시키기 위한 IT 분야의 사업분야 창출을 목표로 제조업 자체보다는 제조혁신에 중점을 두고 있다. 따라서 IoT 연장선상에서 스마트팩토리를 실리적으로 추진하고 있다는 점이 독일의 전략과 다른 점이다. 이러한 전략의 일환으로 미국기업들은 타국기업들과 산업인터넷 컨소시엄(IIC)를 구성하여 추진하고 있다. 즉 다양한 물리적 기계들을 센서 네트워크로 연결시키고, 여기에서 얻어진 생산 현장의 빅데이터들을 첨단 기법으로 분석해, 당장 확보 가능한 사업상 이익을 다양하게 얻고자 하는 것이 미국의 스마트팩토리 전략이다.[111]

4.2. 독일

4.2.1. 독일 4차 산업혁명과 정책

독일은 4차 산업혁명을 가장 먼저 준비한 국가로 2011년에 IT를 활용한 제조업 혁신에 초점을 둔 '인더스트리 4.0'(Industrie 4.0) 개념을 민간에서 제안한 후, 2013-14년에 정부 정책 문건에 반영되었다. 독일은 4차 산업혁명에 대응하여 2020년 '첨단기술전략 2020'을 발표하고 10대 미래 프로젝트를 추진하였으며, 그 프로젝트의 하나로 '인더스트리 4.0'을 추진하였다. 독일은 2006년에 통합적인 기술혁신정책을 실시할 목적으로 '하이테크 전략'을 제시했는데, 2010년에는 2020년까지 중장기전략으로 확대하는 미래를

111 김규판 외(2017), pp. 65-66.

위한 솔루션인 '하이테크 전략 2020'(Hightech-Strategie 2020)을 발표했고, 2011년에 '하이테크 전략 2020'을 구체화하기 위해 만든 10대 미래 프로젝트 중 하나였던 '인더스트리 4.0'을 추진해 오고 있다.[112]

4차 산업혁명 추진하는 배경은 독일 경제에서 제조업 비중이 상당히 높은 수준인데, GDP 대비 19.9%, 총수출에서 제조업 비중은 약 89.8%(2019년)로 제조업 경쟁력 확보가 시급한 과제였다. 주요 정책으로 독일은 간접 지원 중심의 정책을 펼치는 가운데, 스마트제조 관련 주요 정책으로는 '첨단기술전략', '인더스트리 4.0', '플랫폼 인더스트리 4.0' 등을 추진하였다.[113] 이에 따라 독일은 2010년부터 자국이 비교경쟁우위가 있는 제조업에 IT를 접목하여 '인더스트리 4.0'을 추진하고, 2013년에는 이를 실행에 옮기기 위해서 'Platform 인더스트리 4.0'이라는 산·학·관 협력기구(실행기구)를 조직하였다. 산하 워킹그룹을 통하여 연구, 혁신, 사이버 보안, 법, 제도, 노동 등 정책을 입안했다. '플랫폼 인더스트리 4.0' 조직은 에너지 협회, 정보기술 미디어협회, 기계 생산자 협회 등 산업협회, 경제 에너지부, 교육과학부 등 정부 기관, 그리고 BASF, BMW, Bosch 등 160개 기업으로 구성되었다. '플랫폼 인더스트리 4.0'은 '인더스트리 4.0'의 더딘 표준화, 보안정책의 부재, 중소기업의 소극적 반응의 문제점 해결을 위해 재추진되었다.

1) 독일 '첨단기술전략 2020'(Hightech-Strategie 2020)

독일은 4차 산업혁명의 선두주자로서 2011년 세계 최초로 '인더스트리 4.0'(Industrie 4.0) 정책을 수립하여 4차 산업혁명을 적극적으로 추진하였

112 하원규, 최남희(2015), 윤일영(2017), 이길선(2018), 임길환(2017), 이상현 외(2018)

113 과학기술정책연구원(2021)

다. 2006년부터 '하이테크 전략'을 세우고 4차 산업혁명의 초석을 다지기 시작했으며, 'Industrie 4.0' 발표는 전 세계적으로 4차 산업혁명에 대한 관심을 크게 높이는데 기여했다고 할 수 있다. 독일 교육연구부(BMBF) 주도로 2010년에 기후·에너지, 보건식량, 정보통신, 이동성, 안전 분야의 5대 유망 수요분야에 대한 혁신적 연구개발 전략을 제시한 '첨단기술전략 2020'(Hightech-Strategie 2020)을 발표하였다. 이어 2012년 말 연방정부의 임기 동안 수행할 5대 수요분야의 세부 계획을 마련하고, 10대 미래프로젝트의 하나로 '인더스트리 4.0'을 추진하였다. '인더스트리 4.0'은 독일 '첨단기술전략 2020' 액션플랜의 10개 미래 프로젝트 중 하나의 공식 명칭이다. 독일 정부는 '첨단기술전략 2020'을 추진하면서 당초 서비스 분야 및 제조업 분야 전략을 동시에 추진하려 하였으나, 서비스 분야의 복잡성 및 자국의 제조업 분야 강점을 고려하여 제조업 분야에 대한 '인더스트리 4.0' 전략을 집중적으로 추진하고, 서비스 분야에 대해서는 'Smart Service Welt 2025' 전략을 각각 추진하였다. 소재, 제품, 기기의 지능화를 통해 과거 경직된 중앙집중식 생산체계에서 모듈 단위의 유연한 분산·자율제어 생산체계를 구현할 수 있다.

2) '인더스트리 4.0'(Industrie 4.0)

독일의 'Industrie 4.0'은 제조업 혁신 프로젝트로 사이버 물리시스템(CPS), IoT를 통해 생산기기와 생산품 간의 정보교환이 가능한 제조업의 완전한 자동 생산체계를 구축하고, 전체 생산과정을 최적화하는 산업생산시스템을 활용하여 제조업과 같은 전통 사업에 IT시스템을 결합해 기존의 기계적, 물리적 공장을 지능형 공장(smart factory)으로 전환하는 제조 패러다임의 진화를 의미한다.[114] 소재, 제품, 기기의 지능화를 통해 과거 경직된 중앙 집중식 생산체계에서 모듈 단위의 유연한 분산·자율제어 생산체계를 구현할 수 있다.[115] 'Industrie 4.0'은 독일 제조업이 직면한 사회(S)·기술(T)·경제(E)·생태(E)·정치(P) 부문의 변화에 ICT를 접목하는 전략으로 자국 내 제조업 전체를 거대 단일 가상공장으로 연결하고 전 세계 시장 환경을 실시간으로 파악하는 맞춤형 생산을 실현하겠다는 방침이다.[116] 이를 통해 규격 대량생산은 물론 맞춤형 다품종 적량 생산까지 가능한 공장 생태계를 구축한다는 취지이다.

<표 4-4> 독일 'Industrie 4.0' 핵심 요소

구분	특징
핵심 요소 기술 로드맵 구축 및 개발	• 지능형 메모리 개발, 분산·자율제어 생산체계 구현 • 제품 전주기에 최적화 문제를 검토, 상류공정에 실시간 피드백을 함으로써 공정혁신 달성 • 공장 내 최적화된 솔루션은 실시간으로 ERP와 연동돼 그룹사 전체의 경영·재무·재고·유통·인사전략 등 수립 기여
기술교류 및 산·학·연·관 협력 구심점 역할	• 정부의 전폭적 지원과 인공지능센터의 리더십을 통한 효율성 달성 • 다수의 생산기기와 인터넷 연계를 위한 표준화
대·중소기업 간 상생모델 구축	• 대·중소 협력업체간의 파트너십 구축
스마트공장 도입	• 고성능 산업기계와 물류 및 생산설비에 IoT, CPS, 센서 등을 접목해 최적화된 제조 생산체계 구축 • 2025년까지 독일내 제조업 전체를 거대 단일 가상공장으로 연결하고 전세계 시장환경을 실시간으로 파악하는 유비쿼터스 맞춤형 생산 실현

자료: 이정아 외(2014), 정종필(2020) 참조 후 작성

114 EROPA(2021), 현재호(2016)

115 박형근 외(2014), p. 4. 임재현(2015), p. 4. 김규판 외(2017), p. 160.

116 이정아 외(2014), p. 11.

ICT와의 융합을 통해 생산에서 창의적인 기술개발과 혁신으로 인구감소 문제를 극복하고 신흥국과의 가격경쟁에서 우위를 유지하여 핵심 생산기반의 독일 내 유지가 가능케 하며 제품개발부터 상품 제조 이후 서비스 단계까지 모든 공정의 최적화가 가능하다. IoT를 통해 완전한 정보교환과 정보를 활용한 최적의 생산 시뮬레이션이 가능하고 이를 바탕으로 최적의 상품 제조 플랫폼이 조성됨으로써 생산의 모든 단계뿐만 아니라, 완성품의 최적화도 가능한 것이 '인더스트리 4.0' 산업정책의 장점이다. 'Industrie 4.0' 산업의 핵심 요소는 핵심요소기술 로드맵 구축 및 개발, 기술 교류 및 산·학·연·관 협력 구심점 역할, 대·중소기업 간 상생 모델 구축, 스마트공장 도입이다. '인더스트리 4.0'의 방향은 제조업에 ICT 기술을 접목하여 공정 기술개발을 통한 생산자가 소비자 수요에 맞춤형으로 대처하는 생산 네트워크를 구축하는 것이다.

독일 정부는 '인더스트리 4.0'을 'Mittlestand 4.0'을 통해서 중소기업 지원정책을 통하여 함께 성장할 수 있도록 지원하고 있다.[117] '인더스트리 4.0'은 제조업 위상 강화, 고급인재 유치, 양질의 일자리 마련, 풍요로운 생활 영위 등의 파급효과를 기대하며, 산·학·연·관을 연계해 새로운 제조업을 모색하고 CPS를 기반으로 규격, 대량생산은 물론 맞춤형 다품종 적량 생산까지 가능한 공장 생태계인 스마트공장의 구축, 외부 제조 생태계와의 네트워킹 강화 등을 통해 4차 산업혁명을 일으켜 주도권을 확보하는 것을 목표로 삼고 있다.[118] 'Industrie 4.0'의 핵심 요소는 기술 로드맵 구축 및 개발, 기술 교류 및 산·학·연·관 협력 구심점 역할, 대·중소기업 간 상생 모델

117 과학기술정책연구원(2021), pp. 35-37.

118 이정아 외(2014), p. 11. 진상기 외(2018), p. 42. 이원태 외(2016), p. 57.

구축, 스마트공장 도입이다.

첫째, 핵심 요소 기술 로드맵 구축 및 개발이다. 'Industrie 4.0'의 핵심 기술구조는 지능형 메모리 개발을 통한 분산·자율제어 생산체계 구현이다. 고객 맞춤형 생산, 물류·유통현황 파악, 사용·재활용 과정 추적조사 등으로 제품 전주기에 최적화 문제를 검토, 상류 공정에 실시간 피드백을 함으로써 공정혁신 달성이 가능해진다. 공장 내 최적화된 솔루션은 실시간으로 ERP와 연동돼 경영·재무·재고·유통·인사전략 등 회사 운영 전반에 걸친 정책 수립에 기여하게 된다.[119]

둘째, 기술 교류 및 산·학·연·관 협력 구심점 역할이다. 'Industrie 4.0'은 독일 정부의 전폭적 지원과 인공지능센터의 리더십을 통해 산재되어 있는 요소기술을 종합해 협업으로 연구·개발돼 추진력과 효율성 측면에서 다른 경쟁국에 비해서 우수하다. AI, 센서 및 보안기술, 빅데이터, 3D프린팅, 인지기능, 소프트웨어 등은 이미 연구·개발되고 있다. 독일은 구체적인 리딩 기관 및 협업 기관을 선정해 정부 지원하에 강하게 추진되고 있고, 'Industrie 4.0' 구현의 성공은 다수의 생산기기와 인터넷 연계를 위한 표준화를 통한 유기적 생산체계 구축이 필수이다. 실용적인 제품·기술의 표준과 생산 표준의 개발을 위해서는 개발 단계에서부터 정부가 조정 능력을 발휘하고 산업계와의 협력이 중요한데, 독일은 이미 제조업 프로젝트에서 IoT 통신 표준과 스마트메모리, 생산기기 연결 소켓의 표준화, 스마트팩토리 등 국가가 산·학·연·관의 적극적 참여를 유도해 표준화 작업을 추진하였다.[120]

셋째, 대·중소기업 간 상생 모델 구축이다. 스마트팩토리 같은 거대한 최

119 이정아 외(2014), p. 24.

120 이정아 외(2014), p. 27.

적화 시스템 구축을 위해서는 공정부터 공급망까지의 지능화가 필요하고 이를 위해서는 대·중소기업 간 협력체계 구축이 필요하다. 많은 기업이 재고 관리의 효율화와 물류·유통의 혁신을 위해 RFID 사업을 활발하게 추진했으나, 특정 기업의 일부 생산품이나 물류 과정에만 RFID를 적용하고 현장 여건과 기술적 한계로 벨류체인 전체에 적용되지 못한 경우가 많아 효과가 반감되는 경우가 있다. 물류 혁신과 제조업의 지속 가능한 성장을 위해서는 대기업과 협력업체 간 공존체계가 필요한데, '인더스트리 4.0'는 이러한 대·중소기업 간 협력체계 구축에 기여하였다.[121]

넷째, 스마트공장 구축이다. '인더스트리 4.0'의 주요 개념은 디지털트윈, 개인화, 예측 서비스, 스마트팩토리 시스템 구축이다. 세계 제조업 강국인 독일은 '인더스트리 4.0'을 통해서 산업기계와 물류, 생산설비에 IoT, CPS, 센서 등을 접목해 최적화된 제조 생산체계, 즉 '스마트 공장'을 구축하였다.[122] 스마트팩토리를 통해 생산공정, 조달, 물류, 서비스까지 유기적으로 연계하여 규격 표준화를 통한 대량생산과 동시에 맞춤형 다품종 적량 생산까지 가능한 공장 생태계를 구축하였다. 또한 독일은 2025년까지 자국 내 제조업 전체를 거대 단일 가상공장으로 연결하고 전세계 시장환경을 실시간으로 파악하는 유비쿼터스 맞춤형 생산 실현을 추진한다.[123] 사물인터넷과 CPS를 통한 스마트팩토리의 실질적 플랫폼 구축은 스마트팩토리의 궁극적인 목표인 개인 맞춤 제품의 대량생산과 유통을 달성할 수 있게 하였다.

121 과학기술정책연구원(2021). 이정아 외(2014), p. 29.

122 과학기술정책연구원(2021)

123 박종국 외(2016), p. 6. 노유나(2017), p. 3.

<표 4-5> 독일과 미국의 Innovation Platform 비교

	Innovation Platform	특징	추진 주체	설립 시기 (주도 기업)
미국	Industrial Internet Consortium(IIC)	• 산업 전반/국제 표준화와 새로운 비즈니스 모델 창출: 22개의 Test Bed 활용	민간기업 (250여 기업)	2014년 3월 (AT&T, Cisco, GE 8개 기업)
	Smart Manufacturing Leadership Coalition(SMLC)	• 비경쟁분야에서 공동연구 수행: Test Bed 활용	(56개 기업)	2012년 7월 (NPO)
	AllSeen Alliance	• 소비재 전자제품/브랜드 간 산업 표준 개발: Test Bed 활용	(200여 개 기업)	2013년 12월 (Linux)
	Open Connectivity Foundation(OCF)	• 전자기기(스마트폰, 컴퓨터, 센서)연결/Test Bed 활용	(150여 개 기업)	2014년 7월 (Intel, Samsung)
독일	Platform Industrie 4.0	• 524개의 Test Bed: 중소기업 152곳, 대학연구소 116곳, 대학 외 연구소 66곳, 대기업 181곳, 기타 9곳→ 복잡한 제조·물류 시스템을 실제 조건에 맞춰 시뮬레이션. Test bed 간 네트워크 구축	2013년 4월 정부(BMBF, BMWI), 협회(BITKOM, VDMA, ZVEI), 학계·연구소(Fraunhofer-Gesellschaft), 노동조합(IG Metall)	

자료: Henning Kagermann et al(2016), pp. 37-56. 김규판(2017), p. 12.

CPS는 현실 세계의 다양한 물리적 현상을 컴퓨터와 네트워크를 통해 자율적, 기능적으로 제어하여 물리 세계와 가상 세계를 연동하는 시스템이다. 따라서 CPS는 물리적 대상이나 제조과정을 가상의 대상과 연결하는 정보 시스템을 의미하는데, CPS를 활용하면 원거리 설비와 서비스를 자유롭게 이용할 수 있을 뿐 아니라, 시스템들도 실시간으로 유기적으로 연결할 수 있다. CPS를 이용해 클라우드 상에 현실 제품과 똑같은 디지털 쌍둥이 제품을 우선 올려놓고 현실의 여러 재료와 장비를 결합해 생산과정과 결과를

시뮬레이션 할 수 있을 뿐만 아니라 유통 과정까지 설계할 수 있다.[124]

<표 4-6> 독일과 미국의 4차 산업정책 비교

구분	Platform	IIC
주체	독일 연방정부	글로벌 대기업
주요 이해관계자	산·학·연·관	산·학·연
지원 형태	정부 산업정책	개방형 비영리 컨소시엄
중점 산업	제조 기반 산업	제조업, 에너지, 운송, 헬스케어, 전력, 수도, 가스, 도시, 농업
중점 기술	공급망 조직화, 임베디드 시스템, 자동화, 로봇	device communication, 데이터 흐름, 장치 제어/통합, 예측 분석, 산업 자동화
중심 기반	하드웨어	소프트웨어, 하드웨어, 통합
중점 지역	독일	글로벌 시장
지원 기업 형태	중소기업	모든 형태의 기업
최적화 분야	생산의 최적화	자산의 최적화
표준화 작업 기반	어젠다 기반 하향식 접근	IIC가 필요한 부분 파악 후 표준 관련 기관에 전달하는 상향식 접근
경제적 접근법	규범 경제학적 접근	실증 경제학적 접근
경영 접근법	사후 대응	선도적 대응

자료: MAPI Foundation, 김규판 외(2017), pp. 105-106.

3) '플랫폼 인더스트리'(Platform Industrie) 4.0

'플랫폼 인더스트리 4.0'은 기존 '인더스트리 4.0'의 미흡했던 초기 접근

124 김치헌(2017), p. 78.

방법을 보완하기 위해 정부 주도로 재추진하였다.[125] '인더스트리 4.0'은 더딘 규격 표준화와 중소기업의 소극적 대응, 인력 부족 등의 문제가 부각되어, 정부 주도(경제부, 교육과학부 등)로 산업협회, 노조는 물론 기업의 참여를 확대하여 폭넓은 사회적 지지를 바탕으로 추진되었다.[126] 독일 4차 산업혁명의 특징은 중장기적인 관점에서 정책을 추진하며, 산·학·관·연의 협업을 강조한다는 점이다. '플랫폼 인더스트리 4.0'에서도 알 수 있듯이, '4차 인더스트리 4.0' 전략을 마련하지만, 이를 주도하는 주체는 정부, 민간단체, 각종 협회, 조합 등이 공동으로 구성한 하나의 체제이다.[127] 독일의 '플랫폼 인더스트리 4.0'은 미국의 기업 컨소시엄(IIC, SMLC, AllSeen Alliance, OCF)와 같은 4차 산업혁명 추진기구이며, 기업, 대학, 연구기관 등이 첨단기술을 공동 투입하여 이노베이션을 창출하는 'Test Bed'을 가동 중이다.[128]

4.2.2. 시사점

독일 4차 산업혁명의 특징 및 시사점은 중장기적인 관점에서 정책 추진, 협업제도 추진, 선도적 제조업 혁신시스템 구축이다. 첫째, 독일은 중장기적인 관점에서 생산 공장, 나아가 독일 전역에 초점을 맞추어 차세대 생산체제를 구현하는 데 주력하고 있다.[129] 독일은 '인더스트리 4.0'(Industrie 4.0)이라는 국가 혁신전략을 통하여 정보통신기술(ICT)을 독일의 대표적인 강

125 과학기술정책연구원(2021), p. 29.

126 김규판 외(2017), p. 89. 노유나(2017), p. 3. 이상현 외(2018), pp. 48-49. 임재현(2015), p. 6.

127 김규판 외(2017), p. 88.

128 김규판(2017), p. 11.

129 나준호, 최드림(2016), p. 10.

점인 제조업 분야에 접목시켜 다품종 소량, 나아가 다품종 대량생산 방식으로 4차 산업혁명의 경쟁력을 확보하기 위해 노력하고 있다. 독일 제조업은 국내총생산(GDP)의 19.9%로 미국 11.5%, 유럽 경쟁국보다 높고, 고용이나 총수출이 제조업에서 차지하는 비중이 높기 때문에 제조업 경쟁력 혁신으로 독일의 장기적 국가경쟁력을 확보하고자 했다. 한국도 제조업의 GDP(26.6%) 및 수출 비중(97.1%)이 상당히 높고, 경쟁국인 일본과 중국도 비슷한 상황이어서 독일의 4차 산업혁명 정책과 제조업 경쟁력 정책을 벤치마킹할 필요가 있다.

<표 4-7> 독일의 제조업 GDP 비중

국가	제조업 GDP 비중(2019, %)	총수출에서 제조업 비중(2019, %)
독일	19.9	89.8
미국	11.5	71.3
한국	26.6	97.1
중국	28.6	96.2
일본	21.8	90.4

자료: 과학기술정책연구원(2021), p. 9.

둘째, 선도적 제조업 혁신시스템 구축이다. 'Industrie 4.0'은 독일 제조업의 경쟁력 유지, 강화를 핵심 목표로 하는 정책으로 생산 효율이 높은 스마트팩토리 확산을 통해 이를 달성하고자 한다. 'Industrie 4.0' 이전에는 많은 개별 기업 특성에 따라 운영돼 유기적으로 연결되지 못했지만, 'Platform Industrie 4.0'은 기업을 조직화해 분업과 협업을 수행할 수 있도록 만드는 혁신적인 제도이다.[130] 특히 다품종소량생산으로 상품을 신속하게 생산하고 유통하는 것이 제조업과 유통업 경쟁력 강화의 선결 조건이어서 독일기업들의 유기적 협업이 가능한 산업 생태계를 조성하였다. 독일의 'Industrie 4.0'에서 추구하는 스마트팩토리는 생산시설이 자동화된 공장 이상의 의미로 여러 생산시설이 유기적으로 작동하는 생산과 유통 플랫폼이다.[131]

셋째, 협업제도의 추진이다. 독일 'Industrie 4.0'을 통하여 개별 기업들이 협업을 통해 생산방식 자체를 변경하는 패러다임 전환이 대부분의 산업군과 업종에서 빠르게 진행되고 있다. 'Platform Industrie 4.0'에서도 알 수 있듯이, '인더스트리 4.0' 전략을 주도하는 주체는 정부, 민간단체, 각종 협회, 조합 등이 공동으로 구성한 하나의 체계이며, 공통으로 Test Bed를 가동 중이다.[132] 많은 국가에서는 개별 기술들이 구심점이 없이 연구·개발돼 추진력과 효율성이 독일에 비해 상대적으로 떨어진다. 독일 정부는 중소기업도 'Mittlestand 4.0'의 지원정책을 통하여 함께 성장할 수 있도록 지원한다. 개별 기업의 역량만으로는 소비자의 요구에 신속하게 대응하기 어려워 생산과 유통의 분권화를 통해 대기업과 중소기업이 협업할 수 있는 기반을 구축했다. 'Industrie 4.0'을 통해 독일 수출의 핵심 품목으로 새롭게 자리매김한 것이 상품, 기술, 서비스가 아니라, 플랫폼이라는 점은 4차 산업혁명과 플랫폼의 높은 연관성을 보여준다.[133]

---

130 김치헌(2017), pp. 77-78. 이현규(2018), p. 5. 이상현 외(2018)

131 김치헌(2017), pp. 77-78.

132 김규판 외(2017) p. 88.

133 김치헌(2017), p. 79. 김규판 외(2017), pp. 110-111.

4.3. 일본

4.3.1. 일본 4차 산업혁명과 정책

일본의 4차 산업혁명은 독일의 '인더스트리 4.0'과 같이 스마트 제조업 중심 정책들에 중점을 두고 있다.[134] 인구감소와 고령화 문제, 장기 경기침체를 극복하고 신성장동력 확충을 위해 정부 주도하에 최고 수준의 최첨단 IT 국가를 만들기 위한 전략을 수립하였다. 이를 위해 일본 정부는 IT 기술 육성에 관한 다양한 정책을 지속적으로 추진 중이며, 확충된 IT 인프라를 통해 세계 최고 수준의 IT 활용 국가로 성장하고 이를 새로운 경제성장 엔진으로 활용하고자 한다. 일본의 4차 산업혁명에 근간이 되는 주요 정책은 경제정책, 산업정책, 과학기술정책으로 구성되며,[135] '4차 산업혁명 선도전략', '일본재흥전략 2016', 제조업 분야 'Connected Industries'가 있다.

일본 정부는 2015년 '4차 산업혁명 선도전략' 발표 후, 2016년 IoT, 빅데이터, 인공지능 등 4차 산업혁명 핵심기술이 가져올 산업구조와 고용구조 변혁에 적극 대응하기 위해 '신산업구조비전'을 발표하면서 4차 산업혁명을 선도할 국가 차원의 기본전략을 제시하였다. 일본은 또한 미래사회 AI, 로봇기술 등의 핵심기술 개발을 통해 경제발전과 사회문제 해결 가능성으로 초스마트사회(Society 5.0)와 AI 전략을 정부 차원의 정책으로 추진하고 있다. 신산업구조비전의 가장 큰 특징 중 하나는 산업과 기업의 연결

---

134 김규판(2017). 일본은 'Society 5.0'을 구현하기 위하여 smart manufacturing을 포함한 5대 전략 부분을 선정하였다.

135 内閣府(2015b), 内閣官(2016a), 内閣府(2016b), 内閣府(2017), 経済産業省(2015), 経済産業省(2018)

(connected Industries) 촉진을 위한 데이터 플랫폼 구축과 데이터 유통시장 창설, 관련 규칙 및 제도설계 등과 연관되어 있다는 점이다.[136] 따라서 일본의 4차 산업혁명 시대에는 데이터 이용·활용이 부가가치 창출의 원천으로 'Connected Industries' 실현을 위한 환경정비가 무엇보다 중요하다고 판단한다. 일본의 4차 산업혁명의 4가지 전략 분야는 '제조·물류·유통·농업'이며,[137] 관련 일본의 주요 정책은 경제정책, 산업정책, 과학기술정책이 있으며, 주요 내용을 살펴보면 다음과 같다.

<표 4-8> 일본의 제4차 산업혁명 관련 주요 정책

정책영역	발표 부처	정책 문건	발표 시기	비고
경제정책	일본경제 재생본부	'일본 재흥전략 2016: 제4차 산업혁명을 향하여'	2016.06.	'제4차 산업혁명' 용어를 명시적으로 사용
산업정책	경제산업성 (산업구조심의회)	'신산업구조 비전: 제4차 산업혁명을 선도하는 일본의 전략'	2016.04.	
	경제산업성 (제조산업국)	'로봇신전략'	2015.01.	일본의 전략적 관점에서 기술
과학기술 정책	내각부 (종합과학기술·이노베이션회의)	'제5기 과학기술기본계획'	2016.01.	제4차 산업혁명과 내용적으로 같은 'Society 5.0' 개념 제시
	문부과학성	평성 28년판 과학기술백서	2016.05.	

자료: 최해옥 외(2017), p. 5.

136 정군우(2017)

137 岩本隆(2016)

1) 일본의 '4차 산업혁명 선도전략'

일본의 4차 산업혁명 선도전략은 '로봇 신전략', '과학기술 이노베이션 종합전략 2015', 'IoT 추진 컨소시엄', '혁신 가속화, 빅데이터', '인재 육성' 등의 전략으로 구성되어 있다.[138] 첫째, 로봇 신전략이다. '일본재흥전략'의 컨트롤 타워인 경제재생본부는 2015년 '로봇 신전략, 비전·전략·액션플랜'을 수립했는데, '로봇 신전략'은 미국, 독일과 차별화된 로봇 신전략으로 로봇 분야에서 세계 시장을 개척하고 성장시장을 육성하기 위한 전략이다. 로봇 강국 위상을 강화하고 일본이 당면한 저출산·고령화에 따른 생산노동력 감소 등 사회문제의 극복 방안으로 로봇 활용 전략을 구상하였다. 제조업부터 간호·의료 서비스업, 인프라·재해 대응, 농림 수산업 등 다양한 분야에서 로봇을 활용하여 부가가치 향상과 생산성 강화를 목적으로 한다. 또한 '로봇 신전략'은 일본의 대표적인 기술 강점 분야인 로봇산업육성 전략으로 로봇을 활용하여 데이터 기반 4차 산업혁명 시대에도 로봇 분야에서 세계를 선도하는 것을 목적으로 한다.[139] 로봇산업이 IoT, AI, 빅데이터 등 4차 산업혁명을 주도할 기술들이 집약적으로 응용되기 때문에 일본은 로봇 대국으로서 모든 환경에서 생성되는 방대한 데이터를 로봇산업 진화의 구동력으로 연결하고자 하며 제조 강국 명성 유지와 주도권 확보를 목적으로 한다.[140]

둘째, '과학기술 이노베이션 종합전략 2015'는 정부 차원에서 AI, IoT, 빅데이터, 로봇 등을 활용한 새로운 제조시스템 구축을 통하여 제품 기획, 유지 및 보수까지 전 과정을 ICT로 연결하여 자원의 효율적 조달, 사용자 정

138 이원태 외(2016), p. 64. 하원규, 최남희(2015), p. 176.

139 최해옥 외(2017), pp. 19-20.

140 하원규, 최남희(2015), p. 185.

보 관리, 재고 관리 등 모든 데이터를 네트워크 플랫폼으로 구축한다는 전략이다.

<표 4-9> 일본의 '4차 산업혁명 선도전략' 주요 내용

정책		내용
기술 분야	데이터 활용 촉진 환경 조성	• 데이터 플랫폼 구축 및 데이터 유통시장의 활성화 • 개인 데이터 활용 촉진 조성 • 보안기술과 관련 인재 육성의 생태계 구축
	혁신·기술개발 가속화	• 오픈이노베이션 시스템 구축 • 혁신거점 정비, 국가 프로젝트 구축, 사회구현 가속화
인재 육성 및 고용시스템 개선		• 새로운 니즈에 대응한 교육시스템 구축 및 글로벌 인재 확보 • 다양한 노동 참가 촉진 및 노동시장·고용제도의 유연성 향상
금융기능의 강화		• 리스크 머니 공급을 위한 자금조달기능 강화 • 무형자산 투자의 활성화 및 핀테크 금융·결제 고도화
산업 및 취업 구조 전환		• 신속하고 과감한 의사 결정을 위한 거버넌스 체제 구축 • 유연한 사업 재생·재편이 가능한 제도 및 환경정비
중소기업 및 지역경제 파급		• 중소기업 및 지역경제에 IoT 등 도입·활용 기반 구축
경제사회시스템 고도화		• 규제개혁 재정비 • 4차 산업혁명의 사회 공감대 확산

자료: 経済産業省「Connected Industries 東京イニシアティブ2017」, 김규판(2018), p. 4. 에서 재인용

셋째, IoT 추진 컨소시엄은 2015년 개정된 '일본재흥전략'에서 4차 산업혁명이 경제·사회를 근본적으로 변화시킬 것을 예상하고, AI, IoT, 빅데이터 중심의 4차 산업혁명 시대 도래에 대비할 것을 강조하고 있다. 이를 위해 산업 및 취업구조를 개혁하고, AI 등을 활용하여 미래에 당면하게 될 사

회문제를 예방하거나 해결하고자 하는 것이 주 내용이다.[141] 이는 이전의 일본의 로봇 중심전략에서 IoT, 빅데이터, AI 분야를 중심으로의 변화를 의미한다. 따라서 일본의 4차 산업혁명 선도전략은 4차 산업혁명을 통해 국가 경제 및 사회 전반을 변화시키는 국가혁신 프로젝트이며, 기술 분야뿐만 아니라, 산업구조 개혁에 따른 교육 및 고용시장 개혁, 금융기능 강화, 취약층 지원, 공감대 형성 등을 병행하는 전략이다.[142] 주요 추진 정책으로는 기술, 금융, 산업 및 취업구조 전환 등이 있다.

2) '일본재흥전략 2016'

일본은 범정부 차원에서 4차 산업혁명 모델을 정교한 시스템 체제로 구체화한 대응전략을 구상했고, 이를 실현하기 위한 '일본재흥전략 2015' 전략을 수립한 후, 이를 더 구체화한 '과학기술 이노베이션 종합전략 2015'를 거쳐 4차 산업혁명 종합전략으로 '일본재흥전략 2016'을 발표하였다.[143] '일본재흥전략 2016'의 부제는 '제4차 산업혁명을 향하여' 이며, 4차 산업혁명을 강조하고 관련 전략을 다수 반영해서 최근의 기술적 변화에 적극 대응하고 있다는 점이 특징이다. '일본재흥전략 2016'은 5개의 핵심 시책으로 구성되어 있으며, '관민 전략 프로젝트 10' 중 하나가 '제4차 산업혁명의 실현'이고, 다른 4개의 핵심 시책(생산성 혁명을 실현하는 규제·제도 개혁, 이노베이션 창출·도전정신이 넘치는 인재 창출, 해외 성장시장 공략, 개혁 모멘텀 활용)에도 4차 산업혁명 관련 내용이 상당히 반영된 점이 특징이다.[144]

---

141 노유나(2017), p. 5.

142 이재원(2016), p. 11.

143 內閣官(2015a), 內閣官(2016a)

144 최해옥 외(2017), p. 9, 內閣官(2016a)

<표 4-10> '일본재흥전략 2016' 5대 핵심 시책과 주요 내용

5대 핵심 시책	주요 내용	
관민 전략 프로젝트 10	제4차 산업혁명 실현 (IoT, 빅데이터, AI, 로봇)	• 종합 사령탑 '제4차 산업혁명 민관회의' 개최 • '인공지능기술 전략회의'에서 R&D·산업화 전략 구체화 • 규제 개선(목표역산 로드맵, 규제개혁, 행정절차 간소화/IT화), 기업/ 조직간 데이터 활용 프로젝트 추진과 보안의 확보 • 4차 산업혁명을 고려한 신진대사 촉진, 구조조정 촉진 • '4차 산업혁명 인재 육성 추진회의'의 인재 시책 구체화 • 중소기업에 대한 제4차 산업혁명의 파급
	세계 최첨단의 건강입국으로	• 빅데이터 활용 진료 지원, 혁신적 의약품·의료 기기 개발 • IoT 등을 활용한 맞춤 건강서비스, 예방을 위한 비급여 서비스 확대 • 로봇 센서 등의 기술을 활용한 간병의 질과 생산성 향상
	환경·에너지 제약의 극복과 투자 확대	• 유통 서비스업과 중소기업 등의 에너지 절감 투자 촉진 • 재생 가능 에너지 도입 촉진, 새로운 에너지 시스템 구축 • 자원 안보 강화
	스포츠의 성장 산업화	• 스포츠 시설의 매력·수익성 향상 • 스포츠 경영 인재의 육성·활용과 플랫폼 구축 • 스포츠와 IT·건강·관광·패션 문화 예술 등의 융합 확대
	기존주택 유통·리폼 시장의 활성화	• IoT 등 신기술을 활용한 차세대 주택 보급 • 주택이 자산으로 평가되는 기존주택 유통시장의 형성
	서비스 산업의 생산성 향상	• 서비스 산업의 생산성 향상을 견인하는 선도 기업 창출 • 사업 분야별 생산성 향상 • 중소기업 지원 기관을 활용한 지역 단위 생산성 향상

<table>
<tr><th>5대 핵심 시책</th><th colspan="2">주요 내용</th></tr>
<tr><td rowspan="4">관민 전략 프로젝트 10</td><td>중견·중소기업·소상공인 혁신</td><td>• 세계 시장을 목표로 한 지역 핵심 기업의 성장 지원
• TPP를 계기로 지역 중소기업 등의 해외 전개
• IT를 활용한 중소·중견기업, 소상공인의 생산성 향상 지원
• 담보와 개인 보증에 의존하지 않는 성장 자금의 공급 촉진, 금융기능의 강화와 사업 재생 및 사업 승계 가속화</td></tr>
<tr><td>농림 수산업의 공격적 전개와 수출 촉진</td><td>• 농지 중간 관리 기구의 기능 강화
• 생산 자재 비용 저감, 생산자 친화적 유통·가공 구조 실현
• 인력 강화, 수출역량 강화
• 스마트 농업의 추진(원격 감시, 무인자동주행 등)
• 농업계와 산업계의 연계 체제 구축</td></tr>
<tr><td>관광 입국의 실현</td><td>• 관광 자원의 매력 향상
• 관광 관련 규제·제도의 재검토
• 지역 관광 경영(DMO)의 추진
• 관광 인재 육성
• 방일 외국인 여행자 확대를 위한 지역의 수용 환경정비
• 휴가 취득 촉진·분산</td></tr>
<tr><td colspan="2">관민 협력에 의한 소비 마인드 환기</td></tr>
<tr><td>생산성 혁명을 실현하는 규제·제도 개혁</td><td colspan="2">① 새로운 규제개혁 메커니즘의 도입: 목표역산 로드맵, 행정 간소화/IT화 등
② 국가전략 특구의 활용
③ 미래 투자를 위한 제도 개혁: 핀테크 추진, 빅데이터 활용 포함</td></tr>
<tr><td>이노베이션 창출·도전정신이 넘치는 인재 창출</td><td colspan="2">① 혁신, 벤처 창출 역량 강화
② 경제성장을 개척하는 인재의 육성·확보
③ 성장 제약 타파를 위한 고용 환경정비 다양한 일꾼 참가</td></tr>
<tr><td>해외 성장시장 공략</td><td colspan="2">① 경제 협력 협상, 투자 협정·조세 조약의 체결·개정 추진
② TPP를 계기로 중견·중소기업의 해외 진출 지원
③ 인프라 시스템 수출 확대
④ 대내 직접 투자 촉진</td></tr>
<tr><td>개혁 모멘텀 활용</td><td colspan="2">'개혁 2020' 프로젝트 추진: 자동 주행, 분산형 에너지, 첨단 로봇 등</td></tr>
</table>

자료: 日本経済再生本部(2016), 内閣官(2016a), 최해옥 외(2017), pp. 10-11. 에서 재인용

일본 4차 산업혁명의 특징은 독일의 '인더스트리 4.0'(Industrie 4.0)에 상응하는 개념으로서 '소사이어티 5.0'(Society 5.0)을 구현하기 위해 5대 전략 분야(건강 수명의 연장, 이동 혁명의 실현, 서플라이체인의 차세대화, 쾌적한 인프라·도시 조성, 핀테크)를 선정하고 분야별 구체적 전략을 제시하였다.[145] 정부 차원의 중요 정책으로 미래사회 AI, 로봇기술 등의 핵심기술 개발을 통해 경제발전과 사회문제 해결을 동시에 추구하는 초스마트사회(Society 5.0)와 AI 전략을 적극 추진한다. 일본 정부는 4차 산업혁명이라는 개념을 AI, 빅데이터 등 기술 관점에서 파악하고, 그러한 기술 혁신의 결과로 구현되는 사회를 'Society 5.0'이라는 개념으로 인식하고 있다. 미래 지능사회 추진동력 확보를 위해서 '초스마트사회' 추진전략을 포함하여 산업 생산성 향상과 신산업 창출, 그리고 저출산·고령화 등의 사회문제 해결을 목적으로 하고 있다. 초스마트사회 추진을 위하여 총리 중심의 사령탑을 구축하고, AI 연구개발 예산 확충 및 민간투자 유발 관련 예산을 확대하였다. 2016~2026년간 1천억 엔을 투입하여 AI, 빅데이터, IoT, 사이버보안 등을 통합하는 프로젝트를 추진하여 데이터 정비, 사회문제 해결을 위한 프로젝트, 의료·농업 등 분야별 스마트화, 인재 양성, 규제개혁, 보안·윤리 대책 강화 등을 추진키로 하였다. 이를 위해 일본 정부는 AI 정책 컨트롤타워로 '인공지능기술 전략회의'를 창설하여 관련 3성(총무성, 문부과학성, 경제산업성)의 AI 기술의 연구개발 연계를 도모하며, 관계부처, 학계, 산업계 등과의 협력체계 구축과 AI 연구개발의 목표와 산업화 로드맵을 추진한다.[146]

---

145 內閣府「Society 5.0」, 김규판 외(2017), p. 123.

146 4차 산업혁명위원회(2017b). AI 연구개발은 '인공지능기술전략회의'가 총괄한다. 각 정부 부처별로 총무성은 뇌정보통신, 음성인식·다국어음성번역 혁신네트워크, 문부과학성은 기초연구, 혁신적인 과학기술 성과의 창출, 차세대 기반 기술 창출, 대형 계산기 자원, 인재육성, 경제산업성은 응용연구, 실용화·사회에 적용 표준평가방법 등 공통기반기술의 정비/ 표준화, 큰 목적의 연구를 각각 담당한다.

3) 제조업 분야 'Connected Industries'

<표 4-11> 일본 'Connected Industries' 5대 중점 분야

	자율주행 모빌리티	제조업·로봇	바이오·소재	플랜트 인프라 보안	스마트 라이프 (스마트 홈)
비전	• 교통사고, 교통체증 완화 • 환경부하 완화 • 이동 서비스 확대	• 생산의 최적화 • 멈추지 않는 공장 • 사고나 환경부하 완화	• 재료, 의료·창약 혁신 • 혁신 소재 창출	• 플랜트의 안전성과 생산성 향상 • 센서, 드론 등의 효과적 활용	• 저출산·고령화에 따른 인력 부족 문제 해소 • 가사, 건강, 간병, 육아 분야에 적용
시장, 경제효과: 2030년, 글로벌 단위	• 자율주행차 시장: 870억 달러 • 운전시간 절약에 따른 경제적 효과: 1,000억~1조 달러	• Industrial Internet market이 향후 20년내에 세계 GDP 10조~15조 달러 달성	• 바이오 시장: 약 1.6조 달러 • 기능성 소재 시장: 약 50조엔	• 인프라 노후화 및 수요 확대로 약 200조엔의 시장 창출	• 2011년 무상 노동화폐 평가액: 약 100조엔(가전 시장 약 7조엔)
추진 주체	자율주행 비즈니스 검토회 (국토교통성)	RRI (로봇혁명이니셔티브)	COCN(산업경쟁력간담회), 일본화학공업협회	플랜트데이터 활용촉진회의 (경산성)	IoT 추진랩 (IoT acceleration lab)

자료: 経済産業省「Connected Industries 東京イニシアティブ2017」, 김규판(2018), p. 4. 에서 재인용

일본 정부는 2017년 'Connected Industries' 정책을 발표하고, IoT, AI, 빅데이터, 로봇 등을 활용한 4차 산업혁명의 추진을 의료분야나 교통 분야 등 모든 산업 분야로 확대 추진한다는 전략이다.[147] 'Connected Industries'의 5대 중점 분야는 자율주행·모빌리티, 제조업·로봇, 바이오·소재, 플랜

147 経済産業省(2018), 김규판 외(2017), p. 121.

트·인프라 보안, 스마트 라이프이며, 각종 제도 정비에도 관심을 두고 추진하고 있다. 제조업 혁신정책으로 'Connected Industries'의 주요 정책은 IoT 플랫폼 연계, 스마트팩토리 시범사업, 스타트업 팩토리 구축 지원, 테스트베드 시범사업 등 4가지이다.[148]

4.3.2. 시사점

일본의 4차 산업혁명에 근간이 되는 주요 정책은 경제정책, 산업정책, 과학기술정책으로 구성되며, 주요 4차 산업혁명의 정책은 '4차 산업혁명 선도전략', '일본재흥전략 2016', 제조업 분야의 'Connected Industries'이다. 특히 4차 산업혁명 시대에는 데이터 이용·활용이 부가가치 창출의 원천이 되므로 제조업 'Connected Industries' 실현을 위한 환경정비는 무엇보다 중요하다고 판단하여, 신산업구조비전의 가장 큰 특징 중 하나는 산업과 기업의 연결을 촉진을 위한 데이터 플랫폼 구축과 데이터 유통시장 창설, 관련 규칙 및 제도설계 등과 연관되어 있다는 점이다.[149] 하지만 일본은 4차 산업혁명을 통한 IT 디지털 사회로의 변환을 추진하고 있지만, 이번 팬데믹 사태에서 알 수 있듯이 아날로그식 문서 처리와 방역 대처의 지연 등 IT 강국으로 가기까지에는 아직 일본이 해결해야 하는 많은 문제점이 있다. 전반적인 일본 정부의 4차 산업혁명 관련 정책의 시사점은 다음과 같다.

---

148 김규판(2018), p. 2. 각각 일본 제조업 기업들의 플랫폼을 연계하여 국내 제조업의 가치사슬망을 디지털화하는 정책, 기업이 공장 내 각종 기계·기기에서 수집한 데이터를 다른 기업들도 공유·활용할 수 있도록 공동 데이터 플랫폼을 구축 시범사업, 스타트업과 기존 제조업체·벤처캐피털 등을 연결해주는 시범사업, 제조업 분야의 중장기 산관학 프로젝트로 복수의 기업·연구기관·대학 간 공동 시범사업이다

149 정군우(2017)

첫째, 일본의 4차 산업혁명은 제조업경쟁력 회복과 로봇산업 육성정책 등 제조업 중심의 정책들에 중점을 두고 추진하고 있다. 일본의 경우 독일, 미국과 같이 정부 주도의 제조혁신 드라이브 전략은 존재하지는 않으나, '일본재흥전략' 중 '일본 산업재흥플랜'에서 첨단 설비투자 촉진, 과학기술 혁신 추진을 핵심과제로 제조업 부흥을 추진하고 있다. 또한, '일본재흥전략'의 10대 과제 중 하나로 '로봇 혁명'을 선정하고, 실천 계획으로써 2015년 '로봇 신전략' 계획을 발표하며 산업부문에서 로봇의 활용 확대를 중시하고 있다.[150] 최근 국제로봇협회(International Federation of Robotics)에 의하면 전세계 GVC, 스마트팩토리 추진 등으로 일본의 산업용 로봇산업은 글로벌 공급망에 필수 산업으로 부상되어, 지난 10년간 새로운 수요의 45%를 일본기업이 공급(중국 12%, 한국 7%)하는 등 산업용 로봇산업 육성은 상당히 성공적이다.[151]

둘째, '샌드박스'를 통한 '규제 개선'을 강조하고 이를 위해 다양한 수단을 강구하였으며,[152] 데이터의 중요성을 인식하고 관련 규제를 개선하였다. 일본은 4차 산업혁명으로의 변화에 부응하여 빅데이터와 AI의 활용을 높여 생산을 최적화하고, 미래의 노동인구 감소, 고령화 및 지방인구 감소, 에너지 문제 등 산업 및 취업구조의 위기 상황에 대한 적극적인 해결 방안을 기대하고 있다.[153] '규제 개선'의 일례로 개인정보의 유통·활용과 관련해서 2016년 '민관 데이터 활용추진 기본법'을 제정하여 정부와 민간이 보유하고 있는 개인정보를 공동으로 활용할 수 있는 법적 기반을 마련하였으며,

---

150 노유나(2017), p. 5.

151 <https://ifr.org/>

152 최해옥 외(2017), p. 19.

153 노유나(2017), p. 5.

2017년에는 익명 가공 정보화 및 기업 간 익명 가공 데이터 매매를 허용한 개인정보 보호법(2015년 개정)을 전면 시행했다. 2018년에는 차세대의료기반법(일명 의료 빅데이터법)이 시행됨에 따라 대학이나 기업이 진료기록카드나 건강검사 데이터 등 의료기관이 보유하고 있는 의료 정보를 익명 가공하여 연구개발에 활용할 수 있도록 법적 토대를 마련했다.[154]

셋째, 일본의 4차 산업혁명 추진기관으로는 민관협력기구가 있지만, 다른 선진국과 비교하여 기업, 대학, 연구기관 등이 첨단기술을 공동 투입하는 이노베이션 시스템 구축은 부족한 실정이다. 일본에서도 독일의 'Plattform Industrie 4.0'이나 미국의 IIC와 같은 4차 산업혁명 추진기구가 존재하지만, 'Innovation Platform'은 존재하지 않고, 자국 기업의 오픈이노베이션 시스템 구축도 부족하다. 일본 기업의 전형적인 이노베이션 시스템은 기술력을 보유한 대기업과 중견기업이 장기적 관계를 구축하여 협업을 구사하는 '관계 의존형 시스템'인데, 기업 간 네트워크는 강하지만, 기업과 대학·공적연구기관 간 협력관계는 취약하여 대학을 중심으로 한 산학협동 연구 실적이 부진하다는 점이 문제점으로 지적되고 있다.[155] 하지만 일본은 전통적으로 로봇, 반도체, 기계 등의 소재·부품·장비산업, 한국은 디지털 추진 및 제조에 강점이 있어 상호 신뢰를 기초한 협력 분야가 많아 4차 산업혁명 상호협력이 필요하다.

154 김규판(2018), p. 17.

155 김규판 외(2017), pp. 10-11.

4.4. 중국

4.4.1. 중국 4차 산업혁명과 정책

중국의 4차 산업혁명 관련 정책은 '13차 5개년 계획'을 중심으로 산업의 연결을 촉진하는 '중국제조 2025', '인터넷 플러스(+)', 창업을 지원하는 '대중창업(大衆創業), 만인창신(万人創新)' 등 중국의 구조적 전환과 지속 가능 성장을 주도할 주요 혁신정책들이 다수 포함되어 있다.[156] 중국은 제조업경쟁력을 높이기 위해 정부 차원에서 4차 산업혁명 정책을 적극·추진 중인데, 선진국의 4차 산업혁명 관련 정책에 주목하여 빅데이터, 클라우드, IoT 관련 정책을 최근 지속적으로 발표 및 추진하고 있다. '중국제조 2025'와 '인터넷 플러스'는 독일의 '인더스트리 4.0'과 미국의 '산업인터넷' 개념을 포함할 뿐만 아니라, 4차 산업혁명을 통해 제조업의 경쟁력을 키우고 산업구조 고도화를 달성하며 대외 영향력까지 높이려는 중장기 전략이다. 2015년 발표된 '인터넷 플러스' 전략은 전 산업의 디지털화(digital transform)를 의미하는데, 인터넷에 전통산업을 접목하고, 플랫폼을 기반으로 모든 사물과 기기를 연결하여 산업의 효율성을 극대화하는 전략이다. 중국 4차 산업혁명 정책은 또한 스타트업의 중요성을 인식하고 스타트업이 선순환되는 생태계 공간 조성을 위해 대중창업·만민혁신을 목표로 한 '중창공간'(衆創空間)을 육성한다는 전략이다. 최근 2021년 발표된 중국의 중장기발전전략도 미·중 갈등, 코로나19 위기에 대응한 중장기발전전략으로써 산업기술 중심의 발

156 백서인(2017), p. 20.

전 전략으로 한국에 시사하는 바가 크다.[157]

1) '13차 5개년 계획'(2016-2020): '중국 제조 2025'

중국은 '13차 5개년 계획(2016-2020)'의 제조법 육성을 위한 산업정책으로 '중국제조 2025'를 발표·추진하였다.[158] '13차 5개년 계획'은 산업 전 분야의 연결을 촉진하는 '인터넷 플러스'. 독일식 제조혁신을 표방하는 '중국제조 2025', 창업을 지원하는 '대중창업, 만인창신'(大衆創業，万人創新) 등 중국의 구조적 전환과 지속 가능 성장을 주도할 주요 정책이 다수 포함되었다. '13차 5개년 계획'은 단계적으로 ICT, 항공 우주, 인공지능, 로봇, 미래 자동차, 전자상거래 분야의 선도국가로 도약하고, 제조업의 비효율 해소와 고도화를 통해 2025년까지 제조업 수준을 독일, 일본 수준까지 높이고, 2035년 세계 최고 수준의 제조 선도국가로 도약하는 것을 목표로 하고 있다. 세계 2위 규모인 인공지능 분야의 경쟁력을 2030년까지 이론·기술·응용 등 모든 방면에서 선도국가로 도약하겠다는 계획이다.[159] '중국제조 2025'는 독일의 '인더스트리 4.0'을 벤치마킹 한 정책으로 4차 산업혁명에 대응하여 중국 정부가 추진하는 하드웨어 업그레이드 정책이다.[160]

이러한 단계별 전략이 이전 정책과 차별화되는 점은 업종별 접근이 아닌 전 산업 공동의 혁신 능력을 제고한다는 점, 정부의 시장간섭을 축소하고 민간의 역할을 확대, 대외 협력을 위한 개방 중시 등 부분보다 전체적인

157 산업기술정책센터(2021)

158 中華人民共和國國務院(2015.05.19), 中國制造2025

159 유영신(2017), p. 8.

160 李金華(2015), Lan(2015)

측면에서 산업 전체의 역량 상승을 목적으로 한다는 점이다.[161] 정량적으로 2025년까지 매출액 대비 R&D 지출 비중을 1.68%, 인터넷 보급률은 82%까지 제고하는 등을 구체적인 목표로 추진한다.

<표 4-12> 13차 5개년 계획 중 혁신과 관련된 중국 주요 정책 과제

분야	정책 과제	세부 정책
혁신 발전	신동력 육성	• '대중창업·만중창신(大衆創業 萬衆創新)', 소비가 성장의 기초, 투· 융자 체제 개혁, PPP 확대, 비교우위 수입과 비교우위 수출전략 실시
	신공간 개척	• 신형 도시화, 중점 경제구 선정, 도농 일체화 실현 • 신흥산업, 창업 지원, 인터넷 강국 전략, 인프라 건설 • '인터넷+' 행동계획, 국가 빅데이터 전략, 해양 강국 건설
	신산업체계 구축	• 제조 강국 건설과 '중국 제조 2025', 공업 기초 강화 공정, 전략적 신흥산업 발전, 스마트제조 공정, 10대 산업 육성, 서비스업 육성
	신체제 구축	• 재산권·투·융자 체제·분배 제도 개혁, 행정관리 체제 개혁, 국유기업 개혁, 국유자산관리 체제 개혁, 민영기업 진입 영역 확대, 정부의 경영간섭 제한, 재정·세제 개혁, 금융 개혁
균형 발전	경제·국방 융합 발전	• 2020년 국방개혁 완성, 군민 융합발전 전략 수립
녹색 발전	사람·자연의 공생 촉진	• 녹색·저탄소·순환 발전 산업체계 구축 및 녹색금융, 녹색발전 기금 설립
	저탄소 순환 경제 발전	• 현대 에너지 체계 구축, 'Near-0' 탄소 배출 항목 선정, 순환 발전 선도 계획 수립
개방 전략	대외개방 전략 완비	• 선진 제조기지 및 경제구역 설정, 변경·초 국경 경제 협력 발전 실현

자료 : 백서인(2017), p. 20.

'중국제조 2025'는 제조업 공통으로 적용할 5대 프로젝트 및 업종별 발

161 유영신(2017), p. 9.

전 대책인 10대 육성산업을 병행한다. '중국제조 2025'는 과거 정책과 차별화되는 점은 업종별 접근이 아닌 전 산업 공동의 혁신 능력을 제고 한다는 것이다. 정부는 시장간섭을 축소하고 민간의 역할을 확대하며, 대외협력을 위한 개방을 중시하고 있다.[162]

산업 전체의 역량 제고는 물론 업종 및 프로젝트별 육성정책을 병행 추진하고 있다. '중국제조 2025' 중점산업은 차세대 IT 산업, 항공 우주 설비, 선진 철도 교통 설비, 해양 엔지니어링 설비 및 첨단 선박, 고급 정밀수치 제어 공작기계 및 로봇 전력 설비, 농업기계 설비, 신소재, 에너지 절약·신에너지 자동차, 바이오의약 및 고성능 의료기기이며, 중점 프로젝트는 제조혁신 능력 센터 건설, 제조업종 구조 전환, 스마트 제조업 발전, 산업 로봇화 발전, 공업 기반 강화, 핵심 기초기술 지원, 친환경 제조 기술개발, 에너지 효율 향상, 첨단설비 개발이다.[163]

<표 4-13> '중국제조 2025'의 단계별 전략

단계	목표	발전 전략
1단계 (2015년~2025년)	세계 제조업 강국 대열 진입	• 제조업의 IT 경쟁력 제고, IT와 제조업의 융합을 통해 새로운 도약을 도모 • 주요 업종의 에너지 소모율 및 오염 배출량을 선진국 수준으로 감축
2단계 (2025년~2035년)	세계 제조업 2강 중 선두 선점	• 글로벌 제조 강국 중간 수준까지 향상, 중국 우위 산업의 국제시장 주도권 확보
3단계 (2035년~2045년)	세계 제조업 제1그룹	• 주요 산업에서 세계 최강의 경쟁력 확보, 세계 시장 선도

자료: 유영신(2017), p. 8.

162 백서인(2017), p. 24.

163 中華人民共和國國務院(2015.05.19)

<표 4-14> '중국제조 2025' 계획 중 세부 목표

분류	지표	2015	2020년	2025년
혁신역량	제조업체 매출액 대비 R&D 지출 비중(%)	0.95	1.26	1.68
	제조업체 매출 1억 위안 당 발명 특허 수(건)	0.44	0.7	1.1
질적 성장	제조업 품질 경쟁력 지수	83.5	84.5	85.5
	제조업 부가가치 증가율	-	2015년 대비 2.0% 증가	2015년 대비 4.0% 증가
	제조업 노동생산성 증가율(%)	-		6.5
IT 제조업 융합	디지털 R&D 설계 도구 보급률(%)	58	72	84
	핵심공정 CNC 비중(%)	33	50	64
	인터넷 보급률(%)	50	70	82
친환경 성장	기업의 산업 생산량 단위당 에너지 소모 감축 비율(%)	-	2015년 대비 18% 감축	2015년 대비 34% 감축
	산업 생산량 단위당 이산화탄소 배출 감축 비율(%)	-	2015년 대비 22% 감축	2015년 대비 40% 감축
	산업 생산량 단위당 수자원 사용 감축 비율(%)	-	2015년 대비 23% 감축	2015년 대비 41% 감축
	공업용 고체폐기물 사용률(%)	65	73	79

자료 : 백서인(2017), p. 25.

'중국제조 2025'는 단순히 기존에 추진해 왔던 산업발전 정책이 아닌 전혀 새로운 혁신 구동 정책으로써 '시스템 전환'을 의미한다. 스마트화를 위한 장비 및 제품의 중점개발 및 생산공정의 스마트화를 추진하는 등 첨단 제조 방식 육성을 통해 생산, 관리, R&D 및 서비스의 스마트화 수준을 향상하고, 스마트제조 및 디지털화를 위한 표준 융합관리 시스템 구축을 추진한다. 제조업 기반과 정부와 민간의 협력체계가 잘 구축된 독일의 모델을 벤치마킹하여 제조업 기반이 강한 중국은 성장 잠재력이 큰 스마트팩토리를 도입해 경쟁력을 제고 하기 위한 지원정책을 수립하였고, 중국기업들도 정책에 적극 동참하여 일부 산업의 선두기업들은 스마트팩토리 도입에서 가시적인 성과를 거두고 있다.[164]

또한 빅데이터, AI, 클라우드 컴퓨팅이 기업의 설계, 생산·제조, R&D, 판매 서비스, 경영관리 등 전산업 주기에서 종합적으로 통합·응용되도록 추진한다. ICT와 제조업의 융합을 위해 필요한 광대역 인터넷 인프라 확충을 위해 광대역 보급률을 2025년에는 약 82%까지 향상하는 계획이다.[165]

2) '인터넷 플러스(+)' 정책

중국은 2025년까지 신경제 생태계 구축을 목표로 SW 부분의 혁신을 위해 ICT 기술과 전통산업의 융합을 통한 산업구조 혁신 및 업그레이드를 추진할 목적으로 4차 산업혁명의 또 다른 축인 소프트 인프라 구축을 위해 '인터넷 플러스' 개념을 제시하였다.[166] 2015년 인터넷 플러스 추진에 관한 '행동지도의견'(行動的指導意見)을[167] 통해 인터넷과 플러스 될 창업, 제조, 농업, 스마트에너지, 금융 등 11대 산업 혹은 분야를 제시하였다.[168] 이 정책은 전 산업의 디지털화(digital transformation)를 의미하는데, 인터넷에 전통산업을 접목하고, 플랫폼을 기반으로 모든 사물과 기기를 연결하여 산업의 효율성을 극대화하는 전략이다. 중국은 '인터넷 플러스'를 통해 제조업 하드웨어

---

164 新華社(2017.05.29)

165 유영신(2017), p. 10.

166 유영신(2017), p. 10. 인터넷 플러스에서 '플러스'는 인터넷플랫폼+제조, 인터넷플랫폼+에너지, 인터넷플랫폼+금융, 인터넷플랫폼+의료, 인터넷플랫폼+문화미디어, 인터넷플랫폼+농업 같이 경계가 없어지고, 스마트 산업이 확장되는 스마트 인프라를 의미한다.

167 中華人民共和國國務院(2015.07.04), 國務院關于積极推進, "互聯网+"行動的指導意見

168 조충제 외(2017), p. 92.

부문의 'fast-follower' 전략의 한계를 돌파하는 모델로 인터넷 플러스를 통해 산업간 경계를 허물고 거대한 확장성 구축을 시도한다.

<표 4-15> '인터넷 플러스'의 발전 목표

구분	발전 목표
경제발전	• 인터넷을 통한 제조업, 농업, 에너지, 환경보호 산업 분야의 업그레이드와 노동생산성 제고 • 전자상거래 및 인터넷 금융 육성
사회발전	• 헬스 의료, 교육, 교통 등 민생 분야에서의 인터넷 응용 확대 • 공공서비스의 온·오프라인 통합 및 서비스 다각화
기초 인프라	• 광대역, 차세대 이동통신망 구축 • IoT, 클라우드 컴퓨팅 등 신형 인프라 시설 구축 • 인공지능기술의 산업화 촉진
환경 조성	• 인터넷 융합 혁신에 대한 인식 제고 • 관련 기준, 규범, 신용체계, 법률 및 법규 체계 완비

자료: 중국 국무원(2017), 유영신(2017), p. 10. 에서 재인용

2018년까지 ICT와 경제·사회 각 분야의 융합과 새로운 성장동력 창출을 위해 4대 목표 및 7대 액션플랜을 수립하였다. 관련 정책의 실행력 제고를 위해 '인터넷 플러스'의 행동지도 의견을 발표하고, 인프라 구축, 규제 완화, 인재 육성, 국제협력, 진입장벽 완화 등 다각적인 측면에서 정부 정책지원을 확대하였다. 핀테크, 전자상거래 관련 산업발전을 통해 글로벌 시장을 개척함은 물론 중국 내 각 성(省)을 대상으로 주기적으로 '인터넷플러스', '인터넷플러스 및 스마트' 지수를 공시하고 관리한다.[169]

169 유영신(2017), p. 10.

<표 4-16> '인터넷 플러스'의 행동 지도의견

항목	주요 내용
발전 목표	• 2018년: 제조업, 농업 등 인터넷과 산업의 결합 제고, 사회 서비스 내 영역 확대, IoT, 클라우드 컴퓨팅, 인공지능, 보안 등 기반 확보, 인터넷 산업 표준화 및 법규 확립 • 2025년: 인터넷화, 지능화, 서비스화, 협력화를 기본 골자로 한 인터넷 플러스 산업(신경제) 생태계 구축
7대 육성 정책	• 기초: 브로드밴드 보급률 확대, 센서 네트워크, 클라우드 컴퓨터 및 빅데이터 플랫폼 구축 • 혁신: 기업 간 신규 프로젝트 조성 확대, 핵심기술 공유, 컨버전스 관련 표준화 • 제도: 산업간 진입제한 완화, 산업 독점 구조 탈피, 인터넷 산업 규제 완화 • 해외 협력: 인터넷 기업 해외 진출 지원, 글로벌 클라우딩, 빅데이터 등 시장진입 허용 • R&D: 각 지방 범주 인터넷 관련 교육 프로그램 신설, R&D 센터 개설, 글로벌 인력 유치 • 산업 지원: 정부 주도 예산 편성 및 사회 자본 투자 유도, 세제 혜택, 자금 조달 지원 • 핵심 조직 구성: 핵심 컨트롤타워 지정, 산업별 핵심 인력 배치
11대 결합 분야	• 창업 지원: 인터넷 플러스 산업 내 창업 지원, 경제발전 신성장동력으로 구축 • 제조업 플러스: 스마트제조, 대량의 맞춤형 상품 제조, 네트워킹 제조시스템 수준 제고 • 현대농업 플러스: 스마트 농업 생산 경영 시스템 구축 • 에너지 플러스: 에너지 생산 스마트화 • 금융 플러스: 인터넷 금융 클라우드 서비스 플랫폼 구축, 인터넷 금융서비스 범위 확대 • 복지 플러스: 정부 공공시스템/데이터 네트워크화 추진, 스마트 복지서비스(공유형) 제공 • 물류 플러스: 재고 추산/측정 시스템화, 물류 시스템 네트워크화 추진 • 상거래 플러스: 농촌 전자상거래 확대, 에너지, 철강, 의약 등 분야의 전자상거래 확대 • 교통 플러스: 교통/운수 서비스 품질 향상, 교통/운수 운영 현황 시스템화 • 환경 플러스: 오염물질 측정 시스템화, 각 부문별 모니터링 시스템 강화 • 인공지능 플러스: 인공지능 산업 육성, AI 상품화 및 성능 제고

자료: 유영신(2017), p. 11.

'인터넷 플러스' 전략을 통해 투자를 집중할 11대 분야는 창업, 제조, 농업, 에너지, 금융, 공공서비스, 전자상거래, 물류, 교통, 생태환경, 인공지능이다. 해당 분야들은 인터넷과의 융·결합을 통해 스마트 시스템을 구축하고, 새로운 비즈니스 모델의 다수 발생을 추진한다. 따라서 중국 정부는

'인터넷 플러스' 전략의 성공적인 실행을 위하여 성장 기간 확보, 혁신 촉진, 환경 완화, 해외 협력 강화, 인재 육성 등 구체적 지원방안을 마련하고 있다.[170]

3) '신세대 인공지능 발전계획' 정책

중국은 차세대 인공지능 개발계획인 '인공지능 제조발전계획 2016-2020'을 발표하여 이념과 전략목표, 주요 과제 등을 제안했다.[171] 중국은 2030년 신세대 AI 개발에 있어 중국이 우위를 구축하고 혁신국가 건설과 세계 과학 기술력을 가속화 함을 목적으로 하고 있다. AI가 경제, 사회, 국방을 통합하여 차세대 인공지능 기술이 혁신을 일으킬 수 있도록 지원하는 것이 '인공지능 제조발전계획 2016-2020'의 정책 방향성이라 할 수 있다. 중국 AI 정책은 국무원, 공신부, 과학기술부, 교육부, 발개위(국가발전개혁위원회), 재정부 등의 정부 기관들이 주관부처로 각각 정책목표를 제시하고 있다. 중국의 AI 산업 규모는 2020년 1,500억 위안(약 25조 7,890억원)으로, 2019년부터 2025년까지 연평균 26.8% 성장하여 4,500억 위안(약 77조 3,640억원)에 달할 것으로 전망한다. 2020년 인용된 전 세계 AI 논문 중 20.7%가 중국으로, 논문 인용 수에서 처음으로 미국을 제치고 1위를 차지하였다.[172]

중국은 AI 산업발전을 새로운 경제성장 요소 중 하나로 간주하고, 2025년까지 AI 일부 기술과 응용은 세계 최고의 수준으로 도달, 2030년에는 AI 이론, 기술 및 응용까지 모든 부문에서 미국을 능가하는 세계 최고 수

170 노유나(2017), p. 6.

171 中華人民共和國國務院(2017.07.20.), 전보희(2021)

172 전보희(2021), 박승혁(2019)

준에 도달하는 인공지능 혁신을 추진한다는 야심 찬 목표이다.[173] 이를 위해 중국은 신세대 인공지능 발전을 이루기 위한 6가지 계획을 제시하고 있다. 첫째, 개방적이고 협력적인 AI 기술 혁신시스템을 구축하기 위해 기본이론, 주요 공통 기술 및 고급인재 육성을 강화한다. 둘째, 인공지능산업 육성, 산업 지능 고도화 추진, 인공지능 혁신 고지(발표)를 통해 고효율 스마트 경제를 육성한다. 셋째, 효율적이고 지능적인 서비스를 개발하여 사회 거버넌스 수준을 개선하고, 인공지능을 사용하여 공공 안전성을 높이고, 안전하고 편리한 지능형 사회를 구축하여 공유 및 상호 신뢰를 촉진한다.

넷째, 군과 민간의 AI 양방향 전환 기술을 통해 데이터의 공동 구축 및 공유를 통한 군-민간 통합을 강화한다. 다섯째, 안전하고 효율적인 지능형 인프라 시스템을 구축하고 빅데이터, 고성능 컴퓨팅 등 인프라 구축 및 업그레이드를 추진하여 유비쿼터스 체제를 갖춘다. 여섯째, 차세대 AI의 주요 기본이론과 공통 핵심기술의 응용에 초점을 맞추어 전반적인 조정을 강화하고, 차세대 인공지능기술 프로젝트가 핵심이 되도록 한다.[174] 또한 중국은 빅데이터 산업의 중요성을 인식하고 내재적 문제점과 구조적 장애를 제거하고 국가 주도의 전략적 육성정책을 추진하고 있다. 이를 위해 데이터의 개방 및 공유, 관련 인프라 및 표준체계 구축, 지방 확산을 위한 종합시범지구 확산을 통해서 데이터 및 4차 산업혁명 강국으로 도약을 시도하고 있다.[175]

173 전보희(2021)

174 中華人民共和國國務院(2017.07.20)

175 이진면 외(2021)

<표 4-17> 중국 차세대 인공지능 정책목표

연도	주관부처	인공지능 발전계획	주요 내용
2017년 7월	국무원	• 차세대 인공지능 발전계획	• AI 발전의 3단계 전략목표 확정
2017년 12월	공신부	• 차세대 AI 산업발전 3개년 행동계획(2018-2020년)	• 신경망 칩 집중 지원, AI 칩 국내 규모화 응용 실현
2018년 11월	공신부	• 차세대 인공지능 산업혁신 중점 임무 발표 사업 방안	• 핵심기술을 파악하고 혁신 능력이 강한 기업 선정하여 AI의 대표적인 제품, 서비스, 플랫폼을 중점적으로 추진
2019년 3월	과학기술부	• 인공지능과 실물경제의 깊이 있는 융합을 추진하는 지도의견	• AI 혁신성과의 응용 전환 경로와 방법을 모색하고 스마트 경제 구축
2019년 8월	과학기술부	• 국가 차세 대 인공지능 개방 혁신 플랫폼 건설 작업 안내	• AI 세분 분야의 선도 기업이 개원, 개방 플랫폼을 구축하고 업계의 응용 추진
2020년 3월	교육부, 발개위, 재정부	• 일류 학과의 융합을 추진하고 인공지능 분야의 대학원 육성을 가속화하는 데 관한 몇 가지 의견	• 국가가 AI를 발전시키는 중대한 전략적 수요를 중심으로 기초 이론 인재와 'AI + X' 복합형 인재 육성 체계 구축

자료: 前瞻產業研究院(2017), 2017 全球人工智能人才白皮書

4) 신산업 창업 혁신, '중창공간'(衆創空間) 육성정책

중국 4차 산업혁명 정책은 스타트업의 중요성을 인식하고 스타트업이 선순환되는 생태계 공간 조성을 위해 대중창업·만민혁신을 목표로 한 '중창공간'을 육성하고 있다.[176] 11대 육성 분야는 이미 일정 부분 인터넷 플러스와 연계되어 효율성이 크게 개선되었는데, 창업의 경우에는 개방형 인큐베이팅센터인 '대중창업공간'(衆創空間)이 도시별로 크게 증가하여 스타트업

176 창업을 위한 장소적 개념을 넘어서 시장화, 전문화, 통합화, 네트워크화 된 제도적 지원까지 포함된 것을 의미한다. 中華人民共和國國務院(2015.03.11)

을 지원하고 있다. 또한 클라우드 플랫폼을 통해 창업에 필요한 각종 정보가 공유되고 있으며, 시공간의 제약 없이 다양한 교류가 발생하고 있다는 점이 특징이다.[177] 최근 중국은 저성장 시대의 해결책으로 스타트업 기업육성에 주력하고 있으며 높은 성장세를 보이고 있다. 2021년 6월 기준 전세계 703개 기업 중 1위 미국기업 370개에 이어 중국기업(138개)은 2위이며, 2016년 중국 유니콘 35개의 유니콘기업수에 비해 빠른 속도로 성장하고 있다.[178]

'중창공간'은 혁신 스타트업을 육성 지원하며, 소형 혁신 기업체들의 성장과 개인 창업을 위해 온라인과 오프라인, 혁신과 창업, 인큐베이터와 투자를 결합시켜 원가가 저렴하고 편리하며 모든 요소가 오픈된 형태의 종합적인 서비스 플랫폼이다. 이는 2013년 중국 정부의 창업 활성화 정책 도입 이후 시작되었으며, 스타트업기업의 초기 투자부터 스핀오프 과정까지 전 과정을 지원한다. 칭화대, 베이징대 등 40여개 대학 출신의 고급인력을 쉽게 채용할 수 있어 글로벌 ICT 기업도 중국 스타트업에 투자하기 위해 베이징 중관촌이 벤처기업의 메카로 부상하고 있다.[179] 중국 정부는 이러한 혁신 효과를 극대화하고, 더욱 많은 창업자가 혁신 활동에 참여할 수 있도록 전국적으로 개방형 창업 인큐베이터인 '중창공간'(衆創空間) 설립을 장려하고 있다. 또한 대학생 창업을 장려했으며, 창업에 대한 각종 자금지원, 세금 우대정책 등을 제공하며, 통신 인프라 확대, 통신료 인하 추진을 통해 대중의 인터넷 활용도를 높이고, 중소기업 혹은 스타트업에 혜택을 지속적으로 제공하고 있다.[180]

---

177 조충제 외(2017), p. 93.

178 CBINSIGHTS(2021)

179 유영신(2017), p. 12.

180 조충제 외(2017), p. 82.

4.4.2. 시사점

중국은 1978년 개혁개방 이래 고도성장의 핵심 기반이었던 '세계 공장'으로서의 역할이 한계에 직면함에 따라, 산업구조의 변화를 통한 경제성장의 지속이라는 과제에 직면하고 있다. 독일의 '인더스트리 4.0'으로 대표되는 4차 산업혁명 시대의 부상으로 중국의 제조업 혁신 방안은 새로운 성장동력으로 큰 관심을 받았다. 중국은 세계 2위의 경제대국이라는 위상에 걸맞게 4차 산업혁명을 추진하여 서구 선진국과 동등한 경쟁을 벌이는 중국 최초의 산업혁명기이자, 후발 국가로서의 위기 인식과 국가의 역할 부상, 중국의 강대국화, 2050년 중국식 '중국몽'(中國夢) 실현 동력으로서의 산업혁신으로 간주하고 있다.[181] 하지만 최근 미·중 무역 및 기술분쟁, GVC, 팬데믹 사태로 반도체 굴기 등 일부 분야에서 중국의 4차 산업혁명 추진은 상당한 어려움에 직면하고 있다.

중국의 4차 산업혁명 전략의 특징은 선진국 위상 강화, 정부 주도의 적극적인 역할, 차별적 정책 추진, 정보화와 공업화의 추진전략이다. 첫째, 선진국 위상 강화 전략으로 중국은 공업화의 후발주자이지만, 4차 산업혁명은 선진국을 추월하는 것이 중국의 전략이다. 중국 정부는 독일의 '인더스트리 4.0'을 모델로 한 '중국제조 2025 행동계획'을 국가전략으로 세계의 하청공장에서 벗어나 로봇, AI 등에 투자를 강화하고, 2035년까지 선두주자인 미국, 독일과 일본을 추월하고, 2035~2045년 미국을 능가하여 주요 산업에서 세계 최강의 경쟁력 확보, 세계 시장을 선도한다는 전략이다. 중국은 그동안 몇 가지 분야에서 괄목할 만한 성과를 도출하고 있다. 일례로

181 차정미(2018), p. 147.

드론 분야에서는 세계 최대 드론 기업인 DJI가 세계 시장의 상업용 드론 시장의 75% 이상을 점유하고 있고, 인터넷과 다른 산업을 연결해 산업 간 경계를 허물고 경쟁을 통한 효율성 향상에 기여하는 '인터넷 플러스 전략'으로 'BAT(바이두·알리바바·텐센트)' 같은 선두기업과 세계 2위의 유니콘 기업들을 탄생시켰고, 중국 인터넷 산업을 급성장시키는 계기가 됐다. 또한 원격 의료서비스의 경우도 한국보다 앞서 원격의료 서비스인 '춘위이셩(春雨醫生)'을 개발하여 중국 내 50만 명의 공립병원 의사들과 협업해서 약 2억명 이상의 환자에게 이러한 원격의료 서비스를 제공하고 있다는 점에서 원격의료 분야는 오히려 한국을 앞서고 있어 한국의 규제개혁에 중요한 시사점을 제공한다.

둘째 중국의 4차 산업혁명 시대 제조업 혁신에 가장 중요한 요소 중 하나는 국가 주도의 역할이다. '중국제조 2025', '인터넷플러스',[182] '인공지능제조발전계획 2016-2020', '인터넷+선진제조업 심화와 산업인터넷 발전 지도의견'[183] 등 산업혁명과 관련된 중국의 주요 정책들은 모두 기본 원칙으로 '시장주도, 정부인도' 원칙을 내세우고 있다. 하지만 시장주도와 정부인도 원칙의 이면에는 여전히 정부의 적극적 역할에 대한 강조가 포함되어 있다.[184]

셋째, 차별적 정책 추진전략이다. 일례로 중국의 산업혁신 과정에서 최고의 핵심 전략 분야로 육성하는 분야는 AI이다. 중국 정부가 AI 플랫폼 구축의 대표기업들을 선정한 것은 AI 분야를 국가 차원의 핵심 전략산업으로 육성하겠다는 의지와 민간기업을 국가전략의 중요한 실행자로 참여시켜

182 中華人民共和國國務院(2015.07.04)

183 中華人民共和國國務院(2017.11.27)

184 차정미(2018), pp. 162-163.

인공지능 관련 기술과 플랫폼 확대를 가속화 하겠다는 전략이다. 미국 등 서구국가들이 정부연구소나 R&D 예산 확대 등 간접적 방법으로 4차 산업혁명을 주도하는 데 비해서, 중국은 정부가 직접 민간기업에 대한 지원을 통해 전략산업을 육성하고, 민간기업에 국가 발전전략의 주요한 임무를 맡기는 등 특유의 추진구조를 구축해 가고 있다는 점이 특징이다. 이를 위해 중국 정부는 AI 산업발전을 위하여 규제를 개혁하고 기초연구와 인재 양성을 위해 노력하고 있다. 이러한 국가차원의 핵심전략산업 육성정책을 한국도 과감히 추진할 필요가 있다. 또한 차별화된 브랜드 전략을 강조하는데, '중국제조 2025'는 핵심 분야에서 세계 최고 브랜드를 육성하고자 하는 의지가 담겨있다. '중국제조 2025'가 독일의 '인더스트리 4.0'과 일정한 차이가 있음에도 불구하고, 스마트제조를 주요한 공략 방향으로 제시하는 등 여전히 제조업의 지능화, 정보화라는 공통점이 있다.[185]

넷째, 정보화와 공업화의 추진이다. 중국 4차 산업혁명의 기본전략은 '양화융합'(兩化融合)으로 이것은 정보화와 공업화의 결합 및 연계 발전을 의미한다. 중국의 '양화융합' 전략은 2015년 '중국제조 2025', '인터넷플러스' 등이 공표되면서 실천적 정책으로 구체화 되고 있다.[186] '중국제조 2025'와 '인터넷플러스' 정책은 모두 스마트제조를 주된 공략 방향으로 제시하면서 산업의 지능화에 주력하고 있다.[187] 인터넷과 각 영역의 융합발전이 무한한 잠재력을 가진 시대적 조류라고 규정하고 인터넷과 각 경제사회 분야의 융합을 추진하여, 2025년까지 네트워크화, 스마트화, 서비스화, 협동

185 최해옥 외(2016), p. 24.

186 胡晶(2015), 차정미(2018), p. 154.

187 차정미(2018), p. 162.

화의 '인터넷플러스' 생태체계의 완성을 목표로 한다.[188] 이상 중국의 4차 산업혁명 정책 추진을 통하여 AI 등의 분야에서 국가 주도의 산업정책 및 규제개혁의 필요성을 알 수 있으며, 과거 보완적인 무역구조가 아닌 경쟁구조로 변경되고 있어 이에 대한 한국의 대비책이 늦은 감이 있지만, 시급한 상황이다.

4.5. 인도

4.5.1. 인도 4차 산업혁명과 정책

<표 4-18> 인도 모디노믹스(Modinomics) 주요 내용

구분	내용
성향	• 선 경기 부양, 후 구조개혁
정책 배경	• 경제성장률 침체와 실물경제 부진
정책목표	• 경기부양책과 4차 산업혁명을 통한 성장률 개선
주요 정책	• 메이크 인 인디아(Make in India) – 제조업 육성 • 스마트시티(Smart City) – 도시 인프라 개선 • 디지털 인디아(Digital India) – 4차 산업혁명 발전/디지털 지식사회로 전환 • 스타트업 정책(Start Up India) – 기술창업 육성 • 클린 인디아(Clean India) – 보건, 위생 환경개선 • 뱅킹 포 올(Banking for All) – 금융서비스 대중화
정책의 전략	• 인프라 확충, 제조업 및 IT 투자 확대, 해외투자 적극 유치, 수입 규제 완화, 4차 산업혁명의 발전

자료: 이성희 외(2019), p. 12. 조의윤 외(2017) 참조 후 정리

188 李金華(2015), p. 74.

2014년 출범한 모디(Narendra Modi) 총리의 신경제정책인 '모디노믹스'(Modinomics)의 핵심 정책은 외국인 투자를 통한 인프라 확충과 제조업 활성화를 추진하는 '메이크 인 인디아'(Make in India), 4차 산업혁명의 발전과 디지털 지식사회로 전환을 위한 '디지털 인디아'(Digital India), 보건 및 위생 환경 개선을 위한 '클린 인디아'(Clean India) 등의 경제개발 프로젝트와 정보기술(IT) 기반 시설을 갖춘 스마트도시 건설 사업 등을 진행하면서 경제성장을 견인하고 있다.[189] 따라서 모디 총리의 경제정책은 개혁과 발전을 이루어내기 위해서 외국인 투자유치 확대와 인도 경제의 체질 강화, 4차 산업혁명 발전을 위한 계획 수립을 통한 경제 성장과 고용 창출을 핵심 추진전략으로 한다. 인도 정부는 4차 산업혁명 추진을 위해서 디지털 인디아 정책과 함께 2015년 '스타트업 인디아'(Start-up India) 정책으로 기술창업 세계 3위인 인도를 IT 강국에서 4차 산업혁명 혁신국가로 변신시키고자 하고 있다. 또한, 도시 재생산업 스마트시티를 100개 이상 건설하는 계획을 수립하는 등 여러 정책의 유기적인 융합을 통해 4차 산업혁명을 추진하고 있다.

1) '디지털 인디아'(Digital India) 정책

디지털 인디아는 인도 경제를 디지털 경제로 전환하기 위해 정부 주도하에 기업의 디지털 경제 전환에 필요한 다양한 시설과 인프라를 제공하는 정책을 추진하여 국가 전체를 디지털 역량을 가진 지식사회로 전환할 것을 목적으로 하는 범정부적 프로그램이다. 디지털 인디아의 3대 비전은 '모든 시민의 공공서비스로서의 디지털 인프라'(Digital Infrastructure as a Utility to Every Citizen), '수요 기반의 거버넌스와 서비스'(Governance and Service on Demand),

189 김태은(2015), pp. 3-4.

'시민의 디지털 권리 강화'(Digital Empowerment of Citizens)이다.[190] 디지털 인디아(Digital India)는 모디 정부의 핵심 경제정책으로, 수요를 기반으로 한 관리와 서비스로써 수많은 행정기관과 사법 체계를 포괄하는 통합적인 시스템 구축, 온라인 및 모바일 플랫폼에서의 실시간 서비스, 비즈니스 원활화를 위한 행정서비스의 디지털화, 금융거래 전자화 및 무현금화 서비스를 포함한다. 디지털 인도의 3대 비전(디지털 인프라 구축, 수요 중심의 정부 및 행정서비스, 시민의 디지털 역량 강화)을 달성하기 위해 광대역통신망 구축, 모바일 연결성 접근 확대, 공공 인터넷 접속 프로그램, 전자정부, eKranti(서비스의 e-딜리버리) 정보공유, e-Manufacturing, IT 일자리, 단기 성과 프로그램 등으로 구성된다.[191]

<그림 4-1> 인도의 디지털 인디아 정책 프레임워크

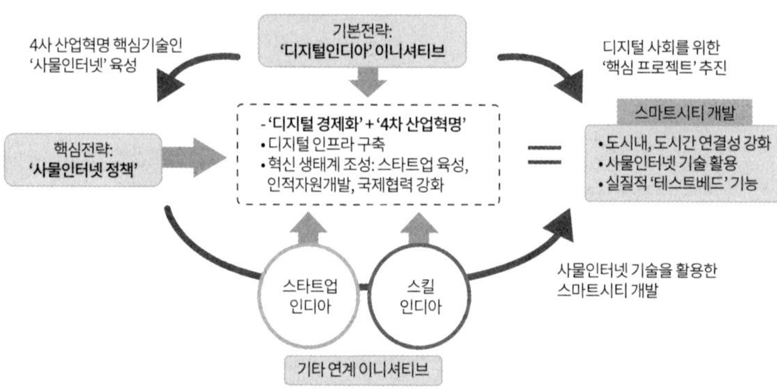

자료 : 오종혁 외(2017), p. 6.

디지털 인디아의 3대 비전을 통해 공공서비스센터의 간편한 접근, 사적

190 김태은(2015), p. 12. 김나연(2017), p. 19.

191 김태은(2017), p. 1. 강명구(2018), p. 1. KOTRA(2015.10.08), 예영선(2015), p. 55.

데이터를 공공 클라우드를 통한 관리, 비즈니스 원활화를 위한 행정서비스 디지털화, 정부 주도의 디지털 플랫폼 구축, 모든 문서 및 증명서의 클라우드화 등을 추진한다. 일례로 디지털 인디아 1조 1300억 루피(79조 원) 투자 계획(2015~2019년)은 모든 정부 서비스를 디지털화한 e-거버넌스 구현이 목표이다. 인도 전역을 초고속 인터넷망으로 연결하고 전자상거래를 촉진하여 25만 개 촌락의 고속 인터넷 연결, 전자문서와 전자서명제 도입, 원격진료를 포함한 전자 병원 시스템 구축, 주요 지점 무선인터넷 중계기 설치, IoT 연구소 설립 등이 디지털 인디아의 세부 추진 프로젝트이다.[192]

<표 4-19> 디지털 인디아의 3대 비전

3대 비전	내용
디지털 인프라	• 광 인터넷 및 안전한 사이버스페이스 구축 • 휴대전화와 은행 계좌를 활용한 디지털 금융서비스 보급 • 공공서비스센터의 간편한 접근, 공공 클라우드 개발을 통한 사적 공간 공유
수요 중심의 정부 및 행정서비스	• 행정기관과 사법 체계를 포괄하는 통합적인 시스템 구축 • 온라인 및 모바일 플랫폼에서의 실시간 서비스 • 비즈니스 원활화를 위한 행정서비스 디지털화 • 금융거래 전자화 및 무현금화 서비스
시민의 디지털 역량 강화	• 디지털 문해력과 디지털 서비스 자료를 다양한 인도 언어(22개 공식 언어)로 공급 확대 • 정부 주도의 디지털 플랫폼 구축 • 모든 문서 및 증명서 클라우드화

자료 : 김회민(2018), p. 2. 강명구(2018), p. 2. 예영선(2015), p. 55. 현재호(2016), p. 33. 참조 후 작성

대표적인 디지털 인디아 정책은 전자정부 프로젝트 확대로 중앙 부처 및 전자정부에 전자사무소와 기타 전자 거버넌스 정책의 도입이다.

192 김태은(2015), p. 5. 현재호(2016), pp. 33-34.

모든 주 의회의 기능을 디지털화해 종이 없는 'e-Vidhan' 프로젝트 및 'E-Courts'의 추진으로 모든 하부 법원의 보편적 전산화, 클라우드 컴퓨팅 사용 및 전자 파일링, 전자 지불 등 전자 서비스의 가용성을 확대할 계획이다. 전자정부가 활성화되면서 공공자료의 접근성이 좋아지고 있다.[193] 디지털 인디아 정책으로 인도의 스타트업 기업들은 펀딩 및 인센티브, 인큐베이션 등 각종 제도적 지원을 받고 있으며, 등록된 스타트업은 3년간 법인세 면제, 특허 등록세 80% 감면 등의 혜택 등 세제 지원을 받을 수 있고 투자 환경이 개선되면서 최근 스타트업 기업들이 대폭 증가하고 있다.

<표 4-20> 디지털 인디아 정책의 주요 프로젝트

구분	내용
e-Vidhan 프로젝트	• 모든 주의 의회 기능을 디지털화 • 입법 의회와 서명의 기능을 완전히 자동화하는 프로젝트, 온라인 커뮤니케이션을 통해 종이 사용을 없앰
e-Court 프로젝트	• 모든 하부 법원의 보편적 전산화, 클라우드 컴퓨팅 사용 및 전자 파일링, 전자 지불 등 전자 서비스의 가용성 확대
아드하르 (Aadhaar)	• 디지털 개인인증 플랫폼 • 가입자에게 일종의 주민등록번호를 부여하고 이를 개인의 생체정보와 연계시켜 다양한 공공 민간서비스 분야에 활용할 수 있도록 구축한 인도 최초의 디지털 생체인증 플랫폼

자료 : 인도 National Information Centre, KOTRA(2018.10.08.)에서 재인용

2) '아드하르'(Aadhaar) 프로젝트

인도 정부는 디지털 인디아 정책 프로젝트의 하나인 디지털 개인인증 플랫폼 '아드하르'(Aadhaar) 기반을 확대하여 디지털 경제화와 4차 산업혁명

193 KOTRA(2018.10.08)

시대에 적극 대응하고 있다. '아드하르'를 기반으로 한 공공 및 민간서비스 범위를 보다 다양한 분야로 확대 추진하고 있다. 일례로 '아드하르' 기반 공공서비스를 세금, 교육 및 기타 보조금 분야로 확대 추진하는 한편, 아드하르 기반 디지털 전자결제 플랫폼을 구축하고, 민간서비스 공급자의 '아드하르' 클라우드에 대한 정보 접근 및 활용을 허용하는 등 서비스 공급 범위를 확대하고 있다. 디지털 개인인증 플랫폼인 '아드하르'는 인도 인구의 90% 이상인 약 11억 명이 등록을 마쳐 운영이 본격화되었는데 가입자에게 일종의 주민등록번호를 부여하고 이를 개인의 생체정보(홍채·지문)와 연계시켜 다양한 공공·민간서비스 분야에 활용할 수 있도록 구축한 인도 최초의 디지털 생체인증 플랫폼이다.[194]

<그림 4-2> '아드하르'기반 공공 및 민간서비스 현황 및 발전 단계

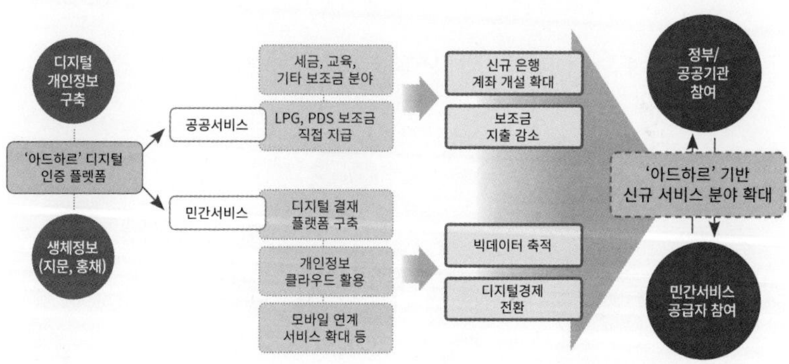

자료 : 조충제, 송영철(2017), p. 3.

인도 정부는 '아드하르' 프로젝트의 잠재적인 경제적 효과를 인지하고

194 조충제, 송영철(2017), p. 3.

인도국민들의 '아드하르' 등록 확대를 위해 지속적으로 노력해왔다. '아드하르'의 18세 이상 성인 등록률은 99%이며, 특히 델리, 뭄바이 등 대부분 대도시의 등록률은 100%이다.[195] '아드하르' 정책의 주요 성공 요인은 '아드하르' 등록 확대, 금융 접근성 개선, 빅데이터 축적, 보조금 지급 효율성 및 투명성 개선이다.[196]

첫째, 보조금 지급 효율성 및 투명성 개선이다. 인도는 호적 제도가 없어 정부가 빈곤층을 정확하게 파악하지 못하는 문제가 있었는데, '아드하르'를 통해 복지정책의 효율성을 높이며 부정부패를 해소하고 탈세를 막는 등의 일이 가능해졌다. '아드하르' 연계 직접보조금지급(DBT: direct benefit transfer) 시행으로 수혜자들에게 은행 계좌를 통한 직접 보조금 지급이 가능해지고 디지털 정보에 기반한 인증 및 관리가 간소화됨에 따라 정부의 보조금 지출 효율성과 투명성이 개선되었다.[197]

<그림 4-3> '아드하르' 기반 디지털경제화 및 4차 산업혁명 진전 단계

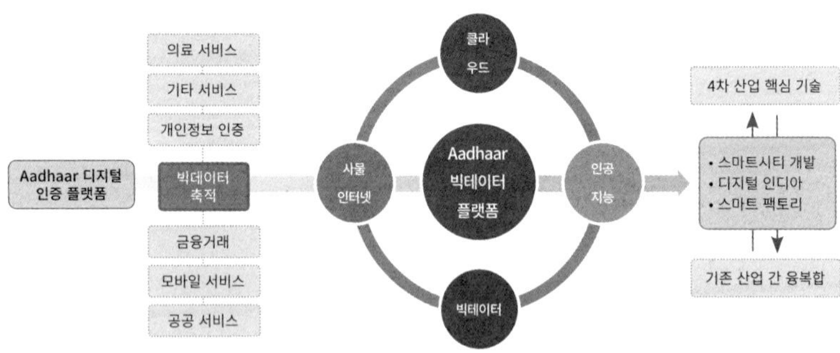

자료 : 조충제, 윤지현(2018), p. 12.

195 조충제, 송영철(2017), p. 5.

196 조충제, 송영철(2017), pp. 3-8.

197 조충제, 송영철(2017), p. 7.

둘째, 금융 접근성 개선이다. 디지털 개인정보가 담긴 '아드하르'를 이용해 은행 계좌 개설이 수월해지고, 해당 계좌를 통한 은행거래가 인터넷을 통해 운용되어 거래 제약성이 획기적으로 개선되었다. '아드하르' 등록을 통해 개인정보가 디지털화되고 기관 간 정보공유 및 인증절차가 간소화, 투명화됨에 따라 그동안 금융서비스 접근성이 낮았던 소외계층의 계좌 개설 건수도 크게 확대되었다.[198]

<표 4-21> '아드하르' 정책의 효과

정책의 효과	내용
보조금 지급 효율성 및 투명성 개선	• '아드하르'를 통한 직접 보조금 지급 • 공무원과 기업들의 부정부패 해소, 탈세 방지
금융 접근성 개선	• 은행 계좌를 통해 직접 보조금 지급 혜택을 받으려는 수요 증가 • 신규 은행 계좌 개설 건수 급격히 증가 • 금융서비스 접근성이 낮았던 소외계층의 계좌 개설 확대
빅데이터 축적	• 아드하르를 기반으로 한 빅데이터 플랫폼 활용 가능 • 개인정보를 활용해 다양한 형태의 빅데이터 구축
민간기업들의 발전	• 개인이 은행 계좌나 휴대폰을 소유하기가 훨씬 용이해 스마트폰 보급률의 상승으로 저가 통신료를 강점으로 내세운 이동통신기업(릴라이언스 지오) 등의 성장

자료: 조충제, 송영철(2017), pp. 3-13.

셋째, 빅데이터 축적이다. '아드하르'는 인도의 디지털경제 전환은 물론, 사물인터넷과 클라우드, 빅데이터 등 다양한 플랫폼으로의 활용이 가능해 인도의 4차 산업혁명을 진전시키는 중요한 역할을 수행하고 있다. 세계 최대 규모의 디지털 생체인증 플랫폼인 '아드하르'가 보다 다양한 서비스 분

198 조충제, 송영철(2017), p. 6.

야에 활용되기 시작하면 빅데이터 플랫폼으로 변모가 가능하며 '아드하르' 개인정보를 활용한 다양한 형태의 빅데이터 구축을 통해 4차 산업혁명의 핵심 기반 기술인 클라우드, 사물인터넷, 인공지능 분야의 기술 발전과 관련 시장의 성장을 촉진할 수 있을 것으로 예상된다.[199]

넷째, 민간기업들의 발전이다. 정부의 신분 보증으로 개인이 은행 계좌나 휴대폰을 소유하기가 훨씬 용이해져 인도 성인의 은행 계좌 보유율과 스마트폰 보급률이 급격히 확대됐다. 스마트폰 보급률의 상승으로 저가 통신료를 강점으로 내세운 이동통신기업 등이 성장하고, 데이터화한 개인정보는 민간기업들도 효율적으로 사용이 가능해졌다.

3) '메이크 인 인디아'(Make in India)

'메이크 인 인디아'(Make in India)는 인도가 수입품 의존도를 줄이고 수출국으로 성장하여 해외기업들의 제조공장을 인도로 유치해 제조업 활성화를 위한 인도 경제개발 프로젝트이다. 메이크 인 인디아는 자동차, 전자, 신재생, 발전, 화학 등 25개 핵심 산업 분야의 투자유치를 통해 국내총생산(GDP) 제조업 비중을 2022년까지 25%로 확대하고 1억 개의 일자리 창출을 목표로 제조업 육성 및 고용 창출하는 것이 주요 목표이다.[200] 'Make in India 2.0'의 주요 내용은 기존 기초생산산업에서 로봇, 게놈, 화학 공급원료(feedstock), 전자 스토리지 등 첨단 미래산업을 확대 발전시키며, 주요 자동차, 전기전자 부품의 기본관세를 대폭 인상하는 등 2020년까지 전기전자 제품 순수입 제로를 달성한다는 정책목표를 설정하고 있다. 자동차, 항공,

199 조충제, 송영철(2017), p. 11.

200 조충제, 윤지현(2018), p. 6.

우주, 건설, 화학, IT, 제약, 항만, 철도, 건강 등 25개 핵심산업을 육성하여 제조업 비중을 25%까지 제고하고, 철도, 항만 인프라 분야에 100%까지 외국인투자 지분을 확대한다.

4.5.2. 시사점

인도는 모디정부의 혁신적인 정책들에 힘입어 세계경기 침체와 COVID-19에도 불구하고 그동안 국내총생산(GDP) 성장률은 안정적인 고성장과 회복세를 기록하고 있다. 최근 안정적인 GVC 생산처로 인도가 부각되면서 해외 각국으로부터 성공적으로 투자를 유치해 세계에서 가장 주목받는 국가로 부상하고 있다. 디지털 인디아 정책의 효과로는 디지털 사회로의 도약, 일자리 창출, 외국인 투자유치, 인도 민간기업들의 성장, 스타트업 성장 등이 있다. 인도는 '아드하르' 활용범위를 공공, 금융, 통신 분야 등으로 확장해가고 있는 단계로, 이에 필요한 디지털 생체인증 디바이스 및 관련 솔루션, 어플리케이션은 물론 빅데이터, 사물인터넷, 클라우드 분야에 대한 기술 서비스 수요가 점차 확대될 것으로 예상된다. 디지털 사회로의 도약을 통하여 인도 정부는 디지털 결제 확산을 지속적으로 강조하고 있으며 디지털 기술 활용 촉진을 위한 정책 수단과 제도적 매커니즘을 확충하여 핀테크, 블록체인, AI 등 4차 산업혁명을 주도하는 신기술들을 발전시키고 있다.[201]

특히 인도의 스타트업 급성장은 농업 중심이던 인도 산업구조의 체질을 첨단 IT 강국으로 변모시켰고, '디지털 인디아' 정책 등으로 인도는 4차 산업혁명 국가로 급성장하고 있다. 모디 정부는 '스타트업 인디아'(Start-up India)

---

201 김태은(2017), pp. 15-16. 권장호(2020), p. 7. 김민정(2019), pp. 4-7.

출범 이후, 인도의 복잡한 규제, 불안정한 R&D 환경, 세제 등 관련 법규의 재정비를 통해서 초기 스타트업이 갖는 방해요인을 제거하는 등 스타트업 지원정책을 중요한 정책 수단으로 활용하여 인도 경제의 부흥을 추진하고 있다. 인도 정부는 2015년을 '스타트업 생태계 성장'(Growth of Start-up Ecosystem in India)의 해로 정하는 등 스타트업을 직·간접적으로 지원하기 위한 환경 조성을 위해 지속적으로 노력하고 있다.[202] 스타트업은 4차 산업혁명 기술 혁신을 주도하며, 일자리 창출, 산업 생산성 성장에 긍정적 영향으로 경제적 중요성이 증대되고 있다. 이에 최근 인도는 급성장하는 경제와 저임금의 우수한 인적자원을 바탕으로 미국과 중국에 이어 세계 스타트업 3위 강국으로 부상하였다. 인도 기업 60~65%가 스타트업 기업으로 무한한 가능성을 보유하고 있는데, 2017년 이후 인도에서 창업한 스타트업의 절반 이상은 소프트웨어 기술을 활용한 AI, IoT, 블록체인 등 첨단기술 기반 기업이다. '스타트업 인디아'(Start-up India) 출범 이후 인도에서 창업한 스타트업의 절반 이상은 소프트웨어 기술을 활용한 AI, IoT, 블록체인 등 첨단기술 기반 스타트업으로 성장세가 빨라 2020년에는 11,500개로 증가한다.[203] 일례로 인도의 4차 산업혁명을 주도하는 유니콘 기업(시가 총액 10억 달러가 넘는 미상장 기업)이 지속적으로 탄생하고 있는데, 기업가치 10억 달러 이상의 유니콘 기업 중 80.5%가 미국, 중국, 인도 출신이며, 2021년 인도에는 기업가치가 1조 원을 넘는 비상장기업인 유니콘이 32개로 2018년 14개보다 최근 대폭 증가했으며, 핀테크, 농업기술, 헬스케어, AI, 로봇, 운송 분야에서 주로 활동하고 있다.[204] 인도 남부 고원지대에 자리 잡은 방갈로는 세계적 IT 도시로

202 정진섭 외(2018)
203 정진섭 외(2018)
204 CBINSIGHTS(2021)

IBM, 마이크로소프트(MS), 인텔, 오라클, 시스코, 필립스, 구글, 엔비디아 등 세계적 IT 기업들이 연구개발 거점을 갖추고 있다.

<표 4-22> '디지털인디아' 정책의 효과

정책의 효과	내용
디지털 사회로 도약	• 정부, 공공서비스의 디지털화 • 높은 현금 의존도, 시스템의 비효율성, 위조지폐 등의 문제 해결
일자리 창출	• 디지털 인프라 구축으로 1억 2백만 가량의 일자리 창출 효과 • IT, 통신, 전자 부문 1천 7백만 명 고용 가능
해외기업의 투자	• 인도 4차 산업의 발전으로 해외 글로벌기업들의 외국인 투자 증가 (예) 구글, 아마존 등 외국기업들 인도 투자 확대
민간기업들의 발전	• 인도 민간기업들의 성장 • 디지털 시장에서 값싼 데이터로 인한 온라인 교육 스타트업들이 큰 수혜 • 매년 100% 이상의 높은 성장세 지속
스타트업의 발전	• 인도 기업 60~65%가 스타트업 기업/ 스타트업 기업들은 매년 100% 이상의 높은 성장세 • 인도에는 32개의 유니콘 기업이 핀테크, 농업기술, 헬스케어, AI, 로봇, 운송 분야에서 활동 • 디지털 시장에서 값싼 데이터로 인한 온라인 교육 스타트업들 수혜 예상

자료: 조충제, 송영철(2017), pp. 10-13. 임정성(2019), pp. 3-4. 아주경제(2017.09.19), KOTRA(2018.09.08) 참조 후 정리

4차 산업혁명 시대 한국과 상호보완적인 경제 및 무역구조를 가지는 인도와의 교류 증대의 중요성이 강조되고 있다. 인도 스타트업 진출 확대를 위하여 한국-인도 디지털 협력 강화와 스타트업 진출 환경 조성 및 진출 지원강화가 필요하다.[205] 또한 '메이크 인 인디아' 정책이 성공적으로 추진될

205 한형민 외(2020) p. 2.

경우, 시간당 임금이 중국의 3분의 1 수준 이하의 인건비로 인도가 중국 못지않은 세계의 공장으로 부상할 가능성이 높고, 한류 등의 영향으로 한국에 대한 긍정적 태도 등으로 인도 진출을 적극 고려할 필요가 있다. 최근 디지털 경제화와 4차 산업혁명 시대를 대비하기 위한 양국간 기술협력과 정책공유 등 '개방형 혁신'의 중요성이 증대하고 있어, 잠재력이 높은 인도와의 협력을 통해 사업 기회 발굴과 기업의 진출 기회가 증대되고 있다. 또한 공동 R&D 추진, 인력양성 협력, 정기적인 기술정보 및 정책공유 등을 통해 상호 '윈윈'(win-win) 협력 사업을 발굴하여 국내 기업의 인도 진출 기회로 활용할 필요가 있다.

V.

4차 산업혁명 주요 산업별 규제와 성공사례 분석

5.1. 드론

5.1.1. 산업 및 시장분석

드론(drone)은 무선전파로 조종할 수 있는 무인항공기를 뜻하는 것으로, 사전 입력된 프로그램에 따라 조종사가 탑승하지 않고 무선전파 유도에 의해 비행이나 조정이 가능한 비행기나 헬리콥터 모양의 무인기를 총칭한다.[206] 드론산업은 항공 ICT, SW, 센서 등 첨단기술 융합산업으로 성장 잠

206 이인희(2018), p. 3.

재력이 매우 큰 산업으로 4차 산업혁명 시대의 핵심기술로써 국토조사, 교육, 농업, 스포츠, 물류수송, 재난대비, 환경, 군사, 개인 취미 활동 등 다양한 산업분야 활용으로 업무의 효율성 향상·안전성 제고 등 파급효과와 그 중요성이 증대되고 있다.[207] 드론은 최초에 군사용으로 개발되었으나, 최근에는 다양한 분야로의 활용 가능성이 높아지면서 산업 및 민간용 시장으로 빠르게 확산되고 있어 세계 각국은 드론산업을 선점하기 위해 치열히 경쟁하고 있다. 최근 구글, 아마존, DHL 등이 드론의 상업적 활용 사업을 선언하고 드론 관련 회사를 M&A 하면서 민간용 드론시장에 진출하고 있으며, 중국의 DJI사가 항공 영상촬영용 소형 멀티콥터 드론을 판매하면서 민간드론 서비스 시장을 선도하며, 민간 드론시장이 빠르게 성장하고 있는 점이 특징이다.[208]

2021년 세계 드론시장은 미국 드론산업 전문 조사기관 DRONE II 에 따르면 COVID-19로 드론 배송서비스 등 물류·유통 분야 활용이 증가하고 AI, 5G 등 적용 기술이 발전으로 2020년 대비 25.8% 성장한 263억달러(약 30조)를 기록할 전망이다. 드론산업이 연평균 9.4%씩 증가하면서 2026년에는 413억달러(48조)까지 성장할 것으로 전망했다. 드론 제조 및 판매 부문은 중국이 세계시장을 장악하고 있는데, 시장규모가 가장 큰 미국 상업용 드론시장의 경우, 판매 점유율은 중국 DJI(76.1%), 인텔(4.1%), 중국 유닉(2.6%), 프랑스 패럿(2.5%) 순이다.[209] 국내 드론시장은 성장세에 있지만, 아직 시장규모가 선진국에 비해서 상대적으로 크지 않고, 관련 기업은 185개로 주로 중소규모의 기업이며, 드론 인력은 연구개발직이 66%로 연구개발 중심의 사업

207 이인희(2018), 임정균(2017), 이정우(2019)

208 이정우(2019), p. 1.

209 DRONE II (2021)

구조로 산업 초기 단계의 특징을 보여준다.[210] 국내 드론업체들의 경우 평균 매출액이 20억원 미만으로 영세한 수준이다. 드론 부분별 연간 시장 성장률은 상업용(43%), 취미·레저용(32%), 군수용(5.1%)이며, 국가별 드론 관련 특허 건수(2018)는 미국(28%), 유럽(28%), 중국(14%), 일본(10%), 한국(7%) 순이다.[211]

5.1.2. 한국의 관련 규제 및 문제점

항공법상 드론은 '초경량비행장치'로 부르며 '국토교통부령으로 정하는 초경량비행장치'란 '항공안전법 시행규칙' 제5조 제2항 제5호에 따른 '무인비행장치' 중 '무인동력비행장치'('무인멀티콥터')이다. 드론 관련 사항을 규율하는 법규는 항공안전법, 항공사업법, 전파법, 배터리 안전기준 등 및 각 하위 시행령, 시행규칙이 있다. 드론은 무게와 사업용/비사업용 구분에 따라 장치신고와 비행 승인 등의 절차를 거친 후 조종자 준수사항에 따라 비행할 수 있다.[212] 국토교통부는 2018년 무게와 속도를 함께 고려하여 드론 규제를 개선하면서 유인드론, 플라잉보드 등으로 분류하고 새로운 초경량비행장치 시험비행 허용 등 드론 운영에 관련된 새로운 기준을 제시하였다. 한국의 드론산업 문제점은 정부의 과도한 규제 및 드론산업 육성책 미흡으로 복잡한 드론 규제제도, 드론산업 육성을 위한 입법 부재, 드론산업 전략과 로드맵 부족, 컨트롤 타워 부재의 문제가 있다.

---

210 안영수, 정재호(2020), pp. 18-22.

211 윤용현(2018), p. 9.

212 대한민국 국토교통부 항공정책 <http://www.molit.go.kr/USR/WPGE0201/m_36343/DTL.jsp>, 장태진(2015), p. 495, 이동환(2016), p. 78.

<표 5-1> 국가별 드론 현 규제비교

구분	한국	미국	중국	일본
기체 신고, 등록	사업용, 또는 중량 12kg 초과	사업용 또는 250g 초과	250g 초과	비행 승인 필요시 관련 증빙자료 제출
조종 자격	12kg 초과 사업용 기체	사업용 기체	중량 7kg 초과	비행 승인 필요시 관련 증빙자료 제출
비행고도 제한	150m 이하	120m 이하	120m 이하	150m 이하
비행 구역 제한	서울 일부 공항, 원전, 휴전선 일대	워싱턴 주변 공항, 원전, 경기장	베이징 일대, 공항 주변, 원전 주변	도쿄 전역, 공항과 원전 주변 등
비행속도 제한	제한 없음	161km/h 이하	100km/h 이하	제한 없음
야간 비가시권, 군중 위 비행	원칙 불허 특수상황 예외 허용	원칙 불허, 특수상황 예외 허용	원칙 불허 특수상황 예외 허용	원칙 불허, 특수상황 예외 허용
드론 활용 사업 범위	제한 없음 (국가 안전, 안보에 위해를 주는 사업 제외)	제한 없음	제한 없음	제한 없음

자료: 이코노미톡뉴스(2018.02.27)

첫째, 복잡한 드론 규제제도이다. 드론 관련 규제는 드론 중량에 따른 규제뿐만 아니라, 드론 조종자는 무인비행장치를 사용하려는 목적에 따라 개인사용자, 사용사업자, 제작·개발자로 구분된다. 즉 비행유형이 진단된 후 취득해야 하는 자격증명이나 수행해야 하는 안전검사도 달라지는 것이다. 또한, 비행장치의 규격에 따라 제도가 단계적으로 설정되어 있고 비행 전 허가를 받지 않을 경우, 항공사업법, 항공안전법 위반으로 징역, 벌금 또는 과태료 처분 등의 불이익을 받을 수 있다.[213] 중량 및 프라이버시 보장, 수도

213 대한민국 국토교통부 항공정책

권 비행 공역의 문제, 비행 승인 기간과 절차 복잡, 대기업 참여 규제와 인·허가권 문제 등 많은 과도한 규제도 있다.[214] 대표적인 규제는 '비행승인'인데, 현행 항공안전법상 25kg을 초과하는 드론을 비행할 때는 정부 승인이 반드시 필요하다. 통상 5-10일이 소요되는 신청부터 승인 개발·제작 과정에서 사소한 부품 교체가 필요해도 매번 새로 승인이 필요한데, 이 기간이 개발·제조하는 과정에 관련 드론업계는 가장 큰 부담으로 작용한다. 전국 32개 지역에 승인이 필요 없는 드론 비행공역이 있지만, 기업이 실제 활용하기에는 쉽지 않은 실정이다.

<표 5-1> 국가별 드론 현 규제비교에서 알 수 있듯이, 한국, 미국, 중국, 일본 등 국가별 드론 현 규제는 기체 신고, 등록, 조종 자격, 비행고도 제한, 야간 비가시권, 군중 위 비행, 드론 활용 사업 범위 등 각각의 항목에서 서로 상이하다. 한국과 중국 드론산업 규제를 비교하면 한국의 경우, 무인항공기, 무인비행 장치 등 관련 용어의 중복으로 인한 혼란을 초래함과 동시에 드론 관련 규제에 관한 입장을 2018년 국토교통부에서 제시한 규제 완화안 이전에는 불확실하였다. 또한 항공안전법상 안전을 이유로 무인비행 장치의 신고가 필요해서 다른 선도국의 규제 법령과 비교 했을 때 강한 규제의 성격이 강하다. 이에 비해 중국은 정부 차원에서 4차 산업혁명 일환으로서의 드론산업을 육성 지원하며, 드론 관련 규제를 지속적으로 완화하여 규제 완화를 통해 무인기 개념을 통일하고 조종자 자격증명을 받기가 쉬워졌다.[215]

둘째, 국가적 사업으로 드론 육성책이 미흡한 실정인데, 드론산업 정책

---

214 김명수(2018)

215 이동환(2016), p. 78. 오철(2016), p. 31.

을 활성화할 논의 부재, 드론산업 육성을 위한 입법이 부재하다. 규제가 드론산업의 활성화로 인해 일어날 수 있는 부작용의 예방을 목적으로 한다면, 지원정책은 드론산업 육성을 위한 국가적인 사업이다. 드론산업을 활성화하기 위한 각국 성공사례에서도 드론산업 지원정책의 중요성을 알 수 있다. 주요국 드론산업 지원정책의 경우, 미국은 벤처캐피탈 M&A로 민간주도 성장, 아마존, 구글 등 글로벌기업 등이 드론산업에 적극 투자, 최근 가시거리 외 배송 상업적 허용 등 제도상 유연성 발휘하고 있다. 중국의 경우, 공공수요 창출, 보조금 지급 등 정부 주도로 드론산업 육성, '선허용-후보완'의 유연한 기술 수용적 정책 기조를 유지하고 있다. 일본의 경우, 드론 로드맵 마련(2016), 공공 발주 건설사업 드론 등 IT 기계 사용 의무화 시행(2017), 국가전략 특구제도 등을 활용해 다양한 산업화를 실험하고 있다. 한국은 '드론 육성시장'(2015), '규제샌드박스 활용'(2017), '드론 자유화 구역 지정'(2020) 등 드론법을 시행하여 다른 드론 선진국에 비해서 드론산업 육성에 늦은 감이 있으며, 중국처럼 '선허용-후보완'의 유연한 기술 수용적 정책을 수립하지 못하고 있다.

셋째, 정부의 과도한 규제 및 드론산업 육성책 미흡 이외에도 드론산업 전략과 로드맵 부족 문제가 있다. 교육기관, 중소기업, 대기업 및 창업 등 산업계, 중앙과 지방자치단체 및 유관기관간의 유연한 전략과 로드맵이 부족하다. 로드맵의 수립과 전략 이행을 위해서는 시행된 항목에 대한 객관적인 평가와 개선 방향 수립절차 수행, 그리고 시장 상황을 반영하기 위한 지속적인 평가와 개선이 필요한 실정이다.[216]

---

216 이창운(2017), p. 299.

<표 5-2> 한국과 중국의 무인기 운용 방법 관련 규제 항목별 비교

구분	한국	중국
비행규제*	• 25kg 초과, 150m 이상	• 7kg 초과, 116kg 미만 비행시
비행기간*	• 승인제	• 신고제
처리기간*	• 1-2주	• 즉시
비행촬영*	• 국방부 별도 허가 필요	• 별도 허가 필요 없음
운용방식	• 비행 시 낙하물 투하 금지, 인구 밀집 지역 상공에서 위험 초래 비행 금지	• 비행 시 타인의 생명, 재산 위협 금지
운용 가능 시간 및 가시 범위 외 운행 가능 여부	• 허가시 야간 및 가시 범위 외 비행 가능	• 허가시 야간 및 가시 범위 외 비행 가능
항로 우선 사용권	• 동력 초경량 비행장치는 다른 항공기, 경량항공기, 무동력 초경량 비행장치에 항로 우선 사용권 양보(초경량 비행장치에 무인비행장치 포함)	• 가시 범위 내 비행시: 다른 항공기에 항로 우선 사용권 양보 • 가시 범위 외 비행시: 다른 유인 항공기에 항로 우선 사용권 양보
비행 규제 공역	• 무인비행장치는 관제공역, 통제 공역, 주의공역에서 비행 금지 원칙(단, 다음 요건에 모두 해당되는 경우 허가 없이 비행가능) ① 최대이륙중량 25kg 이하인 무인 비행기·무인헬리콥터·무인멀티콥터에 해당하거나, 자체중량 12kg 이하이고 길이 7m 이하인 무인 비행선일 것 ② 비행하는 곳이 관제권 또는 비행금지 구역이 아닐 것 ③ 비행고도가 150m 미만일 것	• 소형무인기 운행규정 적용대상 무인기 운용 시 관련 당국의 요구에 따라 비행할 의무 있고, 제한구역에 진입 금지 • 가시 범위 내 비행 시 무인기는 조종자 또는 관찰자 반경 500m 가시거리 이내, 고도 120m 이내에 있어야 함
안전상 전자시스템 활용 의무	• 전자시스템 활용한 무인기 운용 규제 없음	• 소형무인기 운행규정 분류 3, 4, 6, 7에 해당하는 무인기는 전자방호벽 및 무인기 클라우드 시스템 의무설치 및 활용

자료: 김지훈(2017), p. 262. 참고 후 정리

넷째, 컨트롤 타워 부재로 부처 간 역할 분담이 효율적이지 않고, 전담

공무원 부족과 전문 인력양성 미비로 국내 및 해외 시장 변화와 동향에 발맞춘 정책의 고도화가 이루어지지 않고 있다. 현재 국내 드론산업을 관장하는 주요 정부 부처는 세 군데로 국토해양부는 드론 운항 관련 규제, 산업통상지원부는 산업 관련 행정, 그리고 기획재정부는 예산 집행을 각각 담당한다. 하지만 이 외에도 농림축산식품부, 해양수산부, 4차 산업혁명위원회, 규제개혁위원회도 드론산업에 관여하고 있어 혼선이 있으며, 현재는 드론산업에 대한 컨트롤타워가 없는 실정이다. 또한 각 분야 드론 접목과 비즈니스 모델 실험이 부재하여, 대기업과 중소기업의 협력을 통한 '윈윈' 방안, 드론의 대중화를 위한 교육·환경적 여건도 부족하며, 이러한 국내의 열악한 드론산업 생태계와 정부 지원체계의 혼선, 비효율을 대변하듯 한국의 드론 생산 기술력은 글로벌기업과 견주어 매우 부족한 실정이다.

5.1.3. 주요국 성공사례

1) 미국 성공사례

미국의 드론산업 성공요인은 정부 지원 정책과 네거티브규제 방식의 규제완화정책이다. 첫째, 미국 정부의 적극적인 지원정책으로 세계 최대 무인기 시장인 미국의 드론 정책은 기본적으로 규정 내에선 안전을, 규정 밖에서는 기술혁신을 추구하고 있다. 특히 미국은 지난 2016년에 소형 드론 규제를 발표한 이후, 드론산업이 발전하자 몇몇 운영제한과 요구사항을 완화 시켜 드론산업 발전에 기여하였다.[217] 미국 전역에 그 효력이 발생한 드론규제들은 정부뿐만 아니라, 드론 관련기관 및 민간사업자 등이 참여한 테스크포스(task force)의 꾸준한 노력으로 운영제한에 대한 규제 완화, 면허와 책임에 대한 규제 완화, 모형 항공기 등을 포함한 드론 요구사항에 대한 규제가 완화되었다.

<표 5-3> 미국 드론규제 완화

구분	내용
운영제한	• 상업적으로 드론을 이용하는 경우, 드론의 운영시간 수화물 포함 여부, 운영 장소, 운영여건 등에 관하여 제한적 사항들과 규칙 언급
면허와 책임	• 드론 운영에 책임(명령) 권한을 가진 조종사가 되기 위한 조건과 면허 취득방법, 조종사의 책임과 의무 등을 포함한 규제 내용
드론 요구사항	• FAA가 정하고 있는 항공 적합 안전성 기준을 반드시 충족할 필요는 없으나, 조종사에게 사전 안전성에 대한 점검 권고
모 형 항공기	• 해당 소형 드론규제에 해당하지 않는 모형 항공기 언급

자료: 윤자영(2016), p. 16.

둘째 드론 관련 규제의 완화이다. 미국 드론산업이 그동안 까다로운 규제가 있음에도 성장할 수 있었던 이유는 드론산업의 발전, 대중 비행의 강압적 규제, 야간비행의 금지, 드론을 활용한 촬영물의 금지, 비행 드론의 식

217 미국의 상업용 드론규제는 연방항공청(FAA)에서 상업용 드론을 무게를 25㎏로 제한하고 있는데, 무게가 0.25㎏를 초과하면 FAA에 드론을 등록해야 하며, 고도는 121.92m 이하로 유지해야 한다. 비행시간은 지역별로 공식 일출시간 30분 전부터 공식 일몰시간 30분 후까지로 일광이 있을 때만 비행이 가능하다. 비행 거리는 조종사의 시야 반경 내이다. 드론 조종사 자격은 만 16세 이상의 영어 구사자로 안전하게 드론을 조종할 수 있는 신체적·정신적 조건을 갖추고, FAA의 검증을 거친 테스트센터에서 기본 항공학 시험을 통과한 자에게만 부여하고 자격은 2년만 유효하다. 이밖에도 주별로 다른 드론규제가 마련돼 있다는 점이 특징이다. 보안뉴스(2018.06.19.). 그 밖에 기존 제도권에서 수용하지 못하는 기술혁신촉진을 위해 Pathfinder 프로그램을 통해 인구밀집지역 비행, 인구 저밀도 분리지역에서의 비가시권 비행을 실시 중이며, 공항 주변과 비인가 무인기의 탐지와 무력화를 위한 Pathfinder 무인기 탐지계획이 2016년 5월부터 시행되고 있다. 윤용현(2018), p. 16.

별문제 등과 같은 각종 드론 관련 규제를 지속적으로 완화할 수 있었던 네거티브 규제 방식 원칙이다. 특히 드론 관련 규제 완화를 위한 드론 시범프로젝트를 허용했는데, 이로 인해 무한한 성장 가능성이 있는 미국 상업용 드론 시장이 물류와 운송, 농업 등 분야에서 활용이 빠르게 늘어날 것으로 전망되고 있다. 일례로 미국은 연방정부로부터 군중 위로 드론을 띄우거나 야간비행을 허용하는 방안을 추진하고 있는데, 이와 관련하여 교통부와 연방항공청(FAA)은 드론 규정을 완화를 추진하고 있다.

<표 5-4> 미국의 드론 규제개혁과 성공 요인

원인	개혁 내용	성공 요인
드론 산업발전	• 드론 산업발전을 위해 규제 내용 개혁 및 최신화 필요성 대두	• 테스크포스(TF) 구성(드론 관련 기관, 드론 민간사업자 등 참여)과 지속적인 규제개혁 노력
강압적 규제의 완화	• 개혁을 통해서 안전이 확보된 상황에서 민간인 머리 위 상공 비행(구 규제에선 금지) 허용	• 향후 차세대 드론 산업(드론배송, 드론택시 등)에서 제한된 비행은 산업발전 방해 우려
야간비행의 금지 완화	• 야간 드론 비행 가능하도록 부분 허용	• 안전이 확보된 상황에서 드론 비행 허용 • 야간 비행시 육안으로 쉽게 확인할 수 있도록 LED 및 표시등 부착 의무
드론을 활용한 촬영물의 금지	• 상업적 이윤 목적 촬영이 아니면 개인소유물로 이용 가능하도록 광범위하게 허용(구 규제에서는 인구 밀집 지역 및 도시내 건설 현장조사에 드론 촬영 법적으로 금지)	• 규정의 완화와 더불어 드론 안전 교육 요구 강화됨 • 드론과 항공기 관리 및 규제를 담당하는 미 교통부의 심층적 검토
비행 드론의 식별문제	• 드론 식별하기 용이하면서 실시간 추적 가능하게 개선	• 향후 차세대 드론 산업(드론 배송, 드론 택시 등)에서 중요한 표준 문제

이러한 완화된 규제는 미국기업으로 하여금 드론을 이용한 사업을 더욱 활성화시키는 계기가 되어 다양한 프로젝트를 유인하여 드론산업 발전에

기여했다. 최근 미국에서도 드론에 대한 안전 요구가 강화되고 있는 추세이지만, 규제 완화가 성장 산업인 드론업계에 상당한 경제적인 이익 제공과 함께 미국이 이 분야의 리더 자리를 유지하는 데 도움을 줄 것이라 판단하기 때문에 앞으로도 규제 완화 기조에는 변함이 없을 것으로 예상된다. 이에 따라 아마존, 구글, 페이스북, UPS, CNN, 스테이트팜 등 많은 인터넷, 물류, 방송, 서비스 분야의 미국기업들이 드론을 성공적으로 활용하는 사례들이 증가하고 있다.

<표 5-5> 중국의 드론산업 성장 5대 요인

구분	주요 내용
저렴한 비용의 양산체제 구축	• DJI 드론이 시장 투입 전에 민간드론 가격 고공행진 • DJI 'Phantom' 드론은 최저 판매가격이 5,999위안에 불과하여 단번에 드론 가격을 1,000달러 이하로 하락, 동 가격은 해외 같은 수준 제품 가격의 절반, 3축 휴대용 클라우드 펜틸트(Pan/tilt)의 가격은 해외 제품의 1/5로, 일반 대중의 구매력 범위 진입에 성공
거대한 내수 시장	• DJI 주력제품 Phantom 드론은 산업의 제품모델 변화 • 기존의 대부분 드론은 조립 지식 필요, 시장은 프로게이머에 국한되어 장기간 보급되지 못함 • DJI 소형 드론은 조립이 불필요
특성화에 따른 시장세분화	• 중국 내 드론 기업은 한 분야에만 주력하여 차별화 비교우위 형성 • 지페이는 물류 드론, 농업 드론에 주력 • 링두는 중대형 드론, 치안 감시 드론 주력
개방형 생태시스템 구축	• 중국 내 민간드론 기업은 대부분 모두 2차 개발플랫폼 개방 • 2014년 DJI은 Phantom 드론 시리즈 제품에 대응하는 SDK(소프트웨어 개발도구)를 개방하여 개발자가 동 도구를 이용해 자체 수요에 적합한 애플리케이션 소프트웨어를 개발하도록 권장, 가장 핵심적인 비행 제어 플랫폼도 드론 개발자 또는 기타 제조업체에 별도 판매 가능
정부의 적극 정책	• R&D 투자 • 관련 규제 완화 • 빠른 속도로 증가하는 시장 수요

자료: 윤대상(2016), p. 12.

2) 중국 성공사례

중국의 드론산업은 짧은 기간 동안 급속히 성장하여 DJI, 이항(Ehang) 등 중국기업들이 글로벌 민간용 드론 시장의 80% 이상을 점유하고 있다. 중국 드론산업의 특징은 저렴한 비용의 양산체제 구축, 거대한 내수시장, 특성화에 따른 시장세분화, 개방형 생태시스템 구축, 그리고 R&D 투자, 관련 규제 완화, 빠른 속도로 증가하는 시장 수요 등 정부의 적극적인 산업육성과 지원 덕분이다.[218] 중국 드론산업의 성공 요인은 정부 지원정책, 규제 완화정책, 민간기업의 빠른 투자와 시장 성장이다. 첫째, 중국 정부 자체적 4차 산업혁명 일환으로서의 드론 육성 지원, 지속적인 드론 관련 규제 완화는 중국 드론산업 성장의 원동력이 되었다.[219] 중국 정부는 적극적인 지원정책으로 공공수요 창출, 보조금 지급 등 정부 주도로 드론산업을 육성하는 동시에 2012년부터 과감한 '선허용-후보완'의 기술 수용적 정책 기조로 세계적인 DJI, 이항 등의 제조기업을 육성에 기여하였다. 또한, 중국은 2010년부터 시행된 '전략적 신흥산업', 2015년 '제조 2025'의 중점 육성산업으로 선정하여 본격적인 수혜산업이 되었다.

둘째, 드론 관련 규제 완화 정책이다. 중국 드론산업 관련 규제의 특징은 드론산업의 성장기에 드론과 관련된 명확한 규정이 부재한 상황에서도 중국정부는 드론산업 육성을 위하여 원칙적으로 '선허용-후보완'의 기술 수용적 정책기조를 유지하였다. 또한 중국은 드론산업의 발전을 위하여 드론과 관련된 명확한 규정이 부재한 상황에서도 원칙적으로 드론에 대해 우호적이고 허용적인 정책을 시행했다. 중국은 드론산업이 중점 육성산업으로

218 윤대상(2016), p. 12.

219 오철(2016), p. 43.

선정되어 본격적인 수혜를 받기 이전부터 드론산업과 관련된 규제 완화는 시도하였는데, 이런 규제 완화 정책은 중국 드론산업의 괄목할만한 성장에 기여하였다.[220] 드론산업이 성장할 수 있도록 중국정부는 그동안 확실하게 제정되어 있지 않았던 드론 규격과 중량을 표준화된 기준으로 명확히 규정하였다. 4차 산업혁명 시대 드론의 원활한 운용을 위한 스마트폰 활용, 차세대 드론산업을 염두에 두고 비행 승인 및 기체검사, 비행 승인 필요구역, 드론 사업 범위, 항공사진 촬영 등 드론을 활용한 환경파악의 필요성으로 관련 규제를 대폭 완화하여 DJI 등 민간드론 성장의 기초가 되었다.[221]

일례로 2013년 중국 민용항공국은 기존 법에서 규정하고 있지 않은 무인기의 중량에 따른 분류 규정, 비행 거리, 고도, 드론 조종사 자격조건과 관리 문제를 명확히 하여 중국 드론산업이 빠르게 발전할 수 있는 기반을 마련했다. 중국 정부는 민간용 드론산업의 발전을 위하여 첨단산업의 경우 원칙적으로 허용하되 발전과정에서 발생하는 문제에 대해 법적인 미비점을 보완하고 관련 규정을 명확히 정비하는 사후적 접근방법을 채택했다. 또한 농업과 임업, 스포츠, 관광 등 다양한 산업분야에서의 드론 활용 가능성에 대해서도 규제보다는 허용적 자세로 적극적인 유도정책을 유지하였다.[222] 또한, 중국은 드론산업의 지속적인 발전을 위해 관련 규제들이 여러

---

220 중국 정부는 민간용 드론산업의 발전은 원칙적으로 매우 수용적인 입장으로 2014년 저고도 항공영역의 사용에 대한 관리 규정의 시행령으로 사실상 정식으로 개방하였다. 하지만 법령상 명확하게 규정되기 이전에도 사실상 저고도 항공영역에서의 드론 사용이 허용되고 있었다는 것이 중국 드론 정책의 특징이다. 그 후 점차 드론이 전문적인 수준까지 오르자 중국 항공국은 드론산업의 발전에 상응하여 미비 사항을 사후적으로 보완, 개혁하였다. 항공국은 드론에 관련된 관리 잠정 규정을 발표하여 기존 법에서 규정하고 있지 않은 드론 조종사 자격조건과 관리 문제를 명확히 하여 규제개혁을 실행하였다.

221 일례로 DJI 본사가 있는 중국 선전시는 2003년 '통용항공비행관제조례'를 제정하여 드론의 민간 활용을 폭넓게 허용하고, 시정부 차원의 육성을 시도하였다. 중국 정부도 2009년 드론 관련 지침을 마련해 드론 비행 신청계획, 사용 항공지역 등 요건을 명확히 규정하는 등 드론산업 성장에 기여했다.

222 오철(2016), p. 31.

부처에 나누어져 있는 등 정책 및 규제 통합하였다. 동시에 무허가 드론 운행, 보안 문제, 안전사고 발생 등의 문제점 해결책을 위하여 비행 승인 및 기체검사, 비행 승인 필요구역, 드론 사업 범위, 항공사진 촬영 등 단계적으로 규정 개혁을 실시하였다. 이러한 중국 정부의 유연한 드론 운영 규정이 중국 드론기업의 국제시장 경쟁력 강화와 관련 산업의 국제표준 선도에 주요한 전략 중 하나로 작용한다.

셋째, 중국 민간기업의 진출과 시장 성장이다. 최근 몇 년 동안 글로벌 드론 시장이 빠르게 성장하고 민간부문이 크게 성장했으며, 소비자 및 산업용 드론의 총 판매량이 빠르게 증가했다. 그중 소비자용 드론은 특히 빠르며, 시장규모는 산업용 드론의 약 2배에 달하며 연간 50%의 속도로 성장하고 있다.[223] 현재 중국에는 세계 민간드론 시장의 선두인 DJI를 비롯하여 징동닷컴, 지페이, 링두, 로켓탑재기술연구원, 중국항천과기집단 등 다양한 기관이 드론을 개발 중이며, 세계 드론의 표준을 구현하고 있어 중국의 UAV 경쟁력이 크게 향상되었다. 특히 민간용 드론 기업인 DJI는 2020년 기준 민간용 드론 세계시장 80%, 중국 시장 70%를 각각 점유하고, 해외 매출액 비중이 전체 매출액의 80%이다. DJI는 높은 기술력, 거대한 중국 내수시장, 선전의 우수한 인프라 및 정책적 지원을 활용해 선도 기업으로 급성장하고 있는데, 중국 민수 드론산업의 3대 원동력은 중국 정부의 정책적 지원, R&D 투자, 급성장하는 시장 수요이다.

223 Qianzhan.com(2020.10.19.)

<표 5-6> 중국 무인기 산업 관련 지원정책 (2017-2020)

관련 부처 (일시)	주요 정책	주요 내용
국가표준위원회 등 8개 부처 (2017.06)	'무인 항공기 시스템 표준 시스템 구축 지침' (2017-2018)	• '가이드'는 관리와 기술의 두 가지 관점에서 무인 항공기 시스템을 위한 표준시스템 프레임워크 제안. 다양한 산업의 기본 표준, 관리 표준, 기술 표준 및 응용 표준 포함
민간항공관리 (2017.08)	'민간 무인 항공기의 상업용 비행 활동에 대한 행정적 조치' (초안)	• 민간 무인 항공기를 규제하여 상용 비행 활동에 참여하며, 시장 감독을 강화하며, 무인기 산업의 안전하고 질서 있고 건전한 발전 촉진
민간항공관리 (2017.12)	'무인기 울타리 무인기 클라우드 시스템 인터페이스 데이터 사양'	• 산업 표준이 공식적으로 시행되어 중국은 이러한 산업 표준을 발행한 세계 최초의 국가가 됨
민간항공관리 (2018.05)	'항공 물류 산업 육성에 대한 의견 수렴'	• 일반 항공기 및 무인기를 활용한 항공 물류 솔루션 제공을 위한 물류 업체 지원 제안
국가 개발 및 개혁위원회, 민항공관리(2018.06)	'외국인 투자 접근을 위한 특별 행정 조치' (네거티브리스트) (2018)	• 항공 부문에서는 본선 항공기, 지역 항공기, 일반 항공기, 헬리콥터, 무인 항공기, 항공 조종기 등 다양한 유형의 항공기에 대한 외국인 지분 제한 제거
산업정보기술부 (2018.11)	'무인기제조업체의 사양 조건'	• 제조회사는 매년 제조되는 무인기의 지적재산권을 향유, 연구개발에 대한 투자는 연간 총매출액의 4% 이상 유지하며, 무인기의 지적재산권 소유 • 무인기는 민감한 지역에서 비행 제한을 설정하며, 목적에 부합하고 식별 요구사항 등을 충족하는 고유한 제품 코드가 있는 인지 회피 기능
산업정보기술부 (2020.03)	'민간 무인기의 생산 및 제조를 위한 관리 조치'(의견 초안)	• 산업 규모, 기술 수준 및 기업의 강점은 범용 무인기의 안전하고 제어 가능하며, 건전한 개발을 달성하기 위해 지속적으로 국제적인 선도적 추진력 유지 필요성 • 민간 무인기 표준, 테스트 및 인증 시스템, 산업 시스템을 수립 및 개선

자료: 중국상업연구원 <http://www.askcl.com/reports>

5.1.4. 시사점

드론산업은 4차 산업혁명을 주도할 핵심 동력으로 기존 산업에서 통신, 물류, 농업, 엔터테인먼트 등 다양한 산업으로의 활용가치가 높다. 미국, 중국 사례에도 알 수 있듯이 드론산업 육성을 위해서는 적절한 '네거티브' 방식의 규제정책과 산업정책이 필요하며, '규제정책'과 '산업정책'의 균형도 필요하다. 한국의 통신부품, 센서, 배터리 등 기체 조립·설계 능력이 세계적인 수준임에도 국내 드론산업이 가시적인 성장 저해 요인은 과도한 규제이다. 미국, 중국의 과감한 '네거티브' 방식의 규제에 반해 한국은 기기인증부터 비행 승인 등의 복잡한 절차 및 긴 대기시간, 야간비행 및 원거리(비가시권) 비행에 필요한 특별비행승인 등 선진국의 발전 속도를 추격하기 많은 규제가 있는게 현실이다. 따라서 한국의 드론산업 발전을 위해서 관련 규제의 과감한 개선, 드론의 원천기술 확보를 위한 R&D 지원 등 법·규제 정책과 함께 드론산업 컨트롤타워 필요성, 산업정책 동반 추진, 기타 개인정보보호 등 안전장치 마련 등이 필요하다. 최근 드론산업은 시장규모 확대와 함께 발전 가능성이 큰 산업 분야로 ICT 기술융합 드론과 개인형 항공기를 항공기 산업의 미래성장동력으로 육성할 필요성이 있다.

첫째, 관련 규제개선이 시급히 필요하다. 최근 국내 드론규제들은 어느 정도 해소되었지만, 드론 산업계의 어려움은 여전히 많은 실정이다. 한국 드론산업은 자체적으로 드론을 제조할 수 있는 기술력은 보유하였지만, 드론 관련 제도가 미흡하여, 관련 제도(규제)의 정비와 육성책이 시급히 필요하다.[224] 먼저 드론 활성화를 위해 항공안전법으로 비행금지 시간, 장소, 금

224 이성엽(2016), p. 104.

지행위 등의 현행규정에 대한 개선방안이 필요하다.[225] 중국이 드론산업의 육성을 위해서 과감한 '선허용-후보완' 정책이 DJI, 이항 등을 육성하고 세계 상업용 드론 시장의 80%를 차지하는 등 세계적 드론 강국으로 성장한 교훈을 통해 '선허용-후보완' 방식의 규제를 적극적으로 도입할 필요가 있다. 그리고 드론을 이용한 범죄사고 사생활 침해, 국가안보 위협, 마약 밀수, 국가 주요시설 위협·테러, 산업스파이 행위 등에도 드론이 악용될 수 있으며, 추락과 충돌에 의한 안전사고도 발생할 수 있다. 최근 드론을 활용한 테러와 범죄가 빈번하게 발생하면서 불법 드론을 탐지·추적해 무력화하는 '안티드론'(anti-drone) 기술개발이 시급한 현안이다. 또한 드론 불법 비행 과태료 인상, 벌점제 도입 등은 자칫 드론산업 육성을 저해할 우려가 있어, 이런 규제방식 대신 소유자 실명을 등록하는 '드론 실명 등록제' 도입도 하나의 대안이다. 규제의 필요성에는 공감하지만, 무인기 운용에 관한 지나친 규제는 관련 산업의 발전 저해로 이어질 수 있다. 드론산업 발전과 드론 사용으로 발생할 수 있는 문제를 최소화하는 방법으로, 안전과 국방 등의 침해 사유가 없는 곳은 허가 없이도 자유롭게 무인비행장치의 비행이 가능한 드론 전용 공역을 확보할 필요가 있다.[226] 특히 과도한 드론규제는 국내 드론산업육성을 제약하게 될 것이고 이는 곧 국가안보와 직결되는 문제이다.

둘째, 법·규제정책과 함께 드론의 원천기술 확보를 위한 R&D 지원 산업정책도 필요하다.[227] 정부의 드론산업 전략과 로드맵 제시 등 적극적인

225 임정균(2017), 윤용현(2018)

226 김지훈(2017), p. 262. 가시거리 밖 비행 금지(항공법 시행규칙 제 68조), 야간비행 금지(항공법 시행규칙 제 68조) 조항을 인적이 드물거나 여타 안전 확보지역 내 가시거리 밖 비행 원칙적 허용, 일정 조도 확보, 여타 안전방안 확보시 야간비행 허용을 추진할 필요가 있다. 윤용현(2018), p. 41.

227 배영임(2016)

지원과 함께 생태계 구축이 필요하다. 드론 기술이 기존 제조업 및 시장의 구조적 변화를 견인할 수 있는 미래 성장산업으로써 중요해짐에 따라 산업별 기술 분야와의 융합을 통한 경쟁력 확보가 중요하다. 최근에는 드론의 개발 및 생산과 관련된 직접적인 기업 외에도 드론 활용에 목적을 둔 글로벌기업들이 드론산업에 적극적으로 참여하고 있는 상황에서 스마트 혁신기술을 비롯한 타 분야와 드론과의 융합 비즈니스를 더욱 다각화시키고, 과감한 R&D 투자 확대를 통해 효과적인 시장진출 전략을 수립해야 한다.

셋째, 드론산업 컨트롤 타워의 필요성이다. 국내 드론산업이 국제적인 경쟁력을 갖추려면 안전 관련 규제를 책임질 주체가 반드시 필요하며, 드론과 관련한 규제, 지원, 정책 등에 대한 역할 분담이 필요하다.

넷째, 기업들은 차별화된 드론 제품 및 개발 전략이 필요하다. 4차 산업혁명 시대에 건설, 물류, 교통, 에너지, 농업 등 적용 분야가 다양하고 향후 드론시장은 민수용을 중심으로 급성장이 예상된다. 국내 민수용 드론시장의 상당 부분을 세계 최대 드론업체인 중국 DJI가 장악했고 선전의 드론 인프라로 가격경쟁력 확보는 어려운 상태여서 중국 부품대비 가격경쟁력 확보와 차별화 전략이 필요하다. 한편 국내 드론 기업은 대체로 영세하여 장기간 연구개발이 요구되는 원천기술개발이 미흡하지만, 대부분 국내 드론 관련 특허가 공공에서 출원되고 있어, 국내 드론 기업의 기술적 기반 마련을 위해 공공기술 사업화 등 산·학·연 간 협력이 필요하다.[228] 또한, DJI 등 중국업체가 장악한 시장의 재편을 위해서는 수소 드론, 드론을 활용한 응용서비스, 핵심 부품 생산 등의 차별화된 접근이 필요하다. 일례로 업계의 활발한 기술 융합을 통해 드론 활용 신규 비즈니스 창출을 모색해야 하는

228 김대진(2016), p. 17.

데 영상과 드론을 융합하여 정밀농업을 지원할 수 있고, IT 서비스와 드론을 융합하여 드론 배송 시스템을 구축하는 등이 있다.[229] 드론 모빌리티는 특별한 사회간접자본(SOC)가 필요 없고 안정성과 기술력만 있으면 훨씬 경제적이고 혁신적인 모빌리티 시장이 탄생할 수 있다. 무인 드론 산업발전에 필요 요소와 현행법이 충돌하는 부분 등 정부와 국회는 드론산업의 발전을 위해 숨어있는 규제를 적극적으로 재검토할 필요가 있다. 현재 현대차, 대한항공, 두산 등 한국기업들도 도심항공모빌리티 산업과 수소 드론 산업을 준비 중이어서 관련 산업 규제개혁을 통해서 기업들의 신기술 적용 가능한 산업에 적극적인 참여를 유도할 필요가 있다.

다섯째, 상업용 드론의 활용이 확대되면서 초상권 침해와 사적 공간 침입의 문제 등 드론과 연관된 다양한 윤리 및 법적 문제에 대한 대책도 필요하다. 따라서 드론과 연관된 또 하나의 과제는 사회구성원들의 사생활 침해 문제 및 드론 접근 거부 권리, 드론의 활용 중 충돌 조율 문제이다. 일례로 우선 사생활 침해 문제로 타인을 몰래 촬영하는 문제점이 대두되지만, 이에 대한 법적 처벌이나 보상체계가 미미한 상황이여서 드론산업 발전을 위해 초상권 침해와 사적 공간의 침입 등의 문제와 관련된 법률의 정비가 필요하다.[230]

여섯째, 드론 관련 안전관리 체계, 시험-인증 인프라 확충 등 지원제도가 필요하다. 드론산업 발전을 위해서 드론 Life-Cycle 안전관리 시스템을 구축해 등록부터 운영말소까지 드론의 전 생애주기를 고려한 안전관리 체계가 필요하다. 그리고 시험-인증 인프라 확충 등 기반을 조성해 국내업체의

---

229 국토교통부(2017), p. 8.

230 박아란(2018)

비행시험과 각종 시험을 위한 글로벌 수준의 인프라 조성이 필요하다.[231] 종합적으로 정부의 적극적인 지원 및 규제 완화, 생태계 구축, 기업의 차별화 전략, 안전사고예방방안 등이 필요하다. 이와 같은 노력은 향후 기술의 발전과 안전의 확보 및 개인의 권리 보호 사이에서 균형을 유지하면서 이루어져야 할 것이다.

5.2. 의료

5.2.1. 산업 및 시장분석

4차 산업혁명은 의료산업(health care industry or medical industry)에도 상당한 영향을 미치는데, 4차 산업혁명 시대의 의료는 AI, IoT, 빅데이터 등 ICT 핵심기술을 기반으로 진료 환경개선과 새로운 치료법을 제시하는 정밀의료가 현실화되고 있다. 4차 산업혁명의 기술적 변화는 현재의 보건산업 영역을 규정하는 경계를 허물고 있는데, 일례로 보건산업에서도 새로운 제품과 서비스의 결합, 보건의료와 소비재의 경계영역 제품과 서비스의 등장 등으로 산업의 경계가 허물어지고 있다. ICT, 빅데이터, 모바일기기 등과의 융합을 통해 시간과 공간의 제약을 초월한 의료서비스 모델이 등장하고 있으며, 보건의료 서비스 확장은 4차 산업의 핵심기술과 융합되고 가속화되어 그 중요성이 증대되고 있다.[232]

---

231 윤용현(2018), p. 11.

232 허필강(2017), pp. 3-4.

<표 5-7> 4차 산업혁명과 접목된 보건의료산업

헬스케어			
빅데이터	정보통신(ICT)	모바일기기	AI
• 제약산업의 발전 • 정밀의학에 기반한 신약개발(바이오마커, 차세대 염기서열 분석)	• 원격의료 • 디지털 병원	• 예방의학 • 원격 환자 모니터링	• AI를 통한 치료 • 의학전문 인공지능을 활용한 사이버 병원
• 광범위한 데이터를 이용하여 연구/개발 비용 및 시간 단축 기대 • 이용자 스스로 빅데이터를 기반으로 맞춤 의료 처치 가능	• 기술의 발전으로 개인의 서비스 접점 다변화 • 맞춤형 서비스 확장	• 현 위치와 상관없이 환자의 상태 항시 파악 가능	• 시간 제약 없는 디지털 의료 가능 • 맞춤형 서비스 가능, 개인 스스로 라이프 디자인 가능

자료: 허필강(2017), pp. 3-4.

각국 정부는 고령화에 따른 의료비 증가, 경제 저성장 및 높은 실업률 등 국가적 당면 과제를 기술혁신을 통해 해결하기 위해 ICT 융합 의료산업에 주목하고 있다. ICT 융합 의료산업은 의료서비스의 개선과 비용 절감에 크게 기여하며, 부가가치가 높고 일자리 창출 잠재력이 높아 경제 전반에 긍정적인 효과를 줄 것으로 기대된다. ICT 융합 의료산업은 ICT를 활용해 시간과 장소에 제약 없이 개인의 건강상태를 관리하고 맞춤형 의료를 시행하는 서비스나 시스템을 포함하며, 분류 기준에 따라 스마트헬스케어, 디지털 헬스케어, U-Health care, e-Health 등 다양한 용어로 설명된다. 의료산업은 모바일, IoT, 빅데이터, AI 등 ICT 기술이 융합되어 활용될 분야가 많고 그 범위가 넓다.[233]

식약처 조사에 의하면 국내 의료기기 시장은 2019년 5,600억원에

233 김정곤, 이서진(2016), p. 3.

서 2023년 8,811억원으로 성장이 예상되며, 국내 스마트헬스케어 시장은 2019년에 64.1억원에서 2022년에 100.7억원으로 성장이 예상된다. 세계 원격진료 시장은 2019년 약 455억 달러 규모에서 연평균 21.3%의 성장률을 보이며 2026년에는 1,755억 달러에 이를 것으로 전망했으며, 원격진료(또는 원격의료) 제품과 서비스 수요가 증가하면서 빠르게 성장할 것으로 전망했다. Frost & Sullivan의 조사에 따르면 2019년도 스마트헬스케어 분야의 세계 시장규모는 19,428억 달러였고, 2022년에는 22,362억 달러로 성장할 것으로 전망했다. 생명공학정책연구센터에 따르면 2019년 글로벌 의료기기 시장은 4,102.8억 달러에서 2022년에는 4,776.7억 달러로 성장할 것으로 전망된다.[234]

5.2.2. 한국의 관련 규제 및 문제점

4차 산업혁명 시대에 AI, 블록체인, 빅데이터, 클라우드 컴퓨팅을 포함한 ICT를 활용한 기술은 질병의 조기발견 및 진단, 부작용 등에 예측 및 분석, 최적화된 임상시험을 도출하기까지 다양한 영역에 활용되며 의료서비스의 패러다임을 급변시키고 있다. 특히 의료데이터를 수집·분석하고 의료기관 간 데이터를 공유하기 위한 핵심 기반으로 클라우드 플랫폼의 역할과 중요성이 증대되고 있다. 그동안 한국 정부는 '스마트헬스케어 산업 활성화 방안'(2015), '보건산업 발전방향'(2015), '바이오헬스 7대 강국 진입을 위한 보건산업 종합발전전략'(2016) 등 일련의 계획을 지속적으로 진행하며 디지털헬스케어의 육성을 위해 노력하고 있다. 또한 의료기기에 관해서는

234 신성장동력산업정보기술연구회(2021c)

'의료기기 품목 및 품목별 등급에 관한 규정'의 개정 고시(2014), '의료기기 허가신고심사 등에 관한 규정'의 개정 고시(2014), '의료기기와 개인용 건강관리(웰니스) 제품 판단기준'(2015), '의료기기 소프트웨어 허가·신고·심사 등에 관한 규정'(2015) 등을 실시하였고, 의료정보에 관해서는 '의료법 시행규칙' 제16조 개정(2016), '개인정보 비식별 조치 가이드라인' 제정(2016), '전자의무기록의 관리·보존에 필요한 시설과 장비에 관한 기준' 개정 고시 발표(2016), '의료법' 제21조의 2와 제23조의 2 신설(2016) 등 디지털 헬스케어 관련 제반 기술 및 정보에 대한 법적 기준 및 규제체계 개선을 추진 중이다.[235]

하지만 이러한 노력에도 불구하고, 한국 의료산업의 ICT 분야는 많은 규제로 신기술 개발과 실증 작업이 많은 어려움에 직면하고 있는 것이 현실이다. 일례로 2017년 의료정보를 클라우드에 보관할 수 있도록 법이 개정됐지만, 이는 단순히 데이터를 보관하는 측면일 뿐이어서, 미국처럼 유연한 클라우드 환경을 활용해 다기관 의료데이터를 공유하기에는 여전히 어려움이 많다. 또 국내에서는 헬스케어 산업도 규제로 인해 원격의료나 개인 의료정보 활용 등이 모두 불법이기 때문에 4차 산업혁명 기술을 활용한 의료서비스 혁신에 많은 어려움이 있다. 의료서비스 규제가 다른 산업에 비해 진입장벽이 높고, 쉽게 개방되지 않는 이유는 의료서비스의 공공재적 성격, 서비스의 전문성으로 인해 정보의 비대칭성 발생, 독점적인 공급 등이 이루어지기 때문이다.[236] 따라서 각종 규제들의 제약으로 신기술을 의료산업에 접목하여 더 나은 의료 환경을 제공하는 것은 쉽지 않은 상황이다.

한국의 관련 규제 및 문제점을 구체적으로 살펴보면, 원격모니터링 및

235 박정원 외(2018), pp. 61-66.
236 김성준, 하선권(2016), p. 52.

진료 규제, 의료데이터 관련 규제와 행정적인 문제점 등으로 나눌 수 있다. 첫째, 의료데이터 규제이다. 현재 개인정보보호법, 의료법 등에서는 건강정보의 범위, 의료정보와 일반 건강정보의 구분, 개인건강 식별정보의 정의가 불명확한 실정이다. 또한 익명화의 정의 및 범위도 모호하며, 의료데이터의 특수성이 반영되어 있지 않다. 따라서 의료데이터의 개인정보는 보호하되, 의료 빅데이터나 AI 등의 연구에 활용될 수 있도록 관련 법규를 개선할 필요가 있다. 미국은 식별 가능하지 않은 건강정보의 활용이나 공개에 대해서는 아무런 제약이 없지만, 한국은 불명확한 법규 때문에 의료 빅데이터나 AI 연구자들은 본인도 인지하지 못하는 실정이다.

공공 의료데이터 활용에 대한 세부지침이 담긴 '의료데이터 활용 가이드라인'의 시행이 필요하다. 세계적으로 의료 빅데이터를 활용한 스마트 헬스케어 시장이 급성장하고 있지만, 한국은 의료정보 접근이 제한돼 어려움이 있다. 다만 의료계에서는 의료데이터를 공익 목적이 포함된 연구 목적으로 활용하는 것 외에 단순히 기업 영리 목적으로 사용하는 데는 부정적 입장이라 난항이 예상된다. 2020년 데이터 3법 개정이 시행됨에 따라 의료정보 역시 특정 개인을 알아볼 수 없도록 비식별화한 '가명정보'를 정보 주체 동의 없이도 상업적 목적에 맞게 통계 작성과 연구, 공익적 기록보존에 사용할 수 있게 됐다. 하지만 시행령에 데이터를 어디까지 활용하는지 등 여전히 모호한 부분이 많고, 의료데이터 성격상 민감정보가 포함될 여지의 문제들이 아직 있어, 복지부가 데이터 가명 및 보안 조치, 제 3자 제공방법 등을 포함한 의료데이터 활용 가이드라인을 제정할 필요가 있다. 의료정보를 활용해 고령자, 유병력자 등 건강 유의군을 민간보험에 편입시키고, 스마트기기 등을 활용한 스마트 헬스케어가 세계적으로 확대되고 있다. 보험사의 의료데이터 활용이 가능해진다면 국민 건강관리에 상당히 기여하는 등 공익적 효과가 있을 것으로 예상된다. 둘째, 원격모니터링 및 진료 규제이다. 원격의료에는 화상, 전화 등으로 환자를 진료하는 원격진료와 IoT 센서, 웨어러블 등으로 병원 밖 만성질환 환자의 수치를 모니터링하는 원격 환자 모니터링(remote patients monitoring)이 있다. 고혈압, 심장질환, 당뇨병 환자 등에 대한 원격모니터링은 질병 관리에 도움을 줄 수 있어 데이터 분석기술과 센서의 발달로 해외에서는 연구가 활발하며, 관련 서비스의 출시도 증가하고 있다. 원격진료는 현재 제한된 시범지구와 환자 대상으로 운영되고 있지만, 원격모니터링, 원격진료, 온라인 약 배송 등의 어려움이 있으며, COVID-19 사태로 원격진료 전면 허용에 대한 사회적 논의가 증가하고 있다. 현재 한국에서는 '의사-환자 간' 원격진료 행위는 불법이며, '의사-한의사-간호사' 등 의료진끼리 자문하는 형태의 원격진료만 가능한 실정이다. 국내에서는 원격진료 타당성 논란으로 원격 환자 모니터링은 주목받지 못하고 있는 실정이다. 한 국가의 의료산업 수준은 결국 규제의 수준에 의해서 결정되기에 의료규제가 비합리적이고 현실을 반영하지 못하면, 기술혁신과 관련 산업의 발전은 요원하며 결국 규제로 인한 의료산업 발전 지연은 환자의 불편으로 나타나게 된다. 정부는 비식별화 규제개선 미흡, 의료법 개정 부처 간 이견, 유권해석, 가이드라인 미흡 등의 관련 규제 문제점을 해결해야 필요가 있다.

셋째, 지연 행정 심사 문제로서, 국내에서 개발된 AI 의료시스템도 지연 행정 심사로 문제점이 노출되고 있다.[237] 이와 같이 규제로 인해 새로운 의료시스템이 개발되더라도 실질적인 영업이 어려운 환경으로 인해 기술 의료기기 허가 건수는 매년 감소하는 등, AI 의료산업은 국내시장에서 고전 중이다.

---

237 일례로 의료용 AI 스타트업 뷰노가 개발한 의료영상 분석 프로그램 '뷰노메드 본에이지'가 식품의약품안전처로부터 2등급 AI 의료기기로 허가를 받은 것이 AI 기반 의료기기로는 국내 첫 사례이다. 하지만 건강보험지급 여부와 금액을 결정하는 건강보험심사평가원(심평원)에서 보험 급여 여부 판단 과정이 길게는 수년씩 걸리는 등 문제점이 있다.

<표 5-8> 의료산업 주요 규제제도

규제 사항	원격의료	개인정보 활용	정부
규제 내용	• 의사, 환자의 직접 대면진료만 허용 • 현재 대법원과의 판례 해석이 분분 • 의료계, 의사협회에서 원격진료 반대	• 사용자의 사전 동의 강제 • 전자 의무기록의 활용 막음 • 의료 빅데이터 수집 불허함으로 정보수집 곤란 • 국내 기업 육성 토양 미비	• 비식별화 규제개선 미흡 • 의료법 개정 부처 간 이견 잦음 • 유권해석, 가이드라인 미제시

<표 5-9> 의료, 바이오산업 국내 규제

구분	규제 내용
의료법	• 의사가 대면하지 않은 상태에서 진단 및 처방 금지 • 원칙상 원격의료 불가능 (현재 도서벽지 등 의료 취약지역 및 환자 대상 시범 실시, COVID-19 사태로 원격진료 제한적 허용)
개인정보 보호법	• 의료정보 기준 불명확해 사실상 활용 불가능 • 비식별 개인정보 활용 가이드라인 미흡 (2020년 데이터 3법 개정으로 비식별화한 '가명정보'를 정보 주체 동의 없이도 상업적 목적으로 가능하지만, 데이터 활용 가능 범위 등 여전히 모호한 부분 데이터 가명 및 보안 조치, 제 3자 제공방법 등을 포함한 의료데이터 활용 가이드라인을 제정할 필요성 대두)
생명윤리법 (바이오산업)	• 질병 유전자 검사가 가능한 유전자 목록이 정해짐 (56개 항목을 제외하고는 DTC 서비스가 모두 불법으로 규정. 태아 유전자 검사도 189종으로 한정)
국민건강 보호법/ 전기용품안전관리법/ 특허법	• 식약처 허가와 심평원 심사 별도로 받아야 하는 이중규제 • 중복 과잉규제 문제 • 특허성을 인정하지 않는 현행 입법례 문제
신의료 기술평가 규칙	• 신기술은 장기간 심사받아야 통과 가능

넷째, 중복 과잉규제 문제이다. 헬스케어 산업의 대표적인 이중규제로 지목된 신의료기술평가가 일련의 제도 개선책에도 불구하고, 기업들의 해외 시장 진출과 국내 판로에 장애물이 되고 있다. 평가 기간 단축, '선진입·후평가' 등 개선안을 제시했지만, 식품의약품안전처가 안전성과 유효

성을 검증한 뒤 품목허가를 내준 의료기기에 대해 보건복지부가 신의료기술평가를 따로 진행하는 중복 과잉규제의 문제가 여전히 있다. 또한 의료기기법에 따른 의료기기 품목은 등급에 따라 허가·인증·신고로 구분해 관리하는데, '전기용품안전관리법(전안법)'에서 '허가' 대상 의료기기만 '전안법'에 따른 안전인증 등의 면제 대상으로 규정하고 있다. 하지만 '인증 및 신고' 대상 제품에 대해서는 따로 명시하는 부분이 부재하여 관련 산업계에 혼선을 야기하고 있어 '전안법' 조항을 수정·보완해 이중적 규제 요인이 없도록 하는 개선이 필요하다.[238] 또한 헬스케어 제품이 시장에 출시되기까지 장기간(500일 이상) 소요되는데 복잡한 인허가·평가 제도를 개선할 필요가 있다. 일례로 한국 의료체계 특성상 헬스케어 스타트업은 식약처의 인허가부터 신의료기술평가, 보험 등재까지 총 세 단계에 걸친 심사를 통과해야 한다. 특히 최신 기술이 적용된 제품은 심사에 명확한 기준과 근거 문헌이 부족하여 인허가·평가가 신속하게 이뤄지지 못하고 있는 실정이다.

다섯째, 특허성을 인정하지 않는 현행 입법례 문제이다. 현재까지는 의료기술에 특허성을 인정하지 않는 것이 현실인데, 특허법에는 의료기술의 특허성에 대한 명문 규정이 없으며 심사기준이 인간의 질병을 치료, 진단, 수술하는 방법은 산업상 이용 가능성이 없는 것으로 취급하며, 재판 실무도 동일하다.[239] 미국, 일본, 호주 등 선진국의 경우, 정부의 의료분야 특허성 인정이 주요 성공 요인 중 하나이다. 미국, 호주는 등의 국가는 인간의 질병을 치료하는 기술에 특허 대상성을 인정해 주는 대표적인 국가인데,

238 의협신문(2019.06.17)

239 조영선(2019), p. 283.

일례로 2013년 호주 고등법원은 인간의 질병치료를 위한 투약방법이 특허의 대상이라고 판시하였다. 이처럼 의료기술에 일반적으로 특허성을 인정하는 국가는 물론 그에 대해 특허성을 인정하지 않는 법제에서도 질병의 진단기술 및 치료에 활용되는 생명공학 기술 등에서는 이미 유연하며 광범위한 특허를 부여하고 있다. 이처럼 광범위하게 면책의 예외를 인정하는 부분에서 규제가 많은 한국과 대비된다.[240]

여섯째, 고가 의료장비 사용의 비용적 문제이다. 4차 산업혁명을 선도하기 위해 의료분야에선 IDX(intelligent digital X(Trans)-formation)를 추진하기 위해 예방(센서기술, 나노기술, 빅데이터 기술 기반 신뢰성 있는 건강모니터링 시스템 확보), 정밀(맞춤형 처방 및 표적 치료와 로봇 기반의 정밀·신속한 수술 기술 확보), 재생(3D 프린터를 통한 신체, 장기, 조직의 출력 및 뇌 인터페이스 기술 확보), 지능형 의료 환경(디지털 헬스케어 생태계(통합 의료정보 활용, 상호 운용성 등)의 구축이 필요하다. '지능형 디지털화'(IDX) 전략의 출발점은 데이터 확보로서 확보한 데이터를 어떻게 각 산업 분야에 최적화된 플랫폼으로 내재화시키느냐에 성공 여부가 된다. 그러나 현재 인프라 미비 및 고가 의료장비의 해외 의존 등 비용적인 문제가 있으며, 일부 국산 고가장비는 출시되고 있지만, CT, MRI 등의 고가장비에 대한 수입의존도가 매우 높은 실정이다.[241]

---

240 조영선(2019), pp. 285-290.

241 청년의사(2017.02.06)

5.2.3. 주요국 성공사례

1) 미국 성공사례

미국은 보건의료 분야에 4차 산업혁명이 적용되도록 적극적으로 정책을 펼치는 국가로서 다양한 정책과 투자전략으로 ICT 융합 의료산업이 국가산업으로 성장할 수 있는 계기가 되고 있다. 일례로 미국의 경우 2015년 '정밀의료 이니셔티브'(Precision Medicine Initiative, PMI) 발표를 통해 의료산업의 새로운 장을 열 것을 선언했다. 미국 정부는 보건의료 분야 중에서도 정밀의학과 빅데이터 부문에 중점을 두고 있으며, 연방 예산의 25%를 보건의료에 편성하며, 그중에서도 특히 정밀의학 이니셔티브에 투자하여 기술과 보건의료가 융합한 암 유전체 구축, 코호트 구축, 플랫폼 구축, 개인정보보호, 데이터의 상호 운용성 표준 개발 등 여러 주제와 관련한 연구를 진행하고 있다.[242] 미국은 보건후생성(HHS: Department of Health and Human Services) 산하의 독립행정기관인 식품의약국(FDA: Food and Drug Administration)을 중심으로 다양한 기관 간 협업을 통해 디지털 헬스케어 관련 규제가 조정되고 있다.[243] 미국 식품의약품청(FDA)은 국민들에게 고품질의 안전하고 효율적인 디지털 헬스케어 서비스를 제공하기 위한 일환으로 모바일 헬스케어, 헬스케어 기술, 웨어러블 기기, 원격의료 등이 포함된 '디지털 헬스케어에 대한 혁신 계획'을 발표하였다. 이 계획은 디지털 헬스케어 콘텐츠 개발 관련 가이드라인 제공 계획, 디지털 헬스케어 소프트웨어 사전인증 계획, 전문가 양성 계획 등 크게 세 가지인데, FDA는 이를 통해 헬스케어의 비효율성 개선을 통

242 신영석 외(2017), p. 119.

243 박정원 외(2018), p. 62.

해 비용 절감, 접근성 제고로 의료의 질 향상을 추구한다.[244]

미국의 경우, 의료기술을 특허의 대상에서 제외하는 명시적 규정이 없으며, 원칙적으로 모든 유형의 의료행위에 특허성이 인정된다.[245] 미국에서는 원격의료에 사용되는 기기나 진료시스템은 일반 의료법에 준해 승인받고 원격의료 허용 여부보다는 보험을 어디까지 인정할지가 관건이다. 일부 주를 제외하고는 대부분 동일한 보험처리를 해주는 '원격의료 동등법'을 도입하고 있으며, 민간 보험사도 더 큰 질병을 예방하기 위해 다양한 온라인 헬스케어 서비스 이용을 권장한다. 일례로 미국 미네소타주 메이요 클리닉(Mayo Clinic)처럼 유명 병원들은 기존 헬스케어 IT 업체뿐 아니라, 구글, 애플과 협력해 환자의 상태를 실시간 관찰하는 등 신기술 활용 방안을 함께 만들어가는 데 큰 역할을 하고 있다. 미국에서는 클라우드에 통합된 환자의 전자건강기록은 병원끼리 상호 교환할 수 있고 환자도 자신의 의료정보를 언제든지 열람가능하다. 미국 원격의료시장의 선두회사인 메케슨(Mekesson), GE헬스케어, 서너(Cerner) 등은 의료기기에 IoT를 도입해 병원-가정 연결 기기와 솔루션에 투자하여, 24시간 원격의료 서비스를 제공하는데, 이용자의 80%는 만성질환자이다.[246] 이처럼 미국은 첨단미래기술을 의료산업과 접목시키며, 많은 지원과 함께 전반적 원격의료, 클라우드 시스템, 모니터링 시스템 도입 등 각종 규제를 완화 및 제거하여 양질의 스마트 헬스케어를 제공하는 동시에 의료산업의 경쟁력을 유지하고 있다. <표 5-10> 참조. '왓슨'이나 '딥러닝' 등 선진적인 AI 기술은 고도화된 의료를 다

244 정보통신산업진흥원(2019), p. 22.

245 조영선(2019), pp. 285-290.

246 중앙일보(2018.08.04.). 주요 가상진료 서비스 제공사로는 아메리칸웰, 닥터온디맨드, 텔라닥 등이 있는데, 이 중 가장 대중적인 텔라닥은 피부과·정신과와 금연 치료 등을 포함한 전반적인 질환에 대해 24시간 원격의료 서비스를 제공하고 있다. 약업신문(2019.09.15)

루는 전문의가 부족한 국가에서 이미 다각도로 이용되고 있다.

<표 5-10> 미국의 대표적 의료 규제개혁과 성공 요인

구분	개혁 내용	성공 요인
전반적 원격의료	• 원격의료 기기나 진료시스템은 특별법이 아닌 일반 의료법에 준해 승인 • 일부 주를 제외하고는 대부분 동일한 보험처리 지원 • 헬스케어 서비스, AI, IoT, 빅데이터, 클라우드 컴퓨팅 기술 등 4차 산업혁명의 신기술 활용	• 원격의료 동등법 도입 • 민간 보험사에서 더 큰 질병을 방지하기 위해 다양한 온라인 헬스케어 서비스 이용 권장
클라우드 시스템	• 클라우드에 통합된 환자의 전자기록 병원 상호 간 호환 • 환자 본인도 자신의 의료정보를 언제든지 열람 가능	• 미국 병원과 IT기업(구글, 애플 등)의 긴밀한 협력 • 의료정보 공개 허용
모니터링 시스템	• 미국 원격의료 이용자 80%는 만성질환자 • 시간, 공간에 제약 없이 간편한 모니터링 가능(각종 검사기기와 의료기기 등을 개인 스마트폰 어플과 연결 사용) • 원격의료/원격진료/ 온라인 약 배송 가능	• 환자 비율에 따른 모니터링 의료기기 개발 • 미국 FDA의 임상시험 승인

한국의 의료 관련 법규를 미국과 비교하면, 미국은 식별가능하지 않은 건강정보의 활용이나 공개에 대해서는 어떠한 제약도 존재하지 않는 반면, 한국은 개인정보보호법, 의료법 등에서는 건강정보의 범위, 의료정보와 일반 건강정보의 구분, 개인건강 식별정보의 정의가 불명확하다. 또한 익명화의 정의 및 범위도 모호하며, 의료데이터의 특수성이 반영되어 있지도 않다. 특히, 미국에서는 최근 원격 환자 모니터링에 대해서도 의료 보험이 적용되며, 원격 환자 모니터링은 사실상 원격진료와 별도의 분야로 다루어진다. 따라서 미국에서는 비대면 진료와 처방이 가능해서 원격의료/원격진료/온라인 약 배송이 가능한 반면, 한국은 의료법에 의해 제한적인 원격모니터링은 가능하지만, 의료법으로 원격진료와 약사법으로 원격으로 조제하거나, 택배 발송은 금지되어 있다. 현재 한국에서는 '의사-환자 간' 원

격진료 행위는 불법이며, '의사-한의사-간호사' 등 의료진끼리 자문하는 형태의 원격진료만 가능한 실정이다. <표 5-11> 참조.

<표 5-11> 미국과 한국의 의료산업 규제 비교

	미국	한국
의료데이터	• 미국은 식별 가능하지 않은 건강정보의 활용이나 공개에 대해서는 어떠한 제약도 없음 • 의료 관련 법규 비교적 명확성	• 개인정보보호법, 의료법 등에서는 건강정보의 범위, 의료정보와 일반 건강정보의 구분, 개인건강 식별정보의 정의 불명확 • 익명화의 정의 및 범위 모호하며, 의료데이터의 특수성 반영 부족 • 가명 정보 가이드라인 필요
원격모니터링	• 끝없는 연구와 지원을 통해서 원격 환자 모니터링에 대한 보험 적용	• '의사-환자 간' 원격진료 행위 원칙적으로 불법으로 간주

2) 일본 성공사례

일본 정부는 신성장동력 창출이라는 국가적 목표 아래 의료 규제개혁을 적극 추진 중이다. 일본 정부가 국제 비즈니스나 관광 거점 형성을 위해 지정한 도쿄권, 간사이권 등 6개 특구에서 시작한 병상 규제 완화, 외국 의사의 진료 허용, 혼합진료(보험진료와 비보험 진료의 병행) 허용 등이 대표적이다.[247] 일본의 규제개혁은 단순히 애로사항을 해소하는 차원을 넘어 의료를 새로운 성장 동력산업으로 육성하고 있다. 일례로 일본 정부가 국가전략특구에서 외국인 의사의 진료 및 일부 비(非)보험 진료와 보험진료를 함께 받을 수 있도록 혼합진료 허용 등 의료규제 완화 정책을 적극 추진하고 있다.

일본은 '일본재흥전략'(2013)을 통하여 첨단의 기술과 빅데이터 및 모바일

247 이상영(2015), pp. 80-88.

서비스를 통해 다양한 보건의료 분야의 발전을 활성화하고 산업을 창출하여 국가경쟁력을 강화하는 것을 목표로 하고 있다. 또한 국가전략 특구 내에 유치한 기업에 대해서는 세제 혜택 및 재정 지원을 동시에 제공한다.[248] 그리고 일본 후생노동성은 보다 수월한 온라인 진료 서비스가 가능하도록 2018년 '온라인 진료의 적절한 실시에 대한 지침'을 발표하여 원격의료 관련 용어 정의 등 원격의료 전반에 대한 가이드라인을 제공하였다.[249] 일본은 세계에서 가장 빠른 속도로 고령화가 진행되고 있어 가장 적극적으로 원격의료를 시행하였다. 2015년 원격의료를 전면 시행한 데 이어 2018년부터는 원격조제에 대해서도 건강보험을 적용하기로 하여, 사실상 원격의료와 관련된 모든 규제장벽을 제거하였다.

일본은 65세 이상의 노인이 전체 인구의 27.7%에 달하는 초고령화 사회이며, 고령화와 더불어 산업발전 및 기술혁신에 직면한 일본의 의료기기 수요는 2021년까지 연평균 약 5.9% 성장할 전망이다. 후생노동성을 중심으로 IoT 원격 검진과 AI를 통한 진단지원 등 환자 중심의 최적 진료 및 건강관리를 통한 건강수명 연장을 정책목표로 책정하였다. 원격진료가 일본 전국으로 확산되면 연간 40조 엔이 넘는 의료비 중 상당액이 절감될 전망이다.[250] 일본은 저성장 시대의 경제발전 해법으로 일명 '슈퍼특구'로 불리는 '첨단의료개발특구'를 추진하고, 세계 의료시장 공략을 위한 최첨단 의료산업 육성이라는 의료정책을 추진하고 있다.[251] 일본의 성공 요인은 정부의 의료 규제개혁과 함께 효율적인 심사시스템 도입, 약가제도, 정보수집,

248 신영석 외(2017), p. 150. 정현학 외(2016), pp. 150-152.

249 정보통신산업진흥원(2019), p. 23.

250 KOTRA(2018.01.08), 김정곤, 이서진(2016), p. 3.

251 의료관광노동농업 등의 분야에 대해 특정 지역 내에서 규제 완화를 통해 경제 활성화를 도모한다는 취지의 제도이다. 박정원 외(2018), p. 65.

원격진료 서비스 확대, 헬스케어 산업 관련 일본 기업들의 적극적 참여 등이다. 또한 2015년 정부 주도로 AMED 의료연구 개발기구를 통해 여러 부처로 분리된 행정체계였던 의료분야 연구개발 지원을 위한 통합 거버넌스 구축하는 동시에 정부 환자 데이터화(PeOPLe)를 추진하고, Fronteo, Fujitsu, Toshiba Medical Systems, Hitachi 등 민간기업의 적극적 참여가 성공 요인이다. <표 5-12>, <표 5-13> 참조

<표 5-12> 일본의 대표적 의료 규제개혁과 성공 요인

구분	개혁 내용	성공 요인
심사시스템	• 심사 및 상담 • 진료카드 작성을 통해 심화 분석 • 향후 축적된 데이터 이용 및 의약품 개발에 대한 정보제공 추진	• 내부 신약심사부와 안전대책부와의 긴밀한 소통 • 전자진료기록카드 DB와 임상시험 데이터 적극적 활용
약가제도	• 신약 창출을 위해 혁신성이나 유용성이 뛰어난 약제에 대한 가산 기준 등 개정 • 신약 이노베이션 평가 재검토 • 비용효과 평가 도입	• 혁신적 신약의 창출을 촉진하기 위해서 가산을 적용할 신약 기준 세분화를 통해서 그 기준에 맞는 가산율 적용하는 시스템 구축
정보수집	• 데이터 분석 내용 해석 실시 • 데이터 열람 소프트 지원을 통한 데이터의 시각화	• 품목 횡단적 정보 통합 실시 • 전자데이터에 액세스 허용
원격진료 서비스 확대	• 코드명 '포켓닥터', 일본의 'MRT'라는 업체는 원격 관리 기술 업체인 '옵팀(OPTiM)'과 합작해 '포켓 닥터' 런칭 • 당뇨, 고혈압 등의 환자군도 원격진료 대상포함	• 휴대전화나 태블릿 등의 모바일 디바이스를 활용 • 관련 산업체의 후원으로 원격의료 서비스 제공, 업체는 참여 병원을 늘려가면서 런칭타임 조율

<표 5-13> 헬스케어 산업 관련 일본 기업 동향

회사명	
AMED 의료연구 개발기구	• 2015년 4월 정부 주도로 구축 • 여러 부처로 분리된 행정체계였던 의료분야 연구개발 지원을 위한 통합 거버넌스 구축 • 의약품 및 의료기기 개발, 임상연구 및 임상시험 등
Fronteo	• 인공지능 엔진 KIBIT를 탑재한 질병 예측 시스템 베타 버전 • 건강관리 솔루션: 의료정보 제공/ 의료 현자의 업무 개선/ 임상실험 환자 스크리닝/ 약물 부작용 모니터링 • 관련 서비스 제품 : 암 전문 의료 AI 시스템(최신, 최적의 정보를 환자의 수준에 맞추어 설명) 구축/ Your Dock KIBIT(환자의 특성에 따른 종합검진 매칭, 예약 서비스)/ 전도&전락 예측 시스템(입원 환자를 실시간으로 모니터링을 통해 위험 감지 시스템)/ KENKO JIMAN(KIBIT 기반 최신 의료정보, 디지털 큐레이션 서비스)
Fujitsu	• 진단: Fujitsu 스페인은 스페인에 있는 San Carlos 병원의 데이터(36,000명의 환자 데이터)로 빠르고 정확하게 환자의 증상, 진단을 도와주고 있음. 85% 정확도 • 이미징(CT/MRI): 이미징 프로세스에 소비되는 사소한 과정 대행
Toshiba Medical Systems	• 캐논의 방사선 촬영 AI 시스템 인수(인구대비 부족한 방사선과 의료진을 대체할 수 있는 AI 개발) • W/LSI 메디언스(화이트잭) : 환자 증상과 과거 병력, 진찰기록을 바탕으로 발병 가능성이 높은 질병과 발병률을 계산하여 환자에게 적절한 검사/치료 제시
Hitachi	• W/제일생명 2016년부터 의료데이터를 생명보험 사업에 활용하기 위한 공동연구 시작하여 가입자에게 발병 가능성이 높은 질병을 사전 예측할 수 있도록 개발 중/ InsTech(인스텍) 구현(insurance와 technology)
PeOPLe (정부 환자 데이터화)	• 데이터베이스, 각 의료기관이 보관된 진료 정보를 환자마다 할당된 식별 번호 (의료 ID)로 관리/ 여러 의료기관을 진찰하고도 환자의 정보를 일원적으로 식별 가능/ 다른 병원 검사 확인 가능/ 과거 의료데이터 기록 확인 가능

자료: 곽진희(2017), p. 30

5.2.4. 시사점

경제 수준의 향상과 고령화 사회진전으로 건강한 삶을 영위하기 위한 보건의료산업의 수요 증대 추세로 디지털 헬스케어의 발전은 시대적인 흐름이다. 디지털 헬스케어는 인구의 고령화와 만성질환의 증가에 효과적으로 대응하고 국가의 경제발전을 견인할 수 있는 신성장동력으로 인식되고 있다. 따라서 디지털 헬스케어가 성공적으로 발전하면 고품질의 의료서비스를 제공할 수 있게 되고, 산업 측면에서는 신의료 서비스 영역을 창출하여 다양한 부가가치를 확보할 수 있게 된다.[252] 미국, 일본, 호주 등 선진국은 정부의 의료분야 특허성 인정과 적극적인 투자, 빅데이터, AI 활용, 관련 규제혁신 등을 통해 스마트 헬스케어를 성공적으로 도입하고 있다. 따라서 국내 의료산업이 발전하기 위해서는 전면적인 규제개선과 정부의 역할 재정립이 필요하다.[253]

국내 디지털 의료 및 헬스케어 산업이 성장하기 위해서는 첫째, 변화에 따른 의료 패러다임 전환과 시대적 변화에 대한 공동의 노력이 필요하다. IoT, 빅데이터, AI 등을 이용한 4차 산업혁명의 기술 발전은 의료시스템의 전반적 성능, 의료 환경의 변화에 영향을 미친다. 특히 보건의료 분야에서는 직업의 감소와 진료방식의 변화 등이 이전보다 더욱 심화될 것으로 예상된다. 따라서 적극적인 빅데이터, AI, IoT 등의 활용이 필요한데, 정밀 의료는 다양한 데이터의 분석 및 접근이 핵심 성공요소이기 때문이다. 일례로 정밀 종양학에 대한 다양한 데이터 분석 접근 및 임상정보 제공 등으로 정밀 의료산업이 성장하고 성공하기 위한 핵심적인 요인인 빅데이터, AI 등 첨단기술의 적극적인 활용이 필요하다. 또한 AI 등 관련 기술 보호, 공공의료데이터 활용, 원격진료 및 모니터링 제도 등을 통하여 의료 경쟁력을 높이는 인프라 구축도 필요하다. 이러한 패러다임의 전환을 대비하기 위해 먼저 이해관계자들 간의 충분한 공감대 형성과 진지한 논의가 필요하다.[254] 단기적인 부작용 혹은 손실보다는 국가 및 의료 산업경쟁력, 국민의 건강,

252 박정원 외(2018), pp. 78-80.

253 윤희숙, 고영선(2010), p. 1.

254 허필강(2017), p. 7. 정현학 외(2016), p. 25.

편의성, 의료 패러다임 전환과 같은 새로운 디지털 시대에 변화에 대한 사회적 요구를 고려할 필요가 있다.[255]

둘째, 관련 법, 제도 규제 해소가 필요하다. 4차 산업혁명 의료규제에 대해선 각종 규제와 문제들로 중국 등 경쟁국보다 의료기술은 앞서지만, 원격의료, 디지털 헬스 산업 등 의료산업의 발전에 저해가 된다. 관련 산업의 발전을 위해서 국가의 지원과 투자도 중요하지만, 무엇보다 규제 개혁이 선행될 필요가 있다. IoT와 헬스케어의 융합으로 등장하는 새로운 의료산업을 활성화할 수 있도록 법적인 기반 마련이 우선 필요하다.[256] 특정 산업에 특화된 제도는 해당 산업의 지속 가능한 성장 동력이 될 수 있으며, 제도 혁신은 특정 산업 분야에 대해 새로운 경쟁력을 제고할 수 있다. 보건의료 서비스 분야는 환자, 의료진, 보험사, 정부, 병원 등 다자간 관계에서 발생하는 다양한 제도적 상황이 반영되는 특징으로 의료산업 발전을 위해서는 사회 각계의 논의는 필수적이다. 따라서 4차 산업혁명이 가져올 의료의 변화는 예상보다 훨씬 빠르며 다양하여 이에 부합하는 규제 완화 및 대비책 선행과 함께 국민의료보험제도의 문제점(건강보험증 등) 개선이 필요하다. 중국의 경우 2009년 의료개혁 핵심사업으로 원격진료 도입, 2014년 '의료기구 원격의료서비스 추진에 관한 의견'으로 원격의료 서비스가 본격화되어 성공적으로 운영하고 있지만, 급성장하는 원격의료시장에서 한국은 아직도 제한된 원격의료 서비스만 허용되고, 국민의료보험제도의 문제점도 있는 실정이다. 주요국은 이미 원격진료를 포함한 원격의료의 도입을 촉진하고, 공적인 건강보험도 보험 상환을 확대하고 있다.

255 강민영 외(2018), p. 16.
256 정현학 외(2016), p. 24.

셋째, 기술 발전을 통한 신산업 육성정책과 투자가 필요하다. 이를 위해서는 먼저 ICT 융합 기술 발전이나 의료 산업발전에 장애가 되는 규제의 개선이 필요한데, 특히 데이터 활용 등을 통해 ICT 융합 의료 개발과 서비스 확대의 장애 요인 제거가 선행되어야 한다. 한국은 의료정보 활용에 대한 법적 제한으로 인해서 의료정보의 클라우드 저장을 통한 데이터 구축 및 활용이 다른 국가에 비해 부진한 실정이다. 진료, 각종 검사, 처방 및 투약, 진료비 납부 과정은 전산으로 처리되어 모든 의료 서비스는 디지털화되어 많은 정보가 있지만, 지극히 일부만 치료에 활용된다. 하지만 클라우드를 도입하면 데이터 저장과 활용 한계가 사실상 사라져서 의료서비스가 의사 중심에서 데이터 중심으로 변하면서 IT 활용 디지털 의료의 4차 산업혁명 시대로 빠르게 변환이 가능하다. 대표적인 의료 민영화 국가인 미국은 의료비가 고비용 구조이므로 국가 의료비 절감을 목표로 ICT 융합 의료산업을 육성하지만, 저수가 구조인 한국은 의료비 절감보다는 신산업 육성에 초점을 맞추어 관련 정책을 추진하는 것이 바람직하다.[257] 또한 기업에서도 최적화된 기술 로드맵을 구축하고, R&D 투자 혹은 핵심기술 보유 기업과의 M&A 등을 통해 기술을 확보하며, 스마트 헬스케어 서비스를 개발·확대해 나갈 필요가 있다.[258] 또한 적극적인 투자 정책이 필요한 실정으로 미국, 영국, 중국 등 주요국에서는 정밀 의료 실현을 위해 국가 차원의 이니셔티브를 발표하고 적극적인 투자를 추진하고 있어 참고할 필요가 있다.[259]

---

257 김정곤, 이서진(2016), p. 4.

258 강민영 외(2018), p. 16.

259 영국은 디지털 헬스케어의 발전을 위해 디지털 기술을 활용한 정보보호, 많은 국민이 이용할 수 있도록 하는 표준 설정, 건강 및 간호 정보 데이터의 품질 향상을 통한 국가 지표 개발, 정보(제공) 및 데이터의 효율적 관리를 통하여 경쟁력 있는 보건의료 시스템을 구축하고 있다. 박정원 외(2018), p. 63. 중국은 원격의료에 관한 규제를 완화하고, ICT에 기반한 헬스케어산업 진흥정책을 추진하고, 동시에 창업 활성화 정책을 추진하여 모바일 헬스케어 산업을 활성화한다. 조은교(2018), pp. 29-32.

5.3. 빅데이터

5.3.1. 산업 및 시장분석

빅데이터란 인터넷, 모바일기기, 센서 등에서 수집된 방대한 양의 데이터 분석을 통해 새로운 가치를 찾아내는 정보화 기술이다.[260] 정치, 사회, 경제, 문화, 과학기술 등 전 영역에서 다양하고 방대한 규모의 빅데이터는 미래 경쟁력의 우위를 좌우하는 중요한 자원으로 활용될 수 있다는 점에서 주목받고 있다. 따라서 빅데이터는 개인들의 수많은 정보의 집합이며, 그 크기가 끊임없이 변화하는 것이 특징이다. 디지털 환경에서 만들어지는 데이터는 규모가 방대하고, 생성주기가 짧으며 그 형태도 수치 데이터와 같은 정형화된 데이터만이 아니고 음성, 이미지, 영상데이터 등을 포함하는 비정형 데이터로 이루어지는 특성을 가지고 있다.[261] 하지만 빅데이터는 사생활 침해와 보안 측면의 문제점이 있다. 빅데이터의 3대 특성인 3V(volume, velocity, variety)에서 최근 빅데이터의 특성을 5V(volume, velocity, variety, variety, veracity, value)라는 개념이 사용하는데, volume은 데이터의 양, velocity는 자료의 생성 및 처리 속도, variety는 자료의 다양성, veracity는 자료의 신뢰성, value는 정보의 가치를 각각 의미한다.[262]

빅데이터를 활용한 산업이 증가하면서 각국은 빅데이터를 활용한 기술 및 산업의 잠재성에 주목했다. 세계 각국은 빅데이터 기술이 기존 산업뿐 아니라 미래 산업에서도 경쟁 역량 차별화를 위한 필수 자산으로 인식하

260 김광섭(2016), p. 83.
261 문승혁(2019), p. 362.
262 한국산업기술진흥원(2016), p. 3.

고 있다. 세계 빅데이터 시장은 두 자릿수 이상의 성장세를 지속할 전망으로, 시장 규모는 2018년 420억 달러를 기록하였고 2023년까지 5년간 연평균 14.4%의 성장세를 유지하며, 2023년 770억 달러로 시장 규모가 확대될 것으로 예측된다.[263] 한국데이터산업진흥원에서 발표한 '2020 데이터산업 현황조사'에 따르면 한국의 향후 데이터산업 시장은 연평균 성장률 11.3%를 달성하여 2026년까지 36조원을 넘어설 것으로 전망하고 있다.[264]

<표 5-14> 빅데이터 세계 시장 규모 및 전망 (2017~2023) (단위: 백만 달러)

구분	2017	2018	2019	2020	2021	2022	2023	CAGR
세계 시장	35,000	40,800	55,000	56,000	64,000	71,000	77,000	14.4

자료 : 중소벤처기업부(2019b), p. 7.

5.3.2. 한국의 관련 규제 및 문제점

데이터가 제품과 서비스의 경쟁력으로 부상하면서 주요 선진국은 이미 데이터를 공유·유통하고 공동 활용해 경제적 효과를 창출하는 데이터 경제로 산업구조가 급속히 변화되고 있다. 글로벌 시가총액 상위 10위 기업에 애플, 구글, 마이크로소프트, 아마존 등 기존 전통 제조기업과 금융 기업을 제치고 새롭게 등재되었는데, 이 기업들은 모두 데이터 서비스 관련 기업들이다. 이에 따라 데이터 경제를 육성하려면 개인정보보호법과 공공부문의 민간 클라우드 이용 규제를 개선할 필요가 있다. 유럽은 최근 개인정보의

263 중소벤처기업부(2019b), pp. 20-24. 김광섭(2016)

264 한국데이터산업진흥원(2020). 데이터산업 시장은 2025년에 32조를 넘고, 19년부터 25년까지 11.3% CAGR을 달성할 것으로 전망한다. 한국데이터산업진흥원(2019)

보호와 권리를 강화하는 법령(GDPR)을 제정했다. 개인정보보호 책임자를 의무 지정하는 등 기업의 책임을 강화했을 뿐만 아니라, 정보 주체로서 개인이 정보이동권을 주장할 수 있도록 하는 등 권리가 추가됐다. 한국 개인정보보호법의 경우는 데이터의 활용을 저해할 뿐만 아니라, 제대로 된 보호조차 미흡하다. 실질적인 개인정보가 보호되도록 결합 활용의 제도적 절차를 엄격히 하고 가명정보 활용 근거를 명확히 할 필요가 있다.[265]

<표 5-15> 국내의 개인정보법의 문제점 및 개선안

구분	내용	문제점	개선안
개인정보의 정의	• 다른 정보와 쉽게 결합하여 특정한 개인 식별이 가능한 정보	• 개인정보 범위가 지나치게 포괄적으로 데이터 활용시 과도한 제약	• 명확하고 구체적인 개인정보 범위 규정
동의 방식	• 사전동의방식	• 예외사항, 특별법 등의 여지가 없어 불필요한 비용 및 비효율 발생	• 선진국처럼 일정한 요건 하에 사후동의방식 허용
제재	• 형벌, 행정벌, 형사처벌 등 혼재	• 명확한 기준이 없어 상황별로 상이한 제재가 부과되며, 같은 위법한 행위라도 개별법에 따라 처벌 수위 다름	• 상황별로 명확한 기준을 정하고 형벌 규정 통일

자료 : 오정연, 선미란(2015), pp. 2-3. 김광섭(2016), p. 97. 에서 정리

첫째, 타국에 비해 과도한 개인정보 이용제한이다. 개인정보를 활용한 빅데이터는 4차 산업혁명 신산업의 핵심이며, 세계 각국 기업은 빅데이터를 기반으로 혁신적 산업을 선보이고 있다. 국내에서 개인정보와 관련해

265 한국경제(2018.09.06)

개인정보보호법, 정보통신망법, 신용정보법 등 3개의 법이 있다.[266] 관련법들은 이름, 주민번호, 신용정보 등 보호받아야 할 각종 개인정보의 범위와 정보를 수집하고 가공하는 방식 등을 정한다. 하지만 다른 국가에 비해 규제 강도가 아주 높아 개인정보 활용에 제약이 많고 실질적인 정보 보호도 제대로 못하는 실정이다. 과도한 개인정보보호는 빅데이터 활용수준 저조로도 이어질 수 있어 개인정보보호와 활용의 한도를 현재보다 탄력 있게 운영하는 것이 중요하다.

둘째, 개인정보와 관련해 개인정보보호법, 정보통신망법, 신용정보법 등 3개의 법을 담당하는 부처도 행정안전부, 과학기술정보통신부, 방송통신위원회, 금융위원회 등 여러 부처에서 규제하고 있다. 국내에선 익명 정보라도 당사자에게 일일이 사용 동의를 받아야 하고 보유 기간도 거래 종료 후 5년으로 제한되어 있어 빅데이터로서의 활용도가 크게 떨어진다. 특히 현행 개인정보보호법의 광범위한 개인정보의 범위 등 엄격한 규제수준으로 인해 활용 가능한 자료의 양이 극히 제한되어 보험산업에서의 빅데이터 활용에도 큰 장애 요인으로 작용하고 있다.[267]

한국 정부도 빅데이터 활성화를 위해 관련 법 개정을 최근 2020년 추진하여 일부 개정하였다. 행안부는 개인정보보호법 개정, 금융위는 공공기관과 기업들이 금융 분야의 익명 정보를 자유롭게 활용하거나 거래할 수 있도록 신용정보법 개정을 추진하였다. 또 핀테크 기업들이 금융회사가 보유

---

266 2011년 제정된 '개인정보 보호법'이 공공영역과 민간영역을 포괄하는 개인정보 규제에 관한 일반법으로서 기능하고 있으며, '정보통신망 이용촉진 및 정보보호 등에 관한 법률', '신용정보의 이용 및 보호에 관한 법률' 등은 특별법으로서 개인정보규제에 관한 사항들을 규정하고 있다. 정도영 외(2018), p. 27. 한국은 2020년 데이터 3법이 개정되었지만, 개인을 식별할 수 없도록 비식별화 과정에서 비식별화 대상이나 방법이 아직 모호한 부분이 있다. <5.2. 의료>, <5.6. 바이오> 참조.

267 최창희(2018), pp. 101-102.

한 고객의 카드 사용, 보험료 납부, 대출 이력 등을 제공 받아 맞춤형 자산 관리, 대출 상품을 개발할 수 있도록 법 개정을 추진하였으나, 미흡한 실정이다. 또한, 보건복지부는 특별법을 마련해 의료정보를 공공 목적의 연구에 활용하는 방안을 검토하고 있는데 법이 마련되면 암 환자의 건강검진, 진료 내용 등을 분석해 암 관련 연구에 활용할 수 있다. 행안부는 유럽연합(EU)이 개인정보보호 강화를 위해 제정한 '일반정보보호규정'(GDPR)을 참고해 처벌 조항을 강화하였다.[268]

셋째, 공공데이터 민간 클라우드 이용 규제이다. 개인정보보호법 개정안의 주요 내용은 개인정보의 개념 체계를 개인정보, 가명 정보, 익명 정보로 나누는 것이다. 이 중 가명 정보에 대해 통계 작성, 연구, 공익적 기록 보존의 목적으로 처리할 수 있도록 했다. 아울러 각 기업들이 보유한 정보 집합물을 전문 기관을 거쳐 결합, 반출할 수 있게 허용하는 내용도 담고 있다.[269] 현재 행정안전부가 보유하고 있는 개인정보 관련 기능을 개인정보보호위원회로 이관, 개인정보보호위원회의 개인정보보호 컨트롤타워 기능을 강화하도록 했다.

한편 '데이터 경제' 활성화를 위해 적극 추진하고 있는 개인정보보호법 개정안이 오히려 미래 산업의 규제가 될 수 있다는 염려도 있다. 개인정보 위탁 시 이용자들에게 일일이 사전 동의를 받아야 한다는 개인정보보호법 제39조로 인해 클라우드, 빅데이터, 금융, 소셜네트워크서비스(SNS) 기반 서비스 업체 등 대부분의 미래 산업이 타격을 받을 것이라는 전망이다.[270] 문제는 정보통신망법의 개인정보보호 관련 법령을 개인정보보호법으로 그

268 전자신문(2019.08.26)

269 ZDNet Korea(2019.11.14)

270 서울경제(2019.08.27)

대로 옮기면서 발생했다. 정보통신망법 제25조에 따르면 정보통신서비스 제공자가 개인정보를 위탁할 경우 모든 이용자에게 사전에 개별 동의를 받아야 한다. 예를 들어 수십만명의 고객을 확보하고 있는 A기업이 새로운 서비스를 개발하기 위해 이용자 구매정보 등을 클라우드로 옮겨 빅데이터 분석을 시도하려면 이들 이용자의 동의를 일일이 받아야 하는 셈이다. 빠르게 변하는 정보기술(IT) 산업에서 새로운 시도를 할 때마다 수개월의 시간과 비용을 투입해 고객의 동의를 받는 것은 사실상 불가능하다.[271] 개인정보 위탁 시 이용자들에게 사전에 개별 동의를 받도록 규정한 개인정보보호법 39조는 정보기술(IT)을 접목한 거의 대부분의 산업에 영향을 미친다. 특히 빅데이터, AI 등의 활성화를 위해 클라우드를 이용하는 기업들이 늘어나는 상황에서 국내 클라우드 산업에 치명적이다.[272]

넷째, 데이터 및 전문인력 부족 문제이다. 한국의 데이터산업 규모(15조 5,684억원)는 미국의 데이터산업 규모(약 1,622억 유로(원화 210조 3,410억원), 2018년) 대비 약 7.4% 수준으로 매우 작다.[273] 국내 기업들의 빅데이터 분석 도입 수준이 낮은 이유는 빅데이터로써 가치를 가지는 데이터가 부족하여 빅데이터 분석의 도입·활용과 고도화가 어렵기 때문이다.[274] 그리고 빅데이터 인력 부족 문제도 있다. 한국데이터산업진흥원(2019)이 조사한 '2019년 데이터산업 현황조사'에서 데이터 서비스 회사들의 애로사항으로는 동종업계 내 경쟁 심화, 인력 부족 문제 등이 있다.[275] 많은 기업에서 첨단기술을 기반으로 한

271 서울경제(2019.08.27)

272 서울경제(2019.08.27)

273 한국데이터산업진흥원(2019)

274 최재경(2016), p. 40.

275 한국데이터산업진흥원(2019)

대규모 변화를 예상하고 있으며 빅데이터를 활용한 업무는 폭발적으로 증가하지만, 빅데이터 프로젝트를 기획·추진·관리할 수 있는 다양한 경험과 지식을 가진 빅데이터 전문가가 부족한 실정이다.[276]

<표 5-16> 데이터 관련 규제 3법 및 주요 개정

	개인정보보호법	정보통신망법	신용정보법
내용	• 이름, 주민등록번호, 영상같이 개인을 식별할 수 있는 정보의 범위, 법 적용대상, 수집 및 이용 기준 등 정함	• 정보통신망을 안전하고 활발하게 이용할 수 있도록 유도하고 이용자의 개인정보를 보호하기 위한 내용	• 금융거래 등 상거래에서 개인의 신용을 판단할 때 필요한 신용정보의 이용범위와 수집, 관리 방법 등 규정
규제 내용	• 표준 기준 애매	• 개인정보 보호하기 위한 프로그램 부실	• 판단기준 모호 • 필요한 신용정보의 요구치가 상황 따라 다르다는 문제
주요 개정 내용	• 개인정보와 관련된 개념체계 개인정보, 가명정보, 익명정보 처리로 명확화 • 가명정보를 처리하거나 정보 집합물 때 안전성 확보, 특정 개인을 알아보는 행위를 금지, 이를 위반하는 경우 형사처벌, 과징금 등의 처벌 • 개인정보보호위원회를 국무총리 소속 중앙행정기관으로 격상, 개인정보보호위원회에 관계 중앙행정기관의 장에게 공동조사 및 처분 등에 대한 의견제시권 부여	• 개인정보 보호에 관한 사항을 개인정보 보호법으로 이관 • 온라인상의 개인정보보호와 관련된 규제 및 감독의 주체를 방송통신위원회에서 개인정보보호위원회로 변경	• 데이터 결합 및 데이터전문기관의 법적근거 마련 • 전문개인신용평가업, 개인사업자신용평가업, 본인신용정보관리업 도입 • 신용정보집중기관이 공공장소에 요청할 수 있는 정보범위 확대 프로파일링에 대한 정보주체의 설명요구, 이의 제기권 및 개인신용정보 이동권 도입

자료: 동아일보(2018.08.10.), 이데일리(2019.02.18)에서 정리

276 빅데이터 활용이 활성화되기 위해서는 데이터에 대한 분석력, 해석기술, 시사점 도출능력, 창의력 등 다양한 역량을 보유한 인력이 필요하나 한국의 경우 인력 부족으로 빅데이터 전문인력을 지속적으로 양성하는 시스템이 구축이 필요하다. 정도영 외(2018), pp. 23-26. 정준화(2018), p. 4.

소프트웨어정책연구소(2021)는 2022년까지 국내 빅데이터 인력 중 석, 박사급 인재가 3천명 이상 부족할 것으로 예상한다. 한국데이터진흥원(2019)은 빅데이터 연구의 핵심 인력으로 꼽히는 데이터과학자는 2024년까지 시장 수요에 비해 34.2% 부족해서 관련 업무 중 인력난이 가장 심한 것으로 나타났다. 디지털전환 및 AI·SW 도입(진입)을 위해, 비SW기업은 실질적 운영 업무 실행 가능 수준(중급인력)의 인력을 가장 필요로 하였으며, SW기업은 기술도입 기획 및 개발 수준(고급인력)의 인력을 가장 필요로 하는 것으로 나타났다.

다섯째, 기관과 기업의 빅데이터 활용수준이 아직 저조하다. 한국데이터산업진흥원(2018)이 조사한 '2018년 데이터산업 현황조사'에 의하면 기관과 기업의 10%만 빅데이터를 도입해 활용 중이며, 나머지 90%는 빅데이터를 도입하지 않은 것으로 조사되었다. 다만 90% 중 4.2%는 도입을 추진 중, 17.4%는 도입을 고려 중으로 조사되었다. 빅데이터 도입률은 금융업이 32.9%로 가장 높았으며, 의료·물류·교육 업종의 도입률은 4% 수준으로 업종에 따라 큰 편차가 있다. 기관과 기업이 빅데이터를 도입하지 않는 핵심 이유로 관련 전문인력의 부재(41.5%), 관련 데이터의 부재(33.7%), 작은 기업 규모(26.9%), 적정 업무 없음(17.5%), 14.9%는 경영진의 무관심 순이다. 관련 전문인력과 데이터가 부족하더라도 빅데이터에 관한 수요가 크다면 빅데이터 도입이 활발할 수 있지만, 작은 기업 규모, 도입 효과를 나타낼 업무의 부재, 경영진의 무관심 등으로 수요조차 크지 않은 실정이다.[277]

277 김광섭(2016), p. 97. 정준화(2018), pp. 2-4. 김재덕(2017), p. 16. 국제경영개발대학원(IMD)이 발표한 전 세계 디지털 경쟁력 순위 보고서에 의하면 한국은 67개국 중 8위를 기록하여, 2016년 17위, 2017년 19위, 2018년 14위, 2019년 10위에서 꾸준히 상승하고 있다.

5.3.3. 주요국 성공사례

<표 5-17> 주요국 개인정보법

구분	국가	내용
개인정보의 정의	미국	• 공공·통신 등 산업 분야별 개별법에 따라 상이
	EU	• 식별되거나 식별 가능한 자연인에 관한 정보
	일본	• 다른 정보와 쉽게 조합하여 특정한 개인 식별이 가능한 정보
동의 방식	미국	• 개별법에 따라 상이한 사전·사후동의 방식 채택
	EU	• 사전동의방식이 기본이나, 정당한 이익 추구시 사후동의 허용
	일본	• 사전동의 및 사후동의 방식 동시 허용
제재	미국	• 개별법에 따라 상이한 형벌 또는 행정벌 규정
	EU	• 개인정보처리 위반시 형벌 적용
	일본	• 시정 권고 조치 후, 추가 위반시 형벌

자료 : 오정연, 선미란(2015), p. 7. 김광섭(2016), p. 88. 에서 정리

선진국들은 자국 내 빅데이터 산업 활성화 및 글로벌 경쟁력 강화를 위한 정책을 추진하고 있는데, 미국, 유럽, 일본, 중국 등은 빅데이터 산업 활성화를 위한 발전 가이드라인을 제시하며 국가 차원의 예산 지원을 하고 있다. 기반 기술 R&D, 전문인력 양성, 산·학 협력체계 구성, 공공데이터 개방 등을 통해 빅데이터 시장 조기 선점을 위해 노력하고 있다.[278] 일례로 미국은 정부 주도의 빅데이터 전략 추진 및 정부 서비스 혁신을 추구하고, 영국은 '투명한' 오픈 데이터 정책으로 데이터산업의 경쟁력을 강화하고 있

278 김광섭(2016), p. 87.

다.[279] 빅데이터 선도국들은 빅데이터 산업 활성화를 위한 필수 조건인 개인정보 관련 규제를 비교적 명확하게 규정하고 있다. 다양한 산업 데이터의 원활한 융합을 위해서는 명확한 개인정보법 정비, 유연한 데이터 공유 환경이 필요하다. 미국의 경우, 산업 분야별로 개인정보 범위가 확립되어 모호한 해석에 따른 비효율 방지 및 성과 창출이 용이하며, EU와 일본의 경우 개인정보 범위가 비교적 명확히 규정되어있고,[280] 개인정보 이용의 사전 동의뿐 아니라 사후동의도 허용하는 등 빅데이터 활용 여건이 우수하다.

1) 미국 성공사례

미국의 빅데이터 산업 성공 요인은 정부의 빅데이터 산업 정책과 관련 규제개혁 추진이다. 첫째, 빅데이터의 중요성을 인식하고, 정부는 국가경쟁력의 강화를 위한 다양한 진흥정책을 수립·추진한 것이다. 행정부 중심의 추진을 시작으로 각 연방정부 기관들의 지속적인 지원과 투자가 이뤄지고 있으며, 협업 프로젝트와 연방정부 기관의 프로그램들을 통해 빅데이터 활용사례가 증가하고 있다.[281] 미국의 빅데이터 추진체계는 과학기술정책실(OSTP: Office of Science and Technology Policy) 산하의 빅데이터 고위운영그룹(BDSSG: Big Data Senior Steering Group)과 그 산하의 많은 부처가 체계적으로 담당하

---

279 한국산업기술진흥원(2016)

280 EU는 2018년 5월부터 '일반개인정보보호법'(GDPR)을 시행하면서 가명 처리된 개인정보를 공익·연구·통계의 목적으로 사용 할 경우에는 정보주체의 동의 없이도 빅데이터 분석할 수 있도록 했다. 정준화(2018), p. 3. 일본도 2017년 5월부터 시행된 '개인정보보호법' 개정 법률을 통해 '익명가공정보'는 목적의 제한 없이 정보 주체의 동의 없이도 이용할 수 있도록 했다. 정준화(2018), p. 3.

281 미국 국방부, 국방연구원, 에너지부, 지질조사원, 국립과학재단, 국립보건원의 여섯 개 연방정부 부처와 기관은 빅데이터 진흥을 위해 2억 달러의 예산을 들여, 대용량 데이터의 수집, 저장, 가공, 관리, 분석 공유에 필요한 최첨단 핵심기술의 확보, 첨단기술을 활용한 기술 발전의 가속, 국가안보 강화, 교수학습 변화의 도모, 빅데이터 기술 개발과 활용을 위한 인력양성의 촉진 등의 목적으로 사용하였다. 이상윤 외(2017), p. 60.

고 있다.[282] 미국은 빅데이터 이니셔티브(Big Data Research and Development Initiative)의 BD SSG와 NITRD(Networking Information Technologu R&D)가 중심이 되어 기술개발, 활용, 인프라, 인력양성, 법/제도, 생태계 조성, 보안/윤리 빅데이터 관련 모든 영역을 다루는 전체적인 개발 정책을 시행하고 있는 점이 특징이다.[283] NITRD와 BD SSG는 빅데이터 R&D 및 신뢰성 기술개발, 관련 인프라 구축, 사례개발 및 활용도 증대, 보안 및 윤리, 인력양성, 생태계 조성 등의 빅데이터 R&D 7가지 전략을 발표하였다. 중심기관에서 전반적인 로드맵 및 방향을 수립하고 각 부처기관이 이에 따라 기술개발 및 관련 법제도를 조성하여 빅데이터 산업 육성과 생태계 조성이 지속적이며 안정적으로 이뤄질 수 있게 진행되고 있다.[284] 또한, 미국은 개별 법률에서 개인정보의 보호와 활용을 규정하고 있는데, 예를 들어 '의료정보보호법'(HIPAA: Health Insurance Portability and Accountability Act)은 개인 의료정보를 엄격하게 보호하면서도 동시에 이름·주소·전화번호 등 18가지의 개인 식별자가 제거된 데이터는 자유롭게 이용할 수 있도록 규정하고 있다.[285]

이외에도 효율적이고 투명한 정부 구현과 민간의 정부 정보 활용을 위한 오픈데이터 정책(Open Data Policy) 추진과 정부 운영의 혁신과 데이터 개방을 촉진하기 위한 정부 데이터 개방 실행계획(U.S. Open Data Action Plan) 발표 등 적극적인 데이터 개방 정책을 추진하고 있다.[286] 국토안보부는

282 윤미영(2013), p. 34. 한국산업기술진흥원(2016)

283 2012년 대통령 직속 과학기술정책실의 주도하에 '빅데이터 연구개발 이니셔티브'(Big Data Research and Development Initiative)가 발표되어, 이에 따라 대용량 데이터의 수집·저장·가공·관리·분석·공유에 필요한 최첨단 핵심기술의 확보, 이러한 기술을 활용한 과학기술 발전의 가속화, 국가안보의 강화, 빅데이터 기술개발·활용을 위한 인력양성의 촉진 등을 추진하고 있다. 이상윤 외(2017), p. 60.

284 한국산업기술진흥원(2016), pp. 13-21.

285 정준화(2018), p. 3. 한국산업기술진흥원(2016)

286 이상윤 외(2017), p. 61.

NFIRS(National Fire Incident Report System) 운영을 통해 지형 공간 정보, 그래프 분석과 같은 빅데이터 기술을 활용하여 화재 관련 사고에 대한 추세와 패턴을 파악하여 개선 방법을 연구하고 있고, 금융위기 이후 금융안정감독위원회는 TOFR(The Treasury Office of Financial Research)을 창설하여 금융 시스템 분석을 통해 위험요소를 파악평가 후 정책 수립에 도움을 주는 역할을 하고 있다. 이는 투명하고 효율적인 금융시스템을 형성하는데 도움이 되고 있다.[287]

둘째, 미국은 일찍부터 공공부문과 함께 민간 부분에서도 혁신을 위한 빅데이터의 중요성을 인식하고, 광범위한 기업들이 이와 연관된 기술 연구에 매진하고 있다. 빅데이터 기술의 활용을 선도하고 있는 미국에서는 시장 활동이 오프라인을 기반으로 하던 것에서 온라인 기반으로 전환되고 있고, 미국 경제활동의 패러다임도 클라우드 컴퓨팅이나 위치 기반 서비스 등을 중심으로 전환되고 있어, 이러한 경제의 지속적인 발전을 위해서는 빅데이터 기술을 포함한 소비자의 기술 네트워크에 대한 신뢰의 확보가 중요한 과제로 대두되고 있다. 이는 미국이 빅데이터의 활용을 통해 생산성 향상과 비효율성 감소를 통한 비용 절감 등을 기대한다는 것이다.[288]

2) 일본 성공사례

일본의 빅데이터 산업의 성공 요인은 정부의 강력한 빅데이터 산업정책과 관련 규제 개혁 추진이라 할 수 있다. 첫째, 일본 경제산업성은 2016년 '신산업구조 비전'을 통해 4차 산업혁명에 대응하기 위한 7대 대응전략을 발표하여, '데이터 활용 촉진을 위한 환경 정비'를 제 1 대응전략으

287 한국산업기술진흥원(2016), pp. 11-12.

288 이상윤 외(2017), pp. 57-60.

로 선정하였는데, 그 내용은 데이터 플랫폼 구축, 데이터 유통시장 신설, 개인 데이터 활용 촉진, 기술과 인력 양성이 가능한 생태계 조성 등에 대한 구체적 대응 정책이다.[289]

일본의 데이터산업은 안정적인 성장세로 일본 데이터 기업의 수익률도 견고한 구조이며,[290] 경제 침체를 겪고 있는 가운데도 일본의 데이터 기업 수가 꾸준히 증가하고 있다.[291] 일본은 2013년 'Active Japan' 및 '세계 최첨단 IT 국가창조선언'으로 빅데이터 정책을 추진하고, 새로운 IT 전담조직 '정보통신기술 종합전략실'을 설치하여 향후 일본의 효율적인 IT 정책과 국민의 편의성 향상을 추진하고 있다.[292] 일본은 오픈 데이터 추진 정책을 통하여 정부가 민간의 공공데이터 활용을 독려하고, 정부 주도로 정부, 지자체, 민간이 보유하고 있는 데이터 개방을 추진하고 있다. 특히, 공공데이터뿐만 아니라 민간데이터까지 포함하는 것이 목표이고, 개방된 데이터는 기업의 상품개발 및 서비스 향상 등의 목적으로 활용된다. 데이터 포털은 누구나 원하는 정보를 다운로드 할 수 있게 지원할 예정이며, 사생활 및 안전보장에 관한 정보는 열람 권한을 차등적으로 부여할 예정이다. 또한, 기업의 적극적인 참여를 유도하기 위해 유료 서비스도 운영할 예정이고, 통신사 등이 보유한 고객의 비식별화 된 정보는[293] 일정 요금을 지불한 이용

289 정용찬(2018), p. 5.

290 한국데이터산업진흥원(2018), pp. 28-29.

291 김경민 외(2018), pp. 106-108.

292 한국정보화진흥원(2018), p. 2.

293 일본은 개인정보의 이용 및 유통을 촉진하기 위해 개인정보를 가공하여 식별 가능성을 낮춘 제3유형의 정보에 대한 개념을 신설하였다. 이러한 익명가공정보에 대해서는 개인정보에 해당하지 않는 것으로 규정하고, 제3자 제공시 본인 동의를 필요치 않고 해당 유형에 속하는 정보 취급 사업자의 의무 등을 마련하였다. 이상윤 외(2017), p. 145. 차상육(2016), p. 350.

자만 취득할 수 있도록 설계할 예정이다.[294] 정부는 본인의 사전 동의 취득을 전제로 정보연계 플랫폼을 통해 민간사업자가 기본 4대 정보(이름, 성별, 주소, 생년월일)를 활용할 수 있도록 정비하였다. 재해 발생 시 신원파악, 이사할 때 주소 일괄변경 등 국민 생활의 편의성 향상과 신속한 안전망 구축에 기여할 것으로 예상된다.[295]

일본 경제산업성은 최근 산업 데이터 공유를 강화하는 제도를 도입하고 '생산성 향상 특별 조치법'을 바탕으로 데이터 공유를 활발하게 수행하는 기업에는 감세 조치를 시행했다.[296] 특히 일본 정부와 대기업은 최근 아마존 등 미국 기업이 방대한 구매데이터를 바탕으로 소비자의 취향을 신속히 파악, 새로운 서비스 개발을 통해 경쟁력을 유지하는 것에 자극받아 데이터 공유 및 활용에 대한 규제개혁을 더욱 추진하고 있다.

둘째, 일본 빅데이터 분야의 대표적 규제개혁의 성공 요인은 현행 규제의 일시적 정지 시정, 기업 보고체계 구축, 기업 간 데이터 거래 허용 및 데이터베이스 구축이다.[297] 일본 정부는 빅데이터 분석, AI를 활용한 연구개발 등 4차 산업혁명에 대비하는 분야를 중심으로 혁신적인 신사업을 구상하는 기업을 대상으로 현행 규제를 일시적으로 적용하지 않는 규제완화책인 규제샌드박스를 2017년 도입하여 각종 규제를 완화하였다. 규제샌드박스로 기업은 시범 운영 기간에는 법적으로 정해진 절차나 규격을 준수하지 않아도 제재를 받지 않기 때문에 데이터산업의 발전에도 도움이 되었다. 또한, 기업 보고체계 구축으로 일본 정부는 법률이나 규제를 바로 철폐하지 않고 효과를 확인한 후에 필요한 제도만 개정한다. 단, 중대한 문제가

294 한국정보화진흥원(2018), p. 2.

295 한국정보화진흥원(2018), p. 2.

296 KOTRA(2018.06.14)

297 KOTRA(2018.06.14)

일어나지 않도록 기업과 정부가 공동으로 감시 체계를 구축해 소비자가 피해를 보지 않도록 최소한의 조치를 하고, 정부는 최종적으로 기업의 보고를 받아 조정이 필요한 규제에 대해 철폐를 추진하였다.

<표 5-18> 일본 빅데이터 규제개혁과 성공 요인

구분	개혁 내용	성공 요인
현행 규제 일시적 정지 시정	• 혁신적인 신사업을 구상하는 기업을 대상으로 현행 규제를 일시적으로 적용하지 않는 규제완화책 도입 • 규제샌드박스(regulatory sandbox)제도 시행	• 일본 정부는 법률이나 규제를 바로 철폐하지 않고 효과를 꾸준히 확인하면서 필요한 제도만 개정 • 꼼꼼한 관리로 후폭풍 최소화
기업 보고체계 구축	• 정부는 법률이나 규제를 바로 철폐하지 않고 효과를 꾸준히 확인 후 필요한 제도만 개정 • 정부는 최종적으로 기업의 보고를 받아 조정이 필요한 규제에 대해 철폐 추진	• 샌드박스 제도로 기업의 손실 최소화 • 즉각적인 보고로 빠른 정부의 피드백
기업 간 데이터 거래 허용 및 데이터베이스 구축	• 기업 분야를 뛰어넘은 기업 간 데이터 활용 활발 • 세븐앤아이홀딩스와 NTT, 도코모 등 개인 소비자를 대상으로 하는 일본 대기업 10개사는 2019년부터 빅데이터를 공동 활용협약	• 일본 정부는 산업 간 데이터 공유 강화 지원 • 데이터 공유를 활발하게 수행하는 기업에 감세 조치 • 데이터에서 특정 개인을 식별할 수 있는 연령대와 성별 등의 정보는 구분해 저장하는 규제

셋째, 기업 간 데이터 거래 허용 및 데이터베이스 구축이다. 일본 기업 간 데이터 활용이 활발하게 진행하기 위하여, 개인 소비자를 대상으로 하는 일본 대기업 10개사는 2019년 6월부터 빅데이터를 공동 활용협약을 체결하였으며, 일본 정부는 데이터 공유를 활발하게 수행하는 기업에는 감세 조치의 혜택을 제공하고, 산업 간 데이터 공유 강화를 지원한 점도 성공 요

인이다.[298] 또한, 데이터베이스 구축이다. 일본은 2019년 G20 정상회의에서 데이터베이스 구축에 미국과 유럽의 참가를 요청해 10억 명 이상의 정보가 집적된 초국가적인 데이터베이스의 구축도 추진하고 있다.[299] 데이터베이스 구축에 개인정보 유출에 대한 우려가 있는 만큼 개인정보보호를 위해 데이터에서 특정 개인을 식별할 수 있는 연령대와 성별 등의 정보는 구분해 저장하는 규제를 하였다. 일본의 데이터 규제는 개인정보에 대해서는 누구인지 특정되지만 않으면 위치정보 및 구매와 관련된 정보라도 상대적으로 자유롭게 사용할 수 있는 것이 특징이다.

3) 중국 성공사례

중국의 빅데이터 산업 성공 요인은 정부의 빅데이터 산업 육성정책과 관련 규제개혁 추진이다. 중국은 빅데이터산업의 문제점과 구조적 장애 요인을 개선을 위해 국가 주도의 전략적 육성정책을 추진하여 데이터 및 4차 산업혁명 강국으로 도약, 제조업을 포함한 산업 및 경제구조의 고도화, 공공부문의 효율성 제고 등의 전략적 목표를 설정하였다. 또한, 빅데이터산업의 육성을 위해 데이터의 개방·공유, 거래 관련 인프라 및 표준 체계 구축, 지방 확산을 위한 종합시범구의 건설 등 핵심 정책을 추진하였다.[300] 구체적으로는 첫째, 중국은 데이터 규모가 급증함에 따라 '제조 2025'와 '인터넷플러스' 등 ICT 중심의 신산업 정책을 적극적으로 추진하면서 세계 데이터의 중심으로 성장하기 위하여 정부의 전폭적인 정책 지원을 시행하고

298 KOTRA(2018.06.14)

299 KOTRA(2018.06.14)

300 KOTRA(2018.06.14)

있다.[301] 중국정보통신연구원 중심 '민간기업 대상 빅데이터 활용 현황조사 및 확대 방안'을 수립하고, 빅데이터 R&D를 위한 정부의 재정적 지원 요구와 정부의 공공정보 데이터 개방 요구를 파악하여 이에 부응하는 정책을 추진하고 있다. '중국 13.5 규획'(계획)(2016~2020년) 정책에서 빅데이터 산업을 핵심 산업으로 육성하며, 정책 지원 이외에도 정부 차원의 프로젝트를 통해 빅데이터 산업발전을 추진하였다.[302]

중앙정부의 지원으로 빅데이터 개발 및 활용에 관한 국가 정책은 정책 제정기구 및 속성에 따라 대체적으로 중장기 발전전략과 5개년 계획, 국가 부처와 위원회 관련 세부정책 등 세가지 유형으로 구분된다. 중국정부의 가이드라인 제작으로 빅데이터 관련 기술개발 및 활용을 핵심 국가전략으로 제정하고, 국가 정보화 발전전략으로 빅데이터 전략 등 정보화 발전을 촉진하고 있으며, 빅데이터 발전 로드맵으로 데이터 강국을 위한 단계별 목표를 정하여 추진하고 있다. 국무원 상무회의에서 빅데이터 발전 촉진을 위한 행동 요강이 통과되었고 동시에 빅데이터의 개발 및 응용을 통한 '대중창업, 만민혁신'(大衆創業, 万衆創新)을 추진하기 위해 정부의 관리 감독 서비스를 개선하였다.

중국 정부가 내세운 중대 공정의 주요 내용은 '빅데이터의 핵심적 공통 기반기술 확보', '데이터공유 표준 체계 및 교환 플랫폼 구축', '대표적 공통 응용모델 및 기술 솔루션 개발', '경쟁우위'가 있는 '빅데이터 산업클러스터 육성'이다. 빅데이터 산업의 지속적 건전한 발전을 추진, 데이터 강국으로 도약함으로써 제조 강국 및 인터넷 강국을 위한 산업기반 구축이다.

301 김재덕(2017), p. 9.

302 한국산업기술진흥원(2016), p. 10.

LTE, 5G가 본격화되는 중국통신 환경과 최근 증가하고 있는 사물인터넷 기기를 통해 발생하는 데이터 규모를 고려할 때, 중국의 빅데이터 시장은 지속적인 성장이 예상된다. 더불어 중국 중앙정부는 빅데이터에 관한 규제를 대폭 완화 시키면서 전세계 빅데이터 기업시장을 선점하고 있다.[303]

<표 5-19> 중국의 빅데이터 산업 대표적 규제개혁과 성공 요인

구분	개혁 내용	성공 요인
구 데이터 관련 규제개혁	• 변화하는 현대의 빅데이터 산업의 흐름에 따라 전반적 규제 최신화	• 중국 중앙정부의 전폭적인 지원
IT 기업의 빅데이터 행동요강 제정	• 기존의 관리 감독 서비스를 대체할 정부 차원의 관리 감독 서비스 제공 • 빅데이터의 경쟁력을 갖출 수 있도록 IT부문의 규제 완화	• 산업의 법률, 법규 확립 • 정부의 데이터베이스 개방, 구체적인 비전 제시
현재 생산 공장을 스마트공장으로 전환	• 빅데이터를 제조업 분야로 확대 • 산업 인터넷 네트워크 구축 • 생산 예측과 관리를 강화하고 경영 효율화를 위해 구체화된 규제모델 제시	• 정부 데이터를 이용하여 빅데이터 기반 공동수집, 처리, 분석, 탐색, 기술개발 등 다양한 권한 허용

둘째, 중국의 빅데이터 관련 대표적 규제개혁과 성공 요인은 구 데이터 관련 규제개혁, IT기업의 빅데이터 행동 요강 제정, 현재 생산 공장들의 스마트공장 전환 등을 들 수 있다. 구 데이터 관련 규제개혁은 변화하는 현대의 빅데이터 산업의 흐름에 따라 전반적 규제를 최신화하는 것으로 중국 중앙정부의 전폭적인 지원이 성공 요인이다. IT기업의 빅데이터 행동 요강 제정은 기존의 관리 감독 서비스를 대체할 정부 차원의 관리 감독 서비스

303 연합뉴스(2019.09.19)

제공과 빅데이터의 경쟁력을 갖출 수 있도록 IT 부문의 규제를 완화할 수 있는 근거를 제공하였다. 빅데이터 행동 요강 제정을 통해 산업의 법률, 법규 확립, 정부의 데이터베이스 개방, 구체적인 비전 제시가 용이하게 되었다. 현재 생산 공장들을 스마트공장으로 전환으로 빅데이터를 제조업 분야로 확대, 산업인터넷 네트워크 구축, 생산 예측과 관리를 강화하고 경영 효율화를 위해 구체화 된 규제모델을 제시할 수 있었다. 정부 데이터를 이용하여 빅데이터 기반 공동수집, 처리, 분석, 탐색, 기술개발 등 다양한 권한을 허용한 점이 성공 요인이다. 일례로 2014년 글로벌 빅데이터 거래센터(Global Big Data Exchange)를 세계 최초로 설립하고, 구이저우성 주요 9개의 지역 대학과 110개의 빅데이터 회사로 구성된 시립대학교 타운을 조성하는 등 빅데이터 인재양성을 위한 적극적인 투자도 성공 요인이다.[304]

5.3.4 시사점

미국, 일본, 중국의 사례에서 알 수 있듯이 빅데이터 산업의 성공 요인은 정부의 빅데이터 산업 정책과 관련 규제개혁 추진이다. 빅데이터는 디지털경제에서 새로운 경제현상으로 데이터가 4차 산업혁명 시대에 제품과 서비스의 경쟁력으로 인식되고 있다.[305] 최근 한국 정부도 빅데이터 활성화를 위해 관련 법 개정하여 데이터 경제를 육성하기 위하여 개인정보보호법, 공공부문의 민간 클라우드 이용 규제개정을 하였다.[306] 행정안전부는

304 김재덕(2017), p. 12.

305 4차 산업혁명의 핵심 요인으로 현재 글로벌 차원의 다양한 빅데이터 활용 및 제품화, 산업적용이 선진국 중심으로 이루어지고 있다. 소프트웨어정책연구소(2016a), p. 33.

306 해외 빅데이터 정책 동향과 유사하게 한국도 개인정보보호 및 데이터 활용에 관한 정책이 발표되고 있으며, 빅데이터 분야 R&D 지원은 증가추세이다. 김수연 외(2018), p. 26.

개인정보보호법 개정, 금융위는 공공기관과 기업들이 금융 분야의 익명 정보를 자유롭게 활용하거나 거래할 수 있도록 신용정보법 개정을 추진하였다. 또 핀테크 기업들이 금융회사가 보유한 고객의 카드 사용, 보험료 납부, 대출 이력 등을 제공받아 맞춤형 자산관리, 대출 상품을 개발할 수 있도록 2020년 데이터 3법이 개정되었지만, 아직 모호한 부분이 있다.[307] 주요 선진국은 데이터를 공유·유통하고 공동 활용해 경제적 효과를 창출하는 데이터 경제로 산업구조를 전환하고 있다. 전통적으로 제조, 금융 기업이 차지하고 있던 글로벌 시가총액 상위 10위 기업에 오른 애플, 구글, 마이크로소프트, 아마존은 모두 데이터 서비스기업이다. 특히 빅데이터는 민간기업의 경영활동뿐 아니라, 정부를 포함한 공공부문의 혁신을 수반하는 패러다임의 변화를 의미하는데, 이를 통해 다음의 몇 가지의 시사점을 제공한다.

첫째, 고가치, 고수요 데이터 구축 및 개방, 데이터의 자유로운 거래·유통 환경 조성이 필요하다. 한국은 현장 요구에 맞는 양질의 데이터가 여전히 부족하여 양질의 데이터를 얻고 자유롭게 활용할 수 있는 환경 조성과 청년 창업자와 스타트업(신생 벤처기업)이 데이터 기반 신규 비즈니스를 창출할 수 있는 환경 조성이 필요하다. 또한, 국내 기업의 빅데이터 이용률이 저조하고, 데이터 유통도 개별 기업 중심으로 제한적이여서 데이터의 산업적 활용에 한계가 있다. 공공기관과 민간의 빅데이터 센터를 적극 육성해 데이터를 개방하도록 유도하는 지원이 필요한데, 이를 위해 기업 간 데이터 공유 활성화를 추진하는 방안도 필요하다.[308] 여러 부처로 흩어져 있는 데이터 관련 3개 법을 일원화하고 독립적인 감독기구를 만든 뒤 규제를 완화

307 <5.2. 의료>, <5.6. 바이오> 참조.
308 한국정보화진흥원(2018), p. 11.

하고, 빅데이터산업 인프라 구축을 통해 시장참여 유도, 빅데이터 활용영역의 확대 및 빅데이터에 대한 인식 개선도 필요하다.[309]

둘째, 데이터 이용 활성화와 관련 투자 확대가 필요하다. 데이터를 이용하면 삶이 더 안전하고 효율화된다. 무궁한 가능성이 있는 빅데이터를 활용해 국민 삶에 실질적인 도움이 되는 서비스가 나오도록 투자를 확대하고 지원해야 한다. 정부는 빅데이터 산업 활성화의 핵심 요소인 성공사례 전파로 경영자의 관심을 유도할 필요가 있다. 또한, 개인정보 법규나 관련 규제들을 완화하여 빅데이터 유통 및 축적이 용이한 환경을 만드는 것이 필요하다. 4차 산업혁명을 선도하고 차세대 빅데이터 리더가 되기 위해선 정부의 높은 관심과 집중적인 투자, 그리고 적극적인 규제개선이 필요하다.[310] 따라서 빅데이터 산업 인프라 구축을 통해 시장참여를 유도하고, 기업·기관의 정보화 담당자나 의사결정자가 빅데이터를 단순한 비용 지출이 아닌 기업 본연의 활동으로 축적되는 데이터 자체를 상품화할 수 있는 투자라고 인식할 수 있도록 빅데이터에 대한 전체적인 이해도를 높이는 것이 필요하다.

셋째, 공공데이터 활용 제고 및 공공부문의 민간 클라우드 이용과 보안체계 확립이 필요하다. 개인정보 관련 법 정비와 함께 정부의 공공데이터 개방 확대로 데이터 유통 및 축적 환경 조성이 필요하다. 기업 데이터는 자유로운 유통과 활용에 제약이 있으므로 정부 공공데이터의 선제적 개방 확대로 민간의 데이터 공유 활성화를 유도하고 정부가 공공데이터를 개방

309 이성훈(2013), p. 233. 이성복(2017), p. 34.

310 기업의 빅데이터 분석 활용에 대한 인식 제고를 위해 정부 차원에서 관련 성공사례를 창출하고 전파하는 것뿐만 아니라, 기업 자체적으로는 해결하기 어려운 부분, 가령 데이터 소스 부족 해결에 필요한 개인정보보호 제도 정비 등은 정부가 앞장서 해결해야 한다. 최재경(2016), p. 43.

하여 민간의 활용 경험 축적을 유도할 필요가 있다.[311] 빅데이터산업 활성화를 위해 공공기관 보유 자료를 공개하는 미국과 영국 사례를 벤치마킹할 필요가 있다.[312] 데이터를 활용해 국민의 편의성을 향상시키기 위해서는 개인데이터 활용을 중요한 요소로 인식해야 한다. 빅데이터의 상당수가 민감한 개인정보를 포함하고 데이터의 소유권도 논란의 여지가 많아 빅데이터의 공유 및 활용에 대한 원칙과 제도적 장치 마련이 필요하다. 또한, 개인데이터를 활용해 국민의 편의성을 향상할 수 있는 성공사례를 다수 확보하여 개인데이터 활용 거부감을 경감시킬 필요성이 있다. 개인의 동의 기반 데이터 활용 시범사업과 더불어 국민의 신뢰를 얻을 수 있도록 보안체계를 확실히 수립하는 것도 중요하다.[313]

넷째, 빅데이터는 자료의 양이 방대하여 통계분석 수행시 엄청나게 많은 양의 계산이 요구될 뿐만 아니라 작업시간도 매우 길다. 따라서 빅데이터 처리 분석 관련 전문성을 확보하고 IT 시스템을 구축할 필요가 있다.[314] 빅데이터의 단점과 한계에도 불구하고 향후 빅데이터가 경제통계 작성 및 분석에 유용하게 활용될 가능성이 있음을 시사한다. 빅데이터 전문가가 극히 부족한 현 상황을 타계하기 위한 장기적인 관점의 인재양성 관련 정책

---

311 민간부문의 데이터 전문 인력양성을 활성화하기 위한 지원정책보다는 정부가 주도하는 형태로 지원이 이루어지고 있으며, 지원 방향도 교육프로그램 운영에 대한 비중이 상대적으로 높다. 빅데이터 수요를 높이기 위해서는 정부와 민간이 서로 어떻게 협력하느냐가 관건이다. 예를 들어 미국은 클라우드 기반 데이터 분석 및 관리 플랫폼 기업들이 큰 규모의 데이터 브로커 시장을 형성하면서 자연스럽게 데이터 판매까지 그 영역을 확대하고 있다. 정도영 외(2018), p. 38. 우지영(2017), p. 19.

312 김광섭(2016), p. 97. 해외 사례의 경우 공공데이터는 우리나라와 같이 행정부를 총괄하는 기관이 담당하고 있으나, 최근 선진국에서는 공공데이터와 민간데이터의 융합 · 연계를 통하여 질적으로 향상된 공식 통계생산을 위하여 중앙통계기관이 직접적으로 빅데이터 전문 조직을 설치하려는 움직임이 활발히 진행되고 있는 점을 참고할 필요가 있다. 정도영 외(2018), pp. 36-37.

313 한국정보화진흥원(2018), p. 11. 빅데이터는 방대한 개인정보가 담겨 있기 때문에 해킹으로 인한 정보유출시 큰 피해가 발생할 수 있다. 때문에 데이터 암호화, 본인확인기관 검증, 모니터링 강화 등 빅데이터 시대에 맞는 보안체계가 필요하다. 조영임(2013), pp. 58-59.

314 문혜정, 이혜영(2017), p. 43.

이 필요하다.[315] 데이터산업은 2025년까지 11.3% CAGR로 성장할 전망이며, 데이터 서비스 부문(데이터거래, 정보제공 등)이 유망하며, 전문인력이 부족하다는 사실은 충분한 시장의 수요를 반증하고 있다.

다섯째, R&D, M&A, 전략적 제휴 등으로 조속한 성장기반 구축이 필요하다. 기업 차원에서는 빅데이터 분석기술 고도화를 위한 R&D에 집중투자할 필요가 있다.[316] 이는 양질의 IT 인프라와 활발하게 미디어를 이용하는 국내 사용자 저변은 빅데이터 수급과 기술 축적에 유리한 기반으로 작용 될 수 있다. 소프트웨어, 서비스 등 핵심기술 분야가 취약해 기술개발이 늦춰질 경우 해외 의존도는 심화될 것으로 예상된다. 4차 산업혁명을 선도하고 시장 선점을 위해서는 기업간 M&A와 전략적 제휴 등을 통해 조속한 빅데이터 기초 역량 제고 노력이 요구된다. 빅데이터 선진국들은 최근 취약분야를 단시일내 보완할 수 있는 M&A, 전략적 제휴 등 기업간 합종연횡이 활발히 이루어지고 있으며 국내도 소규모 M&A가 다수 발생하였다.[317]

315 송지환 외(2021)

316 빅데이터 분야 인력 현황과 플랫폼, 분석 및 활용 기술별 필요한 예산 규모 등을 종합적으로 고려하되 지속적으로 빅데이터 전반의 기술에 대한 R&D 투자를 할 필요가 있다. 김수연 외(2018), p. 26.

317 김광섭(2016), p. 98.

5.4. 자율주행

5.4.1. 산업 및 시장분석

<표 5-20> 미래차 산업의 변화

전기차(친환경)	자율주행(스마트카)	차량 공유
• 자동차의 심장에 해당하는 구동 방식의 변화 • 엔진 → 모터 & 배터리 • 테슬라, BYD, LG화학 등 전기차 및 배터리 업체도 진출	• 자동차의 두뇌에 해당하는 반도체·S/W의 진화 • 완성차 중심 → IT(반도체, 센서) 중심 • IT기업(구글, 애플, 알리바바 등)의 자동차산업 진출	• 거래방식도 변화 • '차량'의 거래 → '시간과 이동거리'의 거래 • 우버, 집카 등 차량 공유업체 진출

자료: 한국무역보험공사(2018a), p. 7.

최근 자동차산업은 미래차(전기차·자율주행차·공유차)로 급속한 변화가 진행 중인데, 패러다임(paradigm) 변화의 핵심은 기존의 내연기관 완성차와 부품사 중심의 수직적·폐쇄적 산업구조가 '탈 기계화 및 IT 디바이스(device)화'를 기반으로 배터리, SW, 반도체 등 IT 관련 기업, 각종 자율주행 플랫폼(Platform) 기업의 진입 등 수평적·개방적 구조로 빠르게 전환되고 있다.[318] 자율주행차는 운전자가 브레이크, 핸들, 가속 페달 등을 제어하지 않아도 도로의 상황을 스스로 파악해 자동으로 주행하는 자동차로 무인 자동차와 다른 개념이지만 혼용돼 사용되고 있다. 스마트카란 전기전자, 통신 등 여러 ICT 기술을 융합하여 고도의 안전과 편의를 제공하는 자동차를 의미하는데, 스마트카의 등장으로 자동차 시장, 교통체계 등 수많은 사회적 변화가 예상

318 변재웅, 이굳건(2019), pp. 6-7.

된다. 스마트카는 협의의 의미로 다양한 센서를 탑재하고 통신망을 상시로 연결된 커넥티드카를 의미하며, 광의는 자율주행 자동차를 포함한다.[319]

최근 세계 각국은 지구온난화, 환경문제 및 자원고갈, 온실가스 배출 억제 문제 등을 심각히 인식하고 자동차 분야의 규제를 더욱 강화하고 있다. 이에 따라 세계 자동차 시장의 패러다임이 내연기관 자동차에서 전기차를 포함한 친환경차로 빠르게 변화하고 있으며, 세계 각국은 친환경차의 개발 및 보급을 위하여 보조금 지원, 세금 감면 혜택 등의 정책을 시행하고 있다.[320] Roland Berger는 이러한 미래 자동차 업계의 큰 변화를 MADE(mobility, autonomous, digitalized, electrified)로 정의하였으며, 일각에서는 CASE(connectivity, autonomous, sharing, electrification)로 정의하는데, 이러한 변화에 대한 대응이 최근 자동차 업계의 생존과제로 대두되어 사업 축소 및 재편을 촉진하고 있다.[321]

미국, 유럽, 일본이 자율주행차 기술 분야의 선도국가이며, 2017년 자율주행차 시범 서비스를 시작한 구글을 비롯하여 테슬라, 포드, GM 등이 자율주행 기술을 개발하여 시연하고 있다. 특히 구글이 2009년에 자율주행차 개발을 시작한 이후 많은 IT기업, 완성차 기업, 자동차 부품기업 등이 자율주행 관련 기술 선점을 위해 치열하게 경쟁하는 동시에 협력관계를 구축하고 있다.[322] 테슬라, 구글은 경쟁사에 비해서 풍부한 주행경험을 축적하였으며 자율주행모드 해제 건수도 경쟁사들보다 앞서 있다.

---

319 김규판 외(2017), p. 72.

320 이항구, 윤자영(2018)

321 변재웅, 이굳건(2019), pp. 6-7.

322 한국무역보험공사(2018b), pp. 14-21.

<그림 5-1> 미래 자동차업계의 메가트랜드(MADE)

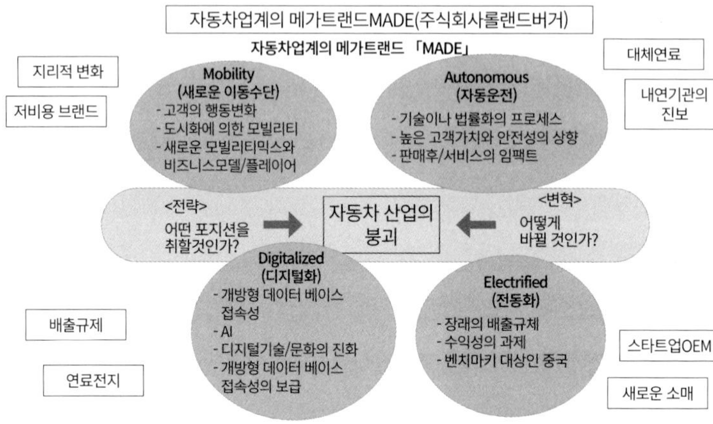

자료 : ロ-ランドべが- <自動車世界のメガトレンド>, 변재웅, 이굳건(2019), p. 7. 에서 재인용

Frost & Sullivan(2020)는 전 세계 자율주행차 시장의 규모를 2020년 기준으로 Lv.3, Lv.4(완전 자율주행차) 수준의 시장은 63.5억 달러, 6,600만 달러에서 2035년에는 1조 1,204억 달러, 약 63억 달러로 각각 성장할 것으로 전망한다. Lv.3, Lv.4 시장의 연평균 성장율은 약 33.6%, 약 84.2%로 각각 예상된다. 국내의 자율주행차 시장의 규모는 2035년에는 Lv.3, Lv.4 수준은 약 11조 4,610억원, 약 14조 7,183억원으로 각각 성장할 것으로 추정된다.[323] 자율주행차 보급으로 자동차가 디지털화가 가속되고 있어 차량용 소프트웨어, 레이저를 포함한 LiDAR, 차량용 반도체 관련 시장도 급성장하고 있다. 세계 수소차 시장규모는 2018년 880백만 달러에서 2024년까지 7,214백만 달러로 증가하여 연평균 42.0% 성장할 것으로 전망된다. 국내 수소차 시장은 2018년에 511억원 규모에서 2024년에는 3조 3천억원 규모로 증가할 것

323 신성장동력산업정보기술연구회(2021b)

으로 예측된다.[324]

탄소 제로를 실현하기 위하여 현재 각국들은 경쟁적으로 자율주행차 등 스마트카, 전기차, 수소차 등 친환경차 개발과 경쟁이 치열하다. 특히 중국은 세계 최대 자동차 시장의 이점을 최대한 활용하여 정부차원에서 스마트카 개발을 적극 추진하고 있다. 중국은 2020년 '에너지 절약·신에너지 자동차 기술 로드맵 2.0'을 발표하고, 2035년까지 내연기관 자동차 생산을 중단하고, 민-관 합동으로 전기차, 수소차 등 친환경 자동차를 적극 보급할 계획이다.[325] 2035년에 전기차 등 신에너지차 50%, 플러그인 하이브리드차(PHEV) 50%를 생산하여, 일반 내연기관 자동차 생산을 중단하는 전략이다. 현재 중국 자동차 생산의 5%를 차지하고 있는 전기차를 비롯한 신에너지차 비중을 2025년 20%, 2030년 40%, 2035년 50%로 증가시키고, 하이브리드차의 비중도 2025년 40%, 2035년 45%, 2035년 50%를 목표로 한다. 또한 수소연료전지차(수소차) 보급을 적극 늘려 2025년 10만 대, 2035년 100만 대 수준을 목표로 한다. 중국의 친환경차 전환 계획은 산업정책적인 측면에서 자국의 큰 시장 규모를 이용하여 전기차, 하이브리드차, 수소차 개발을 가속화하고, 2035년까지 부품 등을 모두 중국 내에서 생산하여 해외에 의존도를 제로 수준으로 줄여 자동차산업에서 주도권을 확보한다는 전략이다.[326] 또한 중국은 자율운전기술을 활용하여 2025년 고도 기술을 갖춘 차량을 상용화하며, 2030년 고속도로에서 자율차의 본격적인 주행이 가능하게 하고, 2035년까지 지능형 네트워크와 자율주행 기술을 결합시킨다는 계획이다.

---

324 신성장동력산업정보기술연구회(2021b)

325 중국자동차공정학회(China Society of Automotive Engineers)(2020)

326 조선일보(2020.10.28)

현재 자동차산업이 자국 주력 산업인 국가 중에서 내연기관 자동차 퇴출 계획을 명시적으로 밝힌 곳은 없지만, 독일은 2030년 내연기관차 판매 금지, 노르웨이, 네덜란드 2025년, 일본도 2030년 중반까지, 프랑스 2040년, 중국, 영국 2035년, 프랑스 2040년까지 가솔린 차량 신규 판매를 중지 계획이다. 미국 캘리포니아주도 2035년 내연기관차 퇴출 방침을 각각 발표하여 내연기관 자동차의 퇴출을 사실화하였다. 이 같은 계획은 현재 중국 정부가 추진하고 있는 이산화탄소 배출 저감 정책과 맥을 같이 하고 있다. 현재 중국은 온실가스 배출 1위 국가로서, 경제발전에 따라 온실가스 배출량이 급속히 늘어날 경우, 유럽(EU) 등에서 경제 제재 등을 당할 가능성이 높아 중국 정부는 2060년까지 이산화탄소 배출량을 '제로(0)' 수준으로 감소시키는 목표로 추진 중이다. 이에 따라 기존 글로벌 자동차 생산업체들도 내연기관차 생산을 2025년-2030년경에 중단할 계획이다.[327] 이러한 빠른 정책의 변경은 미국, 유럽 등 각국 정부들의 적극적인 탄산소 정책, 환경규제 강화와 소비자의 고편익을 동반한 친환경 자동차 선호도 증가로 자동차의 패러다임이 빠르게 변화하고 있다. 일례로 유럽의 경우 2019년 전기차 판매량이 36만 대에서 2020년 74.5만 대로 판매량이 100% 이상 급성장되고 있다. 일례로 BMW는 2023년까지 전기차 약 12종을 출시하여, 2030년까지 생산량의 50%를 전기차로 구성한다는 계획이다. 전 세계 기준 친환경차의 판매 비중은 증가하여 전체 자동차 판매량의 5% 수준이다. 일본도 2030년 중반까지 가솔린차 판매제로 계획이며, 유럽도 6개

327 현대차도 2025-2030년 브랜드별로 내연기관차 생산을 중지할 계획이며, 볼보는 2020년부터 내연기관차 생산을 단계적으로 중단하고 향후 모든 자동차를 전기차로 생산하며, 테슬라 이어 전기차를 온라인으로 판매 계획으로 유통 마케팅적인 측면에서 변화가 예상된다. 포드는 2030년까지 유럽에서 내연 자동차 생산 중단, GM은 2035년까지 휘발유, 디젤차 생산 중단하고, 향후 5년간 전기차 및 자율주행차 개발에 270억 달러를 투자 예정이며 벤츠, BMW, 폭스바겐, 르노 등 많은 유럽차도 전기차의 비중을 늘리고 내연차의 생산을 각각 축소 계획이다.

국이 2030년까지 디젤 자동차의 판매를 중지할 계획이다.[328] 한국도 서울은 2035년부터 내연차 등록 금지함으로써, 2035년 기점으로 친환경차의 급속한 시장 증가가 예상되어 한국은 2025년까지 전기차 보급 확대를 촉진하기 위하여 전기차 충전기를 50만기를 구축 계획이다.[329] 이에 따라 전기차의 핵심인 배터리산업의 중요성이 증대되고 있다.

<표 5-21> 세계 전기차 시장 점유율 (2020.1-9월)

제조업체	테슬라	폭스바겐	르노닛산 미쓰비시	현대차	BMW	GM	지리	다임러
점유율 (%)	17.5	12.9	8.2	7.2	6.8	5.1	4.8	4.8

자료: SNE리서치(2020.11.23)

BNEF(Bloomberg New Energy Finance) 보고서에 의하면 2040년에는 전기차가 신차 판매량의 55%를 차지하며, 전 세계 자동차 5억 5,900만 대 중 전기차 비중이 33%로 증가할 것으로 예측하고 있다. 최근 중국과 유럽의 적극적인 EV 보조금 정책으로 중국 및 유럽의 전기차 수요가 급성장할 것으로 전망됨에 따라, 2040년까지 EV 시장은 500만 대를 기록하여 54%

328 World Economic Forum

329 일례로 전세계 전기차 판매량은 2020년 310만대에서 2021년 560만대로 성장했으며, 유럽의 경우 전기차 판매가 디젤차 판매를 추월했다. BMW는 2023년까지 전기차를 약 12종 출시하여, 2030년까지 생산량의 50%를 전기차로 구성한다는 계획이다. 폭스바겐은 2030년까지 유럽에서 판매되는 전기차 중 자사의 비중을 70%까지 증대시킬 계획으로 전기차 배터리 육성 사업도 추진하고 있다. 전기차 생산량이 증가함에 따라 차량용 배터리가 중요한 산업으로 부각되어 최근 유럽에서는 4개의 배터리(통합셀형 unified cell) 공장 건설이 계획되고 있다. SNE리서치(2021)에 따르면 세계 전기차(BEV+PHEV) 수요는 2020년 310만 대에서 2030년 5천 180만 대로 17배, 이에 따른 전기차 배터리 수요도 139GWh에서 3천254GWh로 23배 급증할 전망이다.

성장할 것으로 전망된다.[330] 2021년 미국 전기차 시장은 바이든 정부는 GREEN(Growing Renewable Energy and Efficiency Now) Act를 최우선 과제로 추진하고 있는데 GREEN Act 통과 시 자동차업체들의 가파른 전기차 판매 증진 효과를 기대할 수 있다.[331]

5.4.2. 한국의 관련 규제 및 문제점

한국의 관련 규제 및 문제점은 자율주행 관련 법률, 기술개발 규제, 관련 기술개발 스타트업의 진출 장애 요인, 안전성과 책임소재 문제, '보안 및 프라이버시' 자율주행 관련 데이터 부족 문제, 윤리적 딜레마 문제 등이 있다. 첫째, 자율주행 관련 법률은 현재 도로교통법이 아니고 자동차관리법이다. 현재 자율주행 자동차가 자동차관리법상으로 규제되고 있어 도로교통당국의 개입 여지가 매우 큰 시험운행에 관한 사항은 원활한 자율주행 및 신속 대응과 자율주행 자동차의 산업 발전을 위해서 입법의 체제 정비 및 개별법령의 보완 또는 특별법 제정, 그리고 현 자율주행 자동차 규제 관련 법령이 자동차관리법이 아닌 도로교통법으로의 전환이 필요하다.[332]

둘째, 한국은 국내에서 자율주행차 개발을 어렵게 하는 규제는 많아 미

330 특히 최근 중국기업들의 스마트카 시장진입이 뚜렷하다. 바이두-지리자동차, 알리바바-상하이자동차 간에 협력 관계 구축, 화웨이-베이징자동차의 전기차 및 자율주행차 시장진입, 디디추싱-볼보, 샤오미 스마트카 독자개발 등 중국 IT 기업은 전기차 및 자율주행차 등 미래차 진출을 협업이나 단독으로 추진하고 있다. 미국도 MS-GM 자율주행차 시장 진입, 소니, 애플카 등 미래형 자동차시장에 진출 계획이며, 일본의 경우, 혼다(2040년)는 모든 내연차를 전기차로 전환 계획이고, 토요타도 늦은 감이 있지만 전기차 생산을 증대하기로 결정하였다. 이러한 중국 빅테크 기업들의 공격적인 미래형 자동차산업의 진출은 한국 자동차 및 삼성, LG 등 전자기업에게 전장산업 진출을 시사하는 바가 크다.

331 신성장동력산업정보기술연구회(2021b). 유럽의 EV 판매는 2020년 100만대를 판매했으며 중국보다 큰 전기차 시장으로 성장하여 2021년에는 연간 180만대 판매 수준이다.

332 이상길(2018), pp. 19-30. 김영국(2016), p. 109.

래형 자동차산업의 경쟁력이 미국 등 주요국에 비교해서 뒤떨어지는데, 이러한 법적인 규제로 인해서 자율주행 연구 수행이 쉽지 않아 다른 기업과의 경쟁을 어렵게 한다. 이와 같이 현행법이 자율주행차 상용화는 물론 연구개발도 저해할 수도 있다.[333] 2019년 '미래차 산업 국가 비전 선포식'에서 레벨 4 수준의 자율주행차량을 2027년까지 세계 최초로 상용화하겠다고 발표했지만, 현행법은 고도화된 기술이 탑재된 자율주행차여도 면허 소지자가 탑승해야만 도로주행이 가능한 것과 같은 불필요한 이중 규제가 많아 타 국가에 비해 빠른 기술개발이 방해받고 있는 실정이다.[334] 또한 한국은 물류비 감소와 대량 화물 이송에 있어 신기술로 부상하는 군집 주행(차량 간격을 가깝게 유지한 채 운영되는 차량)을 현행법상 금지하고 있어 시험운행조차 진행하기 어려운 실정인데, 자율주행차 등 자동차 관련 규제에 있어서 군집 주행 관련 제도 마련 시기 단축, 모바일 운전면허증 등 법적 근거 마련도 필요하다.

셋째, 관련 기술개발 스타트업의 진출 장애 요인도 있다. 한국은 도심 자율주행 테스트와 R&D의 경우 도심 자율주행을 성공해도 미국에서 시범 테스트를 다시 하는 상황이다. 관련 규제로 인해서 한국에서 도심 자율주행 테스트를 하는 것이 쉽지 않아서 관련 스타트업 투자를 꺼리게 하고 있다. 정부에서 직접 자율주행 규제개혁을 위해 로드맵 담당 부서를 창설하였지만, 현실은 쉽지 않고 자율주행에 관한 정책과 규제는 상황에 따라 애

333 한국에서는 도로교통법 제48조('모든 차량 운전자가 조향장치(운전대)와 제동장치(브레이크) 등을 정확하게 조작해야 한다')의 규제로 차량이 스스로 주변 환경을 파악해 운전하고 운전자는 돌발상황 때만 개입하는 수준인 3단계 또는 그 이상의 자율주행차를 운행하는 건 불법이고, 미래차에 필수인 운전자가 컴퓨터 및 휴대폰을 사용하는 행위도 금지(제49조)되어 있다.

334 현재 미국, 독일 등 자동차 선진국과 중국, 싱가포르, 일본, 프랑스 등의 국가에서 레벨 3 이상 자율주행차 운행을 면허 미소지자까지 허가하는 규제 완화 정책을 추진하고 있으며, 한국은 2016년 2월 임시운행 허가를 시작으로 자율주행 법 및 제도를 개선하고 있다. 이승민(2018), p. 24. 자동차관리법 시행규칙 제정 및 국토교통부 고시 제정을 통해 자율주행차 시험운행 허가 제도를 운영하고 있으며, 2017년 11월 기준 17개 기관의 30대 자율주행 자동차에 대해 임시운행을 허가하였다.

매모호한 것들이 많으며, 때로는 불법으로 간주되기도 한다.[335] 미국과 중국의 경우 글로벌 IT 및 완성차 업체를 중심으로 자율주행 시대를 선도하고 있는데, 미국은 벤처캐피털 펀드들이 신기술 투자에 적극적인데 반면, 한국은 벤처기업 문화 부족, 수직 계열화된 자동차 산업구조, 보수적 투자 성향 등도 자율주행차의 혁신을 저해하고 있다.

넷째, 안전성과 책임소재 문제이다. 자율주행 자동차 사고 발생 시에 그 책임 소재가 중요한 이슈가 되는데, 가장 큰 문제점은 '안전성'이다.[336] 테슬라의 오토파일럿 기능을 사용하던 운전자가 미국에서 교통사고로 사망하게 되면서, 자율주행 자동차의 안전성 논란이 되고 있다. 두 번째 문제점은 '책임성' 문제로 자율주행 자동차 주행 중 사고가 발생한다면 운전자, 제조자, 소프트웨어 개발사 중 어디에 책임 소재가 있느냐의 문제가 있다.[337] 자동차 운행에 필수인 보험 상품도 부족하다. 일부 국내 보험업체에서 판매하는 관련 상품은 시험 차량에만 적용되는데, 사고가 발생하면 자율차가 무조건 100% 배상하는 구조여서 사고 발생 시 책임의 종류에 따른 문제가 있다. 완전 자율주행 이전 단계에서는 인간의 행위가 관여하므로, 일단 책임의 귀속 주체를 운전자로 하기에는 어려움이 없으나, 완전 자율주행 자동차가 사고를 일으킨 경우에는 그 제조사에게 책임이 있다. 그리고 형사 책임의 문제로 완전 자율주행 자동차가 사고를 일으킨 경우에는 현행 법

335 백장균(2020), p. 34. 일례로 국내 스타트업 기업인 토르드라이브는 2018년 미국에서 자율주행 택배 시범 서비스를 시작했다. 토르드라이브는 국내 처음으로 일반도로에서 자율주행에 성공한 '스누버'를 개발했지만, 국내에선 규제에 막혀 투자를 받을 수 없어 미국 실리콘밸리로 회사를 옮겼다.

336 계경문(2017), p. 522.

337 초기 단계에는 운전자와 자동차 제조사 공동부담에서, 완전 자율주행 자동차 시대에는 자동차 제조사의 부담으로 기울거나 하는 등 자율주행 자동차의 발전 단계에 따라 책임의 무게가 이동할 것으로 보인다.

체계로는 그 제조사에게 책임을 물을 수 없다.[338] 자율주행차가 일반도로에서 운행된다면 일반 운전자와 보행자들의 불안 요인을 없애고 만약 사고가 발생한 경우 보험회사의 보상 범위를 명확히 해야 하기 때문에 자율주행차에 특화된 별도의 보험 상품이 필요하다.[339]

다섯째 문제점은 '보안 및 프라이버시', 주행 관련 데이터 부족 문제이다. 자율주행 자동차는 차량과 도로 인프라를 연결해주는 기술인 '지능형 교통시스템'이 필수적인데, 이로 인해, 차량의 실시간 위치 정보, 운전자의 이동 경로 등 사적인 정보 유출, 새로운 형태의 프라이버시 침해 문제, 차량 통신기술이 해킹으로 인한 테러 등에 악용될 가능성도 있다. 또한 미국, 중국, 유럽 등에 비해 허가된 자율주행차는 상당히 적어 국내 자율주행 관련 데이터 경쟁력 확보 문제로 자율주행 기술을 향상하기 위해 주행과 관련된 데이터 부족 문제 해결이 필요하다.

여섯째, 자율주행차의 '윤리적 딜레마'(trolley problem) 문제이다. 자율주행차가 도로를 달리다가 장애물을 만났을 때 피하지 않으면 탑승자가 위험하므로 피해야 한다. 그런데 피하려는 곳에 지나가던 보행자들이 있다면 어떻게 해야 하는가? 자율주행차는 탑승자를 보호하는 것이 우선일까, 수가 많은 보행자를 보호하는 것이 우선일까? 사람이 운전할 때는 운전자의 의지에 따라 결정하고, 그 책임도 지게 되므로 간단한 문제이지만, 자율주행차는 다르다. 자율주행차는 이 모든 상황에 대해서 프로그래밍한 대로 움직이기 때문에 프로그램을 설계할 때부터 이런 상황에 대한 고려가 있어야 하며 책임소재도 판단해야 한다.[340]

338 계경문(2017), p. 522.
339 강소라(2016), pp. 10-11.
340 김정훈(2017), p. 12.

5.4.3. 주요국 성공사례

1) 미국 성공사례

<표 5-22> 미국의 규제개혁과 성공 요인

구분	개혁 내용	성공 요인
자율주행 자동차 관련 법 재정립	• 각 주 연방마다 다른 자율주행 관련 법 획일화 • 연방 공통 가이드라인 제시	• 발전하는 자율주행 산업 흐름에 맞춰 미국 정부의 혁신 지원 • 자동화 기술이 초래할 긍정적인 사회경제적 효과를 극대화시키기 위한 정부와 연방 협력
자율주행의 시험운행 규정 개혁	• 각 주 연방마다 달랐던 자율운행차량들의 테스트 지형이나 속도 및 규격 통일 • 각 주마다 자율주행 파트너십을 체결할 수 있도록 개혁	• 주정부 차원에서 자율주행 시험운행에 적극적으로 협조 • 다양한 지형을 갖고 있는 미국 전역에서 운행 데이터와 정보 공유를 위한 진입 장벽 완화 필요성
최초의 자율주행 자동차	• 최초로 자율주행 자동차의 번호 부여 • 이로써 번호 조회만으로 어떤 기종의 자동차가 어떤 상태로 운행 중인지 상시 체크 가능	• 세계 최초 자율주행 운임 상용화국이라는 것을 알리는 일종의 상징 부여 필요성 • 탄탄히 다져진 베이스(인프라, 데이터 등)와 체계적인 미국 교통부의 관리
자율주행 시스템 보안 강화	• 사이버 공격에 대한 보호를 보장하도록 보안 시스템 및 보안 절차 강화	• 여러 산업과 접목되어 발전하고 있는 자율주행 • 세대가 지날수록 더욱 발전한 모델의 출시, AI, 전동시스템 해킹 가능성 방지할 필요성
자율주행 자동차 판매 규제 강화	• 자동차국에서 요구하는 작동 요건에 부합하지 않는 경우 어떠한 소매판매도 허용되지 않음	• 도로교통부와 산업안전부의 협조 • 안전규정 관련 법 마련

미국의 성공 요인은 자율주행 규제 가이드라인, 유연한 주별 제도운영, 스마트카의 안정적인 도입과 부작용 최소화를 위한 법·제도적 장치, 정부 지원 및 적극적인 민간기업 참여이다.

<표 5-23> 미국의 자율주행 규제 가이드라인

구분	주요 내용
시스템 안전	• 시스템의 설계 및 개발, 검증, 인증에 중점을 두고, 모든 설계 단계에 모니터링을 실시하여 자율주행 시스템의 효율성 및 안전성 향상
운영설계범위	• 자율주행 시스템은 운영설계 범위 내에서 작동의 안전성이 보장되어야 하며, 프로세스의 문서화
객체 및 이벤트 탐지와 대응	• 자율주행 시스템의 OEDR은 ODD 내에서 수행하여야 하며, 차선 유지, 교통 법규 및 도로 규칙을 준수하면서 위험에 대처하고 다양한 상황에서의 충돌 시나리오 처리
대비책 위기 상황 최소화	• 자율주행 시스템이 도로상 작동이 안 될 위험에 대비하여 문서화 필요 • 위기상황에서 차량의 안전 기능을 활성화하고 오류 최소화 설계
인증방법	• 기업들은 자율주행 시스템 위험을 완화하기 위한 적절한 인증 방법 개발 필요
휴먼 머신 인터페이스	• HMI는 차량과 운전자 사이 상호 작용의 이해를 위해 설계 상 매우 중요한 역할 담당 • HMI 설계 평가, 테스트 및 검증을 위해 프로세스 문서화
차량 사이버 보안	• 사이버 보안 및 취약점 등 안전에 대한 위험을 최소화하기 위해 차량 사이버 보안 고려 사항의 통합과 데이터 추적 권장
충돌 시 피해 최소화	• 자율주행 시스템에 활용 가능한 모든 안전 시스템은 충돌 시 성능 수준을 유지하여 탑승자 보호 설계
충돌사고 후 자율주행 시스템 대응	• 기업은 차량이 사고 즉시 안전 상황으로 복귀할 수 있도록 차량 충돌 테스트를 실시하여야 하며 해당 데이터를 정부 당국과 공유
데이터 기록	• 기업은 모든 유형의 사고 및 충돌 데이터를 수집, 제공하여야 하며 충돌 재현에 필수적인 정보들은 정부 당국과 공유
소비자 교육 및 훈련	• 자율주행 시스템의 안전성을 높이기 위해 소비자 교육 및 훈련 필수 실시
연방, 주, 지방법	• 차량 및 자율주행 시스템의 설계에 적용 가능한 모든 연방, 주, 지방법 참조 방법 문서화 권고

자료: 정보통신기술진흥센터(2017), p. 2.

미국은 자율주행 관련 주정부별 법 제도 및 규제 수준에 차이가 있지만, 상용화 시점을 대비한 점진적 정책 추진과 법 제도 및 규제를 통하여 민간과 정부차원의 기술 R&D를 강화하고 테스트베드 인프라를 구축하였다. 일례로 미시간대학 내 테스트베드를 운영 중이며, 일부 주정부에서는 도로 테스트 인프라 및 실증 주행테스트를 허용하고 있으며, 구글을 중심으로 실증 주행테스트가 활발하게 진행되고 있어 이 분야 세계 최고의 기술을 추구하고 있다.[341] 따라서 미국은 자율주행차 산업의 성공을 위하여 자율주행 자동차 관련 법 재정립, 자율주행의 시험운행 규정개혁 등 자율주행 규제 가이드라인, 미국 자율주행차 성능지침 등 자율주행차의 안정적인 도입과 부작용 최소화를 위한 법적·제도적 장치를 먼저 마련하였다.

첫째, 자율주행의 시험운행 규정 개혁 등 자율주행 규제 가이드라인을 마련하였다. 자율주행 기술이 미래 자동차산업의 차세대 성장산업으로 부상함으로써 선진국들은 자율주행 자동차 규제 도입과 가이드라인을 제정하고 있다. 특히 미국은 자율주행 시스템 개발에 앞서 자동차 업체와 규제 당국을 대상으로 자율주행 안전운행을 위한 12가지 규제 가이드라인을 제시하여 산업 발전에 기여하고 있다. 이 규제 가이드라인은 시스템 안전, 운영 설계 범위, 위기 상황 최소화 및 데이터 기록 등에 대한 기록을 제시하고 있는데, 규제와 동시에 시험 주행차의 법률이나 법적 책임 같은 경우도 주 정부 단위로 각각 적용된다. 먼저 가이드라인을 제시하고 그 기준에 따라 각 연방 규정을 개정하고 중앙정부는 각 주의 법과 규정을 존중하여 자율주행의 특성에 부합하도록 규제를 개정해왔다.[342] 가이드라인의 각 요소

---

341 KOTRA(2018.03.30)

342 자율주행 시스템의 소프트웨어를 개발하고 설계, 검증, 인증 및 안전성 평가 등과 관련한 기술적 사항들에 관한 규제 개혁으로 산업분야의 발전에 기여하고 있다.

별 공통 권고 사항은 자율주행 시스템 설계, 검증 및 시스템 통합뿐만 아니라, 광범위한 교통 생태계 관점에서 위험요인 분석과 안전 및 리스크 평가 실시를 고려한다. 또한 업체들은 0-5단계로 구성된 SAE 자율주행 수준 중 3-5단계 수준의 기술개발을 권장하며, 자율주행 시스템 테스트 및 운행 관련 주체들은 다양한 평가방법을 확보를 위해 각 시스템 안전 자율평가(safety self-assessment) 방법의 자율적 공개를 권장한다. 그리고 자율주행 시스템 개발 주체들은 충돌 회피 기능 평가, 테스트, 검증 과정 문서화를 권장한다.[343]

둘째, 유연한 주별 제도 운영으로 각 주마다 다양한 자율운행 관련 규제를 마련하고 있음에도 불구하고, 자동차 생산업체 및 규제 기관들에 대해 강제적 수단이 아닌 유연한 자율적 권장 사항 및 실시를 권고하여 규제 강화가 아닌 기업들이 기술개발과 산업화에 적용할 수 있는 일관적 기준을 제시하는 특징이 있다. 그리고 중앙정부는 각 주의 규정들에만 얽매이지 않고 독립적 데이터와 정보를 기반으로 한 관리 감독 강화 방안을 마련하고 있다. 자율주행차가 미국 연방 안전기준을 통과했다는 것만 입증되면 회사가 규제 당국으로부터 특별허가를 받아 이를 판매할 수 있도록 하는 것을 골자로 구글 등 미국 업체들의 제안도 일부 수용됐다.[344] 주 정부는 면허 발급 및 자율주행차량등록, 교통법규 및 규정 제정과 집행, 안전검사, 자동차 보험 규제 등을 담당하며, 미국 도로교통 안전국은 각 주의 자율주행 시스템의 안전한 설계와 성능 관련 규제를 총괄적으로 담당하고 자율주행 자동차의 본격적 출시에 앞서 연방 차량 안전표준 개발 및 준수 여부, 리콜, 조사관리, 안전 규제, 안전 관련 사용자들과의 커뮤니케이션과 교육을 각

343 정보통신기술진흥센터(2017), p. 11.

344 파이낸셜뉴스(2018.07.20)

각 담당한다. 더불어 자율주행 시스템의 설계, 검증 시스템의 통합뿐만 아니라 광범위한 교통 생태계 관점에서 위험요인 분석과 안전 및 리스크 평가를 공통적으로 권고하고 있다. 각 주로 나누어져 있던 미국의 자율주행 규제들이 마침내 개혁을 통해 획일화되어 자율주행 자동차산업 발전을 선도하고 있다.

셋째, 스마트카의 안정적인 도입과 부작용 최소화를 위한 법적·제도적 장치 마련이다. 스마트카의 등장으로 자동차 시장, 교통체계 등 수많은 사회적 변화가 예상되어 스마트카의 안정적인 도입과 부작용 최소화를 위한 법적·제도적 장치 마련이 필요하다. 특히 스마트카는 소비자의 안전과 직접적으로 관련이 있어 설계, 개발, 테스트, 제품인증, 관리체계 등에 엄격한 기준이 요구되고 있다. 미국 연방기관인 도로교통안전국(NHTSA)은 2016년 자율주행차와 관련된 정책과 입법의 방향을 제시하고, 일반도로에서 운행될 자율주행차가 지켜야 할 15가지 항목의 성능 지침(Vehicle Performance Guidance)을 발표하였다. 이 항목들은 법적 구속력은 없지만, 향후 미국 스마트카의 정책과 입법 방향을 제시해 준다는 데 의미가 있다.[345]

넷째, 정부 지원 및 적극적인 민간기업 참여이다. 미국은 2016년 초에 향후 10년간 79억 달러(약 9조원)를 투자해 자율주행 자동차의 연구개발·제도개선·도로 인프라 정비 등을 추진하고 있다. 각국에서 자율주행차 개발이 가속화되는 가운데, 미국이 막대한 자금을 활용해 자율주행차 분야에서 선두를 유지하려는 의도로 자율주행차 분야에서 가장 앞서고 있는 구글은 2009년부터 자율주행차를 개발해 2015년까지 무려 110개의 레벨 3~4의

345 김규판 외(2017), p. 72.

특허를 미국 특허청에 등록하였다.[346]

<표 5-24> 미국 자율주행차 성능지침의 주요 내용

구분	주요 내용
데이터 기록 및 공유	• 테스트, 유효성, 이벤트, 충돌 상황 등과 관련된 데이터를 기록하고 공유
사생활 보호	• 투명성, 수집되는 정보의 고지, 데이터 사용 범위 및 기간, 데이터 보안, 정보 공개, 관리책임 등의 이슈에 대한 절차 마련
시스템 안전	• 오작동, 교통사고 등의 상황에 안전하게 대응할 수 있는 시스템 마련하여 모든 과정을 문서화하고 관련 데이터들은 검증
차량 사이버 보안	• 사이버 위협으로부터 보호하고 관련 프로그램 및 내용 기록
인간·기계 인터페이스	• 자율주행 시 운전자가 쉽게 인지할 수 있어야 하며, 조종 모드 변환이 안전하게 이루어져야 함(자율주행 3단계 이상에서 중요한 요소)
충돌 성능	• 자동 충돌 회피 기능에도 불구 도로교통안전국(NHTSA)의 안전기준을 따라야 하며, 물리적 테스트, 시뮬레이션 테스트 등을 통해 입증
소비자 교육과 훈련	• 자율주행 시스템의 목적, 운용 방법, 활용 범위 및 한계, 모드 변환 방법, 비상시 대처 방법 등에 대해 교육하고 훈련
등록 및 인증	• 소프트웨어 업데이트와 같이 자율주행 단계가 변할 경우 도로교통안전국에 관련 내용 제공
사고 후 안전성 입증	• 사고 차량의 재운행 시 제조사는 차량의 안전성을 미리 입증
연방·주·지역 법률	• 각 주나 지역별로 상이한 교통법규에 맞추어 운행해야 함 긴급상황 발생 시에는 법령 위반에도 불구, 상황에 대처
윤리적 이슈 판단	• 윤리적 판단이 요구되는 상황, 대응전략 등 투명하게 개발
작동방식 설계	• 테스트 또는 일반도로에서 원활히 작동하도록 시스템 설계
상황 인지 및 대응	• 인지와 대응을 일반 운행과 충돌 회피 상황으로 구분하여 입증

346 차원용(2016), p. 58.

구분	주요 내용
비상상황 대처	• 기계의 오작동 등에 대처할 수 있음을 입증하여야 하며, 인간 운전 모드로 전환 시 운전자가 운전 가능 상태인지 여부 판단 가능
검증	• 제조사는 자율주행차량의 평가 및 검증 방법 제시

자료: National Highway Traffic Safety Administration(2016)

2) 독일 성공사례

자동차 강국 독일의 자율주행 자동차산업의 발전 성공 요인도 규제개혁 정책과 가이드라인의 설정이다. 첫째, 규제개혁 정책으로 윤리위원회 산하 5개 실무그룹 운영을 통해 '자동화 및 네트워크화 이동체 윤리 지침'을 발간하고, 자율주행 자동차 도입과 규제개혁에 관련된 문제를 논의하였다. 독일 윤리위원회는 자율주행 자동차와 관련하여 5개의 실무그룹을 직접 운영한다. 실무그룹은 자율주행 자동차와 관련한 문제를 논의하고 자율주행 상용화 도입에 필요한 윤리와 규제 지침 등을 개발한다. 본 지침은 자율주행 자동차 기술개발 시 자율성의 원칙과 생명 보호, 피해 최소화 등과 관련한 내용을 수록하고 있으며, 이후, 독일 연방정부는 위 윤리 지침에 상응한 자율주행 자동차 시스템의 무결성을 보장하고 향후 필요한 활동과 규제에 대한 7가지 조치 계획을 제시하였다.[347]

347 정보통신기술진흥센터(2017), p. 13.

<표 5-25> 독일 규제개혁의 성공 요인

구분	개혁 내용	성공 요인
안전 관련 규제	• 과거에는 일반 자동차와 비슷한 규제를 받았지만, 자율주행 산업이 발전하면서 자율 전용 자동차 전용 규제를 개편 • 사고 예방이 가능하도록 설계되어야 하며 개발 시 안전규정을 강화함	• 독일 자동차산업의 높은 기술력 • 독일 교통안전부의 적극적인 시행조치
법적 책임의 범위 확대	• 모든 산업의 발전보다 중요한건 인간의 생명보호 • 시스템은 사고를 회피하도록 설계되어야 하고, 사고에 대한 법률적 판단 등은 공공기관 등이 체계적으로 처리 • 처리 권한이 많은 만큼 법적 책임 또한 함께 증가 • 자율주행 자동차는 운전자 개인뿐만 아니라 제조자, 시스템 운영자, 인프라와 정책 범적 결정을 담당하는 기관으로 책임의 소재 확대	• 산업의 상용화 이전 독일 연방의 심층적인 분석과 장기간의 논의 • 기술적인 부분을 넘어 사회적 도덕적 문제까지 예상한 독일 정부의 혜안
자율주행 도로주행법 개정	• 현재 도로는 일반 수동 자동차들을 기준으로 지어진 것 • 자율주행의 운행을 위해 도로의 데이터 등이나 규정들을 자율주행 제조사들과 공유 • 자율주행 자동차들에게 적용될 수 있는 도로주행법 개정	• 독일 정부의 체계적인 중앙통제 • 도로교통부와 독일 법조계의 긴밀한 협력
자율주행에 관한 교육 규제 제정	• 자율주행 상용화에 앞서 자율주행 자동차의 적합한 사용에 대한 교육 실시	• 현대 모바일 기기에 맞춰 디지털 교육 프로그램으로 구성하여 접근성 향상

독일 연방 정부가 자율주행 기술발전을 위하여 도로교통법을 지속적으로 개정하도록 규제하고 있는 것이 7가지 규제 조치의 주요 내용이다. 또한 EU의 데이터 보호 요구사항을 준수하여 차량 운전자에게 차량의 데이터 사용 여부 결정권을 보유하도록 규제하고 있다. 향후 사고 상황에 대한 대비 검토와 논의가 심도 있게 진행될 것이며, 공공 부문에서 프로세스 모니터링 규제가 마련될 예정이며, 신기술에 대한 수용 촉진 인식과 안전에 대

한 명확한 포괄적 이해 촉진 규제가 마련될 것이다. EU 내에서 원활한 자율주행을 도입하기 위해 유럽 국가 간 안전한 기술 활용 지침에 근거한 자율주행 자동차들의 국제 표준화 작업이 진행될 예정이며, 독일 연방정부는 천재지변이나 불가피한 사고 상황에 대비해 자동차를 강제로 통제할 수 있도록 자율주행 프로그래밍에 대한 적절한 규제 프레임을 개발할 예정이다.[348] 독일 자율주행 자동차산업 규제개혁의 성공 요인은 안전 관련 규제, 법적 책임의 범위 확대, 자율주행 도로주행법 개정, 자율주행에 관한 교육 규제 제정 등이 정부 중심으로 빠르게 추진되었기 때문이다.

<표 5-26> 국가별 자율자동차 규제 및 입법 근거

	미국	독일	한국	일본
규제 근거	연방법+ NHTSA + 각 주별 입법 (각 권한 배분)	연방법 (세계 최초) 도로교통법	자동차관리법 자동차관리법시행령 (국토교통부령)	도로교통법 경찰청 취급기준 (공도실증실험 가이드라인)
입법 근거	• 자율주행 자동차의 시험 및 배치 장려, 차량의 안전, 기술장벽 권한 위임 등	• 도로교통법 실제 운행 지원	• 시험평가를 위한 임시운행 허가의 소극적 규정	• 시장화 대비, 제도 정비, 세계시장에서의 기술력 강화(로드맵)

자료: 이상길(2018), pp. 21-22. 에서 정리

둘째, 독일 정부는 2017년 자율주행차량의 일반도로 운행을 허용하기 위한 기존 도로교통법에 대한 개정안을 마련하여 법률로써 발효하여 세계 최초로 연방법으로 가이드라인을 마련하였다. 한편 2017년 6월 독일 자율주행 윤리위원회는 자율주행차량 관련 윤리 가이드라인이 담긴 '자동화

348 오마이뉴스(2019.05.31)

및 커넥티드 주행에 관한 보고서(Automated and Connected Driving)'를 발표하여 제한적 자동화(3단계) 및 고성능 자동화(4단계) 수준의 자율주행 차량의 운행에 관한 법률 요건을 규정하고 있다.[349]

5.4.4. 시사점

미국, 독일 성공사례에서 알 수 있듯이 4차 산업혁명 기술을 활용한 신산업인 자율운행자동차산업의 중요성을 인식하고 정부의 지속적 규제 개혁과 가이드라인 제시, 지원을 통한 성공사례는 한국에 중요한 시사점과 과제를 동시에 제시한다.[350] 국내 자율주행 자동차 시장의 규제 이슈는 2025년 자율주행 관련 차량 보험 등 사고 시 책임 소재와 관련된 법 규정 완비, 자율주행을 위한 차량 간 통신 전용 주파수 확보, 2035년 자율주행을 위한 도로, 신호등, 표지판 통일 등 교통 인프라의 규격화 완료, 자율주행차의 세부 성능 및 안전성 관련 세부 기준 및 운행 승인 요건 완비이다.[351] 자율주행 자동차 관련 규제 법률은 자동차관리법, 자동차관리법 시행규칙 제26조의 2(자율주행 자동차의 안전운행 요건)가 있으며, 이 법률에서는 자율주행 자동차의 정의, 자기 인증, 자율주행 자동차의 안전운행 요건 등을 규정하고 있다.[352]

---

349 구병문(2018), pp. 23-24. 운전자는 이러한 단계의 자율주행차량을 이용할 수 있으나 운전자에 의한 즉각적인 통제가 필요한 경우 혹은 자율주행차량 시스템의 한계를 명확히 넘는 경우, 운전자가 차량에 대한 통제를 재개할 수 있도록 해당 자율주행차량은 운전자에 대한 경고 시스템을 구비 및 해당 자율주행차량은 주행 데이터를 기록할 수 있는 '블랙박스'를 장착으로 사고 발생 시 차량에 대한 운전자 또는 자동화 시스템의 통제 여부를 판단하는 데에 활용한다.

350 차원용(2016), p. 58.

351 신윤미(2018), p. 17.

352 이상길(2018), p. 18.

자율주행차는 제4차 산업혁명 시대를 대표하는 핵심적인 기술로 글로벌 시장 선점을 위해 각 선진국에서는 기업과 정부가 협력하고 있지만, 국내의 경우 기술발전 속도를 따라가지 못하는 규제체계로 미국 등 선진국에 비해 개발 속도가 느리다. 한국은 세계 수준의 자동차 및 ICT 기술과 인프라 기술 등 충분한 잠재력이 있어 정부와 자동차 업체-부품업체-ICT 업체-통신업체가 경쟁력 강화를 위해 상호 협력하며, 상대적으로 열위한 센서 등 핵심부품, 소프트웨어 등 분야의 기술 확보를 위해 노력한다면 미래 자율주행 산업에서도 한국의 경쟁력은 강화될 것이다.[353]

한국의 자율주행차 분야 산업 발전을 위한 몇 가지 시사점은 다음과 같다. 첫째, 현재 각국 정부들도 향후 상용화에 대비한 규제 개선을 적극적으로 추진하고 있어 자율주행 자동차를 활성화하는 방향으로 규제개혁이 필요하다. 레벨 3 자율주행차 운행을 위해서는 법규의 개정이나 신설이 필요하고 보험을 비롯한 차량 공유 서비스 등 여러 사회적 문제에 대한 대비가 필요하다.[354]

둘째, 주요 선진국들은 자율주행 차량의 상용화를 앞두고 관련 법제 정비에 적극적인 태도여서 자율주행 자동차의 산업 발전을 위해서는 입법의 체제 정비 개별법령의 보완 또는 특별법 제정과 현 자율주행 자동차 규제

---

353 이승민(2018), p. 24. 백장균(2020), p. 34.

354 이상길(2018), p. 22. 이승민(2018), p. 24. 미국, 일본, 독일의 입법 방향은 기술개발은 촉진, 안전에 관한 사항은 세부적으로 규제하면서 자국 산업 보호를 감안하고 있으며, 미국의 경우 연방차원의 법령 제정을 통해 자율주행 자동차의 활성화와 함께 자국 산업 보호를 동시에 추진하고 있다. 일본도 2014년 이후 매년 정부차원의 로드맵을 업데이트하며 시장화를 대비한 제도 정비, 기술력 강화 방안을 모색하고, 경찰청 허가를 통해 원격형 자율운전 시스템의 실험을 지원하고 있다. 독일 역시 도로교통법 개정을 통해 실제 자율주행자동차의 운행이 가능토록 지원한다. 이를 통해 제조사는 3~4단계 레벨의 자율주행 시스템이 장착된 차량을 시판할 수 있고 특히 운전자는 자율주행 시스템 단계에서의 법적 책임 면제가 가능하다.

관련 법령이 자동차관리법이 아닌 도로교통법으로 전환이 필요하다.[355]

셋째, 자율주행 선진국들은 관련 정책과 규정, 규제개혁, 기술개발의 목표가 뚜렷하지만, 한국은 자율주행 자동차의 상용화에만 치중하여 뚜렷한 관련 정책과 목표 제시가 부족한 실정이다. 따라서 규제의 내용을 적기에 합리적으로 폐기, 연장, 수정, 신설 등을 조정하는 프로세스 구축과 이해관계자에게 예측 가능성과 투명성을 제공하는 것이 바람직하다. 또한 이 과정에서 발생하는 일부 이해관계자의 피해를 최소화하고 적절한 보상을 통해 사회적 부가가치를 극대화하는 의사결정 시스템 구축도 함께 필요하다.

넷째, 자율주행 자동차의 상용화 및 사고 책임 지침, 시스템 해킹 및 프라이버시 침해 문제를 예방하기 위한 대비책도 필요하다. 최근 미국에서 테슬라의 자율주행차 사고로 기술적인 안정성 문제가 여전히 해결해야 할 과제로 남아 있다. 자율주행차의 상용화를 위해서는 기존의 규제 및 제도의 개선과 신설도 필요하며, 자율주행으로 인한 사고 발생 시에 책임소재가 명확하지 않고 안전규정이 없다는 점이 시장 활성화를 막고 있다. 현행 국내 규정은 자율주행 자동차의 시험, 연구 목적으로 임시운행을 위한 몇 가지 요건만을 규정하고 있어, 향후 자율주행 자동차가 상용화된 이후 발생할 수 있는 법적 쟁점에 대한 요건은 부재인 상황이다. 따라서 자율주행 자동차의 설계, 테스트 등 단계별, 쟁점별 요건으로 세분화된 정책 및 지침의 구체적인 개발이 필요하다. 따라서 여타 다른 산업과 마찬가지로 자율주행 자동차산업 또한 강력한 규제에 발이 묶여있거나 규정이 애매모호하여 많은 어려움에 처하지 않도록 강력한 규제개혁을 추진해야 할 필요가 있다.

---

355 이상길(2018), p. 30. 한국과 입법체계가 비슷한 독일의 경우 도로교통 관련법을 개정하여 자율주행 자동차의 운행을 승인하였으며, 일본의 경우도 관련 법률 정비계획을 수립하고 있어 특별법 제정보다는 체계적인 규제개혁이 자율주행 자동차 산업 활성화를 위해 선행되어야 한다.

자율주행 자동차의 조기 상용화를 위해서는 자율주행을 위한 기술적 융합과 함께 국내의 관련 법, 제도 및 안전관리 체계에 대한 정비 등이 필요하며 정부-완성차 기업-ICT 기업 간 활발한 협업을 통해 빠른 상용화 노력과 정부차원에서의 지속적인 기술개발 지원 및 투자 등이 필요할 것이다.[356]

다섯째, 자율주행 자동차 보편화를 위한 자율주행 인프라 구축이 필요하다. 자율주행을 위한 레이더, 라이더, GPS/INS 등 핵심 센서의 높은 가격은 자율주행 자동차의 상용화를 어렵게 하는 주요 원인이다. 자율자동차 고객의 니즈와 글로벌 기술 트렌드를 파악하는 것이 인프라 역량 확보의 핵심이다. 실제로 한국을 포함한 많은 국가들은 자율주행 통신기술에 대한 연구는 활발하게 진행되고 있으나, 인프라 이용자에 대한 연구는 상대적으로 미비한 것으로 보인다. 특히 지역 간 연결성, 탑승자 경험 혁신, 모빌리티 서비스 혁신, 지속가능성, 비용 합리성 등에 대한 고려가 필요하다. 이러한 인프라 이용자의 니즈 파악은 기존 도로를 개선하는 초기 과정에서부터 수반되어야 한다. 자율주행 센서의 인식에 혼동을 줄 수 있는 교통표지판, 신호등 등의 교통시설 규격 통일도 이뤄져야 한다. 자율주행 인프라의 구성요소인 도로시설물, 교통상황 정보수집 노변 설치물, 정밀 전자지도 기반의 동적 정보 시스템, GPS 지역 수신·제어국 시스템, 운영 센터 등을 고도화하면서 인프라 이용자의 의견을 수렴하고 분석하여 이를 적극 반영해야 한다.[357]

여섯째, 향후 자동차산업은 제조업 형태에서 '모빌리티(mobility) 서비스 산업'으로 확장될 것으로 예상되어, 드론 등과 연계된 다양한 신규 모빌리

356 신윤미(2018), pp. 19-20. 박현수(2018).

357 이명구 외(2020), p. 45. 박현수(2018)

티 사업 활성화를 위해서는 스타트업과 중소·중견기업의 발굴과 지원이 필요하다.

5.5. AI

5.5.1. 산업 및 시장분석

글로벌 디지털 대전환기에 AI는 IoT, 빅데이터, 클라우드, 5G 통신 등과 함께 향후 국가와 기업의 경쟁력을 좌우할 핵심 분야로 인식되고 있다. 인공지능은 인지, 학습 등 인간의 지적 능력(지능)의 일부 또는 전체를 '컴퓨터를 이용해 구현하는 지능'을 의미한다. 단순 신기술이 아닌 4차 산업혁명의 핵심 동력으로 인공지능 서비스는 데이터(이미지, 텍스트 등) 획득, 데이터 가공, 반복 학습을 통한 AI 모델(알고리즘) 생성 과정을 통해 최종적으로 서비스로 제공한다. AI 서비스 제공을 위해서는 대량의 데이터 학습이 필요함에 따라 클라우드 및 고성능 GPU 기반의 컴퓨팅 인프라가 필요하다. 학습 가능한 양질의 데이터와 고성능컴퓨팅 및 차별화된 알고리즘 확보가 AI 서비스의 경쟁력을 결정하는 핵심요소가 된다.[358] 인공지능 기술혁신의 특징은 데이터, 컴퓨팅, 알고리즘으로 인간처럼 생각하는 시스템과 합리적으로 생각하는 시스템의 탁월한 서비스를 제공한다는 점이다.[359]

358 최기영(2018), p. 2.
359 박승규(2018), pp. 2-3.

<표 5-27> AI 기술혁신의 특징

데이터	• AI를 학습시키기 위해서는 일정량 이상의 데이터가 필요하고 데이터 품질에 따라 성능이 결정되며, 분야별 데이터 필요
컴퓨팅	• AI 서비스개발의 선결 조건인 대량의 데이터를 학습하기 위해서는 고속 병렬처리 가능한 고성능컴퓨팅 자원 필수적 (GPU 등 컴퓨팅파워가 기하급수적으로 발전하여, 과거 수개월 소요되었던 딥러닝이 수시간, 몇 분만에 처리 가능)
알고리즘	• 문제를 해결하기 위해 정의된 규칙과 절차의 모임으로 프로그램 언어로 구현되고 데이터 학습으로 성능 지속 향상 • 차별화된 AI 서비스 제공을 위해 서비스에 특화된 알고리즘 확보 중요

자료: 최기영(2018), p. 4. 에서 정리

<표 5-27>을 통해 AI 기술혁신의 특징은 크게 데이터, 컴퓨팅, 알고리즘 등에 긴밀한 관련이 있는 것을 알 수 있다. 인공지능은 IT, 제조, 서비스 등 전 산업에 강력한 영향력을 미치며, 의료, 안전, 교육, 금융, 모빌리티 등 응용 분야가 광범위하다. 일례로 AI의 활용은 의료산업에서 활발히 진행되고 있는데, 중국의 경우 유명 ICT 업체인 텐센트가 개발한 영상의학 AI 소프트웨어는 이미 많은 현지 병원에서 사용되고 있으며, 한국의 경우, AI 정밀의료서비스 개발과 의료 빅데이터를 활용한 플랫폼 사업이 추진 중이다. AI 기술의 발전과 의료데이터의 축적으로 세계 AI 의료시장 규모가 급성장하고 있다. AI 성능은 학습하는 데이터의 양과 질에 크게 의존하기에 의료데이터의 폭발적 증가는 의료 AI의 성능 향상에 기여하고 있다.

<표 5-28> AI 기술접목이 중요한 융합 분야

의료/건강	제조	안전	스마트홈	교통	금융	교육	물/유통	에너지	국방
20.1%	12.2%	9.6%	9.6%	9.1%	6.2%	4.4%	4.2%	3.6%	3.2%

자료: 이정원, 문형돈(2018), p. 10. 에서 정리

글로벌 AI 분야 동향은 조사기관별 규모의 차이는 있지만, 대부분의 AI

시장 규모는 꾸준히 증가할 것으로 예상된다. IDC(Internet Data Center)에 의하면 세계 AI 시장은 2018년 1,337억 달러이며, 2020년 총 1,565억 달러, 연평균 성장률 17.1%로 2024년 3,446억 달러로 성장할 것으로 전망한다. AI 시장의 급성장으로 인해 대규모 펀딩과 M&A를 확대하는 등 기술경쟁력을 강화하기 위한 글로벌 기업들의 투자가 촉진되고 있다.[360] 한국과 중국의 AI 시장 전망에 따르면, 2023년 기준 한국은 6,400억원, 중국은 119억 달러(약 14조원) 규모 성장을 예상하면서 한국 AI 시장규모는 중국의 약 4.5% 수준에 불과할 것으로 예측되었다.[361] 분야별 AI 활용은 다양한데, 특히 제조(스마트팩토리 등), 에너지, 운송(자동차) 및 물류, 의료 및 헬스 분야의 빅데이터 이용은 AI 적용의 성공사례이다.[362] 또한 IBM, 구글, 루닛, 텐센트 등의 회사들이 의료분야의 AI 산업에 적극적이다. <표 5-28> <표 5-29> 참조

<표 5-29> AI 활용 의료 및 헬스케어 분야

구분	주요 내용
IBM	• 손이 물체를 만졌을 때 강도, 손의 떨림, 손톱 변형을 감지할 수 있는 손톱센서를 개발, 파킨스병 징후 감시 가능 • 인공지능 종양학 의사 Watson for Oncology 개발, 전 세계 대형병원에서 활용
구글	• 알파벳의 생명과학 자회사인 Verily는 4년간 1만 명에 달하는 개인의 건강 상태를 면밀하게 추적하여 데이터를 축척하는 Project Baseline 개시
루닛	• 루닛 인사이트는 유방암 진단 보조 소프트웨어로 영상 이미지를 입력하면 정확도 97%로 종양 악성 정도는 점수로, 종양 위치는 히트맵으로 표기 가능
텐센트	• 의료영상 분석 인공지능 Mying 개발, 수백여개 병원에 보급, Mying은 당뇨병, 유방암, 식도암, 대장암 등을 진단할 수 있는 6개의 인공지능 시스템으로 구성

자료: 국경완(2019), p. 24. 에서 정리

360 신성장동력산업정보기술연구회(2021a)

361 글로벌경제신문(2020.09.15)

362 이정원, 문형돈(2018), p. 10. 과학기술정보통신부(2021) p. 6. 심우현, 박정원(2017), p. 5.

5.5.2. 한국의 관련 규제 및 문제점

한국의 AI 연구와 관련 인력 수준은 세계 하위권이며 관련 규제까지 산업의 발전에 장애 요인으로 작용하고 있다.[363] 주요 문제점은 데이터 활용의 제약 등 각종 규제의 장애, 핵심인력 부족, 정책지원 부족, 비즈니스 여건 열악 등이 있다. 첫째, 데이터 활용의 제약 등 각종 규제는 AI 산업발전에 장애 요인인데, 글로벌 디지털 대전환기에 AI은 향후 국가와 기업의 경쟁력을 좌우할 핵심 분야이다. AI 연구와 활용 과정에서 각종 데이터 활용은 필수인데, 데이터는 AI의 핵심요소로 인공지능 경쟁력은 양질의 데이터 확보 여부와 직결된다. 하지만 국내에선 익명화한 개인정보 활용이 아직 완전히 활성화되지 않는 실정이다. 한국은 빅데이터 활용을 위해 데이터 3법(개인정보보호법, 신용정보법, 정보통신망법)이 통과되었음에도 불구하고, 가명정보 활용범위와 수준, 주체 등의 모호성, 단순 규정 위반에도 형사처벌까지 적용하는 등 과도한 법적 책임까지 데이터 활용에 대한 불확실성이 여전히 기업에게 부담으로 작용하고 있다.[364] 이처럼 국내에서 데이터수집과 활용이 어려운 환경 때문에 한국에서 활약해야 할 AI 핵심인재의 해외 인재 유출 문제가 발생하고 있다.[365] 이러한 결과가 발생하는 이유는 AI와 이를 이용한 융·복합 기술의 성장에 따른 다양한 순기능과 역기능의 발생에 적절히 대응할 수 있는 규제개선의 필요성이 증가하고 있으나, 조직적·제도적·거버넌스(governance)적 한계성으로 인하여 규제개선이 효과적이지 못하

363 전보희(2021)

364 조선일보(2020.09.15)

365 소프트웨어정책연구소(2019b)

기 때문이다.[366]

둘째, AI 산업 성장에 핵심인재도 절대적으로 부족한 실정이다. 글로벌 AI 인덱스에서 AI 기술을 활용하는 전문인력을 의미하는 인재 부문은 11.4점으로, 1위인 미국의 10분의 1수준이며, AI 관련 학술논문 등 출판물의 양적 수준과 인용 정도를 의미하는 연구수준은 22.4점으로 22위이다. '글로벌 AI 인재 리포트 2019'에 의하면 2018년 세계 최고급 AI 인재 2만 2,400명 중 미국과 중국은 각각 10,295명(46.0%), 2,525명(11.3%)인 반면, 한국은 405명(1.8%)에 불과했다.[367] 세계경제포럼(WEF) '글로벌 AI 인덱스'(2020)에 의하면, 한국 AI 생태계 수준은 54개국 중 8위(미국 1위, 중국 2위, 영국 3위)이지만 세부 항목별 총 7개 부문 중 인프라와 개발을 제외한 나머지 5개 부문(인재, 운영환경, 연구수준, 정부 전략, 벤처 현황)은 중하위권 수준이다.[368] 미국은 AI 전문인력 수준, 인터넷 네트워크 등 인프라, 학술논문 등 연구수준과 벤처기업 규모, 투자기금 등 벤처 현황 등 총 4개 부문에서 1위이며, 영국은 운영환경(데이터 규제 등 행정여건) 부문에서, 중국은 개발 부문(특허와 신제품 등)과 정부 전략에서 각각 선두이다. 반면, 한국은 인프라 부문(네트워크 환경과 안정성)과 특허, 제품 혁신 등 개발 부문에서만 5위권이며, 나머지 부문은 모두 중하위권 수준으로 AI 발전을 위한 산업생태계가 취약하다.

정보통신산업진흥원(2021)의 '2020 인공지능산업 실태조사'에 AI 사업을 운영하는 933개 기업 대상 설문 조사 결과에 의하면, 인공지능 사업 운영상에서 가장 큰 애로 요인은 AI 인재 부족(3.49점, 5점 만점), AI 인프라 부족(컴퓨

366 심우현, 박정원(2017), p. 7.

367 Element AI(2019)

368 전국경제인연합회(2020.9.16)

팅, 3.21), 데이터 확보 및 품질문제(3.27), 과도한 규제(3.22) 등으로 조사되었다.[369] 소프트웨어정책연구소(2021)는 부족한 AI 인력을 1,595(2019년), 1,902명(2020년), 2,555명(2021년), 3,132명(2022년)으로 증가할 것으로 전망한다. 한국의 AI 인재와 역량 부족은 관련 교육제도가 부실한 영향이 크다. 국내에서도 교육제도를 개선하고 있지만, 해외 선진국에서 시행 중인 코딩 등 프로그래밍 교육 체계에 비교하면 아직 초기 단계이며, AI 전문인력 배출에 많은 시간이 필요하다. 한국의 인공지능 두뇌지수도 주요국 대비 상대적으로 낮다. 인공지능 두뇌지수는 25개국 중 19위(50.59)로, 평균 54.92보다 낮으며 세계 평균 인공지능 두뇌지수 500에서 한국이 차지하는 비중은 1.4%에 불과하다.[370]

셋째, AI 투자 등 정책지원의 부족이다. 한국은 2020년 'AI 국가전략'으로 향후 10년간 1조3,000억원의 투자계획을 발표했으나, 2017년 중국은 '차세대 AI 발전계획'에 3년간 1,000억 위안(17조원)을 투자에 비하면 투자 규모면에서 AI 선진국을 추월하기에는 역부족이다. 최근 5G 산업육성에도 중국은 1조2,000억 위안(약 208조원)로 한국 정부와 민간 투자 금액 30조원 보다 약 7배 규모의 차이가 있다.

넷째, AI 스타트업 창업 어려움 등 비즈니스 애로사항이다. 신산업 규제 등 AI 스타트업 창업과 성장이 어려운 한국의 비즈니스 여건이 문제이다. 글로벌 AI 인덱스(2020)에 따르면, 데이터 활용 정책과 해외 인재영입을 위한 비자, 행정절차와 규제환경을 보여주는 운영환경 부문에서 한국은 54개국 중 30위(47.1점)이고, 스타트업 규모와 투자를 의미하는 벤처현황 부문도 54개국 중 25위(3.3점)로 1위인 미국(100점)에 비해 상당히 낮은 수준이다.

369 소프트웨어정책연구소(2021), pp. 87-96.

370 최혜리 외(2021)

<표 5-30> AI 발전에 따른 규제 이슈

제도적 요인	• 현행 규제가 AI 발전과 기술의 융·복합을 적절히 반영하지 못하여 규제지체 현상과 규제 병목 현상 발생 • 전통적인 규제 방식의 비효율성 심화
조직적 요인	• 규제기관의 정보 접근능력 한계로 인한 전문지식 부족 및 정보 비대칭성 심화 • 기술 융·복합에 대응하는 규제관리 협업 문화의 부재
거버넌스적 요인	• 인공지능 발전에 적절히 대응할 수 있는 참여형 규제환경의 부족 • 정보와 자원의 상이한 접근능력에 따른 기업 간 격차 심화

자료: 심우현, 박정원(2017), pp. 7-9.

다음은 한국 AI 규제 문제점에 대해서 분석한다. AI와 이를 이용한 융·복합 기술의 성장에 따른 다양한 순기능과 역기능의 발생은 이에 대해 적절히 대응할 수 있는 규제개선의 필요성을 증가시키고 있으나, 조직적·제도적·거버넌스적 한계성으로 인하여 효과적인 규제개선이 이루지지 못하고 있다. <표 5-30> 참조. 제도적 요인으로는 현행 규제가 인공지능 발전과 기술의 융·복합을 적절히 반영하지 못하여 발생하는 규제지체 현상과 규제 병목 현상이 대표적이라 할 수 있다.[371] 한국의 인공지능 발전에 따른 규제 이슈는 크게 제도적 요인, 조직적 요인, 거버넌스 요인 3가지 분야이다.

첫째, 제도적 요인으로 지목되는 문제점은, AI의 발전 빠른 속도에 따라 현행 규제가 발전된 기술을 적절히 반영하지 못하여, 규제의 불확실성과 규제지체가 심화된다는 점이다. 또한, AI와 다양한 기술과의 융·복합현상 심화는 규제가 이러한 현상에 적절히 대응하기 어렵게 하여 다양한 규제 병목 현상을 발생시키고 시장의 발전을 저해하고 있다.[372] 전통적인 규제

371 심우현, 박정원(2017), p. 7.

372 심우현, 박정원(2017), pp. 7-9.

방식의 비효율성 심화도 이유이다. 기술간, 산업간 연결 및 의존도가 낮았던 전통적인 시장환경에서는 위험과 규제 효과에 대한 예측 가능성이 높아 규제 수립·집행이 효율적으로 작동하였다. 하지만 AI와 같은 첨단기술은 타 기술과의 융·복합을 활발히 발생시키며, 신기술, 상호연결된 네트워크 활용 등으로 기술·위험과 규제 효과의 불확실성이 높아 전통적인 방식의 규제는 효과적이지 못하며, 이러한 규제는 오히려 기술 및 시장 발전의 저해와 위험 발생의 가능성을 높이게 한다. 구체적인 제도적 요인으로 법령에 따라 다른 규제, 정의의 불분명, 정보수집의 어려움, 민감정보 처리의 어려움, 과도한 처벌 문제 등이 있다.[373] <표 5-31> 참조

<표 5-31> 한국 AI 규제의 문제점

법령에 따라 다른 규제	• 개인정보를 규제하는 정부 부처가 상항에 따라 다르기 때문에 동일한 법령에 따라 다르게 규제
정의의 불분명	• 개인정보의 정의 모호
정보수집의 어려움	• 동의로 해석되는 개인정보만이 아니라 개인정보 수집에 엄격한 규정도 기업들에게 많은 어려움 예상
민감정보 처리의 어려움	• 민감정보 처리와 관련한 제한도 빅데이터 활용의 활성화 방해
과도한 처벌 우려	• 개인정보 보호법을 위반한 경우 형사처분의 가능성

자료: 주강진 외(2017), pp. 10-11. 에서 정리

둘째, 조직적 요인으로는 규제기관의 정보 접근능력의 한계로 전문지식 부족 및 정보 비대칭성이 심화되는 것이다. AI 관련 기술에 대한 기업의 R&D의 증가는 기업이 AI에 대해 더 많은 정보와 지식을 갖도록 하여 규제

373 주강진 외(2017), pp. 10-11.

기관과의 정보격차와 정보 비대칭성을 심화시킨다. 특히 AI와 같이 급격히 발전하고 변화하는 기술 분야에 대해서 규제기관은 전문적인 지식을 가진 인적자원이 부족하며, 규제개선을 위한 다양한 분석·평가 수행에도 어려움이 있다. 기술 융·복합에 대응하는 규제관리 협업 문화의 부재 또한 문제이다. AI를 이용한 첨단 융·복합 기술의 발달이 규제지체와 규제 병목 현상을 심화시킬 수 있어 다양한 규제기관의 협력과 조정이 필요하나, 규제기관의 단독 업무처리와 협업 문화의 부재로 규제가 산업환경 변화에 적절히 대응하지 못하고 있다. 특히 AI 기술의 발전과정에서 다양한 산업 분야의 기술표준과 안전의 확보를 위한 윤리강령 등을 제정할 때 이를 관리하는 규제기관의 협업 부족은 규제 사각지대와 중복 규제의 문제점을 심화시켜 기술 및 산업의 발달을 저해한다.

셋째, 거버넌스적 요인으로는 AI 발전에 효율적으로 대응할 수 있는 참여형 규제환경 부족이 대표적이다. AI를 활용한 융·복합 신산업·신기술의 발전은 환경과 규제에 대한 불확실성을 증가시키기 때문에 해당 분야의 전문가 및 이해 관계자의 참여를 통한 이러한 불확실성의 적절한 해소가 필요하다.[374]

5.5.3. 주요국 성공사례

2017년 구글의 알파고 쇼크 이후 전 세계는 실효성 있는 AI 서비스를 인식하고 AI 활성화를 위해 주요국들은 범국가적 AI 전략을 경쟁적으로 추진하고 있다. 미국, 영국, 일본, 중국 등 주요 국가들의 인공지능 경쟁력 확

374 심우현, 박정원(2017), pp. 7-9.

보를 위한 전략은 인재 육성 유출 방지, 신산업육성 및 발굴, AI 스타트업 지원, 혁신적인 민관협업 추진과 AI 사업 확대, 적극적인 글로벌기업 및 AI R&D 센터 유치, 규제혁신 등을 통한 시장 선점 추진 등이 있다.[375]

<표 5-32> AI 활성화를 위한 주요국 추진전략

국가	주요 추진전략	특징
미국	• AI 분야 R&D, 규제개혁, 인재양성 등 6대 분야의 지원 방안 수립 • 국가과학기술위원회 산하 AI 특별위원회 설립 제안	• 시장주도의 AI산업 • 부처 간 협업을 위한 컨트롤타워 설립
독일	• 독일 최초의 AI 전략 'AI Made in Germany' 발표 • AI 전문 교수직 100개 신설, 재교육 정책추진 • 독일-프랑스 간 AI 연구 협업 센터 구축	• '인더스트리4.0'에서 AI 강국 • 인재유치 및 양성 (교수직 신설 등)
영국	• AI 산업 활성화를 위해 정부와 민간의 역할을 구분한 'AI Sector Deal' 발표 • 국가 데이터과학 전문기관을 설립하고, 교육 및 AI 프로젝트 수행	• 민관 역할 구분을 통한 지원 전략 수립 • AI 전문기관 설립 (교육, 연구 등 역할)
프랑스	• AI 전문가의 의견을 수렴하여 데이터 정책, R&D, 주요 분야 선정 등을 담은 'AI 권고안' 발표 • 세제 혜택 등 글로벌기업 유치 가속화 정책추진	• 글로벌 기업 유치 (구글, 페이스북 등)
캐나다	• 국가 AI 역량 강화를 위한 '범캐나다 AI 전략' 수립 • 글로벌 기업 R&D 센터유치를 위한 법/제도적 혜택 지원 • 도시 단위의 특색 있는 AI 생태계를 구축	• 글로벌 기업 유치 • 지역별 AI 허브 구축
일본	• 인공지능기술전략회의 설립을 통해 민관이 협업할 수 있는 체계 마련 • AI 산업화를 이동, 건강, 3단계로 구분하는 'AI 산업화 로드맵' 발표	• 민관협업 기구 신설 • 로봇산업+AI기술
중국	• AI 제품 경쟁력 강화, 중국 제조업의 스마트화, 인프라 개선 등으로 구성된 'AI 액션플랜' 발표 • 차세대 AI 발전계획 추진실을 설립하여 민관협업 AI 플랫폼 사업의 총괄 역할 수행	• AI를 통한 제조혁신(제조대국→제조강국) • 강력한 민관협업 (민관 AI 플랫폼 개발)

자료 : MOBILE INSIGHT(2019.04.01)

375 MOBILE INSIGHT(2019.04.01.), 우상근(2019), p. 3. 최기영(2018), pp. 11-12.

미국, 중국, 영국이 AI 분야에서 투자, 기업수, 특허 분야에서 주목할 만한 국가인데, 특히 미국은 투자, 기업, 특허 부문에서 타 국가대비 월등한 수준이다. 전 세계적으로 AI 인재확보 경쟁이 치열한 가운데, 미국은 기업 주도로, 중국은 국가 주도로 AI 인력 육성에 투자하고 있다. AI 분야 민간 투자와 스타트업은 주로 미국, 중국, EU 중심으로 진행되며 상대적으로 작은 규모이지만, 이스라엘, 캐나다, 일본, 인도 등에서도 활발하다. 최근 중국은 미국을 뛰어넘는 2030년 글로벌 AI 선도국가를 목표로 추진하고 있다.[376] 글로벌기업들도 AI 기술력 확보를 위해 투자와 M&A를 확대하는 등 선제적 AI 기술경쟁력 강화에 집중하고 있다.[377]

1) 미국 성공사례

미국의 AI 산업발전 성공 요인은 정부의 적극적인 AI 육성정책과 민·관·학의 AI 협력정책이다. 첫째, 적극적인 AI 산업육성정책으로 미국은 초창기부터 선제적인 장기 투자를 통해 신경과학, 뇌과학 등 기초 원천기술을 확보하고, AI 관련 핵심기술 개발과 인재양성에 주력하여 데이터, AI 분야에서 세계 최고의 경쟁력을 보유하고 있다. 특히, 정부는 AI 기술 혁신가로서 원천기술 개발 후 민간에 이양, 혁신적 제품·서비스 상용화를 견인하며 시장주도의 원동력 역할을 수행하여 왔다. 개방·경쟁형 기술개발 방식을 선제적으로 도입, 선도적 AI 기술경쟁력 확보에 정책적 역량을 집중하여 정부의 장기·선제적 투자를 통해 '민간의 경쟁력 제고'를 유도하였다.[378]

미국은 2016년 '국가과학기술협의회'(NSTC: National Science and Technology

376 문용식(2018), p. 5. 전보희(2021), p. 15.

377 최기영(2018), p. 8.

378 최기영(2018), p. 11.

Council)가 ICT 관련 분야 육성과 데이터경제 기반의 AI 산업정책에 대한 정부의 역할과 정책방향 로드맵을 수립하였다. 이를 위해 '국가 R&D 전략'을 발표하고 스마트시티 및 보건의료, 국방 관련 AI 기술개발에 투자계획을 수립하여 추진 중이다. 미국은 인간의 생활, 교육, 안전, 보안, 건강, 일 등을 획기적으로 변화시켜 엄청난 사회·경제적 혜택을 가져다줄 ICT 기술로써 AI의 중요성을 인식하여, AI 관련 R&D 사업을 국가적 정책 사업으로 채택하여 우선 투자하고 있다. 또한 미국은 트럼프 정부에서 'American AI Initiative'로 연방 차원의 AI 전략을 수립하여, AI 관련 R&D 우선 지원, AI 관련 교육 강화 등 AI 발전을 위한 정책추진 방향을 제시하였다.[379] 'American AI Initiative'는 미국 자체 및 대외 산업협력을 강화하기 위한 정책으로 인공지능 산업 관련해서 연구개발 투자, 자료 공개, 거버넌스 설정, 인력양성, 국제 환경 조성, 신뢰할 수 있는 인공지능 수용 등의 세부적인 내용을 포함하고 있다. 미국 연방정부의 사이버보안 R&D 전략계획 중 인공지능은 우선 개발되어야 하는 영역 중의 하나로 사이버보안 측면에서의 인공지능에 대한 R&D 투자 필요성을 강조하고 있다. 최근 미국 정부는 인공지능, 양자정보과학(QIS), 5G 네트워크 등 국가 경제와 안보에 영향을 줄 수 있는 신기술 분야를 중심으로 R&D 투자를 강화하며, 관련 AI 예산을 증액하고 있다. 미국은 또한 특히 여러 기초통계 및 가공통계를 통하여 인공지능 활용 현황과 직업 수요 전망 등을 조사하고 있다.

2021년 미국은 AI, 반도체 등 첨단산업에 대한 미국의 인식과 미래 전략 방향을 제시하는 '인공지능국가안보위원회'(NSCAI)의 종합보고서를 통하여 중국과의 AI 및 연관 첨단산업 패권경쟁에서 승리하기 위한 국가 역량 의

379 최혜리 외(2021), p. 3.

지를 발표했다. 이를 위해 대통령 직속 '기술경쟁력위원회'를 신설하여 강력한 거버넌스를 구축하고, 첨단 기술개발 촉진을 위한 '국립기술재단' 설립을 각각 추진하였다. 제2의 국방교육법, 국가안보이민법 제정 및 디지털서비스아카데미 설립을 통한 핵심인재 육성, 외국인투자위원회 법안 개정 등으로 중국 등 특별관심국의 민감기술 투자 감시와 기술탈취(유출) 차단을 촉구한다는 내용이다. 구체적으로는 중국과 최소 2세대 이상의 반도체 기술격차 유지하기 위해서 첨단반도체제조장비의 대중국 수출을 통제하고, 미국 내 제조역량 확보 차원에서 신규 팹(fab) 건설 및 R&D에 대규모 연방재정을 투입하며, '첨단기술연맹' 및 '국제디지털민주주의이니셔티브' 등 민주주의 동맹 중심의 글로벌 기구를 설립하여 중국의 첨단산업 굴기 저지를 최근 보고서에서 제안하였다.[380]

둘째, 미국은 민·관·학의 AI 협력정책으로 정부기관, 민간 및 학계에서 다양한 AI 관련 프로젝트를 시행하여 최고의 경쟁력을 확보하기 위해 협동정책을 추진 중이다. 일례로 미국 AI 국가전략인 BRAIN 프로젝트는 미국 과학기술정책국 주도하에 FDA(식품의학국), DARPA(국방고등연구계획국), NSF(국립과학재단), NIH(국립보건원) 등이 여러 정부기관이 참여하여 2013년부터 10년간 30억 달러를 투자하여 인간두뇌(brain) 관련 원천기술 확보를 추진하고 있다. 또한 스탠포드대학교 등 주요 대학 중심의 산·학·연 연계 AI100(인공지능 100년 연구) 프로젝트 등 다양한 프로젝트를 통해 장기적인 관점에서 AI 발전이 인류사회에 미칠 영향에 대한 연구를 수행하고 있다.[381]

미국은 또한 '2017년 딜로이트 인지기술 현황조사'(The 2017 Deloitte State of

380 경희권, 이준(2021)

381 국경완(2019), p. 20.

Cognitive Survey), '2019년 CIO 설문조사'(2019 CIO Survey), 'AI 도입을 시도하고 있지만, 기술격차로 인해 어려움을 겪는 기업'(Enterprises Dipping Toes into AI but are Hindered by Skills Gap), '2020년 글로벌 AI 실태조사'(The state of AI in 2020), '미 연방정부의 AI 도입 실태 결과'(AI's promise and peril for the U.S. Government), '인공지능 시대의 삶: 5개 산업 분야에서의 인공지능의 성과 및 과제'(Living in a AI World: Achievements and Challenges of Artificial Intelligence Across Five Industries) 등 다양한 AI 산업 현황을 조사하여 정책에 적극 반영하고 있다.[382]

민간기업 차원에서도 세계 디지털 플랫폼 시장을 주도하는 미국의 5대 IT기업(FAMGA: Facebook, Apple, MS, Google, Amazon)은 AI 스타트업 인수를 활발히 추진하고 있다. FAMGA는 스타트업 인수 등을 통해 세계 AI 시장에서 높은 경쟁력을 갖춘 강력한 글로벌 기업으로 변신하고 있다. 최근 FAMGA의 대표제품·서비스의 대부분은 아마존의 알렉사, 구글의 딥마인드 등과 같이 AI 기업 인수를 통해 출시된 게 특징이다. FAMGA는 2012년부터 지속적인 투자를 통해 50개 이상의 AI 스타트업을 인수했으며, 인수한 스타트업을 통해 AI 이니셔티브를 확장 중인데, IT분야 외에 다양한 분야에서 AI 기술을 접목하기 위한 투자를 확대하면서, 기업 M&A도 활발하게 전개하고 있다.[383]

2) 중국 성공사례

중국 AI 산업 성공 요인은 빅데이터 경쟁력으로 설명되는 기술적 특징, 14억 인구를 기반으로 한 거대 내수시장이라는 시장조건, 정부의 강력한 의지와 중장기 전략이 뒷받침된 정책적 환경이다.[384] 중국의 인공지능 산업

382 최혜리 외(2021), p. 8.
383 리테일온(2019.08.08)
384 전보희(2021)

은 대규모 자본과 데이터, 정부의 정책 의지, 기업의 적극적인 참여 등을 바탕으로 비약적으로 성장 중이며, 과학연구 분야에서도 괄목할 만한 성과를 보인다. 중국의 AI 산업 규모는 2020년 1,500억 위안에 달하며, 2019년부터 2025년까지 연평균 26.8% 성장할 예상된다. 이에 따라 지난 10년간 중국은 AI 과학연구 네트워크에서 가장 파급력을 갖는 국가 중 하나가 되었고, 인공지능 분야에서 중국은 상당한 독자적 역량을 갖추고 있는 것으로 평가된다.[385] 중국의 AI 핵심산업 규모는 2020년 1,500억 위안(약 25조 7,890억원)에 달하며, 2019년부터 2025년까지 연평균 26.8% 성장하여 4,500억 위안(약 77조 3,640억원)에 달할 것으로 전망한다. AI 연관산업 규모는 2019년부터 2025년까지 연평균 27.8% 성장하며 2025년에는 1조 6,648억 위안에 달할 것으로 전망했다..[386] 2020년 인용된 전 세계 인공지능 논문 중 20.7%가 중국에서 발표되어 중국은 논문 인용 수에서 미국을 제치고 1위를 차지했으며, AI 연구인력 규모도 '인공신경망학회'(Neural Information Processing System)에 따르면 2019년 기준으로 전 세계 AI 연구원의 중국 출신 점유율은 29%로 미국 출신 비율(20%)보다 높았다.[387]

현재 글로벌 AI 산업은 미국이 주도하고 있지만, 중국 정부의 적극적인 5G 및 AI 산업 육성정책으로 자본력과 수집된 데이터의 양으로 미국과의 격차를 줄이고자 한다. 중국은 AI 관련 특허 출원, 논문, 고급 인재 등 분야에서 괄목할 만한 성과를 보여주는데, 핵심인력의 상당수가 외국 대학 혹은 연구기관에서 근무한 경험이 있다. 과거 10년간 중국의 AI 분야 특허 출원은 약 38만 9천 건으로 세계 1위로 2위인 미국의 8.2배, 전세계 특허 출원

385 박승혁(2019)

386 전보희(2021), p. 11.

387 동아일보(2021.08.08)

수의 74.7%에 해당된다. 2020년 인용된 전 세계 AI 논문 중 중국이 20.7%가 발표되어 논문 인용 수에서 1위로 2위 미국에 앞서있다. 중국의 AI 기술 수준은 세계 최고인 미국(100점) 대비 약 85.8점, 기술격차는 1.3년이다.[388]

중국의 AI 산업발전 요인은 정부 주도 AI 산업 육성정책, AI 인재육성 정책, 기업의 적극적인 참여와 문화적 요인이다. 첫째, 중국 정부는 4차 산업혁명시대 인공지능기술 주도를 위해 2030년까지 글로벌 1위 AI 강국이 되기 위한 'AI 굴기'(崛起)를 선언하고 정부의 적극적인 지원으로 AI 산업을 발전시키고 있다.[389] 중국 정부는 첨단산업 육성을 통해 경제구조를 업그레이드하기 위해 '중국제조 2025', '인터넷 플러스', '차세대 AI 발전규획' 등 다양한 산업정책을 추진하고 있다. 중국은 인공지능을 과학혁명과 산업 변혁을 이끌고 국제정치에 중대한 영향을 미치는 전략적 기술로 보고, 2017년 7월 '차세대 AI 발전규획'(新一代人工智能發展規划)을 발표하며, 2030년까지 AI 글로벌 1위 강국이 되겠다고 선언하고 있다. 이를 위해 중국 정부는 단계별 인공지능정책 핵심키워드의 변화로 추진하고 있는데, '중국제조 2025'(2015), '로봇산업발전계획'(2016), '인터넷 플러스(+) AI 3개년 실천방안'(2016), '소비재 표준 및 품질향상 계획'(2016), '차세대 AI 발전계획'(2017) 등 AI 유관 정책을 추진하고 있다.

388 전보희(2021)

389 전보희(2021)

<표 5-33> 중국 정부의 AI 유관 정책

정책명	내용
중국제조 2025 (2015.5)	• 국무원은 독일의 4차 산업혁명을 참조하여 제조업을 고도화하는 방안으로 제조 전산업에 AI를 결합하는 중국 최초의 AI 정책인 '중국제조 2025' 발표
로봇산업발전계획 (2016.3)	• 공업정보화부, 국가발전개혁위원회는 '중국제조 2025'와 연계하여 중국 산업구조를 개선하기 위해 '로봇산업발전계획 2016~2020' 수립
인터넷+ AI 3개년 실천방안 (2016.5)	• 15년에 발표된 '인터넷+' 전략에 AI 관련 내용을 구체적으로 제시하고, AI 산업발전에 필요한 정부 지원 계획과 방향성을 제시하는 '인터넷+ AI 3개년 실천방안' 발표
소비재 표준 및 품질 향상 계획 (2016.9)	• 국무원은 중국 재화의 소비 촉진을 위해 지능형 소비재의 표준화를 포함하는 '소비재 표준 및 품질향상 계획 2016~2020' 발표
차세대 AI 발전계획 (2017.7)	• 국무원은 중국 미래를 위한 주요 국가전략으로 AI 기술을 채택하고 개발 방향성을 설정하는 '차세대 AI 발전계획' 발표

자료: 정보통신기술진흥센터(2017), pp. 9-10. 에서 정리

AI 분야에 대규모 투자와 지원, 연구와 응용으로 중국 AI 산업이 비약적으로 발전하고 있다. 일례로 '인터넷플러스(+)' 전략을 통해 교육, 금융, 소매 등 다양한 분야에서 AI를 활용한 혁신사례들이 창출되고 있다.[390] 2017년에는 중국 정부는 AI를 국가전략산업으로 채택하고 AI 발전 3단계 목표로 '차세대 AI 발전계획'(新一代人工智能發展規划)에 3년간 1,000억 위안(17조원)을 투자하고, 5G 산업육성에도 1조2,000억 위안(약 208조원)을 각각 투자하여 AI 산업 발전에 주력하고 있다. 이 정책추진으로 컴퓨터 비전 등 AI 기술응용이 공공기관 중심으로 가속화되고 있다.[391] 중국은 국가 차원의 대규모 선행 투

390 박승혁(2019)

391 국경완(2019), p. 18.

자로 AI R&D, 제품응용, 산업육성, 인재양성 및 해외인재 초빙 등이 종합적으로 추진되고 있는데, 특히 AI 기술성과의 상업적 활용에 적극 지원하고 있다. 기존 중국의 ICT 정책은 정부 주도의 top-down 방식이었던 반면, 인공지능 정책은 정부의 역할을 업계에 인도하여, 정책지원, 안전·예방, 시장 감독, 환경 조성, 윤리법 제정 등에 정부의 역할을 한정하면서, 응용 시장 확산과 오픈소스 개방을 원칙으로 한다는 점이 특징이다.[392]

중국의 차세대 인공지능 발전계획은 3단계 전략목표, 발전계획의 6대 중점 임무를 추진하여 2030년까지 글로벌 1위 AI 강국을 추진하고 있다. 이를 위해 2020년까지 인공지능의 전반적인 기술 및 응용은 세계 선진 수준에 맞춰 인공지능산업이 중국 경제성장 요인이 되도록 한다는 전략이다.[393] 2025년까지 인공지능 기초이론은 기술응용 방면에서 세계 선진 수준 도달을 목표로 하며, 2030년까지 인공지능 이론 및 기술 응용 방면은 세계 선진 수준에 도달하고, AI 연관산업 규모는 10조 위안을 초과하여 세계 AI 혁신의 중심국가가 될 것을 목표로 하고 있다.[394] 중국의 차세대 AI 발전계획의 6대 중점 임무는 개방협동형 AI 기술혁신 체계 구축, 고효율 스마트 경제의 육성, 안전하고 편리한 스마트 사회 건설, AI 영역의 '군민융합'(軍民融合) 강화, 안전하고 효율성 높은 스마트 인프라 체계 구축, 중대 과학기술 프로젝트 계획이다. 차세대 인공지능 발전계획의 6대 중점 임무를 통해 중국의 스타트업 AI 기업을 집중 육성하며, 스마트홈 서비스, 스마트 의료, 스마트 보안 등의 관련 분야를 육성한다는 계획이다. 특히 의료/헬스케어 분야에서

---

392 정원준, 이나라(2018), p. 8.

393 2020년까지 AI 기술응용 선진국(연관산업 매출액 1,500억 위안)으로 육성한 뒤, 2025년 AI 기초이론 및 기술 선도국가(연관산업 매출액 4,000억 위안), 2030년 글로벌 AI 혁신강국(연관산업 매출액 1조 위안, 생산유발효과 10조 위안)에 도달한다는 목표이다.

394 KOTRA(2017.09.04.), 전보희(2021)

의 AI 기술은 주로 딥러닝 및 빅데이터 분석을 통해 구현되고 있으며, 병리진단, 영상분석, 의료데이터 처리, 정밀의료, 신약개발, 헬스케어, 정밀의료 등에 매진한다는 계획이다.[395] 중국 AI 발전전략에서 특이한 점은 민간기업과 군대와의 연계인 '군민융합'을 강조하고 있다는 것이다.

<표 5-34> 중국 차세대 인공지능 발전계획의 6대 중점 임무

중점 임무	내용
개방협동형 AI 기술혁신 체계 구축	• 기초이론, 통용 기술, 혁신 플랫폼, 고급인력 등의 측면 강화
고효율 스마트 경제의 육성	• 스마트 경제를 육성하여 인공지능 신흥산업을 발전시키고, 스마트 산업의 업그레이드를 추진하며, 인공지능 혁신기지 설립
안전하고 편리한 스마트 사회 건설	• 안전하고 편리한 스마트 사회를 건설해 고효율 스마트 서비스를 발전시키며, 사회 관리의 스마트화 수준 향상
인공지능 영역의 군민융합(軍民融合) 강화	• 인공지능 영역의 군민융합을 강화하고, 군민 쌍방간의 인공지능 기술 응용을 촉진시키며, 군민 혁신자원 공동 건설 및 공유
안전하고 효율성 높은 스마트 인프라 체계 구축	• 인터넷, 빅데이터, 슈퍼컴퓨터의 고효율화를 통해 고효율의 스마트 인프라 설비 체계 구축
중대 과학기술 프로젝트 계획	• 차세대 인공지능이 갖는 중대 이론과 통용 기술의 난제를 겨냥해 전체적 관리를 강화하고, 차세대 인공지능 중대 과학기술 프로젝트를 핵심으로 하며 현재와 미래의 연구개발 임무를 전체적으로 계획하는 인공지능 프로젝트 구성

자료: KOTRA(2017.09.04)에서 정리

둘째, 인재양성 및 확보 정책이다. 중국은 AI 분야 고급 인재를 유치하기 위해 해당 분야의 세계적 수준의 해외 학자, 기업가, 전문 기술인재, 경영

395 박소영(2019), pp. 7-8.

인재 등 핵심 인재확보를 위하여 1994년 '백인계획'(百人計划), 2008년 '천인계획'(千人計划), 2019년 '만인계획'(万人計划) 등 정부 차원에서 기초과학 우수 인재확보 목적의 장기 정책을 각각 추진하고 있다. 또한 AI 인재육성을 위해서 중국 정부는 고급인력 유치뿐만 아니라, AI 관련 교과목 개설, AI 대학, 연구원 등 전문기관 설립을 통한 인재육성에도 주력하고 있다.[396]

셋째, 중국기업들의 적극적인 AI 산업 투자 유도이다. 2019년까지 중국의 AI 핵심기술과 제품의 연구개발 생산에 참여하는 기업 수는 797개사로 1위 미국(2,169개사) 다음으로 많고, 이는 전 세계기업 5,386개사의 14.8%를 차지한다.[397] 특히 중국은 AI 스타트업에 대한 투자가 활발히 이루어지고 있는데, 세계 10대 AI 유니콘은 미국 5개 기업, 중국 5개 기업으로 두 국가가 AI 산업을 주도하고 있다. 중국 대표 IT 기업(바이두, 알리바바, 텐센트)들도 AI 개발에 매진하고 있다. 일례로 최근 바이두, 텐센트, 알리바바, 앤트파이낸셜 등의 중국 IT 기업의 AI 투자 규모가 미국 경쟁업체인 구글, 아마존, 애플, 페이스북의 투자 합계인 17억 달러보다 7배 이상 크고, AI 스타트업에 대한 투자는 이미 미국을 추월했다. 중국은 AI 발전에 정부의 적극적인 지원과 함께 신성장 기업들의 기술투자가 큰 역할을 한다.[398] 바이두는 인공지능, 반도체, 클라우드, 데이터센터 등 대대적인 인프라 기술 투자와 5백만 명 이상의 AI 전문인력 양성 계획, 알리바바는 2020년 283억 달러의 클라우드

---

396 전보희(2021), pp. 9-10. 중국 교육부는 AI 인재육성을 위한 주무 부처로서 과기부, 재정부 등 관련 부처와 공동으로 AI 인재양성을 위한 다양한 정책을 발표하였으며, 2018년 4월 '대학 AI 혁신 행동계획'을 발표하고 고등 교육기관 중심의 AI 기술혁신과 인재양성 세부방안을 마련했다.

397 2018년 중국 과학기술부 산하의 '차세대인공지능발전전략연구원'이 설립되었으며, 동 연구원은 인공지능 R&D 센터로 인공지능 기술 동향 분석, 인공지능에 관한 정책연구, 협력 플랫폼 구축 등의 업무를 수행했다. 중국 AI 기업 797개사가 보유한 데이터를 바탕으로 주요 기술, 지역 분포, 인력구성, 글로벌 동향 등 분석한다.

398 국경완(2019), p. 18.

분야 신규 투자계획, 텐센트도 700억 달러 규모의 AI, 클라우드 대규모 투자계획을 각각 발표했다.[399]

<표 5-35> 중국 주요 기업의 인공지능 추진 현황

구분	주요 추진 내용
샤오미	• 향후 5년간 AIoT 분야에 최소 100억 위안 투자 예정 • AIoT 생태계 구축의 일환으로 '샤오미 AIoT 개발자 펀드' 설립을 위해 1억 위안 투자 예정
화웨이	• 'AIoT 전략'은 도입, 연결, 생태계 3가지 측면에서 화웨이의 제품 생태계 구축 예정 • 생태계 구축을 위해 '하이AI(HiAI, 스마트기기용 인공지능 엔진)'와 '하이링크(HiLink, 스마트홈 플랫폼)' 활용 계획
알리바바	• '만물소성' 계획을 통해 모든 사물에 AI 기능을 탑재하는 전략 추진
터쓰렌 (TERMiNUS)	• AIoT와 관련하여 12억 위안(약 1990억 원)을 조달 성공 • AIoT 생태계 플랫폼을 구축해 스마트도시 구축 예정
오포 (OPPO)	• 5세대 이동통신(5G) 시대를 맞아 AIoT 기술 개발에 중점을 둔 이동통신단말기 사업부 신설
쾅스커지	• 로봇과 물류, 제조업 업무가 통합된 것으로 전 프로세스에 대해 계획 수립부터 시뮬레이션, 실제운영에 이르기까지 한 번에 처리 가능한 '허투' 시스템 개발
중국과학원	• 중국과학원이 개발한 '제로트러스트(Zero-Trust)' 시스템으로 중국 중앙정부나 지방정부가 보유한 150가지 데이터베이스 시스템과 연동되어 공무원의 비리 감시

자료: 국경완(2019), p. 19. 에서 정리

넷째, 문화적인 인식 차이도 중국의 빅데이터와 AI 산업발전에 도움을 주는데, 중국 기업들은 사생활에 관한 중국의 문화적 규범에서도 혜택을 얻고 있다. 일례로 COVID-19 위치 추적에서 알 수 있듯이, 서구권에서는

399 최혜리 외(2021), p. 4.

개인 공간 및 자료는 개인의 사생활의 일부이며 권리로 간주하지만, 중국 소비자들은 자신만의 개인 데이터를 제공한다. 또한 중국정부 승인하에 광범위한 개인정보 수집·활용을 허용하여 개인 데이터에 대한 접근과 이용이 비교적 용이하다. AI 개발자들이 알고리즘을 훈련 시키기 위해 필요한 자료에 쉽게 접근하고 이용이 가능하다. 인도의 '정보에 대한 권리', 유럽의 '잊힐 권리'를 명문화한 것과는 달리, 중국에서는 정보 분야에서 사생활에 대한 논의가 없었다.[400] 이런 문화적 여건은 빅데이터 경쟁력, 14억 인구의 거대 내수시장을 활용하여 AI 개발에 나선 중국 기업에는 좋은 기회로 사용자에게서 다양한 데이터수집 허용과 이용이 가능하다.

5.5.4 시사점

AI는 IT, 제조, 의료, 교육, 금융, 모빌리티, 서비스 등 전 산업에 광범위하게 응용되며 영향력이 증가하고 있다. 특히, 향후 미래산업인 6G, 환경 및 우주 분야에서 AI의 적용 사례 증가를 준비해야 한다. AI 산업발전의 필수 요소는 인재양성과 규제개혁, 투자이다. 전 세계적으로 AI 인재확보 경쟁이 치열한 가운데, 미국은 기업 주도로, 중국은 국가 주도로 AI 인력 육성에 투자하고 있는데, 한국은 IT 강국의 인프라를 갖췄지만, 'AI 생태계'는 매우 취약하다. AI 분야는 규제대응 전략으로 제도적, 조직적, 거버넌서 한계점 극복을 위한 대응책과 윤리적 문제도 함께 고려가 필요하다.[401] 따라서 AI에 대해 좋은 규제에 대해 연구가 선행되어야 AI 기술이 더욱 발전할 수 있다.

---

400 조선일보(2018.04.07)

401 심우현, 박정원(2017), pp. 10-12. 최기영(2018), pp. 13-14.

AI 기술의 국가별 순위는 미국(100점), 유럽(89.5점), 중국(85.8점), 일본(81점), 한국(80.9점) 순으로 나타났으며, 한국은 미국 대비 80.9점 수준으로 1.8년의 기술격차가 존재한다.[402] AI 분야의 발전을 위한 시사점은 다음과 같다. 첫째, 미국, 중국 성공사례에서도 알 수 있듯이 정부의 적극적인 역할, 기업과 학계의 협업 참여가 필요하다. AI 산업은 데이터 경제에 기반을 두고 있어 정부의 과감한 규제 혁신과 적극적인 정책이 중요한 성장요인으로 작용하고 있다. 특히 AI 정책에서 정부 역할의 중요성이다. 중국은 새로운 기술을 매우 빠르게 채택해 왔기 때문에 AI에서 선두에 올라설 기회를 가질 수 있다. 일례로 중국은 신용카드 대신 바로 전자결제 플랫폼을 사용하기 시작했고, 텐센트 등 다른 중국 기업들의 대규모 중앙 집중화된 플랫폼은 방대한 양의 데이터를 생성하고 수집해 AI 연구와 개발에서 우위를 확보하고 있다. 플랫폼들은 거의 독점적이어서 향후 AI 앱을 수익화 하는데 도움이 될 것이다. 현재 글로벌 AI 산업은 미국이 주도하고 있지만, 중국은 정부의 적극적인 5G 및 AI 산업 육성정책으로 자본력과 수집된 데이터의 양으로 미국과의 격차를 줄이고자 한다.

<표 5-36> AI 분야 규제대응 전략

제도적 한계점의 개선을 위한 제도의 도입	• 규제지체와 규제 병목현상 해소를 위한 규제 프리존/ 규제 샌드박스등의 제도 도입과 적응 규제 패러다임으로의 전환
조직적 한계점 극복을 위한 전략 추진	• 인공지능 관련 전문지식 및 정보 확보를 위해 기업과의 지속적인 의견교환 • 규제기관의 협업체계 마련을 통한 규제 합리화 추진
거버넌스적 한계점 극복을 위한 대응책의 마련	• 수요자 및 이해 관계자의 참여에 기반한 규제개선의 추진 • 기업 간 불공정 경쟁 해소와 협력 증진을 위한 규제 형평성 강화

자료: 심우현, 박정원(2017), pp. 10-12. 에서 정리

402 전보희(2021)

둘째, 제도개선이 필요하다. 무엇보다 AI 인력의 해외유출을 막고 국내에서 활동할 수 있도록 스타트업 창업 등 산업육성 지원과 규제개선을 통한 건전한 AI 생태계 조성이 중요하다. AI 선도국들은 공통적으로 육성정책과 규제개선을 통해 AI가 의료 및 헬스케어를 비롯한 타 산업에 적용·활용될 수 있도록 하여 자국의 AI 산업을 육성한다. 한국도 적극적인 AI 활성화와 함께 데이터가 안전하고 합법적으로 수집·활용될 수 있도록 지속적인 규제개선 노력이 필요하다.[403] AI 기술 상용화를 위해서 AI 스타트업을 위한 '규제샌드박스' 적용기준을 완화하고, 법제도상 지원제도를 크게 개선해야 한다. AI는 데이터 기반 산업으로 산업발전 정책과 AI 기술의 산업융합에 주요한 기반인 개인정보보호법상 데이터처리 및 공유의 문제 등 법 제도에서도 산업육성과 충돌되는 이슈를 해결하기 위해 부처간 유기적인 협력도 필요하다.[404]

셋째, 집중적인 R&D 투자와 인재확보가 필요하다. 한국의 인공지능 두뇌지수가 주요국 대비 상대적으로 낮고, 중국, 미국 등과 비교하여 한국 AI 기술격차가 상당하여,[405] 인재양성에 정책역량을 집중할 필요가 있다. 글로벌 AI 주도권 경쟁에서 뒤처지는 이유 중 인재 부족이 주요 원인 중 하나이다. 국내 AI 인력은 수준에 관계없이 부족하며 국내기업들도 인력 부족이 심각하다.[406] AI 스타트업, 전문가 및 인재 등 확보가 극히 미미한 수준으로 국가별로 글로벌 AI 인재확보에서 미국(28,536명), 중국(18,232명)에 비교하여 한국(2,664명)은 많이 부족하다. 우리나라는 법제도 정비, R&D 투자 확대를 통

403 김용민(2019), pp. 12-19.

404 박소영(2019), p. 11.

405 최기영(2018), pp. 13-14.

406 김용민(2019), pp. 18-19.

해 AI 스타트업을 많이 배출해야 하며, 산·관·학 협력, AI 연구기관/학과 신설, 확대를 통해 고급 전문인력을 많이 양성해야 한다. 그러나 인력양성 정책의 특성상 양성된 인력이 기업에 투입되기까지 일정 기간이 소요되기 때문에 선도국과의 경쟁력 격차를 단기간에 줄이기는 어려울 것이다. 따라서 주요 AI 선진국들의 정책을 참고하여 구체적인 전략을 수립하고 지속적으로 점검·수정하는 등 장기적인 AI 인력양성 정책추진이 필요하다. 특히, 산·관·학간 적극적인 협력을 통해 실무능력을 갖춘 AI 인재의 양성과 지원이 중요하다.[407] 따라서 중장기적으로 기초과학을 중시하는 풍토를 조성하기 위한 기초과학분야에 인센티브를 확대하고, AI 분야 인력 부족을 해결하기 위한 국내 고급인재의 양성 및 해외인재 확보 정책이 필요하다.[408]

넷째, 컴퓨터 및 데이터산업 등 AI 연관산업과 인프라의 발전도 함께 필요하다. AI 분야는 데이터산업으로 4차 산업혁명 시대 핵심 국가 전략산업이다. 4차 산업혁명 시대에 데이터가 급증하고, AI가 고도화됨에 따라 초고성능 컴퓨터가 이를 처리하는 필수 인프라로 부각 되면서 그 중요성이 더욱 확대되고 있어 이에 대한 다양한 대책도 함께 추진할 필요가 있다.[409]

---

407 최기영(2018), pp. 13-14. 인력양성방안을 구체화하는 등 AI 인력양성 정책을 비교적 일관되게 추진하고 있다. 중국, 일본은 기존 AI 인력양성 정책의 후속 세부 실행계획을 발표하고, 영국은 산업전략에 '17년 정부 AI권고안의 인력양성 내용을 구체화하는 등 AI산업 발전에 경주한다. 특히, 중국과 일본은 AI 정책을 총괄하는 컨트롤타워를 구축하여 체계적으로 인력양성 등 AI 육성정책을 추진하며 AI 고급 인재양성을 위한 대학교의 역할, 특히 석·박사급 인력양성과 함께 글로벌 고급 인재확보를 강조하고 있다. 김용민(2019), pp. 17-18. 한국도 STEAM 교육('11), SW 의무교육('18) 등을 AI 관련 기초교육을 도입하였지만, 교육의 양적·질적 수준의 개선이 필요한 상황이며, 미국과 같이 STEAM 교육을 교육 전반에 활용하거나 중국처럼 유치원부터 AI교육을 할 수 있는 교재개발 등 교육 전반에 걸쳐 지속 가능한 AI 기초교육 기반확립이 중요하다. 김용민(2019), p. 18.

408 전보희(2021), p. 32.

409 과학기술정보통신부(2021)

5.6. 바이오

5.6.1. 산업 및 시장분석

바이오산업(biotechnology industry)은 바이오기술을 바탕으로 생물체의 기능 및 정보를 활용하여 제품 및 서비스 등 다양한 고부가가치를 생산하는 산업이며 바이오기술(biotechnology)은 생물체 기능을 이용하여 제품을 만들거나 유전적 구조를 변형시켜 새로운 특성을 나타내게 하는 복합적 기술이다. 바이오산업은 DNA, 단백질, 세포 등 생명체 관련 기술을 직접 활용해 농업, 의약뿐만 아니라 연료, 화학, IT, NT 등의 기술 융합으로 응용범위가 확대되고 있다.[410] 바이오산업은 융합을 통한 신기술, 신산업 등 새로운 부가가치 창출이 가능한 4차 산업혁명 주도 분야인데, 바이오 분야는 R&D 성과물이 산업화로 직결되는 대표적 분야로서 R&D 과정 전체에 걸쳐 경제효과를 창출한다.

최근 팬데믹 상황에서 백신 등 바이오산업의 중요성이 증대되고 있으며, 지속 가능한 미래기술로써 바이오산업은 AI, 빅데이터, 의료산업 등과 융합화를 통해 빠르게 영역을 확대하고 있다. 또한 바이오 시장은 반도체, 자동차, 화학제품 시장을 합한 규모를 뛰어넘는 새로운 신기술의 고부가가치 창출이 가능한 융합산업으로 성장하고 있다. 바이오산업은 건강(바이오 생명과학 분야), 식량, 환경 분야의 인류가 직면해 있는 모든 문제를 해결할 수 있는 핵심 산업이며, 양질의 일자리 창출 등 지속 가능한 성장을 견인하는 미래 핵심

410 한국바이오협회

산업이다.[411] 일례로 소비자가 기업에 직접 유전자 검사를 의뢰하는 '소비자 의뢰 유전자 검사'(DTC)는 대표적인 4차 산업혁명으로 유전체 분석을 통해 암, 치매, 뇌졸중 등 질병을 예측 및 예방할 수 있고, 맞춤형 의료서비스도 제공할 수 있다. 바이오경제 생태계는 레드바이오, 그린바이오, 화이트 바이오산업으로 구분된다. 레드바이오는 신약, 유전체, 뇌연구, 디지털 헬스케어 분야로 나누어진다. 그린바이오는 농업 분야로 개량종자나 유전자 변형된 동식물 및 건강기능 식품이나 식품 첨가제 등을 포함한다. 화이트바이오는 화학 분야로 바이오 연료나 바이오 폴리머, 수 처리용 미생물 등을 다루는 분야이다.[412]

바이오산업의 특징은 고위험 고수익의 R&D 중심 산업이다. 바이오산업의 대표적인 제품인 의약품의 경우, 제품의 안전성과 유효성을 입증하기 위해 평균 15년이라는 기간과 10억 달러 이상의 투자가 소요되어, 개발 실패 시 부담해야 하는 위험이 높지만, 성공 시 수 배에서 크게는 수십 배의 고수익(high return)을 기대할 수 있다. 바이오의약품이란 생물체를 이용하거나 생물공학 기술을 이용하여 만든 의약품으로서 최근 의약품 시장의 성장을 주도하고 있다. 일단 의약품이 허가되면 특허에 의해 복제약 진입을 막고(시장독점), 수조원의 고수익 창출도 가능하다.[413] 예방 백신과 치료 의약

---

411 한국산업마케팅연구소(2018)

412 레드바이오는 보건, 의료분야로서 헬스케어를 위한 바이오기술과 IT가 융합된 의료제품 및 서비스이며, 세포치료제, 항체치료제 등 바이오기술을 기반으로 하는 신약으로 포함된다. 그린바이오 분야는 종자와 지능형 농업 및 농수산 신소재, 동식물 치료제 분야들이다. 화이트바이오는 바이오 연료나 바이오 폴리머, 수처리용 미생물을 포함하는데, 이 분야는 바이오에너지, 바이오 화학, 해양수산, 환경바이오가 있다.

413 한국바이오협회

품 등의 확보가[414] 국가안보와 직결되는 것을 현재 COVID-19 사태를 통해 알 수 있듯이 바이오산업은 앞으로 국가의 경쟁력과 직결된 주요한 산업 분야로써 중요성이 더욱 증대할 것으로 전망된다.

삶의 질 향상, 고령화, 만성질환 증가 등에 따른 헬스케어 관련 지출 증가에 따라 글로벌 바이오시장은 지속 성장이 전망되고 있다. 글로벌 바이오산업 시장은 2017년 3,802억 달러(약 427조원)에서 연평균 7.8%로 성장하여 2022년 5,536억 달러(약 621조원) 규모 전망된다. 보건의료 부문은 2013년 221조원 규모로 세계 바이오시장의 67.1%를 차지하며, 이외에 산업/환경 27조원(8.1%), 농식품 35조원(10.5%) 등으로 구성되어 있다. 지역별 점유율로는 미국 47.1%(1,790억 달러), 아시아-태평양 24.4%(928억 달러), 유럽 17.9%(679억 달러), 중동 1.8%(69억 달러) 순서이다.[415] 바이오의약품이란 생물체를 이용하거나 생물공학 기술을 이용하여 만든 의약품으로서 최근 의약품 시장의 성장을 주도하고 있다. 세계 의약품 시장규모는 2014~2019년 연평균 약 4.7%로 성장, 2019년 1조 2,504억 달러 기록, 2020~2024년까지 연평균 성장률은 3~6% 수준이 될 전망이다. 한국 의약품 시장규모는 2015~2019년 연평균 7.1%로 성장, 2019년 24.3조원을 기록하였다.[416]

한국무역협회 국제무역통상연구원(2021) '전 세계 의약품 공급망의 변화와 우리 수출의 경쟁력 분석' 보고서에 따르면 2020년 한국의 바이오의약품 수출은 2019년(21억 달러) 대비 139.1% 증가한 51억 달러를 기록했다. 급격

414 바이오산업의 특성은 ① 고부가가치의 지식기반 산업으로 미래 발전 가능성이 크다. ② 장기간, 고비용의 투자 필요하며 리스트가 큰 산업이다. ③ 첨단기술·타 산업 간 융합이 중요하며 참여 주체가 다양하다. ④ 전문인력의 수요가 높아 R&D 인력의 고용 창출 효과가 기대되는 사업이다. ⑤ 국가적 당면 현안과 직결되기 때문에 정부의 재정 지원이 필요하다.

415 홍윤정, 김무웅(2019), p. 2.

416 성동원(2021)

한 수출 증가에 힘입어 한국의 2020년 바이오의약품 수출 금액 순위는 전년(9위) 대비 두 계단 상승한 7위를 기록했으며 바이오의약품 수출경쟁력도 크게 개선됐다.[417] 또한 최근 COVID-19 팬데믹 사태에도 불구하고 2020년 바이오헬스 수출은 전년 대비 54.4% 급증하여 141억 달러 수출로 수출 10대 주요 수출품으로 성장하였다. 제약 바이오 상장기업 수는 24개로 증가되고, 진단키트 수출은 170여 개 이상이며, 바이오시밀러, 바이오의약품(화이자, 모더나, 아스트라제네카 등 코로나 백신 등) 위탁생산 등으로 주목을 받고 있다.[418] 현재 한국은 COVID-19 백신의 중요 위탁 허브생산지로 삼성바이오로직스, SK 바이오사이언스 등이 모더나, 노바백스, 아스트라제네카, 스푸트니크V 백신 등을 국내 위탁생산하고 있다.

<표 5-37> COVID-19 백신 국내 위탁생산(CMO) 현황 (2021)

백신 업체	국내 위탁생산업체
아스트라제네카(영국)	SK바이오사이언스
모더나(미국)	삼성바이오로직스
스트니누크V(러시아)	이수앱지스, 바이넥스 등
코비박(러시아)	엠피코퍼레이션
기타	녹십자

5.6.2. 한국의 관련 규제 및 문제점

바이오 분야의 규제는 상당히 넓은 범위에 적용될 수 있는 만큼, 광의와

417 국제무역통상연구원(2021)
418 한국바이오협회

협의의 의미가 있다. 광의의 의미로 바이오산업 규제란 생물자원을 이용하는 농업, 임업, 수산업, 식품업 등의 전통적 경제활동과 생물학적 공정을 활용하는 생명공학, 제약·의료산업 이외에도 물질 및 에너지 순환에 개입하는 신재생에너지 개발, 친환경 소재 산업, 생태계 보전 활동 등에 영향을 미치는 규제이다. 반면 협의의 규제는 바이오기술을 이용한 연구개발, 제조, 생산, 서비스하는 단계에 정부가 연구자 혹은 기업에게 영향을 미치는 행정수단에 대한 등록규제가 있다.[419] 바이오 분야는 생명을 다루기 때문에 규제개선 시에 세 가지 특징으로 타 기술과는 차별화된 접근이 필요하다.[420] 첫째, 바이오 분야에서는 문제 발생 시 인간의 생명까지도 위협하는 사고가 발생할 수 있기에 이를 원천적으로 방지하기 위한 사전규제가 발달해왔다. 이러한 상황에서는 매우 보수적인 관점의 규제개선이 이루어졌으며, 규제 완화에 대해 사회적 저항이 큰 경향이 있다. 일례로 대표적인 규제산업인 환경, 보건 의료분야의 경우 엄격한 기준 적용을 통해 보다 안전하고 우수한 제품개발을 유도하는 긍정적인 측면이 있기에 바이오산업에서 보수적인 특징을 부정적으로 보기는 어렵다는 견해도 있다.[421]

둘째, 바이오 분야는 일반화되기 어려워 개별 특성에 따른 세분화와 유연한 접근이 필요하다. 일례로 단백질, 세포, 유전자 단위에서 치료하는 바이오의약품의 경우 화합물로 구성된 합성신약에 비해 인허가 기준이 까다롭고 복잡할 수밖에 없다. 이런 개별성 때문에 규제의 합리성을 확보하기

419 이명화 외(2014)

420 이처럼 바이오분야 규제는 보수성, 개별성, 복잡성과 같은 특징과 함께, 기본적인 방향성이나 방식에 대한 합의가 없었기 때문에 규제 개선 결과에 대한 만족도도 높지 않았다. 즉, 다양한 이해관계와 경제사회적 가치들이 결부되는 영역인 만큼 안전성과 유효성을 담보하면서도 연구개발을 촉진시킬 수 있는 균형점이 요구되며, 이를 위해 규제방식이 가장 효과적이며 실효성이 있을지에 대한 논의가 필요하다. 이명화, 이혜진(2016), pp. 113-137.

421 이명화, 이혜진(2016), p. 117.

가 어려워 다른 분야에 비해 과학적인 기준, 지속적인 평가 기술 및 방법들의 개발 노력이 요구된다. 희귀 의약품의 경우에도 안정성, 유효성을 검증할 수 있는 충분한 수의 희귀질환 임상시험 대상자들 모집이 어렵고, 3D 프린터로 제조된 제품들의 경우에는 매번 까다로운 허가 프로세스를 감당하기 어려워 규제 완화가 필요하다.[422]

셋째, 바이오산업은 건강과 안전, 생명윤리, 생태계질서 보호와 같은 인류 보편가치들과 충돌할 수 있어 규제개선이 복잡하고 어려운 특성이 있다.[423] 산업육성과 같은 경제적 측면과 국민의 삶의 질과 관련되는 공공성의 측면이 연관되어 있어 서로 다른 가치들이 상충할 경우 합의가 어려운 실정이다.[424]

한국의 경우, 규제개혁위원회, 규제개혁장관회의 등의 제도적인 장치를 통해서 바이오 분야의 규제는 지속적으로 개선되고 있으며, 부처별로도 바이오 분야에 대한 규제개선이 이루어지고 있다.[425] 하지만 여전히 많은 규제들이 산업발전을 저해한다. 일례로 소비자가 의료기관을 통하지 않고 직접 받을 수 있는 유전자 검사(DTC: direct to consumer)시장은 바이오, 제약업계가 처한 현실을 가장 대표적인 사례이다. 하지만 한국에서는 DTC는 콜레스테롤, 혈압, 탈모 등 12개 분야 46개에서 57개 유전자 항목으로 확대되었지만, 중증질환 유전 정보도 확인할 수 없다. 미국, 유럽, 중국, 베트남 등 국가들은 DTC에 거의 제한이 없는 반면, 미래 시장인 DTC에 도전하는 기술력을 가진 국내 바이오 벤처기업들은 오히려 국내에서는 검증과 사업화를

422 이명화, 이혜진(2016), p. 119.

423 이명화(2016), p. 2.

424 이명화, 이혜진(2016), p. 119.

425 이명화 외(2014), pp. 43-46.

추진하기가 어렵다. 또한 유전자가 위의 연구범위 및 체세포 유전자 치료범위 제한 등 획일적 규제로 인해 혁신적 연구를 하기 어려운 실정이다.[426] 결국 성장을 막는 규제의 악순환으로 산업발전과 경쟁력의 약화 우려가 있다. 바이오 규제는 현행법상 바이오의약품 규제, 생명윤리 관점의 규제, 안전성 관련 규제, 개인정보 관련 규제, 생태계보호 관련 규제가 있다. 첫째, 현행법상 바이오의약품 규제이다. 한국의 바이오산업은 반기업 정서와 규제로 인해서 발전이 둔화되고 있다. 현행법상 바이오의약품은 의약품에 포함돼 있어 아직도 일반의약품과 동일하게 약사법으로 첨단바이오의약품을 규제하고 있다.

둘째, 생명윤리 관점의 규제이다. 2004년 제정된 '생명윤리 및 안전에 관한 법'(생명윤리법)에서 생명윤리를 위한 규제들은 상당수 다뤄지고 있는데,[427] 특히 문제가 된 이슈들은 인체 자원의 연구용 활용에 대한 부분으로 인체조직이 실험도구로 사용되거나 매매 대상이 되어 인간 존엄성이 침해될 수 있다는 우려와 관련된 규제들이다. 최근 활발한 바이오헬스 연구에서 인체 자원 확보가 연구의 성패에 중요하게 작용하고 있어 윤리적 우려들을 최소화하면서 연구 활동을 저해하지 않는 균형정책이 요구된다.

셋째, 안전성 관련 규제이다. 상당수 바이오 분야 규제들이 안전성 확보를 위해 발달해 왔다. 하지만 이슈에 따라서는 평가대상의 특수성을 고려한 규제 완화가 필요하거나, 타 규제들과 중복되는 측면에서 규제 운영방식의 개선이 필요하다. 또한 안전성 우려가 있지만, 신산업육성 관점에서

426 첨단 바이오의약품법은 합성의약품과 성격이 다른 세포 및 유전자 치료제 등을 정의하고, 원료 채취부터 시판 후 사용단계의 전 주기에서 안전성 및 유효성이 확보된 첨단바이오의약품의 제품화를 지원하는 내용이다.

427 의학신문(2020.05.21)

희귀의약품 임상시험 계획서 요건 완화, 3D 프린터로 제조된 의료기기 허가조건 완화, 방사선의약품에 대한 GMP 적용 완화와 같은 요구들은 규제 대상의 특수성을 기반으로 제기되는 규제개선이 요구되는 이슈들이다.[428]

넷째, 개인정보 관련 규제이다. 첨단 IT 기기들을 이용한 디지털 헬스산업의 등장과 개인 유전정보에 기반한 맞춤 의료시대가 도래하면서 바이오 분야에서도 개인정보보호가 하나의 중요한 쟁점이 되고 있다. 하지만 개인정보 활용에 관한 규정들은 개인정보보호 법과 생명윤리법에 명시되어 있지만, DTC 경우처럼 활용에 제약이 있어 관련 산업육성 차원에서 보완이 필요하다. 기존에 개인 '건강' 정보는 개인정보보호법에 의해 민감정보로 분류되어 산업적 활용이 제한되었는데, 단순 신체 정보나 신체활동 정보도 '건강' 정보라는 이유로 민감 정보로 분류되기 때문에, 관련 산업이나 서비스 발전을 저해할 수 있다.[429] 또한 2020년 통과된 개인정보보호법 일부개정 법률안에서 여전히 산업계에서 개인 유전 정보나 의료기록을 활용하기 위해서는 개인을 식별할 수 없도록 하는 비식별화 과정에서 비식별화 대상이나 방법이 모호하여 명확한 가이드라인이 필요하다.[430] 가명 정보 및 가명 처리 정보의 적용 제외 규정만을 입법할 경우 익명화, 가명 정보 간

---

428 이명화(2016), pp. 7-9.

429 정현용(2020), pp. 10-11. 윤리적 문제와 개인정보 활용 문제로서 기술의 발전과 데이터 시대에 의료·바이오 분야에서 의료기술의 향상과 의료서비스의 개선을 위해 AI 기술도입은 필연적이다. 의료·바이오 분야에서 AI와 직면한 윤리 문제는 크게 두 가지로 데이터 활용에서 환자의 개인정보 유출이나 재산권 침해, 그리고 AI 분석 결과에 대한 책임 문제이다. 2017년 식품의약품안전처는 '빅데이터 및 인공지능 기술이 적용된 의료기기의 허가·심사 가이드라인'을 발표했다. 하지만 가이드라인은 의료기기법에 의한 것으로 해당 제품개발에 대비하여 허가나 심사 방안만 제시했을 뿐 개인정보 유출이나 재산권 침해가 발생하는 경우 개발자, 제조업자, 의사 병원 등 어느 주체가 책임질 것인지가 불분명하며, AI의 진단 결과에서 발생하는 책임소재도 아직 명확하지 않다.

430 데이터의 활용과 개인정보보호를 현 상황에 알맞게 최적화하기 위하여 개인정보보호법 일부개정 법률안이 2020년 1월 통과되어 법률안에서는 개인정보를 가공한 익명 정보는 개인정보 보호법의 대상에서 제외하여 자유로운 활용이 가능하며, 또한 다른 정보와의 결합 없이 해당 정보로는 개인을 특정화할 수 없는 가명 정보는 통계, 학술연구, 공익적 기록보존을 목적으로 처리할 수 있게 하였다.

관계의 불명확성이 해결되지 않는 문제점이 있다. 따라서 개인의료 정보에 대해서 더 명확하게 규정하는 법적 장치를 마련하여 정밀의료의 기반이 되는 토대를 마련하는 것이 필요하다.

다섯째, 생태계보호 관련 규제이다. 바이오 분야의 규제들 중에는 환경오염이나 생태계질서 교란 방지가 목적인 경우들이 있다. 일례로 유전자변형생물체(LMO: living modified organism) 개발과 관련된 규제나 외래종 수입에 대한 규제가 대표적이다. LMO의 경우 대부분 '유전자변형생물체의 국가간 이동 등에 관한 법률'을 통해 규제되는데, 새롭게 개발 혹은 생산되거나 수입한 LMO에 대해 인체 및 환경 위해성 심사에 대한 완화 요구가 최근 제기되고 있다.[431]

<표 5-38> 한국 바이오산업 규제 이슈

현행법 체계상 바이오의약품 규제	• 현행법 체계상 바이오의약품은 의약품에 포함돼 있어 아직도 일반의약품과 동일하게 약사법으로 첨단바이오의약품 규제
생명윤리 관점의 규제	• '생명윤리 및 안전에 관한 법'(생명윤리법) • 인체조직이 실험도구로 전락하거나 매매 대상이 되어 인간 존엄성이 침해될 수 있다는 우려로 인해 발달
안정성 관련 규제	• 평가대상의 특수성을 감안하여 규제 완화가 요구되거나, 타 규제들과 중복되는 측면 때문에 규제 운영방식에서의 개선 필요
개인정보보호 관련 규제	• 단순 신체 정보나 신체활동 정보도 '건강' 정보라는 이유로 민감 정보로 분류, 관련 산업이나 서비스 발전 저해
생태계보호 관련 규제	• 환경오염이나 생태계질서 교란 방지가 목적 • 유전자변형생물체(living modified organism) 개발과 관련된 규제나 외래종 수입에 대한 규제가 대표적

자료: 이명화(2016), pp. 7-9. 참고 후 작성

431 이명화(2016), pp. 7-9.

5.6.3. 주요국 성공사례

세계적으로 급속한 생명공학 기술발전과 맞춤 의료, 유전체 의학 등 새로운 패러다임 등장의 영향으로 바이오 분야의 융복합 현상은 더욱 거세지고 있다. 이에 맞춰, 미국과 유럽, 일본 등 바이오 선진국들은 기존의 규제를 개선하고 새로운 법과 제도를 마련하기 위한 과감한 규제혁신을 바탕으로 바이오 융합 시장 선점에 속도를 내고 있다.

1) 미국 성공사례

미국 생명공학 바이오산업의 성공 요인은 정부의 바이오 육성정책(강력한 기초연구 지원, 풍부한 모험 자금, 활발한 산학 연계, 풍부한 고급인력과 높은 인력 유동성, 강력한 지적재산권 보호 제도), 그리고 여러 부처가 관여하는 각종 규제제도의 유연한 규제 완화 정책 등이다.[432] 첫째, 미국은 2000년부터 '바이오매스 연구개발법'(Biomass R&D Act)을 통해 화이트 바이오를 지원해왔다. 2012년 국가 바이오경제 청사진을 발표하면서 연구개발(R&D) 분야 투자, 중개과학, 사회 대응형 과학 지원을 강화했다. 미국 정부는 바이오 경제성장을 위한 다양하고 유연한 지원체계를 운영 중이며, 국가 바이오 경제를 견인하는 기업 바이오 R&D 부문에 대한 지원을 확대하였다.[433] 2014년 농업법 개정 등을 통해 화이트 바이오 분야의 지원을 보다 강화했으며,[434] 2015년 새로운 '미국 혁신전략'(New Strategy for American Innovation)을 통하여 국가 R&D 우선 과제로 투자

432 김석관(2003), p. 1.

433 김정석(2016), p. 16.

434 미국 정부는 2000년 '바이오매스 연구개발법'을 제정한 이후 바이오매스 연구개발 위원회를 신설했으며, 이를 통해 바이오매스 관련 R&D를 위한 예산을 투입하고 있으며, 2030년까지 석유 소비량의 30%를 화이트 바이오로 대체할 예정이다.

를 확대하고 데이터 활용 혁신 및 혁신 기반에 대한 투자전략과 함께 보건 의료 혁신과제를 국가 우선 과제로 선정했다. 데이터 활용 혁신 및 혁신 기반에 대한 투자전략은 정부데이터 개방 및 크라우드 소싱, 시민과학을 통한 혁신가의 창의성 발굴, 기초연구 투자 및 차세대 디지털 인프라 지원 등이 핵심 내용이다.[435] 미국의 바이오산업은 세계 최고의 기초과학 인프라와 연구인력 및 다양한 벤처캐피탈을 보유하고 있다. 미국은 세계 최고 수준의 기술과 인력을 바탕으로 혁신적인 벤처 창업 생태계가 이루어질 수 있도록 기초과학이 바이오산업에 바로 연결될 수 있는 정책을 마련하여 미국 바이오산업의 역동성과 지속성을 뒷받침하고 있다. 또한 미국이 보유한 자원을 최대한 활용하여 바이오 경제의 잠재력을 극대화하기 위한 방안을 제시하고 있다.[436] 이를 위해 연구개발 역량 강화, 연구 성과의 상업화 촉진, 규제개혁, 인력양성, 그리고 공공-민간 파트너십 촉진 등 5대 전략목표를 제시하고, 중점 육성해야 할 유망기술로 합성생물학, 단백체, 정보기술(생물정보학 등)을 선정하였다.[437]

둘째, 미국은 유연한 규제개혁을 통한 바이오산업의 발전을 추진하고 있다. 미국은 생명공학 분야에서의 혁신을 주도해가고 있으며 의약, 농업, 생명공학이 응용되는 전 산업분야에서 우위를 보여주고 있는데, 특히 의약, 질병 치료 등 보건 의료분야의 발달이 두드러진다. 미국의 생명공학이

435 김유선(2019), p. 2. 보건 의료 혁신과제는 정밀 의학을 통한 질병 타겟팅, 브레인 이니셔티브를 통한 새로운 신경 기술개발, 의료전달체계 등 보건 의료 전반의 획기적 혁신 추진 등의 내용을 담고 있다. 2019년 5대 R&D 우선 과제로 국방, 에너지 등과 함께 건강을 선정했는데 그 일환으로 대부분의 주요 R&D 기관의 예산을 축소하고, 미국 국립보건원의 예산 증액을 통해 효율적·효과적인 건강관리를 위한 정부 연구개발 투자의 목적과 방향을 제시했다.

436 이를 위해 연구개발 역량 강화, 연구 성과의 상업화 촉진, 규제개혁, 인력양성, 그리고 공공-민간 파트너십 촉진 등 5대 전략목표를 제시하고, 중점 육성해야 할 유망기술로 합성생물학, 단백체, 정보기술(생물정보학 등)을 선정하였다. 김정석(2018)

437 김정석(2018)

보건 의료 중심으로 발전한 것은 미국 생명공학 혁신체제의 특징과 관련이 있다. 미국의 규제정책은 의약품, 의료기기, 식품 등 분야에서 까다롭고 엄격함에도 불구하고 바이오 분야 글로벌 경쟁력은 부동의 1위를 차지하고 있다. 이는 선진화된 규제시스템으로 미국이 안전성이나 윤리적 우려들을 해소하면서도 바이오 분야의 글로벌 경쟁력을 확보하고 있기 때문이다. 미국 바이오 규제의 특징은 다음과 같다.

<표 5-39> 미국 바이오 경제 청사진 5대 전략 목표

구분	주요 내용
연구개발 역량 강화	• 정부 투자를 통해 바이오 분야의 시장실패를 극복하고, 미래 미국 바이오 경제의 토대를 제공할 혁신적, 도전적 R&D 투자 지원
연구성과의 사업화 촉진	• 연구 성과의 산업화 촉진 및 이를 위한 중개과학, 규제과학 지원강화
규제 완화	• 인간 건강과 환경을 보호하면서도 산업발전의 장애 요인들을 축소하고, 규제 과정의 속도 및 예측 가능성 증진, 비용 절감 등을 위한 규제개혁 추진
교육훈련 강화	• 기업 수요를 반영한 교육 훈련 프로그램 설계/운영 및 교육기관 인센티브 제공
공공-민간 파트너십 촉진	• 공공-민간 파트너십 및 경쟁전(pre-competitive) 협력을 위한 기회 제공 및 지원, 자원, 지식 및 전문기술 공유

자료: 미국 백악관(2012), National Bio-Economy Blueprint, 김정석(2018)에서 재인용

첫째, 미국에서는 안전성이나 생명윤리 우려가 제기되는 바이오 분야에서 연구 활동을 제한하거나 시판을 금지하는 대신, 시판 후 관리 강화와 문제 발생 시 엄격한 처벌 방식으로 접근한다. 일례로 미국에서 배아줄기세포 연구에 대해 인간 존엄성 침해 우려에도 불구하고, 법적으로 연구 활동 자체를 법으로 제한 및 금지하는 대신 연구비 지원을 제한하는 정책을 수립하였다. 역대 정권별로 배아줄기세포 연구 규제는 변화하였지만, 연구

활동 자체에 대한 법적 제한이 아닌, 연구비 지원 허용범위에 대한 정책 변화였다.[438] 둘째, 미국에서는 민간에서 자발적으로 개발한 안전성 평가 기준들을 제도적으로 도입하거나, 새로운 규제를 수립하는 과정에서 관련 제품을 개발하는 민간기업들의 참여를 추진한다.[439] 일례로 연구비 세액공제 강화와 연구 중심 초기 기업의 재정 지원, 지역혁신 생태계 구축지원, 기업 해외 진출 지원 등 새로운 바이오산업 발전을 위한 생태환경을 조성하고 있다. 셋째, 시민참여를 통한 혁신 촉진, 상금 제도를 통한 국민 창의성 이용, 클라우드소싱 등 국민 혁신성을 유인한다.[440]

미국의 규제개혁 성공사례를 살펴보면 다음과 같다. 개인의 유전자 분석을 통해 각종 질병의 취약성을 확인해 주는 '23andMe' 같은 DTC 업체들이 미래 기업으로 성장하고 있는데, 이는 미국의 의료보건 체계와 규제시스템이 이들 기업이 성장할 수 있도록 지원하고 육성하는 정책을 과감히 실행하고 있기 때문이다. 미국 FDA에서는 일반인들의 관심도가 큰 암뿐만 아니라, 파킨슨병, 알츠하이머병 등 10개 질환에 대한 DTC 서비스를 허용한다. 미국 내에서는 질병 진단, 약물 처방과 관련된 일부 검사항목만 제한하고 대부분의 중요 질환과 관련한 유전자 분석 서비스가 가능하다. 결정 과정에서 대형병원을 비롯한 기존 기득권 세력의 반발이 컸지만, 개인들이 유전자 서비스를 쉽고 경제적으로 가능하도록 문호를 대폭 개방하였다.[441]

미국과 한국의 의료산업 DTC 서비스 규제를 비교해 보면, 미국 FDA는 유전 정보 분석의 DTC 서비스는 의료기기 인허가가 필요한 기존 방침에

---

438 이명화(2016)

439 이명화(2016), p. 3.

440 김정석(2016), p. 3.

441 생명공학정책연구센터(2020)

서 더욱 전향적이다. 특히 정해진 기준에 대해서 최초 한번 인허가를 받은 회사는 이후로 다른 검사는 추가적 인허가 없이 출시할 수 있도록 했다. 반면, 한국은 2016년 탈모, 카페인 대사 등 12개 항목에서 DTC를 제한적으로 허용에서 2019년 56개 항목으로 늘어났지만, 여전히 기타 항목 DTC 서비스를 모두 불법으로 규정하고 있다. 태아 유전자 검사도 189종으로 한정되는 등 검사 가능한 유전자 목록까지도 이미 정해진 상태여서 목록 이외의 추가 검사를 원하면 외국계 유전자 검사기관에 의뢰해야 하는 실정이다.

<표 5-40> 미국과 한국의 의료산업 DTC 서비스 규제 비교

미국	한국
• DTC 서비스는 의료기기 인허가가 필요하다는 기존 방침에서, 더욱 전향적으로 개선 • 정해진 기준에 대해서 최초 한 번 인허가를 받은 회사는 이후로 다른 검사는 추가적 인허가 없이 출시할 수 있도록 추진 중	• DTC를 56개 항목을 제외하고는 DTC 서비스가 모두 불법으로 규정 (태아 유전자 검사도 189종으로 한정) • 검사가 가능한 유전자 목록이 정해짐

2) 기타국 성공사례

독일 등 EU, 일본 중국, 캐나다 등 많은 국가에서도 바이오산업을 주요 성장산업으로 육성 추진하고 있다. 독일은 2011년 연방정부 차원에서 바이오산업 경쟁력 강화를 위해 '독일 바이오 경제 2030'을 선포하고 2030년까지 지속 가능한 바이오 기반 경제성장의 비전을 제시하였다. 본 계획에서는 산업경쟁력 강화와 바이오 기반 경제구조 변화 촉진을 위한 5대 핵심 분야를 제시하였는데, 5대 핵심 분야는 식량안보, 지속 가능한 농업 분야 생산, 건강하고 안전한 식품, 재생 가능한 산업 자원, 바이오매스 기반 에너지 수단 개발 등이다.[442] 유럽은 '유럽 2020 전략'에서 지속 가능한 발전 및 기후변화 대응을 위해 핵심 분야 중 하나로 바이오를 선정했다. 2014년부터 2020까지 EU의 연구개발 지원 프로그램인 '호라이즌(Horizon) 2020'을 통해 R&D 지원, 탄소세 도입 등을 추진하고 있으며, 바이오 기업과 석유화학기업의 연합체인 유로파 바이오(EuropaBio)를 구성했다. '호라이즌 2020' 산하에 바이오 기반 산업연합(Bio-Based Industries Joint Undertaking)을 설치하여 총 37억 유로를 바이오매스 확보, 바이오리파이너리, 시장·제품·정책 개발 중심으로 투자하고 있다.[443]

일본의 경우, 2002년 '바이오매스 일본 종합전략'을 수립하여 2020년까지의 전략 로드맵 및 200여 개의 세부 과제를 설정하여 탄소세 도입 및 바이오플라스틱 인증 시스템 적용 등의 정책지원을 추진 중이다. 2013년 바이오매스를 활용한 자급자족형 에너지 도시(biomass town)를 조성하고 바이오매스 산업을 2020년까지 5,000억 엔 규모로 육성하고자 하는 7개 부처 공동계획을 발표했다. 일본은 세포·유전자치료제를 의약품으로 분류하지 않고, 첨단 재생의료 등의 제품으로 별도 정의하고 단일한 법률(의약품·의료기기법) 내에 의약품과 재생의료 등의 제품을 각각 별도의 장으로 구분해 적용하고 있다. 2014년부터는 재생의료 안전성 확보법 시행을 통해 재생의료 등의 안전성과 제공 기관 및 세포배양 가공시설에 대한 기준을 신설, 적용하고 있다. 중국 정부는 '12차 5개년 계획', '바이오산업 발전전략', '973 계획', '2015년 바이오 관련 산업 발전계획' 등을 통해 화이트 바이오 R&D 지원, 바이오제품 인증 시스템 도입, 탄소세 도입, 탄소 배출 감축 기업에 대

442 김유선(2019), p. 12.

443 전은진, 한수현(2017), pp. 10-11.

한 보조금 지원 등을 추진한다.

5.6.4. 시사점

바이오산업은 현재 COVID-19 팬데믹 사태에서 알 수 있듯이 예방 백신과 치료 의약품 등의 확보는 경제활동 및 일상생활 회복 등 많은 분야에서 국가의 운명과 직결된 주요한 분야이다. 또한 바이오산업은 보건, 건강, 식량, 환경 분야의 당면 과제를 해결할 수 있는 미래경제의 핵심 산업이다. 하지만 바이오 분야는 생명을 다루기 때문에 규제를 수립, 적용하는 데에도 타 분야들과는 다른 특징이 있다. 또한 글로벌 의약품 시장은 바이오의약품을 중심으로 향후 고성장이 전망되나 국내 제약기업은 경험, 자금 및 기술력 등의 한계로 수익성이 낮은 복제약 중심의 사업을 하고 있다. 국내 제약기업들은 수출 확대를 통해 협소한 내수시장의 한계를 극복하고 있으나, 글로벌 블록버스터급 혁신 신약 부재와 제네릭, 바이오시밀러 중심의 사업 구조로 높은 수익 창출이 어려운 구조적인 한계가 존재한다. 바이오산업의 몇 가지 시사점은 다음과 같다.

첫째, 미국의 성공사례에서도 알 수 있듯이 각종 규제를 철폐하는 등 법 제도 개선을 통해 신제품 시장을 창출할 수 있는 환경을 조성함으로써 민간기업이 적극적으로 투자할 수 있는 여건 조성이 필요하다.[444] 한국의 바이오산업은 뚜렷한 성장곡선을 보이고 있지만, 정부의 규제, 회계 등의 걸림돌로 인해 시장 성장이 기대보다 느리게 성장하고 있다. 한국이 바이오 강국으로 성장하기 위해서는 이러한 규제 걸림돌을 제거하고, 높은 생산성

444 성동원(2019), p. 37.

과 경쟁력을 보유하고 있는 중소·벤처기업과 대기업의 균형성장이 필요하다. 바이오의약품 규제의 경우, 사전규제 정책을 미국, EU와 같은 바이오의약품 선진국처럼 사후규제로 전환해 신기술과 신산업 발전에 걸림돌이 되지 않도록 개선하고, 개별 이슈에 대한 일회성이나 단편적 대응이 아닌 규제 현황을 종합 분석해 전략적으로 선택 및 접근하는 전략으로 개선방안을 마련할 필요가 있다.

둘째, 기존에 존재하지 않았던 영역들에 대해 규제 공백으로 인한 혼란을 최소화하기 위한 선제적인 대응이 필요하다. 규제는 본래 시장실패를 해결하기 위해 필요한 제도인 만큼, 신기술, 신산업분야가 제대로 발전하기 위한 적절한 규제가 반드시 필요하다. 그런데 기술의 발전이 점점 더 가속화됨에 따라 문제가 발생한 이후에 사후적으로 대응하는 방식만으로는 충분하지 않으며, 적절한 조치가 이루어지기도 어려울 수도 있다. 향후 미래에 요구될 수 있는 규제는 무엇이고, 어떤 방식으로 설계되어야 하는지가 사전에 충분히 고려되어야 하며, 이를 위해서는 규제 당국의 인력과 예산 확충 등 지원이 필요하다.[445]

셋째, 시판 전 규제를 줄이고 시판 후 규제를 강화하는 방식으로 변화가 필요하다. 바이오 분야는 비가역성 때문에 규제를 필요 이상으로 보수적으로 수립하는 경향이 있지만, 규제를 철폐하는 것은 매우 위험할 수 있으며, 바이오 분야의 발전을 위해서도 적절하지 않다. 따라서 시장에 출시되기 이전에 통과해야 하는 인허가 부담은 줄여주더라도 시판 후 모니터링이나 부작용에 대한 신속한 보고 등 보완조치가 동시에 마련될 필요가 있다. 또한 네거티브 규제에 대한 대안으로도 제안하였던 징벌적 손해배상과 같이

445 이명화(2016), p. 131.

기업 스스로 문제 방지를 위해 노력하도록 유도할 수 있는 조치들이 필요하다.[446]

넷째, 빅데이터의 활용이 필요하다. 타 분야와 마찬가지로 바이오헬스 분야도 생체 데이터 수집부터 최적화 과정까지 전 분야에 걸쳐 중복적인 법적 규제가 있다. 4차 산업혁명 시대에 중요한 것은 빅데이터 활용인데, 개인 건강정보는 개인정보보호 차원의 각종 규제 때문에 쉽게 유통될 수 없는 실정이다. 따라서 빅데이터 시스템을 구축하여 유전자 정보 등을 기업의 비즈니스에 활용할 수 있는 환경을 조성할 필요가 있다.

다섯째, 바이오헬스 산업이 활성화될 수 있도록 대폭적인 정부 지원강화와 함께 궁극적으로 민간 참여가 확대될 수 있는 생태계 조성이 필요하다. 일례로 2021년 백신 정부 지원 예산은 687억 원에 불과한 반면, 미국의 모더나는 2010년 창업하여 mRNA COVID-19 백신 개발을 위해 미국 정부로부터 총 6회에 59억 달러(6조 5,800억원)을 지원받았다. 기본적으로 의약품 산업의 특성상 R&D 투자 규모가 매우 커서 정부 자금 지원만으로는 역부족이며, 궁극적으로 대규모 민간자금 확대가 절실히 필요하다. 정책금융은 초기에 민간부문의 바이오·헬스 사업 투자를 촉진할 수 있도록 마중물 역할을 수행해야 하며 정부 규제와 산업발전이 대립하는 산업구조가 아니라 산업의 성장과 함께 규제가 함께 발달하는 구조로 전환되어야 한다.[447]

여섯째, 국내 기업의 혁신 신약개발 및 출시 역량 확보를 위해 해외 기업

---

446 이명화(2016), p. 132.

447 성동원(2019), p. 37. 안중기(2016), pp. 11-13. 현재 우리나라는 바이오 관련 투자-성과 프로세스를 개선하고 바이오산업의 경쟁력을 강화하여 바이오 시대의 도래에 대비해서 첫째, 공공·민간부문의 바이오 R&D 투자 확대, 창업 초기 바이오기업에 대한 투자 활성화 대책, 성장전략으로 M&A, 바이오 투자의 성과를 제고, 바이오산업과 관련된 윤리적 문제 등에 대한 대응책 등이 필요하다.

M&A와 적극적인 '오픈이노베이션'(Open Innovation) 전략이 필요하다.[448] 국내 기업의 자체적인 연구개발만을 통해 글로벌 선진기업과의 기술격차를 극복하는 것은 매우 어려운 실정이다. 따라서 유망한 신약 파이프라인 확보를 위해 관련 기술을 보유한 해외 기업과의 M&A 기회를 적극적으로 모색하는 한편, 글로벌 제약기업이나 선진 연구기관과의 공동연구 네트워크 구축이 필요하다. 한국기업의 바이오의약품 시장진입은 확대 중에 있으나, 규모, 기술력, 자금력 등에서 경쟁력이 열세이다. 이를 단기간에 극복하기 위해서는 한국 바이오의약품 부문의 경쟁력 확보를 위해 해외 기업 M&A와 적극적인 '오픈이노베이션' 전략 등 적극적으로 글로벌 네트워크를 활용하는 방안이 필요하다.

일곱째, 이번 팬데믹 사태에서도 알 수 있듯이 한국은 우수한 인력, 기술, 품질관리로 고도의 기술 적용이 필요한 바이오 의약품의 대량 생산능력을 보유하고 있어, 향후 미국, 유럽 등의 백신 개발 능력과 함께 한국에 백신 생산 허브 체제를 구축하여 바이오산업의 발전을 추진함과 동시에 팬데믹 이후의 상황을 적극 준비할 필요가 있다. 신종 코로나바이러스 감염증 이후 의약품 시장의 확대와 글로벌 공급망 재편이 한국에 스와프 협정, GMP 상호인정 등 추진 필요 등 새로운 기회로 작용할 가능성이 있다. 미국은 최근 필수의약품의 자국 내 생산을 확대하고, 동맹국과 협력을 강화하는 방향으로 공급망 재편을 추진하고 있어 미국 및 주요 동맹국에 신뢰할 수 있는 글로벌 파트너로서 전략적 협력방안이 필요하다.[449]

448 성동원(2021)

449 국제무역통상연구원(2021)

5.7. 핀테크

5.7.1. 산업 및 시장분석

핀테크(FinTech)는 금융(finance)과 기술(technology)의 합성어로 융합을 통한 금융서비스 및 산업의 변화를 지칭하는 것이다.[450] 핀테크 산업의 성장은 빅데이터, 모바일, 클라우딩 컴퓨터 등 IT 기술발전에 의한 모바일 보급 및 이용의 급증, 이와 관련한 전자상거래 시장의 급성장과 비현금 지급수단 이용의 증가 등이 핀테크 산업의 성장을 견인한다. 기존 금융서비스에서 물리적 형태로 고객을 지원하는 대리점, 지점 등의 역할을 모바일이 대체하고, 사람이 했던 프로세스는 빅데이터를 활용한 '알고리즘' 형태로 변화하였으며, 오프라인이 아닌 온라인 플랫폼에서 모든 서비스가 이루어지게 된다.[451] 기존에 보수적이었던 금융산업에 혁신적인 IoT 기술이 융합되면서 산업에 새로운 변화가 일어나고 있다. IT기업들은 새로운 산업분야인 금융시장에 진출하면서 다양한 IoT 기술을 활용한 새로운 금융서비스를 제공하고 있는데 이는 핀테크 산업을 급성장으로 이끄는 계기가 되었다. IoT 기술의 발달로 인하여 핀테크 산업의 성장뿐만 아니라, 핀테크 서비스 영역도 확대되고 있다. 기존의 금융 IT 기술은 전자상거래 및 금융결제에만 국한되었지만, IoT 기술의 발달로 개인 자산관리, 펀딩, 외환거래 등 다양한 금융서비스 제공도 가능하게 되었다.[452]

2000년대 초반 인터넷의 발달로 전자상거래 시장은 빠른 팽창과 함께

450 오준배(2016), p. 1.

451 오준배(2016), p. 2.

452 김영상 외(2015)

온라인 지급 결제 서비스의 발달로 인터넷 뱅킹이 가능해졌다. 이후 스마트폰 시장의 급성장으로 모바일 기술과 모바일 결제 시장규모가 급속도로 팽창했다. 전자상거래 발달은 자연스럽게 이를 뒷받침할 간편하고 안전한 모바일 지급 결제 기술을 필요로 하게 되었는데, 이것이 현재 핀테크의 시발점이 되었다.[453] 첨단 전자정보 기술의 발달로 국경은 물론 규제의 경계도 허물어지면서 금융 분야도 국경을 초월하고, 모바일 중심의 거래환경으로 변화된 가운데 핀테크는 거스를 수 없는 대세적 현상이 되었다.[454] 세계 핀테크 산업은 금융산업이 발전되고 벤처창업이 활발한 미국과 영국이 주도하고 있으며, 해외 선진국의 경우 정부 규제보다는 민간에 의한 보안 표준 도입과 시장 필터링 기능에 의해 자율적으로 보안을 강화하고 있다. 국내는 법과 규정에 의한 사전규제로 인해 핀테크 산업 성장이 부진하였으나, 2015년 이후 정부의 산업 육성정책으로 핀테크 산업의 외형이 크게 성장하였다. 핀테크 기술은 모바일 결제, 빅데이터, IoT, 블록체인 등 다양한 ICT 기술과 서비스를 안정적으로 제공하기 위한 인증 및 보안기술을 포함하며, 지식재산권에 있어 ICT 기업 위주의 특허권 출원이 점차 금융권으로 확대되는 추세이다.[455]

핀테크 확산에 따라 금융서비스를 이용하는 소비자의 편익은 여러 측면에서 증대되며, 금융서비스 제공 비용 하락, 품질 개선 등 전체 금융시스템의 효율성은 개선될 것으로 예상된다. 기존 금융시스템의 비효율성이 개선되고 자본 배분의 효율성이 높아짐으로써 궁극적으로는 경제성장에도 기여할 수 있을 것으로 기대되지만, 인터넷 전문은행 및 비금융회사의 금

453 박소정, 박지윤(2017), pp. 30-31.
454 원종현(2015), pp. 19-20.
455 오준배(2016), p. 18.

융산업 진출로 경쟁이 심화되어 기존 금융회사의 전통적인 수익원에는 부정적 영향을 미칠 가능성도 있다. 중장기적으로는 금융소비자의 금융회사 이용도 감소, 시장참가자 간 P2P 대출 등 직거래 확산 등으로 은행, 증권사, 보험사 등 기존 금융회사의 역할에도 영향을 미치는 요인으로 작용할 가능성이 있다.[456] 국내 데이터 시장 규모는 2020년 19조2,000억원에서 2026년 36조원을 넘길 것으로 예상되며, 핀테크 국내시장은 2017년 2조 3,000억원에서 2023년 48조8,000억원으로 20배 이상 급성장할 전망이다.[457] 글로벌 핀테크 매출 시장도 Statista Research Department(2021)에 따르면 2021년 1,430억 유로에서 2024년 1,880억 유로로 꾸준히 성장할 것으로 전망한다.

<표 5-41> 핀테크 주요 사업 영역

사업영역	내용	세부영역
지급 결제	• 이용이 간편하면서도 수수료가 저렴한 지급결제서비스를 제공함으로써 지급 결제시장의 진입장벽 완화	• 인프라/온라인 결제/외환거래
금융데이터 분석	• 개인 및 기업고객과 관련된 다양한 데이터를 수집하여 분석함으로써 새로운 부가가치 창출	• 신용평가/자본시장/보험
금융 소프트웨어	• 보다 진보된 스마트기술을 활용하여 기존 방식보다 효율적이고 혁신적인 금융업무 및 서비스 관련 SW 제공	• 리스크관리/결제/은행/자산관리/보험/회계
플랫폼	• 전 세계 기업과 고객들이 금융기관의 개입 없이 자유롭게 금융거래를 할 수 있는 다양한 거래기반 제공	• P2P대출/거래 플랫폼/비교견적 사이트

자료 : 박소정, 박지윤(2017), p. 29.

456 이재화(2017), pp. 103-106.

457 이데일리(2021.04.12)

<표 5-42> 글로벌 핀테크 매출 시장 전망 (2018-2024) (단위: 십억 유로)

연도	2018	2019	2020	2021	2022	2023	2024
규모	92	108	126	143	159	174	188

자료: Statista Research Department(2021)

5.7.2. 한국의 관련 규제 및 문제점

핀테크 기술 발전 속도를 고려할 때 향후 핀테크 상용화가 가져올 수 있는 소비자 보호 관련 문제점은 크게 네 가지로 요약될 수 있다. 첫째, 금융소외계층의 확대이다. 핀테크 기술 사용에 취약한 노인층이나 사회적 취약계층이 금융서비스 이용 대상에서 배제되는 금융소외 현상이 발생하고 있다.[458]

둘째, 보안 문제로 인한 전자금융사고의 발생 문제이다. 결제와 관련된 모든 정보들이 블록체인기술 등을 적용하여 해킹으로부터 안전한 보안기술을 개발하고 있지만, 현재의 기술들은 아직 해킹에 취약하며 스미싱, 보이스피싱 등에 개개인이 스스로 대처해야만 하는 문제점이 있다. 또한 해킹이나 개인정보 유출로 인한 피해가 발생하였을 때 이에 대한 손해배상 규정이 명확하지 않아 소비자와 금융회사 간 분쟁 발생 시 손해배상의 주체와 손실 부담 등이 불명확하다.[459]

셋째, 진입요건 완화로 인한 거래의 불안정성이다. 핀테크 활성화 차원에서 신규 사업자의 진입장벽을 완화함에 따라 신규로 진출한 영세사업자

458 박선영(2017), p. 14.

459 박선영(2017), p. 15.

들의 경영 부실화, 보안시스템이 미비한 소규모업자로 인한 소비자 피해가 발생할 수 있다. 인터넷전문은행이 진출한 중금리 대출 시장의 경우 신용리스크와 인터넷전문은행의 재무건전성 문제로 위험이 현실화될 경우 선의의 소비자가 피해를 볼 우려가 있다.[460]

넷째, 전자상거래로 인한 새로운 유형의 소비자 분쟁 발생 문제이다. 핀테크 기술을 활용한 새로운 비즈니스 모델들이 소개되면서 이를 악용한 불법 전자상거래도 늘어나고 있다. 이로 인해 새로운 유형의 소비자 분쟁과 피해가 발생하면서 기존 소비자 보호 법률체계가 위협받고 있다. 핀테크 기술로 인한 새로운 비즈니스 모델들이 소개되면 이를 악용한 전자상거래가 새로운 유형의 소비자 분쟁 등으로 기존 소비자 보호 법률체계가 위협받고 있다. 전자상거래를 활용한 스타트업의 경우 전자금융거래 방식을 통한 빅데이터 등에 기반을 둔 혁신 사업모델을 영위하면서 기존 소비자 보호 법률체계를 벗어나 금융거래의 안전성을 위협하는 사례가 증가하고 있다.[461] 핀테크는 발전하고 있지만, 소비자의 피해를 초래하는 불공정 경쟁, 외부 효과, 정보 비대칭 등의 문제는 지속적으로 증가하고 있으며, 비대면 거래의 특성으로 각종 분쟁이나 오해 발생 가능성이 높아지고, 새로운 유형의 소비자 분쟁을 초래할 가능성이 크다.[462]

다섯째, 규제 및 법률 제한으로 인한 성장이 더딘 것이 가장 큰 문제점이 있다.[463] 핀테크는 IT 기술을 접목하여 제공하는 금융서비스를 지칭하는 의미로 사용되는데, 각각의 유형에 따라 적용되는 법규도 상당히 다양하다.

---

460 박선영(2017), p. 15.

461 박선영(2017), p. 16.

462 박선영(2017), p. 13. 거래에 필요한 많은 정보를 인터넷상에서 제공하지만, 소비자들은 인터넷상에 공개된 정보의 진위여부를 확인하지 않고 거래할 경우에 정보 비대칭 문제가 있다.

463 최리경(2021), p. 12.

인터넷 전문은행의 경우에는 주로 '은행법', 크라우드 펀딩의 경우에는 증권형인지 대출형인지에 따라 '자본시장과 금융투자업에 관한 법률'과 '대부업 등의 등록 및 금융이용자 보호에 관한 법률'이 각각 적용된다. 또한 핀테크 유형에 따라 '전자금융거래법', '유사수신행위의 규제에 관한 법률', '외국환거래법' 등 다양한 종류의 규제가 있다.[464] 현행 금융규제는 권역별 규제를 기본으로 기능별 규제가 일부 가미된 포지티브 시스템을 근간으로 하고 있으며, 여기에 불완전한 형태의 네거티브 시스템이 혼재되어 있다.[465] 때문에 각종 심의 등을 통해 금융서비스에 대한 사전적인 관리체계를 구축해야만 기술이 출시될 수 있는 상황이다. 현행 금융규제 체계는 디지털 금융혁신 저해, 규제차익으로 인한 금융산업의 균형 발전과 금융시스템의 안정성에도 부정적인 영향의 우려가 있다.[466] 이러한 문제를 해결하기 위해 정부는 최근 신기술 및 신산업의 육성을 통해 경제 활력 제고를 목표로 다양한 규제개혁을 추진하고 있다.[467]

정부는 2015년부터 국내 금융산업 발전의 장애 요인으로 지적되어 온 금융서비스와 기존 금융규제와의 정합성 불충족을 해결하고 동시에 본격적으로 핀테크 산업을 육성하기 위한 방안을 연구하고 있다. 국내 금융산업 발전의 장애 요인으로 지적되어 온 금융서비스와 기존 금융규제와의 정합성 불충족을 해결하기 위해서 정부는 2015년부터 본격적인 핀테크 산업 육성방안을 시도하고 있다. 첫째, 'IT·금융 융합 지원방안'으로 금융위원회는 추진과제로 전자금융 규제의 패러다임 전환을 선정하고, 세부적으

464 삼정KPMG SiG(2017), 김명아(2015), pp. 18-19.
465 김동환(2020), p. 3.
466 김동환(2020), p. 3.
467 금융관계기관합동(2019)

로 사전규제를 최소화하는 등 금융보안 관련 과잉규제를 개선하고자 한다. 둘째, '2단계 핀테크 발전 로드맵'으로 금융규제 테스트베드 도입 등 금융 규제 및 인프라 체계를 정비, 본인 확인 등의 규제·관행에 대한 재검토 등으로 새로운 핀테크 환경에 적합한 규제체계 재설계에 초점을 둔다.[468]

<표 5-43> 핀테크 활성화를 위한 규제혁신

핀테크 투자 활성화	• 핀테크 기업의 원활한 자금조달 지원 • 금융회사의 핀테크 기업 출자제약 해소 • 벤처 및 창투조합의 핀테크 금융사 투자 허용
신기술의 금융서비스 적용기반 확대	• 신기술의 금융시스템 및 규율체계 적용 가능성 확대 • AI 등 신기술 활용 인증방식 관련 가이드라인 마련 • 블록체인 활용 금융서비스 감독 방안 수립
금융 빅데이터 활성화 지원	• 금융데이터 활용을 통한 금융서비스 품질 제고 • 카드 가맹점 매출 정보의 핀테크 기업 등 공유 • 금융자주회사 계열사간 데이터 활용 규제 합리화
비대면 금융거래 제약요인 해소	• 핀테크 서비스 경쟁력 강화 및 소비자 편익 제고 • 비대면 계좌개설 허용범위 확대 • 바이오정보 활용시 실명확인 간소화 • 비대면 투자일임계약의 설명의무 이행방식 다양화
금융회사의 핀테크 고도화 지원	• 디지털 혁신을 통한 금융산업의 경쟁력 강화 • 은행 부수 업무로 이동통신망사업 허용 • 자동차보험 분야 정보공유 활성화 • 헬크케어 서비스 제공근거 마련 • 핀테크 업무제휴사 수익 배분 자율화

자료: 금융관계기관 합동(2019), p. 4.

셋째, 미래창조과학부의 '핀테크 규제혁신' 방안으로 기본적으로 전통적 금융업 위주로 되어 있는 현행 규제를 혁신하고 다양한 핀테크 서비스 도입을 촉진한다. 아울러 4차 산업혁명 이후의 지능정보사회 도래로 핀테

468 금융규제 샌드박스는 새로운 금융서비스를 도입하려는 사업자가 완화된 규제를 적용받아 해당 서비스를 일정 기간 테스트하는 제도이다. 이광용 외(2017), p. 14.

크를 통한 국민의 삶의 질 향상과 미래성장동력 창출이라는 과제가 중요한 문제로 부상하면서, 미래창조과학부는 구체적으로 규제혁신이 필요한 분야로 가상통화 및 외환 송금, P2P금융, 로보어드바이저, 핀테크 기반 기술 영역을 선정하고 개선 방향을 제시한다.[469] <표 5-43> 참조. 이를 통해서 금융과 핀테크 간의 결합 가속화, 금융소비자 보호 강화, 편리한 온라인 금융거래, 일자리 개선을 기대한다.

<표 5-44> 국내 핀테크 규제개혁의 기대효과

금융과 핀테크 간의 결합이 더욱 가속화	• 금융회사의 핀테크 기업에 대한 투자 확대, 금융투자업자와 핀테크 기업 간의 자율적인 수수료 배분 허용 등 • 금융과 핀테크간의 협력올 통한 상호 '윈윈' 전략 수립 지원
금융소비자 보호가 한층 강화됨	• 대출모집인 1사 전속주의의 완화에 따른 온라인 대출 플랫폼을 통해 금융소비자는 가장 유리한 상품을 손쉽게 찾을 수 있음 • 금융사기 의심정보 공유확대를 통해 보이스피싱 등 금융사기를 보다 효과적으로 예방하게 되어 금융소비자 보호 강화
온라인 금융거래는 더욱 편리해짐	• 비대면 거래에 대한 제약요인 해소로 온라인 금융거래가 더욱 편리해지고 활성화 기대 • 인터넷은행의 영업기반 확대, 보험사의 인슈테크 고도화 등
일자리 개선	• 규제부담 없이 자유롭게 새로운 서비스를 시도할 수 있도록 해서 핀테크 스타트업이 하나 둘 성장하고 좋은 일자리 증가 • AI 및 빅데이터 등 신기술을 이용하려는 금융회사가 창의적인 청년들을 꾸준히 채용하는 환경 조선

자료: 금융관계기관 합동(2019), p. 17.

국내의 금융서비스 회사들은 강력한 인허가제를 통한 진입규제를 통해 산업경쟁력을 영위하는 측면이 강하지만 핀테크 산업이나 외국 산업의 국내 진출에 대한 진입규제가 해소되면 온라인 서비스 능력을 갖춘 금융회사

469 이광용 외(2017), pp. 13-15.

혹은 핀테크 기업과 협력하는 금융기관이 경쟁력에서 유리하다. 다만, 국내 금융회사들은 글로벌 IT 회사들의 O2O 역량에 비해 열악한 IT 역량을 보유하고 있기 때문에 발상의 전환을 통해 O2O 역량을 갖추지 않으면 금융산업의 주도권이 글로벌 IT 업체로 넘어가는 위기에 처할 가능성이 높다.[470]

5.7.3. 주요국 성공사례

주요국들의 정부는 금융산업 발전의 촉진자로서 핀테크의 중요성을 인식하고, 초기 위험을 최소화하면서도 기존의 법·규제가 금융혁신을 저해하지 않도록 규제를 정비하고, 다양한 지원정책을 추진하였다. 전통적인 금융 강국인 미국과 영국이 핀테크 산업을 선도하고 있는 가운데, 중국, 호주, 이스라엘, 싱가포르 등도 정부의 적극적인 지원정책 등에 힘입어 상당한 성과를 시현하였다.[471] 호주는 증권투자위원회 소관 규정과 관련하여 제한인가, 대리인, 규제 미실시 제도를 운영 중이다. 또한 투자자문 등 특정 영역의 경우 혁신금융서비스를 별도 신청 없이도 테스트할 수 있는 규제샌드박스를 도입하였다.[472] 싱가포르는 입지적 조건, 비즈니스 편의 환경을 기반으로 싱가포르를 아시아 핀테크 허브로 육성하려는 계획을 지속적으로 추진하고 있다. 최근의 글로벌 핀테크 붐과 더불어 싱가포르는 대규모 투자계획을 마련하고 전담조직을 구성하여 정부차원에서 핀테크 활성화를 지원하며,[473] 핀테크 기술을 기반으로 한 통신회사를 중심으로 핀테크

470 BRUNCH(2016)

471 금융위원회(2018), p. 5.

472 금융위원회(2018), p. 9.

473 금융보안원(2016), p. 9. 이재화(2017)

투자가 진행되고 있다.[474] 일본 은행은 '개방된' 상태로 발전되어 왔으며, 규제 완화를 통해 금융업의 발전을 시도하고 있다.[475]

1) 미국 성공사례

<표 5-45> 미국 핀테크 관련 패키지 법안

구분	세부내용
법령명	• Jump-star Our Business Start-ups Act(JOBS Act)
발효일	• 2012년 4월 5일
입법 목적	• 중소기업의 성장촉진을 위해 기업공시 및 회계감사 규제를 완화하고, 외부 자금조달 용이성을 제고시키기 위함
적용 대상	• 연간 매출 10억 달러 이내인 신성장기업
주요 공지	• 소규모 공모 면제의 자금조달 한도액을 5백만 달러에서 5천만 달러로 증액 크라우드 펀딩을 통한 지분투자 허용 • IPO 이후 5년 동안 증권 발행 및 유통에 관한 증권법상의 공시 규제 면제 등

자료: 이광용 외(2017), p. 7.

핀테크 산업은 지속적으로 규모가 확대되고 있으며 미국, 영국, 유럽, 중국을 중심으로 빠르게 성장하고 있지만, 특히 미국의 핀테크 기업 수 및 투자 규모 등은 기타 국가들보다 압도적으로 많은 수치를 보인다. 전 세계 핀테크 스타트업 투자금의 약 80% 이상이 미국으로 집중되어 있다.[476] 또한 미국은 현재 금산분리와 일반인의 크라우드 펀딩 투자 금지를 비롯한 금

474 일본은 현금결제 등 보수적인 방식을 고수하는 문화적 전통과 은행 등 금융산업에 대한 엄격한 규제로 인해 핀테크 산업의 발전이 다소 늦은 상황이지만, 최근 도쿄를 아시아의 금융거점(도쿄 국제금융센터)으로 육성하기 위해 다각적인 지원정책을 추진하고 있다. 이재화(2017), p. 99.

475 김명아(2015), pp. 57-59.

476 이재화(2017), p. 91.

융질서 유지와 보호를 위해 엄격한 금융규제들을 유지하고 있다. 동시에 ICT기업을 중심으로 한 비금융기관이 금융업으로의 진출은 기존 전통 금융기관들의 이익을 편취하지 않는 선에서 허가해주면서 기존 금융기업과 함께 발전하도록 유도하고 있다.[477]

미국은 투자자 보호와 금융기관의 건전성 확보를 위해 엄격한 금융규제를 유지하고 있다. 그럼에도 불구하고 미국에서 핀테크 산업이 발전할 수 있었던 이유는 미국의 규제 환경이 합리적이고 예측 가능했기 때문이다. 미국은 핀테크 시장이 상대적으로 선진적이며 규제가 엄격하지만, 예측가능하기 때문에 시장진입이 어려운 편은 아니다.[478] 미국은 명확히 금지한 것 이외에는 모두 허용하는 네거티브 규제방식을 취하고 있으며, 비용편익 분석에 기반하여 비합리적인 규제를 지속적으로 정비함으로써 신생 기업이 새로운 비즈니스 모델을 통해 사업을 시작하기 용이하다. 미국의 대표적인 핀테크 관련 규제 완화의 대표적인 사례로 크라우드 펀딩을 허용하는 법률인 일명 JOBS법의 통과를 들 수 있다. 또한, 미국 금융당국은 비조치의견서 등의 면책제도를 통해 규제의 불확실성을 제거해 나가고 있다. 비조치의견서는 기업이 특정 사업의 합법 여부를 규제기관에 질의하고 답변을 받는 제도로, 일단 허용 후에는 징계할 수 없다. 핀테크와 같은 혁신적인 사업은 합법과 위법의 경계인 회색 지대에 놓인 경우가 많아 비조치의견서가 일종의 규제 가이드라인 역할을 하고 있다.[479] 미국의 핀테크 산업에 대한 규제는 시장 자율을 최대한 존중하는 원칙 중심 규제방식이다. 미국은 엄격한 건전성 규제와 투자자 보호 규정을 두고 있지만, 사전규제를

477 최리경(2021), p. 7.

478 최리경(2021), p. 19.

479 이광용 외(2017), p. 7.

최소화하고, 비조치 의견서 제도를 통하여 정책에 대한 명확성을 확보하고 있다.[480] 이러한 부분은 핀테크 후발주자인 한국에 시사하는 바가 매우 크다.[481]

2) 영국 성공사례

영국의 핀테크 산업은 2008년 글로벌 금융위기 이후 빠르게 성장하여 오늘날 미국과 함께 핀테크 강국의 지위를 차지하고 있다. 2008년 이후 영국 핀테크 산업의 누적 연평균 성장률은 74% 수준으로 실리콘밸리(13%)와 전 세계 평균(27%)을 크게 앞서고 있다.[482] 영국의 성공 요인은 적극적인 지원과 혁신, 그리고 경쟁을 촉진하기 위한 규제환경 변화이다. 첫째, 각종 지원 프로그램 운영 등 적극적인 정부의 지원이다. 영국의 금융규제 당국은 금융산업 보호와 금융서비스의 경쟁력 확보를 위해 핀테크 산업을 적극 지원하고 있다. 영국은 런던 동부에 기술 클러스터인 테크시티를 조성하고, 핀테크 스타트업 육성을 위한 세제 혜택 및 다양한 지원 프로그램을 운영하고 있다.[483] 특히, 영국의 테크시티는 금융 등 전통산업과 첨단기술이 융합된 핀테크 산업의 메카로 부상했고, 창업과 정보통신기술 분야에서 혁신의 아이콘으로 성장하여 미국 실리콘밸리와 경쟁하고 있다.[484] 또, 영국 금융행위감독청은 기존의 핀테크 지원사업인 금융혁신 지원 프로그램을

---

480 네거티브방식의 규제체계와 비조치의견서가 규제의 예측력을 크게 높이는 역할을 수행한다. 이재화(2017), p. 91.

481 김명아(2015), p. 51.

482 김동우(2015), pp. 2-3.

483 영국의 테크시티 출범은 2010년 David Cameron 당시 총리가 미국의 실리콘밸리에 대항해서 세계를 선도하는 기술혁신 도시를 건설하기 위한 장기적인 미래 전략 선언으로 추진되었다. 원상호(2016), pp. 13-14.

484 원상호(2016), p. 23.

확대한 금융규제 샌드박스 도입을 세계 최초로 추진하였다. 금융행위감독청은 5개 영역으로 구성된 선정기준에 따라 지원기업을 선정하고 샌드박스 제도의 도입을 통해 핀테크 기업에게 혁신적인 신규 금융상품을 규제의 제약 없이 일정기간 동안 테스트할 수 있는 기회를 제공하고 있다.[485]

둘째, 혁신과 경쟁을 촉진하기 위한 규제환경 변화이다. 영국은 핀테크 기업 지원 전담부서인 '이노베이션 허브'(innovation hub)를 설립하여 핀테크 기업을 직접 지원하고 있다. 핀테크 스타트업 및 기존 금융서비스 기업이 신규사업 단위에서 새로운 상품을 출시하고자 하는 경우, 정부의 승인을 받기 위해 반드시 숙지해야 하는 규제 요건을 쉽게 이해하고 이에 상응하는 준비를 할 수 있도록 영국의 금융당국은 전 과정을 지원한다. 이노베이션 허브를 통한 지원 프로그램은 신규 핀테크 기업의 원활한 시장 진출을 지원하며, 규제 당국의 입장에서도 규제시스템에 대해 즉시 피드백을 받을 수 있으므로 혁신 촉진을 위한 규제환경 개선에 중요한 자원으로 활용된다. 또한 해외금융당국과의 규제 협력 강화를 통해 영국 핀테크 기업의 해외 진출을 지원하고, 혁신적 아이디어를 가진 해외 핀테크 기업의 영국 진출을 촉진하여 금융서비스 시장의 경쟁력을 더욱 강화하고자 한다.[486] 영국의 핀테크 관련 규제의 특징은 먼저 정부 주도의 핀테크 사업 지원 및 규제가 이루어지고 있다는 점이다. 특히, 글로벌 금융위기 이후, 금융서비스 경쟁력 확보 차원에서 금융 관련 규정 정비 및 의견수렴을 위한 전담기구 확보의 필요성으로 금융서비스 규제청을 설립하여 그 산하에 금융감독청과 건전성감독청을 두어 금융규제기관을 규제 기관화하도록 조치해 나가고

485 이광용 외(2017), p. 8.

486 양효은(2016)

있는 점이 특징이다.[487]

<표 5-46> 영국 금융 규제샌드박스 도입에 따른 기대 효과

구분	기대효과	
기업	서비스 기간 단축	• 정식 인허가 신청을 위한 사전 준비단계로 테스트 기회 활용
	서비스 품질 개선	• 서비스 결함 조기발견, 이용자 피드백 수령 등을 통한 미비점 보완
	투자유치 증대	• 혁신금융사업자 지정 시 투자자, 파트너사의 신뢰도 제고 테스트를 통해 서비스의 상업성 검증 시 투자유치 가능성 증가
	규제 개입	• 혁신금융서비스 관련 규제 정비작업의 초기 단계에 직간접적 개입 가능
규제 당국	규제체계 정교화	• 혁신기술의 실제 적용사례를 참고하여 관련 규제체계의 정교한 정비 가능
	행정적 비용 절감	• 핀테크 업계의 규제개선 수요를 일괄적으로 파악 가능 테스트 성공사례 축적 시 유사 사업모델에 대한 인허가 절차 간소화
	새로운 혁신 촉진	• 규제 불확실성 해소를 통한 새로운 혁신금융서비스 개발 촉진
투자자	투자 불확실성 감소	• 규제 및 인허가 관련 불확실성 해소로 투자자의 의사결정 용이
소비자	소비자 편익 증대	• 다양한 혁신금융서비스의 출시로 소비자의 선택권 확대 및 편의성 향상
	소비자 피해위험 감소	• 서비스 정식 출시 후 발생 가능한 소비자 피해 관련 잠재 리스크 감소

자료: 이준명, 박준(2019), p. 5.

487 양효은(2016), 김명아(2015), p. 56.

3) 중국 성공사례

중국은 후발주자이지만 인터넷 이용률, 모바일 기기의 보급 및 전자상거래 확대, 정부의 정책지원, 기업의 기술개발 등의 추진력으로 핀테크 산업이 아주 빠르게 성장하고 있다. 중국은 전통 금융업에 대한 신뢰 부족을 극복하기 위해 핀테크를 정책적으로 적극 추진하고 있는데, BAT 3대 핀테크 기업을 중심으로 지급결제, 개인의 자산운용 등이 모바일을 통해 편리하게 이용되고 있다.[488] 중국의 성공 요인은 첫째, 개방적이고 우호적인 규제환경 조성이다. 중국 정부는 핀테크와 같은 신규 성장산업에 대해 일부 시범지역이나 기업에 대해 엄격한 기존규제의 예외를 인정하는 유연한 규제방식 등 실험적인 규제 완화를 추진함으로써 새로운 플레이어의 시장진입을 유도하며, 기존 금융사와의 경쟁을 통해 금융의 혁신을 추진하여 핀테크 산업 육성에 있어 큰 효과를 발휘하고 있다. 플랫폼 기반으로 시장을 확대하고 서비스 경험을 축적하여 세계적인 기업으로 성장한 알리바바, 텐센트가 대표적인 사례이다. 하지만 중국 정부가 무제한적으로 규제를 완화하는 것은 아니며, 사업을 추진하는 과정에서 발견된 문제점은 사후적인 보완을 통해 법적, 제도적 환경을 정비하여 강력한 규제를 적용한다. 그러나 기본적인 핀테크 정책 기초는 실험적이고 예외적인 무규제의 열린 접근법으로 기업들이 다양한 경험을 통해 경쟁력을 확보하도록 장려하고 있다.[489] 일례로 중국 핀테크 관련 금융규제 변화 방향은 온라인 지급결제 영역의 규제 변화, 온라인 대출 진입장벽 완화와 예대 금리 규제 변화, 온라인 펀드판매 영역의 규제 변화, 비금융사의 핀테크 온라인 은행업 진출 규제

---

488 최리경(2021), pp. 8-19.

489 이광용 외(2017), p. 10.

변화이다.[490]

둘째, 발전된 인터넷 및 전자상거래 비즈니스 환경이다. 중국은 지난 수년간 핀테크 산업이 매우 빠르게 성장했으며 중국의 핀테크 거래 금액은 미국에 이어 세계에서 두 번째를 기록할 정도로 급성장했다.[491] 중국 정부는 선진국에 비해 결제 인프라(신용카드 보유수, ATM)가 부족한 점을 보완하는 계획하에 금융정책을 추진하여 중국 소비자는 상점에서 물건을 구매할 때 위챗(WeChat)의 QR코드를 모바일폰으로 스캔하여 간편하게 결제가 가능하다.[492]

셋째, 중국인의 소비습관이 핀테크 기업 성공의 외부요인으로 작용한다. 실용주의적 소비성향의 중국인들은 기존 금융기관보다 높은 금리를 제공하는 P2P 대출 또는 인터넷 머니마켓펀드(MMF)를 선호하며, 편리하며 안전한 '제3자 지급결제' 서비스를 적극 수용하였다. 또한, 금융 플랫폼이 마련한 금융거래의 장에서 동일 집단 간 거래를 중시하는 '꽌시' 기반 네트워크가 확장되었고, 모바일을 활용한 개인 혹은 법인 간의 민간 거래가 활성화되었다. 이러한 효율적인 제도의 확립으로 중국의 핀테크 기업은 자생적으로 성장할 수 있는 기반으로 성공하였다.[493] 일례로 알리바바는 우선 전자상거래시장의 생태계를 조성하여, 수억 명에 달하는 판매자와 구매자의 온라인 거래정보를 확보하였다. 이 거래정보 빅데이터를 기반으로 신용평가를 진행하고, 자사 온라인 시장의 입점 고객에게 소액대출서비스를 제공하면서 핀테크 기업으로 성장하였고, 현재는 거의 모든 금융서비스 영역을

490 이광용 외(2017), p. 10.

491 이광용 외(2017), p. 10.

492 정해식(2018), pp. 18-19.

493 김범석 외(2015), pp. 8-10.

통합한 금융시장의 생태계를 조성했다.[494]

5.7.4 시사점

해외 주요 핀테크 선도국의 규제는 크게 세 가지 특징이 있다. 첫째, 비조치의견서 발행 등을 통해 규제의 불확실성 및 사전규제 최소화, 둘째, 규제샌드박스 도입으로 핀테크 스타트업이 새로운 서비스를 자유롭게 실험할 수 있는 기회 제공, 셋째, 기업 간 또는 기업과 투자자 간 네트워크를 형성하여 자본조달 및 상호 협력할 수 있는 핀테크 지원 프로그램을 운영하고 있다는 점이다.

한국 핀테크 산업이 더욱 발전하기 위해서는 다음의 정책이 필요하다. 첫째, 사전규제 최소화 등 유연한 금융규제 환경 조성 등 핀테크 산업은 정부와 금융당국의 적극적인 육성정책이 필요하다.[495] 둘째, 세계 최대의 간편 결제 서비스인 페이팔, 알리페이, 위챗페이 성공사례에서 알 수 있듯이, 새로운 고객가치를 창출할 수 있도록 획기적인 금융서비스의 편의성 향상이 필요하다.[496] 셋째, 기존 금융회사와의 협업을 통한 시너지 창출이 필요한데, 고객이 금융서비스 제공자에 대한 신뢰도가 높을수록 새로운 혁신적 서비스가 시장에 더욱 빠르게 확산된다.[497]

미국의 핀테크 산업 성공사례에서도 알 수 있듯이, 엄격한 건전성 규제와 투자자 보호 규정을 두고 있지만, 사전규제를 최소화하고, 비조치 의견

494 구자근(2017)

495 최리경(2021), p. 20.

496 최리경(2021), p. 7.

497 강맹수(2018), pp. 107-108.

서 제도를 통하여 정책에 대한 명확성을 확보하는 규제는 시장 자율을 최대한 존중하는 원칙 중심 규제방식이다.[498] 시장 자율을 최대한 존중하는 원칙과 새로운 핀테크 환경에 적합하도록 규제체계를 재설계하는 등의 선진국 사례는 핀테크 후발주자인 한국에 시사하는 바가 매우 크다.[499] 한국도 해외 주요국의 규제 동향을 반영하여, 핀테크 생태계를 조성하고 핀테크 스타트업의 경쟁력 제고를 위해 '규제 트라이앵글'(regulatory triangle)에 빠지지 않도록 노력하면서 규제 패러다임을 전환할 필요가 있다.[500]

전 세계 핀테크 산업은 간편 결제 및 송금과 P2P 대출에 대한 투자와 관심은 줄어든 반면, 보험과 규제 분야의 핀테크인 Insurtech와 Regtech의 창업과 투자가 증가하는 추세이다. 핀테크가 활성화된 국가들은 금융규제 강도가 상대적으로 낮은 경향이 있으며, 금융소비자는 가격보다는 금융서비스의 편의성 향상을 핀테크에 기대하고 있다.[501] 이에 따라 기존 금융회사와의 협업을 통한 시너지 창출과 다양한 금융서비스의 편의성 향상을 위한 핀테크 개발이 필요하다. 차별화된 서비스개발을 위해서는 기술력 확보가 필수적으로, 현 핀테크 서비스 분야 중 다양한 서비스가 경쟁하고 있는 결제 분야에 집중하기 보다는 송금, 투자, 자산관리 분야 등으로의 기술 다변화가 요구되며, 이와 더불어 온라인 및 모바일 기반 금융거래 플랫폼, 안정적 서비스를 위한 보안기술 개발이 필요하다.[502]

---

498 이재화(2017), p. 91.

499 김명아(2015), p. 51.

500 이광용 외(2017). 규제 트라이앵글는 정부의 사전승인을 받아야 하는 사전규제로 정해진 사업영역이 아니면 기업활동 자체를 막는 포지티브방식의 규제, 인증기준 등이 아예 존재하지 않는 규제 인프라의 부족 등이다. 최근 금융규제 테스트베드 도입, 감독기관의 비조치의견서 발급 활성화 등으로 국내 핀테크 산업의 규제 불확실성을 상당 부분 감소를 기대하고 있다.

501 강맹수(2018), p. 92.

502 오준배(2016), p. 18

5.8. IoT

5.8.1. 산업 및 시장분석

사물인터넷(internet of things)은 사람, 사물, 공간, 데이터 등 모든 것이 인터넷으로 서로 연결되어, 정보가 생성·수집·공유·활용되는 초연결 인터넷이다. 사물이 그냥 네트워크에 연결되었다는 것은 그렇게 큰 의미가 없으며, 연결된 사물이 나에게 적합한 서비스를 제공하였을 때에 비로소 가치가 증가된다.[503] IoT 응용서비스 분야는 헬스케어, 웰니스, 스마트 홈, 스마트시티, 스마트 물류, 유통, 마케팅, 스마트 금융, 스마트공장, 커넥티드카 등이 있다.

IoT 산업이 중요한 이유는 정보의 수집·활용이 인간 대 사물, 사물대 사물로 통신의 대상이 급속히 확장되는 추세이고, 서비스 통합 및 매체 통합을 통해 사물 정보를 활용한 증강현실 서비스 등 새로운 지능형 융합서비스가 출현하고 있기 때문이다. 정보기기는 더욱 소형화, 저가격화, 기능 분화, 다양화, 휴대성, 편의성, 생필품화, 소비재화로 변모하고 있다. 인터넷은 1세대인 기업 중심의 '컴퓨터인터넷'(internet of computer), 2세대인 소비자를 위한 '사람인터넷'(internet of people) 시대를 지나, 3세대인 '사물인터넷'(internet of things) 시대로 진화하고 있다. IoT는 현실 세계의 사물들과 가상세계를 네트워크로 상호 연결해 사람과 사물, 사물과 사물 간 언제 어디서나 서로 소통할 수 있게 해준다. 최근 IoT 연결기기 수와 시장규모가 급속히 증가하고 있어 향후 IoT 기술 개발과 응용이 더욱 중요해질 것으로 예상된다.

503 한국사물인터넷협회(2017), p. 8.

<표 5-47> 사물인터넷의 다양한 응용서비스 분야

분야	내용
헬스케어와 웰니스	• 과거에는 질병이나 질환이 발생 후 이를 체계적이고 효율적으로 관리하는 것이 중요하지만, 최근에는 사전에 질병이나 질환의 발생을 예측하거나 예방하는 것이 매우 중요
스마트 홈	• 가정에 있는 사물이나 환경 등에 대해 지속적으로 모니터링하여 원격에서 제어하거나 스스로 제어되는 시스템이 적용된 가정 • 기존 가전제품에 네트워크 기능을 연결하고 제어 기능을 탑재해 스마트홈 서비스 구현이 가능하게 하는 것으로, 스스로 상황에 맞게 자동적으로 최적의 성능을 발휘할 수 있도록 조정 가능한 가전제품을 의미
스마트시티	• 스마트시티는 인적자원과 사회 인프라, 교통수단, ICT 기술 등에 투자함으로써 지속적인 경제발전과 삶의 질 향상을 이룰 수 있는 도시
스마트 물류, 유통, 마케팅	• 물류와 유통 분야는 사물인터넷의 개념이 일찍부터 도입된 산업 분야로, 2000년대 초반부터 RFID나 NFC와 같은 기술을 적극적으로 도입하였으며, 최근에는 마케팅이나 배송, 제품의 판매 분석, 고객관리(CRM)등의 목적으로 다양한 사물인터넷 기술 활용
스마트 금융	• 모바일 결제, 간편 결제는 IT 기술을 이용한 결제 프로세스의 간소화에 다 가까우나, 자동차보험 또는 건강보험 분야에서는 사물인터넷 디바이스와 결합된 보험 상품 출시 증가
스마트공장	• 사물인터넷 기술을 통해 공장의 생산공정과 공급체인의 흐름을 시각적으로 확인할 수 있고 공장이나 기업 등의 물리적인 경계를 초월한 통합적인 관리를 통해 효율성 증가
커넥티드카	• 자동차 내부의 각종 기기와 외부의 네트워크가 무선통신을 통해 연결됨으로써 정보 연결성과 접근성이 제공되어 차량 자체를 정보 기기처럼 활용할 수 있는 자동차

자료: 한국사물인터넷협회(2017), p. 41.

한국 IDC(International Data Corp)는 2019년 국내 IoT 플랫폼 시장 규모는 2018년 대비 19.5% 증가한 7,540억원이며, 2023년까지 16.1%의 연평균 성장률로 1조 3,308억원의 시장규모를 전망한다.[504] IoT 세계시장규모는

504 한국 IDC(2020)

2017년 약 8,000억 달러에서 연평균 약 15%씩 성장하여 2023년에는 약 1조 8,520억 달러로 성장할 것으로 전망하고 있다. 스마트홈이란 기존 가전제품에 네트워크 기능을 연결하고 제어 기능을 탑재해 스스로 상황에 맞게 자동적으로 최적의 성능을 발휘할 수 있도록 조정 가능한 가전제품으로 통신 기능을 내장한 스마트한 TV, 에어컨, 냉장고, 세탁기 등을 통칭한다. 스마트 가전제품은 기존 가정용 제품에 IoT 기능이 적용됨에 따라 시장 규모가 빠르게 증가하는 추세인데, 인터넷에 연결되는 사물 및 제품의 수가 급격히 증가하고, 관련 센서부품 가격이 하락하면서 스마트 가전을 포함한 다양한 분야에서 IoT 기술도입이 확산되고 있다.[505]

4차 산업혁명이 추구하는 방향은 '초연결성'과 '초지능성'으로 '사람-사물-시스템'이 서로 상호 연결되어 실시간으로 방대한 양의 빅데이터를 생산하며, 축적된 데이터를 활용하여 기존 산업 프로세스를 혁신을 통해 새로운 가치와 산업생태계를 조성하는 것이다. IoT, AI, 빅데이터 등의 ICT 기술들이 4차 산업혁명의 핵심기술이며, 특히 '초연결'의 기반이자 산업혁신의 핵심기술인 IoT의 선점을 위하여 각국은 현재 첨단 정보통신기술과 기존 산업기술의 융합을 통해 차별화된 부가가치를 창출할 수 있는 다양한 길을 모색하고 있다.

5.8.2. 한국의 관련 규제 및 문제점

한국의 IoT 관련 규제 및 문제점은 IoT의 활용과 개인정보 유출 문제, 보안 및 프라이버시 문제, IoT 산업의 제약 및 통상적인 방해요인, 인간의 존

505 산업경제리서치(2021)

엄성 및 평등과 같은 민주주의 이념의 보호 등의 문제가 있다. 첫째, IoT의 활용과 개인정보 유출 문제로서 유비쿼터스 환경에서의 개인정보침해,[506] ICT 신산업과 '개인정보 보호법'의 적용문제, 사물인터넷과 관련한 '위치정보법'의 문제점이[507] 있다. 2020년 개인정보 보호법 개정이 진행되기 전까지는 개인정보보호 관계 법률에 따른 엄격한 개인정보보호로 인해 IoT, 빅데이터, 클라우드 등 신규 IT산업 발전 장애가 우려되었다. 또한 ICT 산업 발전과 개인정보 활용의 조화를 위한 법제도 등의 처리기준이 명확히 확립되어 있지 않는 실정이었다.[508] 따라서 ICT 신산업에서 개인정보의 활용 형태는 양자적 구조의 범위를 이미 넘어선 상태여서 정보 주체로부터 특정 사항을 고지하거나, 직접 동의를 얻는 것이 거의 불가능한 빅데이터, IoT 등 분야에서는 현행법을 그대로 적용하기 어려웠다.[509] 현재 정보통신서비스 이용자의 개인정보 활용 동의 방식에 대한 규제개선을 통해 개인정보 수집 및 활용하는 사전동의(opt-in) 제도에 대한 개선작업도 필요하다. 정부는 상시 연결과 실시간 정보전송이라는 특징을 지니는 IoT 환경에서는 개인정보 수집 및 활용에 대한 사전동의가 현실적으로 어렵기 때문에, 이러한 문제를 해소할 수 있도록 이용자 등 정보제공 주체가 명시적 거부하기 전까지는 정보의 활용 역량 향상을 위해서 개인정보를 수집할 수 있도록 하는 사후거부방식(opt-out) 제도의 도입이 필요하다.[510]

506 유비쿼터스 환경에서 편익이 증가함에 반해 개인정보 침해의 위험성이 증가하는데, 개인정보침해는 해당 정보 주체와 관련된 제반의 정보가 도용, 유출, 변경, 훼손 등 오·남용됨으로써 정보 주체의 자기정보통제권이 침해되는 것을 의미한다.

507 위치정보서비스는 유용성에도 불구하고 개인정보를 침해할 소지로 계속 문제가 야기되고 있다. 박미사(2014), pp. 8-10.

508 박미사(2014), p. 22.

509 박미사(2014), p. 40.

510 심우현, 박정원(2018), pp. 133-136.

둘째, 보안 및 프라이버시 문제이다. IoT는 잠재적 중요성과 기술의 이점으로 통신분야에 대한 새로운 시각을 제공하며 모든 산업분야에서의 성장, 혁신적 서비스, 새로운 기술 활용의 가능성을 제공한다. 데이터 중심 생태계와 기술 중심 생태계 양자는 서로 깊은 관련성이 있지만, 데이터 관점 및 기술적 관점 양자의 규제 목표 및 규제 기관의 개념이 매우 상이하여 어떠한 경우에서든지 더 많은 조정과 사전규제가 필요하다.[511] IoT 기술의 장애요인은 데이터 소유권과 보안에 관한 신뢰도가 낮아 IoT 기술로 수집된 데이터가 개인의 이익 침해, 허락하지 않은 다른 주체에게 무단 활용될지 모른다는 우려가 가장 대표적이다.[512] IoT에 대한 보안 위협은 양적 증대에 따른 관리상 취약성이 그 위협요소로, IoT 환경에서 모든 사물은 매우 긴밀하고 실시간으로 연결되어서, 이로 인해 생성된 복잡한 구조의 무선 네트워크는 기본적으로 보안에 취약하다. 보안 침해는 개인의 프라이버시 침해와 국가적 차원의 대규모 피해도 예상된다. 일례로 의료 관련 병원용 장비나 개인용 기기, 커넥티드카에 대한 보안 침해는 큰 피해를 야기할 수 있다.[513]

셋째, IoT 산업을 제약하는 전송(인프라 공급자로서 정부의 역할), 취합(규제가 필요하지 않은 부문), 분석(규제기관으로서 정부의 역할) 등의 통상적인 방해요인도 있다.[514] <표 5-48> 참조.

---

511 김미리 외(2016), pp. 189-214.

512 개방형 IoT 운영시스템인 '마인드스피어'(MindShere)로 스마트팩토리를 구축에서 데이터수집을 통해 주요 노하우가 유출 우려가 제조 플랫폼 도입을 주저하는 요인 가운데 하나이다.

513 홍석한(2015), pp. 420-422.

514 Deloitte(2017), p. 4.

<표 5-48> 정보 흐름을 제약하는 통상적인 방해요인

정보 흐름에 대한 통상적인 방해요인	신속하고 책임감 있는 IoT 기술개발 지원을 위한 정부의 조치
• 전송(communicate): 제한적인 주파수 대역폭에 대한 경쟁이 개발을 지연시킬 수 있음	• 정부는 효과적인 주파수 대역폭 확보를 위해 인프라 공급자로서 행동 필요
• 취합(aggregate): 공통의 표준이 부족하여 데이터 취합을 제한할 수 있음	• 산업이 주도하기: 정부 조치가 필요하지 않음
• 분석(analyse): 데이터의 규모 및 새로운 종류의 데이터 분석은 프라이버시 문제를 만들어낼 수 있음	• 정부는 소비자를 보호하기 위한 규제기관으로서 행동해야 함 • 하지만 이 또한 규제의 딜레마를 유발할 수 있으므로, 규제기관은 가이던스를 제공하기 위한 새로운 방안이 필요

자료: Deloitte(2017), p. 4.

넷째, 인간의 존엄 및 평등의 문제도 있을 수 있다. IoT의 자동성은 다양한 상황에 대한 인간의 인식과 분석, 대응이 상당 부분 기기에 의해 대체되도록 하여 감시와 측정에 따라 계산된 방식으로 행동하는 수동화된 인간과 인간 생활을 계량화시킬 수 있다. 따라서 인간 스스로가 컴퓨터에 의해 조종될 위험성이나, 인간의 존엄성에 대해 부정적인 영향을 배제할 수 없다.[515]

넷째, IoT 분야의 투자 부족 문제이다. 주요국 IoT 투자 동향을 비교해보면 지난 10년간 투자한 금액은 미국이 압도적이고, 이어서 중국, 독일, 한국, 일본 순이며, 건수 또한 미국이 압도적이고 뒤이어 중국, 한국, 일본, 독일 순이다. 미국의 IoT 분야 누적 투자금액은 중국의 약 10배로, 글로벌 IoT 투자액의 70%를 차지하고 있다.[516]

515 홍석한(2015), p. 422.

516 장현숙(2018), pp. 5-6.

5.8.3. 주요국 성공사례

1) 미국 성공사례

<표 5-49> 미국 사물인터넷 정책

기관명	주요내용
국립표준원 (NiST)	• 2016년 5월 IoT와 관련된 5가지(건물, 사이버 보안 및 정보보호, 타이밍 및 동기화, 데이터 호환, 사용 케이스) 이슈와 관련해서 종합적인 기술 정보와 정의 등 제공 • 스마트공장, 재난관리, 스마트그리드와 관련된 기술을 발전을 위한 연구 진행 • 2014년에는 스마트그리드와 관련한 사이버 보안 기술에 대해 가이드라인 제공 • 상호 호환성 향상을 위한 2015년 IoT와 관련된 데이터 기술을 표준화, 정보와 기술적 정보제공
환경보호국 (EPA)	• IoT의 적용 기술개발을 위해 시리즈별 프로그램 지원 • 2016년 스마트시티 Air Challege에 $50,000 투자, 두 개 프로젝트 지원
교통부 (DOT)	• ITS 표준화와 인프라 구축 등 다양한 연구 활동 지원 • 컨넥티드 자동차에 대한 보안성을 강화하기 위한 사이버 보안 사례 제공 • 2014년부터 자율주행 자동차의 기술개발을 가속화하기 위해 V2V 통신사용에 대한 데이터 안전을 위한 가이드라인 제공 • 2016년, 8개 도시에 컨넥티드 자동차와 인프라에 $56.6 million 지원

자료: GAO-17-570, Internet of Things(2017), 한국산업기술진흥원(2018), p. 6.

미국 IoT 정책의 성공은 미국 정부의 적극적인 IoT 정책과 기업의 참여로 가능하였다. 첫째, '국가정보위원회'(NIC: National Intelligence Council)는 2025년까지 국가경쟁력에 영향을 미칠 수 있는 '혁신적인 파괴적 기술' 중의 하나로 IoT를 선정하여 기술 발전 로드맵을 수립하여 추진 중이다. 또한 2009년에 스마트그리드 사업 투자에 대한 'Grid 2030 계획'을 수립하여 추진 중이며, 2015년 발의한 '사물인터넷 국가전력 결의안'에서 IoT 기반 사회 구축을 위한 공공과 민간의 전략을 각각 제시하여 IoT 기술이 사회

각 분야 및 지역 사회 전반에 기여 가능한 정책을 진행하며, IoT 관련 정책은 개별 연방 기관별로 진행하고 있다. 미국은 일찍 IoT의 중요성을 인식하고 다양한 IoT 정책을 국립표준원(NIST), 환경보호국(EPA), 교통부(DOT)를 중심으로 추진하고 있다. <표 5-49> 참조.

둘째, 미국 IoT 기업들도 적극 관련 산업의 중요성을 인식하고 플랫폼/솔루션, 네트워크, 서비스, 보안 관련 산업 관련 기술개발을 적극 추진 중이다. IoT 분야 대표기업은 Google, Microsoft, Amazon, Cisco, Apple, Freescale 등으로 각 기업은 IoT의 하드웨어 및 소프트웨어 전반에 관해 연구개발을 진행 중이며, 이외에도 IBM, Intel, SAP, Cisco, Siemens, GE, Nokia Networks 등 글로벌기업이 많은데 대다수는 미국기업이다. <표 5-50> 참조. Google, Microsoft, Amazon, Apple 등 많은 미국기업들은 IoT 신기술 개발에 박차를 가하고 있다. 일례로 Google은 2014년에 스마트홈 관련 특허를 다수 보유한 'Nest'를 인수하여 센서를 이용한 가정 내 IoT 제어기술을 확보하였고, 무선 카메라와 스마트기기를 연동하는 기술을 보유한 'Dropcam'을 인수하여 IoT 핵심기술을 강화하였다. Google은 'Nest' 인수를 통해 강화된 IoT 기술을 활용하여 하드웨어 및 다른 단말기와 연동 가능한 'Works with Nest'라는 인증 솔루션을 개발하여 스마트홈 시대의 서막을 열었다. 또한, 2015년 Google의 OS인 안드로이드를 기반으로 IoT 기기의 특성에 맞는 최소한의 기능을 가진 OS '브릴로'를 발표하였다. 구글은 산하의 Nest lab사를 통해 다양한 스마트하우스용 IoT 디바이스를 발매하고 있으며, 독자적인 IoT 환경을 구축하였다.[517]

517 김종호(2019), 황은진(2015)

<표 5-50> IoT 소프트웨어 대표기업

분류	주요업체
플랫폼/ 솔루션	• Intel, Jasper Wireless, Aeris Wireless, Qualcomm, Datasmart. Inilex, Omnilink
네트워크	• Cisco, Nokia Networks, AT&T, Verizon
서비스	• Google, Microsoft, SAP, Siemens, Schneider Electric, GE, Eaton, IBM, Amazon Web Services, PTC, Oracle, Ayla Networks, Honeywell, Johnson Controls, PAS
보안	• Fortinet, Cradlepoint, Sonicwall, Forescout

자료: 김종호(2019), p. 8.

2) 기타국 성공사례

중국은 정부 차원에서 국가 전략적 IoT 정책을 수립하여 지원을 지속하고 있다. 2011년 '사물망 12차 5개년 발전규획', 2015년 '중국제조 2025'(Made in China 2025)의 제조업 강국 달성 로드맵을 통해 ICT 전반의 첨단제조업 육성안을 각각 발표하였고, 11개 중점 분야를 선정하여 분야별 인터넷 융합 발전목표와 행동계획을 제시하였다. 2009년 IoT를 발전시키기 위해 IoT를 국가 5대 신흥전략 사업으로 선정하였으며, 이의 일환으로 시범도시 등을 추진하고 있다. 또한 2010년 M2M을 10대 유망기술로 선정하고, 2011년 12차 5개년 계획에 '사물망 12-5 발전계획'을 수립하는 등 다양한 정책을 추진하고 있다.[518]

일본은 성장 동력으로써 '4차 산업혁명'의 중요성을 인지하고 강점인 제조산업 기반을 중심으로 각 부처에서 관련 시책을 시행하고 있다. 4차 산업혁명의 핵심 기술인 IoT 관련 정책 역시 총무성의 'u-Japan정책', 'I-Japan

518 김영목 외(2015), p. 19.

2015 전략', 'Active Japan ICT 전략', 'Smart Japan ICT Strategy' 등을 중심으로 지속적으로 추진 중이다. 특히 'I-Japan 2015 전략'은 디지털 사회의 장래 비전 달성을 위한 디지털 기반의 정비 차원에서 IoT와 관련된 기반시설의 확보 전략을 포함하고 있어 주목할 만하다. 이외에도 일본은 IoT 기술의 개발과 인재육성을 위하여 내각성, 경제산업성, 문부과학성 등의 부처별로 다양한 사업 및 투자를 진행하고 있다. 일본은 그동안 유비쿼터스 네트워크 구현을 위한 'u-Japan' 추진, 2009년 M2M 서비스 기반의 'I-Japan 2015', 2012년과 2014년 'Active Japan ICT', 'Smart Japan ICT'를 각각 추진하였다.

독일은 2000년 이후 산업의 연구개발 부문의 강화를 위한 정책을 수립해 오고 있는데, '인더스트리 4.0'은 이러한 독일의 정책 방향을 보여주는 정책이다. '인더스트리 4.0'은 독일이 강점을 가진 제조업의 디지털화에 초점을 두고, 생산공정, 조달, 물류 및 서비스에 이르는 전 과정에 ICT 기술을 도입하는 스마트팩토리 구축을 목표로 한다. 이를 위해서는 IoT와 사이버물리 시스템(CPS), 센서와 같이 물리적 세계에서 진행되는 일을 현실 세계로 미러링하는 기술이 기반이 되어야 한다. 따라서 독일의 IoT 관련 정책 및 규제 역시 '인더스트리 4.0'에 대한 논의에 포함되어 진행되는 것으로 이해할 수 있다. 이러한 '인더스트리 4.0'의 가장 큰 특징은 정부 부처뿐 아니라, 민간기업, 각종 협회, 조합 등이 공동으로 관련 정책 및 규제를 논의하고 시행하는 'Platform Industry 4.0' 체제를 중심으로 운영된다는 것이다. EU는 IoT 인프라 구축을 목표로 하는 14대 액션플랜을 2009년 추진하였으며, '디지털 단일화 시장 전략'을 발표하였다. 특히, EU 국가 중 영국은 IoT 연구개발에 4,500만 파운드의 투입을 발표하였다.

5.8.4. 시사점

한국은 e-Korea, u-Korea, IT Korea 계획을 수립하여 정보 통신 인프라 고도화와 지식정보 서비스 확대 정책을 수립 추진하고 있다. 2014년 '초연결 디지털 혁명의 선도국가 실현'을 비전으로 수립하고, 국가 종합 발전전략으로 4개 추진전략과 5개 과제를 담은 사물인터넷 기본계획을 수립하여 추진하고 있다. 4개 추진전략은 생태계 참여자 간 협업 강화, 오픈 이노베이션 추진, 글로벌시장을 겨냥한 서비스개발 및 확산, 대중소기업 스타트업 별 맞춤 전략이다. 5대 과제는 참여적 서비스 시장 창출, 글로벌 사물인터넷 전문 기업 육성, 인프라 확충, 디바이스 센서 사업 육성, 생태계 기반 조성으로 구성되어있다.[519] 하지만, IoT 분야에도 디지털 시대에 겪어 온 많은 경우와 같이 공공 정책과 법률이 기술의 속도를 부응하지 못하는 한계가 드러나고 있다. 이는 디지털 경제 시대에 공유와 협력에 따르는 편익은 그 비용보다 크기 때문에 편익을 추구하려는 기술 집단과 전통적 사회의 가치를 유지하려는 집단 간 의견을 좁혀나가는 시간이 필요하기 때문이다. 이러한 사회의 조정 작업으로 인해 나타나는 법률이 신기술을 따라가지 못하는 현상은 4차 산업혁명 시대의 많은 신기술이 직면한 공통의 문제이다. IoT 기술이 산업경쟁력 향상을 위한 공유와 협력의 편익을 얻을 수 있는 기회로 발전하기 위해서는 기술개발 기업들이 스스로 합리적인 차원에서 규제를 대비해야 한다.

IoT는 비즈니스 모델의 혁신적 변화 수단 및 ICT와 타산업 간 융합 활성화 기반으로 응용이 가능한데, 유의미한 적용사례 활성화를 위해서 표준

519 김영목 외(2015), p. 19.

플랫폼 부재 등 분야별 선결과제 해결이 요구되며, 관련 업계의 적극적 대응이 필요하다.[520] 따라서 IoT 산업의 지속적 성장에 필요한 요건으로는 개인정보 수집·활용을 용이하게 하는 사후거부방식(opt-out) 제도 도입, 기술적 부문 규제개선과 확장 가능한 서비스, 보안 및 프라이버시 보호 장치의 강화, 데이터 공유 플랫폼 구축, IoT 글로벌 표준 구축 및 관련 기술/인프라 관련 전략적 대응 등이 있다. 첫째, 정보의 활용 역량 향상을 위해 개인정보 수집·활용을 활성화할 수 있도록 사전 동의(opt-in) 제도에 대한 개선 작업이 필요하다. 2020년 개인정보 보호법 개정이 진행되었지만, 아직 개선할 점이 있다. 상시 연결과 실시간 정보 전송이라는 특징을 지니는 IoT 환경에서는 개인정보 수집·활용에 대한 사전동의가 어렵기 때문에, 이러한 문제를 해소할 수 있도록 정보제공 주체(이용자 등)가 명시적으로 거부하기 전까지는 개인정보를 수집할 수 있도록 하는 사후거부방식(opt-out) 제도의 도입이 필요하다.[521]

개인정보보호 관계 법률문제를 해결하기 위해 2020년 개인정보 보호법 개정이 진행되었는데, 주요 내용은 첫째, 기존에 금융위원회, 행정안전부, 방송통신위원회, 개인정보보호위원회 등으로 분산되어 있던 '개인정보보호체계'를 '개인정보보호위원회'로 일원화하였으며, 정보통신망법과 유사하거나 중복되는 규정은 개인정보보호법으로 통합하였다. 둘째, 가명정보를 이용하여 개인의 동의 없이 공익적 기록보존, 과학적 연구 등에 활용할 수 있도록 하였다.[522] 오남용 방지를 위해 가명정보의 재식별을 금지하고,

520 이정민(2014), p. 85.

521 심우현, 박정원(2018), pp. 133-136.

522 가명정보는 원상태로 복원하기 위한 추가정보를 이용하지 않으면, 특정 개인을 식별할 수 없도록 처리한 정보이다.

가명정보 처리 및 결합 시 안전조치 의무화 등 사후통제 장치도 마련하고 있다. 셋째, 개인정보 처리자는 당초 수집 목적과 관련된 범위 내에서 정보 주체의 동의 없이 개인정보를 이용할 수 있다. 이는 암호화 등 안전성 확보에 필요한 조치 시행 여부, 정보 주체에게 불이익이 발생하는지 여부 등을 고려하여만 가능하다. 따라서 개인정보 관련 법률이 '개인정보 보호법'으로 일원화됨으로써 적용 법률에 대한 국민들의 혼란, 중복 규제 등 기존에 제기된 문제가 대부분 해결될 것으로 보이며, 가명정보 활용을 바탕으로 데이터 이용 활성화가 이뤄져서 IoT, AI, 빅데이터 등 관련 산업도 비약적으로 발전해 나갈 것으로 기대된다.

둘째, 기술적 부문 규제개선과 IoT와 연계한 서비스 영역을 확장하기 위해서는 AI 기술을 적극적으로 접목하는 것이 필요하다. IoT와 AI를 융합한 기술은 사물인터넷 서비스를 한 차원 더 업그레이드시켜줄 것으로 기대된다. IoT의 핵심기술은 크게 세 가지로 대표되는데, 기초칩 설계와 센서 제조 그리고 스마트 정보 처리 기술이 그것이다. 이와 같은 기술들은 커넥티드 디바이스의 발전과 더불어 연계된 각종 서비스를 통해 새로운 가치를 창출할 것이다. 이러한 서비스는 단순한 디바이스와 디바이스의 연결뿐만 아니라 사용자의 일상적인 욕구와 상황에 맞춘 필요성을 만족시킬 수 있는 지능형 서비스로 발전되어야 한다.[523]

셋째, 보안 및 프라이버시 보호 장치의 강화를 적극 고려할 필요가 있다. IoT는 표준화 및 주파수 확보, 보안, 인간의 존엄성 및 평등, 개인정보 보호의 측면에서 해결해야 할 복잡한 문제가 있다. 특히, 기존의 인터넷 환경에 비하여 수많은 사물이 연결되어 지속적인 정보의 전달과 공유가 자동적으

523 일례로 대기오염 물질에 관한 대기오염물질별 측정방식과 의약품 판매 시스템에 관한 규제 완화가 있다. 심우현, 박정원(2018), pp. 133-136.

로 이루어지는 IoT 환경에서는 정보의 습득, 처리, 보관, 전달의 각 단계별로 보안에 대한 위협 및 그에 따른 개인정보침해의 문제가 심각할 수 있어 이에 대한 규범적 대응이 가장 핵심적인 과제이다.[524] 보안 및 프라이버시 보호 장치를 강화하고 IoT 보안 위협에 대응하기 위해서는 커넥티드 디바이스를 센서 기기, 통신 네트워크, 플랫폼, 응용서비스로 구분하여 각각의 보안 대책을 수립할 필요가 있다.

넷째, 국내 기업들 사이의 데이터 공유 플랫폼이 필요하다. IoT 시장에서 대기업과 해외기업이 거대 자본을 앞세워 진출을 본격화하고 있어 신규 중소기업의 시장 진출에 어려움이 예상된다. 대기업과 해외기업을 상대로 중소기업이 동등한 경쟁을 하기는 쉽지 않으므로 중소기업은 서비스 공유를 통해 시장 참여하는 방식과 기업 간 서비스 교환이 필요하다.[525]

다섯째, IoT 글로벌 표준 구축, 관련 기술 및 인프라 확대로 시장 성장이 더욱 가속화될 것으로 예상되어 이에 대한 전략적 대응과 투자가 필요하다. IoT 시장의 계속적인 확대와 효율성 제고를 위해서는 통신규격 등 표준 확립이 매우 중요하다. 향후 IoT를 주도하기 위한 글로벌 업체 간의 협력을 위한 표준화 활동 및 업체 간 합종연횡도 필요하다. IoT 기술의 확산 및 연결성 강화를 위한 5G 융합기술 및 플랫폼의 표준화 등에 대한 지속적인 노력이 요구되며, IoT 서비스의 품질 제고를 위한 시험인증체계를 강화하는 등 글로벌 진출을 위한 지원을 확대할 필요가 있다.[526]

524 홍석한(2015), p. 435.

525 김태진(2017), pp. 1-11.

526 소프트웨어정책연구소(2019a), p. 39.

5.9. 스마트팩토리

5.9.1. 산업 및 시장분석

4차 산업혁명은 경제의 디지털화 AI의 영향이라는 관점에서 차세대 기계세대라고 한다.[527] 4차 산업혁명으로 디지털기술의 진전, 수요 맞춤형 생산으로의 패러다임(paradigm) 변화, 글로벌 경쟁 심화에 대응하여 스마트제조 생산방식 체계로의 전환을 적극 추진 중이다. 스마트 팩토리는 기존 공장자동화 수준을 넘어선 차세대 신기술과 제조기술이 접목된 소비자 중심 지능화 공장으로, 사이버물리시스템(CPS), 로보틱스, 3D 프린팅, IoT 등의 기술을 기반으로 제조업 생산성을 획기적으로 향상할 수 있는 수단으로 많은 국가에서 도입하고 있다. 생산·제조면에서는 사이버물리시스템을 광범위하게 적용 운용하는데, 사이버물리시스템은 현실세계의 다양한 물리적 시스템을 컴퓨터와 네트워크를 통해 자율적, 기능적으로 제어하는 가상의 영역에 속하는 컴퓨팅, 통신, 제어를 실제 물리 세계와 통합 연동된 시스템이다. 사람, 사물, 자원, 정보가 사물인터넷(IoT), AI 등을 이용하여 유기적으로 상호 연결되어 가상의 공간에서 구현하는 자동적, 인공적으로 제어하는 임베디드시스템(embedded system)이다. 최근 로봇, 자동차 등 제조업체가 컴퓨터 이용 물리적 세계의 접목을 통하여 최근 이용이 증가하고 있다.[528]

제품의 기획부터 판매까지 전 과정을 첨단 지능형 ICT 기술로 통합해 최소 비용과 시간으로 고객 맞춤형 제품을 생산·판매하게 되는 상태가 스

527 Schwab(2016)

528 변재웅(2021)

마트 제조혁신인데, 이는 고부가가치 기반의 산업혁신으로 이어지는 가교 역할로써 최근 관심이 증대되고 있다.[529] 스마트팩토리는 디지털 전환 과정에서 생산성 향상, 품질향상, 유연성 제고, 리드타임(lead time)의 단축 등 공정 관련 성과는 물론 궁극적으로 수요 변화에 실시간(real time)으로 대응할 수 있는 유연한 생산방식의 실현이 가능하며 다양한 제조업 분야에서 응용이 가능하다.

스마트팩토리 산업은 미국, 독일, 일본 등 주요 제조 선진국뿐만 아니라 중국 등 신흥국들도 제조업의 중요성에 주목하고 있다. 특히 중국 등 경쟁국들은 제조업의 성장 활력 제고, 고용창출, 무역수지 개선 등을 위해 ICT를 활용한 제조업 경쟁력 강화정책을 수립하고 추진 중이다.[530] 제조업은 전후방 연관산업을 통한 일자리 창출 기능이 크기 때문에 경제 전반에 끼치는 영향이 커 독일, 미국, 일본 등 전통적 제조 강국과 중국을 중심으로 제조업에 대한 국가 차원의 관심과 지원이 증가하고 있다. 제조업에 ICT 기술을 접목한 스마트팩토리를 통해 능동적 수요 대응 및 산업 부가가치 증대를 달성하고, 장기적 관점에서는 제조와 연관된 가치사슬(value chain) 전반으로 범위를 확대하여 스마트화를 추진한다. 독일은 스마트팩토리 산업을 선도하고 있는데, 전 세계 처음으로 2011년 제조업 혁신 강화정책인 '인더스트리 4.0'(Industrie 4.0) 전략을 통해서 스마트팩토리의 개념을 이슈화하고 스마트팩토리 국제표준화 설립을 구축하였다. 많은 독일 기업들이 스마트팩토리를 적극 적용하여 많은 성과를 보이고 있는데, 특히 지멘스(Siemens) 암베르그(Amberg)와 보쉬(Bosch)의 포이어바흐(Feuerbach)는 대표적인 성공사례

529 Schwab(2016), Xu et al(2018), 민성희(2018), 이현규(2018), Byun(2020, 2021), EUROPA(2021)
530 이현규(2018)

인데, 지멘스 암베르그 공장은 25년의 오래된 공장을 ICT를 접목하여 지속적인 개선을 통해서 가장 최적화된 스마트공장으로 자동화된 공정을 유지하며 사람과 기계간의 조합을 잘 유지하고 있는 대표적인 성공사례이다.[531] 아디다스의 스마트팩토리 사례는 기존 노동집약적 신발 제조업 라인을 디지털화하여 2017년 생산거점을 독일로 회귀(reshoring)한 사례이다. 하지만 아디다스는 독일과 미국에서 가동하던 스마트팩토리 가동을 2020년 4월 중단하여 스마트공장을 통한 리쇼어링이 무조건 다 성공할 없다는 사례로 기록되었다.

4차 산업혁명 시대에 '스마트 공장'(smart factory)이 핵심 화두로 부상한 이유는 현재 제조업이 가진 문제를 해결하는 데 큰 역할을 할 수 있기 때문이다. 한국의 경우 미국, 일본과 달리 GDP 대비 제조업 비중이 26.6%, 총수출에서 제조업 비중은 97.1%이여서 스마트팩토리는 4차 산업혁명 시대 국내 경제에 있어 중요한 핵심 분야로 부상하고 있어 이에 대한 대책이 필요하다. <표 4-7> 참조. 이러한 스마트팩토리는 최근 4차 산업혁명의 진전, 미·중 기술분쟁 등으로 GVC의 변화를 통하여 기업들의 본국 회귀에도 영향을 미친다.[532] 또한 COVID-19로 전 세계가 마스크와 방호품의 수요가 급증하자 Samsung은 스마트팩토리 지원을 통하여 마스크, 진단키트 업체, 보호구 제조업체 등 관련 국내외 중소기업의 생산성이 대폭 증대하여 방역에 기여한 사례도 있다.[533] Markets & Markets에 따르면 글로벌 스마트팩토리 시장규모는 2022년까지 매년 9.3%씩 성장하여 약 2016년 1,700억 달러 규모에서 2022년 2,054.2억 달러로 빠르게 증가할 것으로 전망된다. 한

531 Byun(2020, 2021)

532 Bank of America(2020)

533 Byun(2020)

국의 시장규모도 2020년에는 78.3억 달러, 2022년까지는 127.6억 달러로 예상되어, 연간 12.2%의 높은 성장률로 아시아 지역에서 중국에 이어 두 번째로 빠른 성장 속도를 보일 것으로 예상한다.[534]

5.9.2. 한국의 관련 규제 및 문제점

한국은 2022년까지 스마트공장 3만 개 보급을 목표로 2014년부터 산업혁신운동으로 제조 중소기업의 ICT 기술 활용 정도 및 역량평가를 위한 현장진단과 스마트공장 구축지원 및 ICT 융합 스마트공장 보급 확산사업으로 가치사슬로 연결된 수·위탁 기업 간 혹은 동일업종 내 개별기업 간 결성된 컨소시엄 구성을 통해 스마트공장 구축지원을 추진하고 있다.[535] 정부는 2015년 6월 '제조업 혁신 3.0 전략'을 발표하며 스마트제조 도입 지원강화, 혁신제품 사업화 촉진, 제조업 소프트파워 강화 방안 등을 제시하였으며, 주요 전략 중 하나로 스마트 제조혁신을 제시하고 IT·SW, IoT 등과의 융합을 통해 생산 전 과정을 지능화·최적화할 수 있는 정책적 지원방안을 제시했다. 또한 민·관공동으로 '스마트공장 추진단'을 구성하여 IT·SW 역량이 부족한 중소·중견기업 제조현장의 스마트화를 기업 역량에 따라 맞춤형으로 지원할 계획을 제시하였다. 한국기업의 스마트공장 관련 공정개선 성과분석 결과 공장자동화를 통한 생산성 향상(30%), 원가 감소(15.9%), 불량률 감소(43.5%), 납기 준수율 증가(15.5%) 등 긍정적인 성과를 보여 준다.[536]

534 Markets & Markets(2020). 글로벌 스마트팩토리 시장규모가 2025년 약 3838억 달러로 증가할 것으로 전망한다.

535 산업통상자원부(2017)

536 중소벤처기업부(2019a)

한국은 중소·중견기업 중심의 스마트공장 구축을 지원하고 있지만 아직까지는 SW 위주로 보급 중이며, IoT와 CPS 등 스마트 제조기술의 고도화를 지향하는 솔루션은 대기업을 중심으로 시범 도입이 되는 단계이다. 한국의 스마트팩토리 관련 규제와 문제점을 분석하면 다음과 같다.

첫째, 낮은 구축 수준 문제이다. 중소벤처기업부(2019a)의 '스마트공장 지원사업 성과조사 분석 연구'에 따르면 2014-2017년 중 정부지원사업으로 전국 7,803개사에 스마트팩토리를 보급하였다. 정부지원으로 스마트공장 보급이 확대됨에 따라 스마트공장 보급수는 277개사(2014), 963개사(2015년), 1,560개사(2016년), 2,203개사(2017년)로 매년 증가하고 있다. 누적 보급률도 0.4%(2014), 1.8%(2015), 4.1%(2016), 7.2%(2017)로 매년 증가추세이지만, 아직 보급률은 낮은 수준이다. 산업별로 자동차 부품산업이 섬유기계, 기타 기계, 금속가공업종에서의 스마트팩토리 보급률이 높다. 일례로 대구경북지역 중소기업의 스마트팩토리 보급률은 전국 총 7,803개 중 대구 664개사(8.5%), 경북 969개사(12.4%)로 전국 대비 21%의 높은 점유율을 기록하고 있다. 특히 대구경북의 경우 자동차 부품 관련 회사들의 보급률이 다른 업종에 비해 높아, 대구는 189개사, 경북은 331개사의 자동차 부품사가 도입하여 전국에서 29.8%의 높은 보급률을 보여준다. <표 5-51> 참조.

스마트공장 관련 공정개선 성과분석 결과 공장자동화를 통한 생산성 향상(30%), 원가 감소(15.9%), 불량률 감소(43.5%), 납기 준수율 증가(15.5%) 등 긍정적인 성과를 보여준다. 특히 근로자 규모가 10인 미만 기업이 생산성(39.0%), 품질(44.4%), 원가(17.6%), 납기(19.8%) 등 모든 지표에서 개선 효과가 높게 나타났다. 공정개선 성과 상위 5개 업종(총 26개 업종)중 자동차 및 트레일러 제조업이 원가개선 분야에서 17.3%의 성과를 보여 향후 소규모(10인 미만 기업) 기업에서 스마트팩토리를 쉽게 도입할 수 있도록 정부의 적극적인 지원정책이 요구된다.

<표 5-51> 한국 자동차부품 업계 스마트팩토리 보급 현황

	자동차부품	섬유기계	기타 기계	금속가공	기타
전국 (7,803개사, 100%)	1,743	297	1,355	1,024	3,384
대구 (664개사, 8.5%)	189	99	96	92	182
경북 (969개사, 12.4%)	331	47	121	105	365

자료: 중소벤처기업부(2019a)

스마트제조 관련 자발적 투자유인이 구조적으로 부족한지를 분석하기 위해, 2015~2017년 동안 정부 스마트공장 지원사업에 참여한 413개 중소·중견기업과 이들 참여기업과 쌍둥이적 성격을 가지며 스마트제조 솔루션을 도입하지 않은 428개 중소·중견기업을 실태조사하였다. 분석 결과 정부 스마트공장사업 참여 중소·중견기업이 미구축 기업에 비해 혁신 수준, 혁신활동, 혁신역량 등 전반적인 혁신성 지표가 상당히 우수함이 관찰되었다. 일례로 정부 스마트공장 사업의 참여를 통해 구축된 스마트제조 시스템은 기존의 제조혁신 우수기업의 기존 시스템과 융합하여 가동률, 1일 생산량, 1인당 생산량을 비약적으로 개선되었으며, 재고량 및 불량률의 감소, 제조원가 하락, 제조 리드타임·의사결정시간·납기의 단축, 기업 내 정보공유의 강화 등 긍정적인 공정개선 성과 및 공정혁신도 촉진되었다.[537]

또한, 중소벤처기업부(2019)의 한국의 스마트팩토리 도입기업과 미도입기업의 성과조사 분석 연구에 의하면 평균 매출액, 평균 수출액, 평균 종업원수에서 확연한 증가세를 보였다. 하지만 낮은 구축 수준에서 달성되

537 박양신, 지민웅(2020)

고 있는 성과가 제품 혁신이나 수요처 발굴에는 이르지 못해, 영업이익이 증대되지 못하는 한계가 노출되었다. 현재의 산업생태계 여건이 지속되는 한, 투자 대비 수익 창출이 구조적으로 불확실한 까닭에 국내 중소·중견기업이 자발적으로 스마트 제조시스템을 도입하거나 고도화할 유인은 제한적이다.[538] 둘째, 스마트팩토리에 대한 인지도 부족 문제인데, 특히 제조업 분야 중소기업들의 스마트팩토리에 대한 인지도가 상당히 낮은 상태이다. 스마트제조 개념에 대한 인지 여부를 조사한 결과, 응답자의 약 53%만이 인지하고 있어 일반적으로 사업장의 규모가 커질수록 스마트제조에 대한 인식이 높아지는 경향을 보였으며, 스마트제조 관련 정부 지원사업에 대한 인지도 또한 매우 낮은 상태이다.[539] 셋째, 스마트팩토리 관련 부처의 분산 거버넌스(governance) 구조 문제이다. 스마트팩토리 구축의 문제점은 제조 로봇, 제조 서비스화, 스마트 물류센터 등의 분야가 중기부, 산업부, 과기정통부 등의 부처에 산재되어 관리되고 있고, 입지·설비보조금 등 여러 기관에 산재하여 스마트팩토리 정책을 통합 관리할 기구가 필요하다. <표 5-52> 참조. 스마트팩토리 지원기관도 각각이다. 입지·설비보조금은 산업통상자원부, 관할 지자체, 해외사업장, 구조조정 지원은 KOTRA, 무역보험 보증 우대는 무역보험공사, 보증 우대는 신용보증기금, 외국인력 고용지원은 법무부, KOTRA, 고용보조금은 고용노동부, 관할 고용센터, 관세감면은 관세청, KOTRA에서 각각 담당한다.

538 박양신, 지민웅(2020), p. 8.

539 제조업 분야 중소기업이 스마트제조의 이해정도와 도입 의지 등을 확인하기 위하여 2015년 기준 경제총조사 제조업 413,849개를 모집단으로 하여 500개사를 비례 할당하여 조사한 결과이다. 스마트제조 인지 여부, 도입 여부, 정부 지원사업 인지 여부, 스마트제조 투자의향 등에 대한 기업 의견을 조사했다. 구본진 외(2018), p. 10.

<표 5-52> 주요 전략 분야별 제도 정비 내용

과제 내용		추진 계획	부처
제조	스마트공장	• 스마트공장 확산 촉진을 위한 수준별 인증제도 및 인센티브 도입(2018) • 지능형 제조 로봇의 신뢰성 제고를 위한 안전성 평가기준 마련(2019) • 최적화 단계 공장 보급 확대(2017)	중기부 산업부
	제조 로봇	• 협동 로봇 등 지능형 제조 로봇 개발·상용화(2017~2019) • 신뢰성 확보 안전성 평가 기준 마련(2019)	산업부
	제조 서비스화	• '제조 서비스화 플래그십 프로젝트' 추진(2018~)	과기정통부
	3D 프린팅	• 3D 프린팅 제조혁신지원센터 구축(~2019)	산업부 과기정통부
물류	스마트 물류센터	• 무인화물이송 로봇 등의 신뢰성 확보를 위한 안전성 평가기준 개발(2020) • 인증·인센티브 부여 방안 마련 후 물류정책기본법 개정(2018)	국토부
안전	스마트 SOC 관리	• 노후 시설물 이상 자동감지·경고 IoT 관리시스템 개발 (2021) 실증(2021) • (시설물) 노후화되기 전 선제적으로 유지 관리하고 안정적인 유지관리·성능개선 비용 확보를 위하여 • '지속 가능한 기반시설 관리 기본법' 제정 추진(2018)	국토부 과기정통부
에너지	스마트 그리드	• 지능형 전력계량시스템 및 에너지 관리시스템 확산(2018) • 소규모 전력중개 시장 개설 등 제도개선(2019)	산업부

자료: 4차 산업혁명위원회(2017a), pp. 87-93. 에서 정리

넷째, 스마트팩토리 관련 빅데이터 활용 규제 및 제도적 문제이다. 4차 산업혁명으로 고부가 서비스 산업을 통해 공장 생산 중심의 제조업에서 소비자 수요중심의 스마트 제조업으로의 전환 가치는 원가 절감보다는 '고객과의 소통'으로 창출 가능하다. 하지만 많은 스마트팩토리 기업들은 데이터를 통한 지능화 혁명에 필요한 클라우드(cloud)를 이용하지 못하고 있는 실정이어서 이에 대한 개선이 필요하다. 한국은 2022년까지 스마트팩

토리 3만개 보급·확산사업 추진으로 중소·중견기업 중심의 스마트공장 구축 시장에는 긍정적이지만, 아직까지는 SW 위주로 보급 중이며, 사물인터넷(IoT)과 CPS 등 스마트 제조기술의 고도화를 지향하는 통합 솔루션은 대기업을 중심으로 시범 도입이 되는 단계여서 성공 레퍼런스(reference)가 부족한 상황이다.

5.9.3. 주요국 성공사례

1) 독일 성공사례

독일은 전 세계 처음으로 2011년 제조업 혁신 강화정책인 '인더스트리 4.0'(Industrie 4.0) 전략을 통해서 스마트팩토리의 개념을 이슈화하고 스마트팩토리 국제표준화 설립을 구축하였다. 독일형 4차 산업혁명 기본 모형은 2011년 '인더스트리 4.0'을 통하여 의사소통 플랫폼을 기반으로 제조업과 스마트 산업의 유기적 결합을 추진하였다. '인더스트리 4.0'이란 정보통신기술을 통해 산업공정과 기계를 네트워크로 연결해 지능형 생산 시스템을 갖추는 현상이다. 당시 독일은 기계, 장비, 자동차 등 전통적인 제조업에 기반의 산업구조를 갖고 있었지만, 소프트웨어 및 정보통신 산업 분야에서는 타 경쟁국들에 비해 그 발달이 느려 자국 내 제조 생산시설들의 고비용, 고임금 구조로 인해 그동안 높은 기술력을 통해 유지해 왔던 시장 경쟁력을 상실할 위기에 직면하였다. 독일의 '인더스트리 4.0' 전략은 세계 최고의 제조기술 경쟁력을 갖췄으나, 생산효율이 좋지 않은 자국의 제조업을 디지털 및 정보통신 기술과 접목하여 타 경쟁국들에 비해 뒤처져 왔던 정보통

신 분야 발전과 생산성 향상 등 두 가지 목표를 추진하기 위한 전략이다.[540]

독일은 'Industrie 4.0' 전략을 통해 차세대 제조업을 위한 혁신을 지원하고, AI 등 주요 기술 개발을 위한 투자 진행 중이며, 특징은 초기 기업 중심 대응에서 기업과 정부의 공동 대응체제로 변화, '스마트공장 공급 산업 육성전략'을 통해 DFKI(인공지능연구센터)를 중심으로 35개 글로벌 기업이 스마트 제조 규격을 만들고 다양한 산업에 적용하고 있다.[541] 독일은 민·관·학 협력 프로젝트로서 'Industry 4.0'을 추진하고, 2015년 이의 성과를 분석하고 초기 접근 방법을 보완하기 위해 제조공정 디지털화 전략 개선, 표준화, 데이터 보안, 제도 정비 및 인력 육성을 새로운 과제로 재설정하는 '플랫폼 인더스트리 4.0'으로 확대 전환하였다. '인더스트리 4.0'과 '플랫폼 인더스트리 4.0'의 차이점은 '인더스트리 4.0'이 정부기관이나 산업협회(BITKOM, VDMA, ZVEI) 주도의 연구 중심인 반면, '플랫폼 인더스트리 4.0'은 기존 연구 성과를 기반으로 5개 핵심 분야에 세분화, 전문화된 결과물을 도출한다. '플랫폼 인더스트리 4.0'은 제조공정의 디지털화, 표준화, 데이터 보안, 제도 정비 기준 마련, 핵심 인재 육성 등을 목표로 한다.[542] 또한 독일의 스마트팩토리 추진 관련 특징은 인간과 기계의 협업을 중시하며, 정부와 업계, 학계 주도로 중소/중견기업들의 참여가 활발한 점이다.[543]

특히 독일 기업들은 이미 공장에서의 상품 생산과 결합된 임베디드 시스템(embedded system), 자동화 기술 분야에서 축적된 기술과 노하우를 갖고 있었기에 공장의 디지털화, 즉 스마트공장이 독일 '인더스트리 4.0' 전략의

---

540 나준호, 최드림(2016), 김규판 외(2017), 김익성(2018)

541 산업통상자원부(2017)

542 김익성(2018), p. 10.

543 Byun(2021)

핵심이 되었다. 독일의 경우, 지멘스(Siemens), 보쉬(Bosch), 아디다스(Adidas) 등 많은 독일 기업들이 스마트팩토리를 적극 적용하여 성과를 도출하고 있다.[544] 지멘스 암베르그 공장은 25년의 오래된 공장에 ICT를 접목하여 최적화된 스마트공장으로 전환하여 자동화율을 최고로 유지하며 사람과 기계 간의 조합을 잘 유지하고 있는 대표적인 성공사례이다. 생산 설비, 제어 시스템, 산업용 SW까지 모든 제조 영역에서 공정 자동화 솔루션을 확보한 지멘스의 암베르크 공장은 높은 생산성과 낮은 불량률을 갖춘 지능형 공장으로 주목받고 있으며, 높은 생산성, 비용 및 에너지 절감, 실시간 분석 및 관리가 특징이다. 지멘스의 암베르그 공장의 자동화 수준은 75%에 이르며, 1,000여 개 종류의 제품을 연간 1,200만 개 생산하고 있다. 설계 및 주문 변경에도 99.7%의 제품을 24시간 내 출시하는 시스템을 구축하고 있다.

아디다스는 노동집약산업인 신발 제조와 관련된 스마트팩토리 구축사례이다. 아디다스는 중국, 베트남 등 아시아 지역에 제조 공장을 구축하여 그동안 낮은 인건비를 이용하여 높은 수익을 창출해 왔다. 하지만 근래 중국을 비롯한 아시아 국가의 인건비가 지속적으로 상승하며 원가 경쟁력이 약화되어 독일에 스마트팩토리를 구축하여 저임금에 의존했던 제조 경쟁력을 극복하려 하였다. 아디다스 신발은 대표적인 노동집약적 산업으로 대규모 인력이 필요하던 기존 제조업 라인을 IoT, 빅데이터, 머신러닝, 3D 프린팅, 로보틱스 등 첨단기술을 접목한 스마트공장을 2015년 독일 안스바흐(Ansbach) 공장에 구축하고 독일로 공장을 유턴 회귀하였다. 노동집약적이던 생산공정을 디지털 작업을 통해 이전에 소수의 인원만으로도 생산이 가능하도록 변화시키고 배송 및 생산 시간 축소, 다양한 개인의 욕구에 맞는 제

544 Byun(2020, 2021)

품들을 소량 생산하는 '다품종 소량 생산' 방식을 도입하여 생산성을 3배 이상 실현하였다. 하지만 노동집약적 아디다스 스피드 팩토리의 사례는 리쇼어링 효과, 고객 맞춤형 다품종 소량 제품 생산 가능, 리드 타임 감소 등에 대한 기술의 가치를 보여주는 중요한 실험적 사례이다.[545] 아디다스의 사례는 노동집약적 신발 생산방식을 로보틱스·머신러닝·빅데이터 등 4차 산업혁명 기술을 응용한 스피드팩토리를 구축했지만 4년 만에 공장 중단을 결정하여 대량 생산까지는 아직 제작 방식 등의 문제를 해결해야 하는 스피드팩토리 생산성 향상 실험은 현재 진행형이라 할 수 있다.[546]

2) 미국 성공사례

미국은 오바마 대통령의 이니셔티브 기반으로 '제조혁신네트워크'(NNMI)를 구성하여 ICT 바탕의 첨단제조업 육성 중인데, 정부(파트너십 형성 등 기반 강화)와 민간 주도의 기업 생태계 변화를 추진하고 있다. 이를 위해 산·학·연·관 협의체 성격의 비영리기관으로 25개 기업, 7개 대학, 8개 컨소시엄 및 정부 연구기관 참여하는 SMLC(smart manufacturing leadership coalition)을 주축으로 공장 자동화, 산업 엔지니어링 기술의 고도화 및 공급, 산업 성장 지원방안을 연구하고 있다.[547] 미국은 높은 IT 기술 수준의 장점을 활용해 제조기업뿐만 아니라, 주요 IT 기업이 컨소시엄에 참여하여 스마트팩토리 주도권 확보를 추진 중이다.[548] 글로벌 금융위기 이후 첨단 제조업을 국가 경쟁력의 근간

545 Cosgrove(2019)

546 Bain(2019), 매일경제(2019.11.13), Byun(2021)

547 산업통상자원부(2017)

548 미국의 기업들은 인더스트리 4.0 명칭 대신 산업인터넷(Industrial Internet, GE), 연결된 기업(Connected Enterprise, Cisco & Rockwell) 등 네트워킹을 강조하는 명칭으로 스마트팩토리를 지칭한다. 이현규(2018), p. 5.

으로 인식하고 인력양성·R&D 투자 확대 등의 정책을 추진하고 있다. 국가 첨단 제조방식 전략계획(2012) 등 제조업 부흥 정책을 강력 추진하여 새로운 산업 플랫폼 형성을 위한 대학의 기초연구 강화 및 기업 연구개발 투자 장려 정책과 세계 최고 수준의 IT·SW 기술을 바탕으로 제조업의 국내 복귀 및 경쟁력 제고를 통한 제조업 경쟁력 강화를 추진하고 있다.

2011년 산·학·연 협력 R&D, 제조설비·인프라 공유를 통해 제조기술혁신 활성화, 혁신인프라 구축, 첨단제조기술 상업화를 추진하여 국가경쟁력을 강화하기 위한 '첨단제조파트너십'(AMP: Advanced Manufacturing Partnership)을 추진하고 있다. 산업계, 학계, 정부가 공동으로 '제조혁신네트워크'(NNMI)를 구축하고 혁신 가속화 및 제조기술의 상용화 지원을 추진 중이다. 또한 2015년 가장 혁신적인 경제 국가 지위 유지와 당면한 국가적 과제 해결을 목표로 하는 '신 미국혁신전략'(New Strategy for American Innovation)을 발표하고 첨단 제조업 등 9대 전략 분야에 대한 적극적으로 투자하고 있다.[549] 선진 스마트팩토리 시스템을 기반으로 최근 미국은 미·중 무역 및 기술분쟁에 따른 디커플링(decoupling)으로 자국 기업에 대한 대대적인 국내 회귀를 추진하고 있다.

미국은 스마트팩토리 산업 육성을 위한 산업인터넷의 기술 주도를 위하여, '미국 국립 산업기술표준기구'(NIST)를 비롯하여 전 세계 220개 기업들이 참여해 만든 컨소시엄 'IIC'(Industrial Internet Consortium)을 구축하였으며, IIC는 산업인터넷에서 주도권 확보를 목표로 표준화 작업, 사례 공유 등을 진행 중이다. 미국의 스마트팩토리 정책은 IoT를 통한 대기업 주도의 시장기반 스마트팩토리 구축을 진행하고 있는 점이 특징이다. 이는 다양한 물리적 기계들을 센서 네트워크로 연결하여 여기에서 파생된 생산 현장의 빅

549 미국의 산·학 및 정부가 협력해 신생기술 확보를 위한 제조업 투자, 제조업 전문가를 늘리고, 세금 개혁 등의 비즈니스 환경을 조성하는 등의 정책이 포함한다. 이현규(2018), p. 6.

데이터들을 첨단기법으로 분석하여 당장 확보 가능한 사업상 기회를 추구하는 전략이다. 미국의 스마트팩토리 도입률은 산업 생산(67%), 항공 및 방위(62%), 자동차 및 운송(50%), 에너지 및 유틸리티 산업(42%), 소비재(40%), 생명과학 및 바이오/제약(37%)으로 분석하고 있다. GE, Tesla, Cisco, Intel 등 많은 미국 기업들이 혁신적 스마트팩토리 시스템을 활용한다[550].

선진 스마트팩토리 시스템을 기반으로 최근 미국은 미·중 무역 및 기술분쟁에 따른 디커플링(decoupling)으로 자국기업에 대한 대대적인 국내 회귀를 추진하고 있다. 최근 미·중 무역분쟁, 코로나 사태로 인하여 글로벌 공급사슬(GVC)에 큰 변화가 일어나고 있다. 코로사 사태의 확산으로 그동안 높은 중국 공급망 의존도 문제점과 붕괴로 미국, 일본, 유럽 등의 국가들은 자국 기업의 국내 회귀 유턴 전략을 적극 추진 중이다. 최근 Bank of America(2020)의 보고서에 의하면 중국에 진출한 다국적 기업의 약 80% 정도가 중국을 떠날 의향이 있는 것으로 나타났다. 국가별로 살펴보면, 미국의 경우, 미국 내로 생산기지를 이전할 경우에 정부에서 이전비용 100% 지원을 추진하고, 일본도 기업들이 일본 국내로 이전 시 2,435억 엔을 우선 지원하며, 독일도 R&D 지원과 자국의 높은 임금 비용을 상쇄하기 위하여 스마트팩토리 비용을 지원하는 등 세계 주요국들은 적극적으로 글로벌 생산 공급체계의 재편을 추진하고 있어 향후 가속화될 것으로 보인다.[551] 이에 따라 한국기업도 핵심전략 분야는 국내 스마트팩토리 시스템 구축으로 국내 회귀 유턴 전략도 필요하다. 최근 삼성전자의 휴대폰 생산의 국내회귀 및 해외생산기기 분산은 좋은 사례이다.

550 KOTRA(2017.12.28)

551 변재웅(2020)

<표 5-53> 독일, 미국 국가 차원의 스마트팩토리 전략의 주요 차이점

구분	독일	미국
추진 주체	• 정부 및 업계 협회 주도 • 산/학/연 연계 활발 • 중소/중견기업들도 참여 활발	• 대기업 주도(GE, INtel, Cisco • 산/학/연 연계는 미비 • ICT 대기업들도 큰 관심
대표 협의체	• 'Platform Industrie 4.0' (부분 개방적, 제조업에 초첨)	• IIC(Indusrial Internet Consortium) (완전 개방적, 다양한 산업 포괄)
표준화 전략	• De Jure Standards • ISO, IEC 활용 국제표준화 노력	• De Facto Standards • 시장 경쟁 따른 국제 표준화 추구
전략적 시각	• 장기 관점, 국토 전역	• 단기 관점, 기계/공장 수준
전략 방향	• 차세대 생산체제 구축 • 독일 산업생태계 생산성 제고 • '공장을 만드는 공장' 위상	• IoT 연장선상에서 새로운 사업모델, 수익 흐름 창출 • Installed base의 전략적 활용
인간 관점	• 인간과 기계의 협업	• 인간 관점 미미(machine world)

자료: 나준호, 최드림(2016), p. 9.

미국의 제조혁신은 독일의 스마트팩토리 전략과 차이점이 있다. 독일은 정부 주도하에 산·학·연 연계를 통해 공적 표준화 전략을 추진하며, 인더스트리 4.0 전략을 통하여 제조업과 IT 시스템을 결합한 스마트팩토리 추진으로 차세대 생산체제 창출이라는 목표를 추구하고 있다. 반면, 미국은 대기업 주도하에 개방적 구조로 시장 표준화 전략을 추진하며, 사물인터넷의 연장선상에서 새로운 사업모델과 수익을 창출하고, 기존 산업의 효율성을 증대시키기 위한 IT분야의 사업분야 창출을 목표로 제조업보다는 제조혁신에 중점을 두고 있다. 이처럼 IoT의 연장선상에서 스마트팩토리를 실리적으로 추진하고 있다는 점이 독일과 다른 점이다. 이러한 전략의 일환으로 미국기업들은 타국기업들과 산업인터넷 컨소시엄(IIC)을 구성하고 추진하고 있다. 즉 다양한 물리적 기계들을 센서 네트워크로 연결시켜, 여기에서 얻어진 생산 현장의 빅데이터들을 첨단기법으로 분석해, 당장 확보

가능한 사업상 이익을 다양하게 얻고자 하는 것이 미국의 스마트팩토리 핵심전략이다.[552] <표 5-53> 참조.

기타국의 스마트팩토리 전략의 경우, 일본은 로봇, AI 등 원천기술을 바탕으로 가시적인 성과 창출을 목표로 4차 산업혁명 대응 '일본재흥전략'을 수립하여, 제조업 경쟁력 강화를 위한 첨단 설비투자지원, 도전적 R&D 투자 강화 등을 통해 기술력 순위 1위, 로봇신전략 등 제조업용 로봇시장을 2배 확대를 추진하고 있다. 중국은 차세대 제조업 전략인 '중국제조 2025'를 통해 공업화와 정보화의 고도 융합을 달성하고, 제조 강국으로의 도약을 추진하고 있다. 이를 위해 생산체계 스마트화/고급장비 제조역량 확보 지원 등 정부 주도 적극 대응, 차세대 정보기술, 기계로봇 등 스마트제조기술을 포함한 10대 육성산업 선정 등을 통해 추진하고 있다.[553]

<표 5-54> 주요국의 4차 산업혁명(스마트팩토리) 관련 정책

국가	주요 산업 전략
독일	• 제조업 주도권 확보를 위한 'Platform Industrie 4.0' 발표 ICT와 제조업의 융합, 국가 간 표준화를 통한 스마트팩토리 등 추진
미국	• 첨단제조 파트너십(AMP), 첨단제조를 위한 국가전략 수립 첨단 제조혁신을 통해 국가경쟁력 강화 및 일자리 창출, 경제활성화
한국	• 제조업 파라다임 변화에 따른 '제조업 3.0' 전략 발표 IT융합, 스마트 생산방식 확산, 제조업 소프트파워 등
일본	• 일본산업부흥전략, 산업 경쟁력강화법 발표 비교우위산업 발굴, 신시장 창출, 인재육성 및 확보체계 개혁, 지역혁신
중국	• 혁신 고부가 산업으로 육성을 위한 '제조업 2025' 발표 5대 중점과제 가운데 스마트 제조업 분야에 대한 집중 투자

자료: 소아영(2017), p. 2. ETRI(2018), pp. 39-40.

552 나준호, 최드림(2016), 김규판 외(2017)

553 산업통상자원부(2017)

독일, 미국, 일본, 중국은 국가별 제조업 특성, 기술 및 사업 강점 역량, 기업 간 구조에 따라 각각 다른 형태로 스마트팩토리 전략을 추진하고 있다. 일본은 기업들이 느슨한 표준 전략을 추구하며, 기존 생산성 제고 방식으로 독일, 미국과 다른 제3의 추진 정책으로 탐색하고 있다.[554] <표 5-54> 참조.

5.9.4. 시사점

스마트팩토리는 선진국 사례에서 알 수 있듯이 소비자 맞춤형 생산, 생산비용 및 물류 유통 측면에서 장점이 있으며, 부족한 노동력 대체가 가능하다. 스마트공장 추진 배경은 현재 제조업 성장방식의 한계를 극복하고 신규 성장 동력을 만들어내기 위한 제조업의 패러다임 전환의 일환으로 스마트공장의 추진이 필요하다. 이러한 스마트팩토리는 GVC의 변화를 통하여 본국으로의 회귀에도 영향을 미친다. 또한 최근 미·중기술분쟁과 팬데믹으로 관심이 증대되는 리쇼어링 정책은 제조업에서 재조명되고, ICT 기술의 융·복합이 활발한 시장 환경에 따라 빠른 성장이 예상된다.

스마트팩토리 사업은 낮은 구축 수준 문제, 인지도 부족, 스마트팩토리 관련 부처의 분산 거버넌스 구조, 스마트팩토리 관련 빅데이터 활용 규제와 같은 제도적 문제들이 선결되어야 한다. 이를 위해 스마트제조 확산 및 고도화 추진, 중소기업 경쟁력 강화 및 스마트팩토리 보급 확대, 표준화, 인력양성, 스마트공장의 보안 등의 다음과 같은 정책이 필요하다. 첫째, 투자유인 제고를 통한 스마트제조 확산 및 고도화 추진이 필요하다. 스마트제조 시스템 구축을 통해 중소·중견기업의 혁신역량 및 경쟁력까지 제고되

554 나준호, 최드림(2016)

기 위해서는 이들 기업의 자발적 투자유인을 유도할 수 있는 정책방안이 지속적으로 모색될 필요가 있다. 이를 해결하기 위해, 정부 주도로 제조업 현장의 지능화를 위한 각종 지원정책의 도입이 추진되고 있다.

둘째, 기업 중 특히 중소기업의 스마트팩토리 보급 확대 정책이 필요하다. 우리나라 대기업은 자사의 자금력과 기술력을 기반으로 스마트제조 기술을 일부 도입하여 적용하고 있으나, 중소 및 중견 제조기업의 경우 선진국에 비하여 상대적으로 도입이 저조하다. 현재 많은 중소기업은 스마트제조 도입의 필요성에는 대체로 공감하고 있으나, 자금 부족, 시스템 운영 부담 등을 이유로 적극적 도입에 나서지는 못하고 있는 실정이다. 따라서 중소·중견기업의 경우, 투자 대비 수익이 구조적으로 불확실한 까닭에 국내 중소·중견기업이 자발적으로 스마트제조 시스템 도입 및 고도화할 유인은 제약되어 있어 정부의 다양한 정책을 적극 홍보하고 정책의 효과성 및 효율성 제고를 위한 노력이 함께 필요하다. 이를 해결하기 위해, 정부 주도로 제조업 현장의 지능화를 위한 각종 지원정책이 도입 추진되고 있다. 정부 지원으로 스마트공장 보급이 확대됨에 따라 전국의 스마트공장 보급수와 누적 보급률도 매년 증가 추세이지만, 아직 보급률은 낮은 수준이다. 스마트공장 관련 공정개선 성과분석 결과 공장자동화를 통한 생산성 향상(30%), 원가 감소(15.9%), 불량률 감소(43.5%), 납기 준수율 증가(15.5%) 등 긍정적인 성과를 보여주며, 특히 근로자 규모가 10인 미만 기업이 생산성(39.0%), 품질(44.4%), 원가(17.6%), 납기(19.8%) 등 모든 지표에서 개선 효과가 높게 나타난다. 공정개선 성과 상위 5개 업종(총 26개 업종) 중 자동차 및 트레일러 제조업이 원가개선 분야에서 17.3%의 성과를 보여, 특히 소규모(10인 미만 기업) 중소기업 업계의 적극적인 도입이 요구된다.

셋째, 향후 스마트공장의 안전한 운영을 위하여 보안의 중요성도 더욱 강조된다. 스마트공장은 수십만 개의 IoT 센서와 기기가 5G로 연결된 로봇

기기들과 유기적으로 불량품을 검사하여 제품을 생산한다. 만약 해커로부터 스마트공장이 노출되면 국가, 기업 및 산업, 개인에게 막대한 재산 및 인명피해가 발생할 수 있다. 최근 스마트공장 정보보호 위협은 랜섬웨어, 주요 시설 제어망 해킹, 공급망 신뢰성 위협, 국가 배후 의심 해커조직 위협 확대, 국가 간 사이버 분쟁 심화 등이 주를 이루는데, 특히 랜섬웨어 공격이 증가하고 있어 이에 대한 대비책이 절실히 필요한 실정이다.

넷째, 관련 인력양성 및 스마트제조 고도화 기술개발이 필요하다. 스마트공장 관련 기술의 상대 수준에서 한국은 미국, 유럽, 일본에 이어 4위이지만, 3위인 일본과 큰 기술 수준의 차이가 존재하여 경쟁력 제고가 시급히 필요한 상황이다[555]. 글로벌 제조업 패러다임 변화의 흐름에 맞는 생산현장의 자동화와 지능화를 위해서는 기업 수요와 수준에 대한 면밀한 파악과 스마트제조 도입을 위한 비용 및 인력 문제 해결, 스마트제조 도입 효과와 인식개선이 필요하다. 현재 독일, 미국의 소수 스마트제조 관련 제품 공급기업이 제조 생태계를 선점하고 있어 관련 기술개발 및 표준화에 대한 독점이 우려된다. 따라서 스마트제조 관련 기술개발 및 국제표준화를 진행하여 한국 실정에 맞는 스마트제조 고도화 기술개발 및 이를 기반으로 하는 국제표준 주도도 지속적으로 필요하다.[556]

마지막으로 이번 COVID-19 팬데믹 사태에 알 수 있듯이, GVC의 심각한 타격으로 한국 내에 중요 생산기지의 유지가 반드시 필요하다. 중요 생산기지나 시설은 국내에 반드시 유지해서 위기 상황에서도 유연하게 대처할 필요가 있다. 즉, 국내투자와 해외투자의 적정한 비율 유지가 필요하다.

555 민성희(2018)

556 ETRI(2018)

문제는 인건비 상승 등 제반 생산비용의 증가로 인한 가격경쟁력 문제인데, 이는 4차 산업혁명의 스마트팩토리 시스템의 적극적인 보급과 구축으로 상당 부분 해소가 가능하다. 또한 외국으로 나간 한국기업에 대한 국내 회귀 촉진을 위하여 적극적인 세제혜택 제공 및 스마트팩토리 보급으로 국내 고용창출에 기여할 필요가 있다.

VI.

4차 산업혁명 글로벌 성공기업 사례분석

6.1. 서론

Ⅲ장 한국의 주요 4차 산업혁명의 규제 문제점과 현주소, Ⅳ장은 미국, 독일, 일본, 중국 등 주요국의 4차 산업혁명 성공정책, Ⅴ장에서 4차 산업혁명을 9개 핵심 산업별 규제와 성공사례로 각각 분석하였다. 국가의 4차 산업혁명 정책도 중요하지만, 4차 산업혁명의 선도 주체는 혁신적인 기업이다. 4차 산업혁명과 디지털 전환이 가속화되고 있고, 특히 글로벌 선도기업들은 신기술 및 융합기술을 개발하거나, 기존의 첨단 기업 및 스타트업(start-up)기업을 인수 및 합병(M&A)하여 신기술 확보, 유망 진출 산업 분야를 다양화, 신시장 개척으로 지속 가능한 성장을 추구하고 있다. 일례로 GE처럼 기존 제조업 중심에서 산업인터넷 전문 서비스 회사로 변모하거나, Tesla

처럼 새로운 영역의 산업을 선도하거나, 구글, 아마존, 애플, 페이스북 등은 AI, 빅데이터 관련 스타트업 기업을 M&A를 통하여 사업을 다각화 및 전문화하여 혁신 선도기업으로 계속 변모시키고 있다. M&A 주요 목적은 성장 한계 극복, 신규사업에 소요되는 기간과 비용 절감, 경쟁사 인수를 통한 시장점유율 확대 등의 요인이 있다. 하지만 최근 애플의 경우처럼 수많은 스타트업 기업의 인수를 통한 기술 인수와 함께 인재확보를 위해 추진하는 경우가 증가하고 있다.[557]

VI장에서는 4차 산업혁명의 주체인 주요 글로벌 혁신기업들이 4차 산업혁명을 선도하기 위하여 산업별로 어떻게 대처하고, 이를 위해 첨단 및 스타트업 기업 M&A를 통해서 어떻게 지속 가능한 성장을 대비하고 있는지 최근 자료를 중심으로 분석한다. 글로벌 성공기업들의 M&A를 분석하면 기업들의 전략과 4차 산업혁명의 준비 정도를 알 수 있다. 이를 위해 페이스북, 오라클, 구글, 아마존, 애플, MS, GE, 테슬라, 지멘스, 필립스 등 외국계 기업 10개와 삼성, LG, 현대차, SK 한국 4개 기업 총 14개 기업에 대해서 4차 산업혁명 관련 M&A 동향과 4차 산업혁명 준비 정도를 각각 분석한다. 이들 혁신기업들은 소비자의 생활양식을 바꾼 스마트폰, 비대면 교류의 혁명 수단으로 선도적 SNS 도입, 새로운 4차 산업혁명 시대에 부합하는 기업전략을 수립 등으로 '혁신의 아이콘'으로 인식되며, 지속적인 기업 혁신을 수행하고 있다. 이들 기업 혁신의 가장 중요한 수단은 M&A이며, 활발한 M&A는 4차 산업혁명에서 혁신·성장을 추진하고 있는 많은 한국 기업에게 시사하는 바가 크다.

557 CNBC(2019)

6.2. 글로벌기업 사례분석

6.2.1. 페이스북(Facebook, Meta Platform Inc)

2004년 창립된 페이스북은 IoT, 증강현실(AR), 가상현실(VR), 빅데이터, 블록체인 분야 등에서 4차 산업혁명을 성공적으로 추진하고 있다. 페이스북은 유망한 관련 혁신기업들을 M&A하여 4차 산업혁명을 성공적으로 추진하고 있다. 이러한 공격적 M&A를 통한 4차 산업혁명의 결과물들은 페이스북 개발자 콘퍼런스(Facebook Developer Conference, F8)를 통해 공개되어 다양한 혁신들을 보여주고 있다. 페이스북은 다른 미국의 거대 IT 빅4 기업인 애플, 아마존, 구글에 비해서는 인수·합병 건수가 상대적으로 적다. 페이스북은 창업 후 지금까지 약 89건 정도의 M&A를 실시하고 있지만, '특허'를 가진 기업에 대해서는 다른 기업들보다 더욱 적극적으로 M&A를 추진하고 있다.[558]

1) 페이스북의 4차 산업혁명 관련 주요 M&A

페이스북은 SNS를 중심으로 하는 소프트웨어 업체인데, 특허를 목적으로 한 페이스북의 M&A는 SNS 시장에서의 독점적 지위를 가능케 한 주요 요인이다. 2010년 SNS 서비스 회사인 Friendster, 2012년 인스타그램, 2014년 WhatsApp, VR업계 강자인 Oculus를 각각 인수하고 소프트웨어와 하드웨어의 통합을 추진하여, 미국 상위 5대 SNS 서비스 및 플랫폼 회사 중 Facebook, Instagram, Facebook Messenger, WhatsApp 4개를 소유하고

558 Washington Post(April 21, 2021)

있다.[559] 2018년에는 AI 연구거점을 개설하고 AI 인재를 유치하기 위해 노력하고 있다.

<표 6-1> 페이스북의 주요 M&A (2015~2020)

년도	기업명	관련 산업	주요 내용
2015	Surreal Vision	VR	• VR시장을 주요 신사업 분야로 투자
2016	Twobig Ears	VR	• 3D 사운드 기업으로서 VR 기술 진보에 기여
2017	Ozlo	AI	• 오슬로의 자연어 처리 전문기술 사용, 메신저 제품에 텍스트 기반의 가상 비서 구축
2018	Confirm	AI	• 신분증 검증 솔루션 스타트업으로 페이스북 이용자 신원확인과 보안을 강화하기 위해 인수(400만 달러)
2019	Chain Space	블록체인	• 페이스북 내에서 거래할 수 있는 '스테이블 코인'을 개발하기 위한 인수
2019	Service Friends	AI	• 서비스 프렌드 인수는 칼리브라의 고객 서비스를 강화하기 위해 인수
2019	Ctrl-labs	VR	• 디바이스와 연결하는 손목 밴드를 개발하기 위한 인수
2020	Kustomer	AI	• 고객관리 솔루션(CRM)을 통해 고객 문의에 자동으로 응답하는 시스템을 위해 인수(10억 달러)
2020	Scape Technologies	VR	• AR과 VR 같은 차세대 기술 투자를 위해 인수(4천만 달러)

자료: 회사 홈페이지 및 언론사 자료 종합

페이스북의 최근 M&A 추진은 구글과 아마존에 맞설 스마트 스피커(AI)와 가상현실 헤드셋 업그레이드(VR)에 주력하고 있다. 페이스북의 M&A는 특히 AI, VR, AR 분야에 상당한 노력을 경주하는데, AI 분야에서는 AI 챗봇

559 Washington Post(April 21, 2021)

'블렌더(Blender)'와 VR부문에서 VR 헤드셋 오큘러스 퀘스트2를 개발했다. 페이스북은 AI 기술을 바탕으로 소비자, 사용자들의 데이터를 계속 축적해 가고, 이런 데이터를 기반으로 트래픽 증가와 맞춤형 광고를 제시하면서 궁극적으로 광고수익(매출 증가)과 VR 스마트 글라스·헤드셋으로 모든 것을 가정에서 실현 가능한 세상 추구가 목표이다.[560] 최근 페이스북은 가상현실 메타버스의 성장성을 주목하고 상호를 메타(Meta Platform Inc)로 변경했다.

2) 페이스북의 산업별 주요 M&A 사례

<표 6-2> 페이스북의 산업별 주요 M&A 사례

산업명	주요 내용
AI	• 위트에이아이(Wit.AI), 페이스 닷컴(Face.com), 오즐로(Ozlo) 등 AI 관련 기업 인수 • 2016년 AI 메신저 플랫폼 챗봇 출시 봇(Bot)을 통해 날씨, 교통상황 등을 소비자들과 소통 • 2017년 시리, 알렉사, 구글 어시스턴트에 대항하는 가상 비서 AI(M 어시스턴트) 발표 • 2018년 자체 AI 개발을 위해 페이스북, 반도체 자체 개발 추진 • 2020년 고객 문의에 자동으로 응답하는 시스템을 개발하는 소프트웨어 업체 '커스터머' 인수로 AI를 통한 페이스북의 전자상거래 진출 기반 확보 • 2020년 페이스북 AI 리서치가 새로운 AI, 챗봇 '블렌더(Blender)' 발표
VR/AR	• 2015년 새로운 플랫폼으로 VR/AR 지목 • 2016년 10년 로드맵 제시 • 2017년 자바스크립트 라이브러리인 리액트에 가상현실 기술 구현 • 2018년 메신저에 AR 카메라 효과를 적용 가능한 AR 메신저 플랫폼 기능 출시 • 2019년 AR VR 사업을 강화하기 위해 CTRL-Labs를 인수하여 페이스북의 AR VR 연구소 '리얼리티 랩스'(Reality Labs) 팀 합류 • 2020년 Scape Technologies 인수로 VPS API(응용 프로그램 인터페이스)를 활용해 기존 GPS보다 더욱 정밀하게 확인 가능한 기술 확보

560 페이스북 사용자들은 오큘러스 장비로 AI, VR 기반의 페이스북 플랫폼에 접속해서, 사람들과 만남과 활동하며, 쇼핑이나 결제는 리브라(Libra Networks)를 사용하게 된다.

산업명	주요 내용
블록체인/ 핀테크	• 2018년 코인베이스 이사이자 페이팔 전 대표(David Marcus) 중심으로 블록체인기술과 잠재적인 활용사례를 연구할 블록체인 팀 신설 • 2014년 인수했던 '왓츠앱'을 통하여 송금 서비스 제공 • 2019년 새로운 금융 기술 회사인 Libra Networks LLC 설립하여 본격적으로 암호화폐 시장진입 • 2019년 간편 결제, 송금이 가능한 페이스북 페이 출시 • 2020년 스테이블 코인 명칭을 '디엠'으로 변경하는 등 이미지 쇄신 • 2020년 전자결제 사업협력을 위해 '인더스트리 지오'에 57억 달러 투자

자료: 회사 홈페이지 및 언론사 자료 종합

6.2.2. 오라클(Oracle)

1) 오라클의 주요 M&A

1977년에 창립한 오라클은 미국 캘리포니아주에 본사를 둔 매출 규모 면에서 마이크로소프트에 이어 세계 2위의 소프트웨어 회사로서 대표적인 제품인 데이터베이스, 오라클 DBMS는 세계 최고의 점유율을 차지하고 있다. 오라클은 회사의 강점을 유지하면서 현재 AI, VR 등 다양한 분야에 있어서 적극적인 M&A를 통해 성장하고 있으며, 오라클의 개발자 콘퍼런스, 오라클 오픈월드(Open World)를 통해 비전을 제시하고 있다.

<표 6-3> 오라클의 주요 M&A (2015년~2020)

년도	기업명	관련 산업	주요 내용
2015	Maxymiser	클라우드	• 마케팅 담당자가 웹 페이지 또는 앱에서 고객이 보는 것을 테스트하고 대상을 지정하고 개인화할 수 있는 클라우드 기반 소프트웨어의 선두 제공업체
2016	NetSuite	클라우드	• SaaS 기반 ERP(Enterprise Resource Planning) 소프트웨어
2017	Aconex	클라우드	• SaaS 기반 건설 프로젝트 관리
2018	DataScience	플랫폼	• 데이터 과학 플랫폼
2019	Crowd Twist	마케팅 플랫폼	• 기존 오라클의 디지털 프로세스 분야 솔루션 기업들과 기술 통합 • Crowd Twist의 기술을 통해 오라클사의 CX 포트폴리오를 특정 고객 요구사항에 부합하기 위한 인수
2019	Oxyzen System	클라우드	• 브라질 클라우드 관리시스템 기업
2020	Sauce Video	어플리케이션	• 비디오 제작에 도움되는 어플로 고객이 참여할 수 있는 비디오 제작 어플

자료: 회사 홈페이지 및 언론사 자료 종합

오라클의 M&A는 AI 분야, 플랫폼 네트워크 등 다양한 분야에서 추진하지만, 1000백만 달러 이상의 비교적 규모가 큰 M&A는 모두 소프트웨어, 클라우드 분야(Zenedge, NetSuite, MiCROS Systems, Datalogix)라는 점에서 오라클의 4차 산업혁명은 클라우드 시스템 중심으로 진행되고 있다. 신뢰받는 오라클 데이터베이스는 이를 이용해 머신러닝 등 AI가 접목된 자율주행 데이터베이스를 통해 시장의 영향력을 더욱 증가시키고 있다. AI, AR, VR, IoT, 데이터 관리·분석 등 핵심 산업에서 오라클의 영역을 확장하고 있지만, 대부분은 더욱 발전된 클라우드 시스템의 일환으로 귀속되고 있다. 이러한 오라클의 M&A 전략은 문어발식 확장의 아마존과 비교되며, 선택과 집중에 비중 둔 4차 산업혁명 전략으로 판단된다.

2) 오라클의 산업별 주요 M&A 사례

<표 6-4> 오라클의 산업별 주요 M&A 사례

분야	주요 내용
DB	• 오라클은 클라우드 시대에도 DB는 필요하여 여전히 DB 시장에서 가장 신뢰받는 회사 • 자율주행 DB를 오라클 클라우드의 킬러 서비스로 활용하는 전략
클라우드	• Palerra, LogFire, NetSuite, Opower, TOA Technologies Corente, Maxymiser 등 클라우드 관련 기업 인수 • 혁신 스튜디오, 오라클 클라우드 유저 체험 랩, 자바원 개발자 라운지, 오라클 코드 등 다양한 클라우드 관련 행사 개최 • 클라우드는 오라클사의 메인 플랫폼으로 다른 주요 기술들을 통합 및 융합하여 발전
SNS	• 틱톡(TikTok) 미국 사업부 인수를 위한 우선협상대상자로 선정 • 전 세계 15억 명 이상 사용자 앱으로 1000억 달러 가치 (블룸버그 추산)
AI	• AI 관련 기업 Zenedge 등 인수 • 재무, 인적자원(HR), 제조, 커머스, 고객 서비스, 마케팅, 세일즈 애플리케이션까지 AI기반 앱 확대 • 2019 향상된 기술도입을 통해 X8(Oracle Exadata Database Machine X8) 출시 • 2020 데이터 사이언스 팀과 개별 데이터 과학자들을 위한 설계된 Oracle Cloud Data Science Platform 출시 • 2020 인기 있는 타사 머신러닝 라이브러리에 대한 통합 인터페이스를 제공하는 자바 머신러닝 라이브러리 Tribuo 오픈소스 공개

자료: 회사 홈페이지 및 언론사 자료 종합

6.2.3. 구글(Google)

1) 구글의 4차 산업혁명 관련 주요 M&A 동향

1998년 설립된 구글은 전 세계에 차고 신드롬(garage syndrome)을 탄생시킨 혁신적인 기업이며, 4차 산업혁명에서 구글은 선두기업 중 하나이다. 구글은 인수·합병을 통한 성장의 가장 대표적인 회사로 그동안 기술 개발과 268건 이상의 공격적인 M&A를 통하여 성장을 계속하여 웹 검색, 포털 사이트, 관련 사이트 운영을 통한 광고를 주 사업 영역으로 하는 미국 다국적

IT 회사로서 현존하는 가장 큰 글로벌 인터넷 기업으로 성장하였다.[561]

구글은 M&A를 기업의 성장전략으로 꾸준히 추진하고 있다. 구글의 M&A 전략의 중요성은 안드로이드(2005), YouTube(2006), 모토로라(2010) 인수, 2007년 이후 '알파고'를 개발한 Deep MIND 등 인공지능 관련 업체 30곳 이상을 인수한 사례를 통해 알 수 있다. 구글의 M&A는 Google Docs, Google Earth, Deja News and Outride 같은 다른 검색엔진 업체들의 인수 등으로 모든 서비스를 현재 주력 업종의 전환에 집중하고 있다. 2000년대 중반 이후 웹사이트에 광고를 게시해주는 '더블클릭' 등 온라인 광고 관련 기술들을 인수하여 구글의 주요 수입원으로 확보하였다. 미국에서 발생하는 온라인 광고의 40%는 구글에서 담당하고, 광고수익도 37%로 1위이며, 이는 2위 페이스북(22%)보다 월등히 높다. 유튜브, 안드로이드 인수 등으로 인터넷의 중심이 데스크톱에서 스마트폰으로 이동하면서 현재 구글이 될 수 있는 토대가 마련되었다.[562]

구글은 또한 AI, 양자컴퓨터, 로봇, 머신러닝(machine learning), 드론, AR, VR, 자율주행, 핀테크, IoT, 헬스케어, 3D 프린팅 등 다양한 분야에서 4차 산업혁명을 준비하고 있는데, 가장 역점을 두는 분야는 AI, 머신러닝, 양자컴퓨터산업이다. 구글은 AI를 각종 산업과 연결하는 머신러닝 기술을 다른 4차 산업혁명 분야와 융합하여 상당한 시너지 효과를 창출하고자 한다. 이외에도 로봇, AR 및 VR, IoT, 자율주행(웨이모) 등의 분야에서도 가시적인 성과를 창출하고 있다. 구글의 4차 산업혁명 전략의 특징은 다분야의 M&A 전략으로 분석된다. 알파고를 비롯한 AI 분야를 필두로 AR 및 VR, IoT, 드론, 의

561 Washington Post(April 21, 2021)

562 Washington Post(April 21, 2021)

료 분야에 이르기까지 폭넓은 분야에 있어서 4차 산업혁명을 위해 다양한 관련 산업의 M&A를 적극적으로 추진하고 있다. 구글 연간 개발자 회의, 소위 구글 I/O를 통해 4차 산업혁명의 준비와 성과를 알 수 있다.

<표 6-5> 구글(Google)의 M&A 동향

년도	기업명	관련 산업	주요 내용
2015	Tilt Brush	3D 프린팅	• 3D 프린팅 기술을 위한 인수
2015	bebop	클라우드	• 클라우드 소프트웨어 기술
2016	API.AI	AI	• AI 스타트업
2016	Orbitera	클라우드	• 클라우드 소프트웨어 기술
2017	HTC's Pixel Smartphone Division	IOT	• HTC의 스마트폰 사업부
2017	Halli Labs	딥러닝	• 딥러닝과 머닝러신
2017	Banter	플랫폼	• 대화형 상거래 플랫폼
2019	Alooma	빅데이터	• 데이터 마이그레이션
2019	Looker	빅데이터	• 빅데이터 분석
2019	Elastifile	클라우드	• 클라우드 저장
2019	Fitbit	IOT	• 웨어러블 디바이스 제조
2019	Typhoon Studio	게임	• 모바일 게임
2020	Appsheet	플랫폼	• 어플리케이션 제조 플랫폼
2020	Pointy	빅데이터	• 온라인 데이터 물류관리
2020	Cornerstone. tech	클라우드	• 메인프레임 앱을 클라우드로 전환

자료: 회사 홈페이지 및 언론사 자료 종합

구글은 DNN research Inc. Dark Blue Labs, DeepMind Technologies, API.AI, Jetpac 등의 AI 및 머신러닝 분야 스타트 기업 인수를 시작으로 AI와 머신러닝에 대한 준비를 시작했다. 2016년 다단계의 자연어 요청을 이해하고 처리할 수 있는 능력을 갖춘 AI 비서 앱인 구글 어시스턴트 출시로 애플의 시리 및 아마존의 알렉사와 경쟁하며 AI, 러닝머신 시장으로 진입했다. 구글 어시스턴트는 현재 사용자가 자주 쓰는 패턴을 익혀 제시해줄 뿐 아니라, 맞춤법 및 문법 오류 등을 잡아 주어 시간을 훨씬 절약할 수 있게 해주는 스마트 컴포즈 기능, 지역의 미용실 등에 전화해서 예약 기능 등 다양한 분야에서 응용되고 있다.

구글의 4차 산업혁명 관련 M&A는 어느 한 특정 분야에 집중된 것이 아닌 폭넓고 다양한 분야에서 진행되고 있지만, 구글은 특히 AI, 데이터처리(양자컴퓨터), 융합산업 분야에 중점을 둔다. 일례로 구글이 2013년 7개의 로봇 관련 업체를 인수 등 관심을 가진 융합산업 분야는 로봇산업이었다. 구글이 집중적으로 로봇기술 스타트업을 인수한 까닭은 다양한 기기들과 서비스가 유기적으로 이어지는 UI(user interface)의 중요성이 높아진 만큼 하드웨어의 기술력 없이는 소비자에게 높은 수준의 사용자 경험 가치를 제공하기 어렵다고 판단했기 때문이다. 하지만 2013년 이후 로봇 관련 스타트업은 인수하지 않았고, 2013년 인수한 Boston Dynamics를 2016년에 매각하는 등 로봇 관련 투자는 늘어나지 않는 상황이다. 로봇 이후 구글이 스타트업을 인수하고 있는 융합산업분야는 보안, 딥러닝, 제스처 인식, 생명과학 등 다양하다.[563] 일례로 바이오헬스케어 산업의 핵심 요소가 보건의료 및 생명공학 중심에서 '데이터 분석과 예측'으로 변화하며, 의무기록 확대 및 각종 의료기기 발달로 의료데이터의 기하급수적 증가, 데이터 상호 관리(interoperability) 및 접근성 확대가 주요 이슈로 부상하고 있다. 구글 벤처스가 투자한 스타트업들 중 상당수는 유전자 분석, 빅데이터 분석, AI 알고리즘

563 이은민(2016), pp. 5-10.

등을 바이오헬스케어 분야에 활용하는 기업이다. 기존의 의료 IT 시스템을 클라우드 기반의 통합 데이터 플랫폼으로 구축하거나, 의료전용 어플리케이션을 개발하는 등 IT 역량 기반으로 진출하고 있다.[564]

2) 구글의 산업별 주요 M&A 사례

<표 6-6> 구글의 산업별 주요 M&A 사례

분야	주요 내용
AI	• DNN research Inc. Dark Blue Labs, DeepMind Technologies, API.AI, Jetpac 등 AI 및 머신러닝 분야 스타트 기업 인수 • 2016년 다단계의 자연어 요청을 이해하고 처리할 수 있는 능력을 갖춘 AI 비서 앱인 구글 어시스턴트 발표 • 2019년 '네스트'로 통일한 새로운 구글 어시스턴트 스피커 소개 • JBL, 레노버 그룹과 기술적으로 협업을 통해 '페이스 매칭 기능'으로 사람의 얼굴 윤곽선 구별 가능
클라우드	• 클라우드 기술 응용한 구글 포토 구현 • 2020년 한국 첫 구글 클라우드 '서울 리전' 오픈
빅데이터 (양자컴퓨터)	• 클라우드 컴퓨터와 결합한 방대한 양의 데이터 수집 • 2019년 클라우드 AI 솔루션 접목으로 LG 계열사 공장의 제조 불량 판독(속도 30배, 불량 판정률 평균 6% 상승) • 검색 서비스 '구글 트렌드'로 매출 예측 가능

자료: 회사 홈페이지 및 언론사 자료 종합

6.2.4. 아마존(Amazon)

아마존은 1994년 미국의 워싱턴주 시애틀에서 온라인 서점으로 출발하여 세계적 전자 상업 회사이면서 미국 최대의 클라우드 서비스 기업

564 민세주(2018)

으로 성장하였다. 아마존은 변하지 않는 고객 가치를 추구하는 것이 경영 전략 수립에 있어 가장 중요하게 여기는데, 이러한 경영이념은 아마존의 M&A 전략에서도 알 수 있다. 아마존은 다양한 신사업을 추진하면서도 여전히 주력인 유통 리테일 사업에서 변하지 않는 고객가치를 추구하고 이를 극대화하기 위해 적극적인 M&A를 진행한다. 아마존은 다양한 분야의 기업들을 인수하였는데 전자결제, 유통, IoT, 모바일 플랫폼 기업들이 특히 많다. 아마존은 1998년 이후 전자상거래, 클라우드 컴퓨팅 관련 IMDB, Zappos, Alexa, TextPayMe, Dpreview, Fabrics.com, Abebooks, Shelfari 등 기업들도 적극 인수하여, 현재 이 분야는 아마존의 영업이익 중 59%를 차지하고 있다. 2017년엔 식료품 시장에 진출하기 위해 'Whole Food Market', 2018년 이후 IoT 분야의 경쟁력 확보를 위해 가정용 라우터 제조업체 'Eero' 및 보안업체, 최근에는 보건·의료와 자율주행 자동차 관련 기업들과 웨어러블 로봇 등 로보틱스 분야에도 투자를 계속하고 있다. 아마존은 창업 후 현재까지 본래 사업 영역에서 40건, 새 사업 분야에서 71건 등 약 111건의 인수·합병을 진행하여 다분야 종합회사로 변모를 추진 중이다.[565]

565 Washington Post(April 21, 2021). 2020년 아마존의 수입은 386억 달러이다.

1) 아마존 주요 M&A (2012-2020년)

<표 6-7> 아마존 주요 M&A (2012-2020년)

연도	기업명	관련 산업	인수금액
2012	Kiva Systems(미국)	• 로봇 이행 시스템 제조산업	7억 7,500만 달러
	Teachstreet(미국)	• 웹 사이트 엔진 개발 산업	미공개
	Evi	• 음성인식 앱 개발 산업	2,600만 달러
	Avalon Books	• 소설 출판 산업	미공개
2013	IVONA Software	• 문자를 음성으로 변환하는 기술개발	미공개
	Goodreads(미국)	• 소셜 카탈로그 작성 웹사이트 개발 산업	1억 5천만 달러
	Liquavista(네덜란드)	• 전자잉크 컬러 디스플레이 산업	미공개
	TenMarks Education(미국)	• 온라인 수학 연습 및 심화 프로그램 개발 산업	미공개
2014	Double Helix Games(미국)	• 유명 외주 게임 개발 산업	미공개
	ComiXology(미국)	• 디지털 만화 포털 제공 산업	미공개
	Twitch(미국)	• 라이브 스트리밍 비디오 플랫폼 산업	9억 7,000만 달러
2015	Annapurna Labs(이스라엘)	• 마이크로 전자 공학 개발 산업	350-370M
	2lemetry	• IoT 산업	미공개
	ClusterK	• 클라우드 기술 관련 개발 산업	2,500백만 달러
	Shoefitr	• 3D Shoe-fitting 기술개발 산업	미공개
	Safaba Translation Systems	• 자동 텍스트 번역 소프트웨어 개발 산업	미공개
	Elemental Technologies(미국)	• 비디오 소프트웨어 개발 산업	5억 달러
	AppThwack	• 모바일 애플리케이션 개발 산업	미공개

연도	기업명	관련 산업	인수금액
2016	NICE(이스라엘)	• 고성능 컴퓨팅(HPC) 소프트웨어 및 서비스 산업	미공개
	Curse, Inc.(미국)	• 온라인 게임 포털 및 게임 웹 사이트 개발 산업	미공개
	Biba Systems	• 화상 회의 시스템 개발 산업	미공개
	Cloud9 IDE(미국)	• 웹개발에 특화된 IDE 개발 산업	미공개
	Emvantage Payments Pvt. Ltd.(인도)	• 온라인 결제 서비스 산업	미공개
2017	Harvest.ai	• 사이버 보안 산업	2천만 달러
	Thinkbox Software(미국)	• 콘텐츠 제작 솔루션을 개발 및 유통 산업	미공개
	Do.com	• 화상 회의 전문 기업	미공개
	Souq.com(아랍)	• 영어-아랍어 전자상거래 플랫폼 산업	5억 8천만 달러
	Whole Foods Market(미국)	• 유기농 제품 전문 슈퍼마켓 체인산업	37억 달러
	GameSparks	• 클라우드 게이밍 플랫폼 산업	1천만 달러
	Graphiq	• 대화식 데이터 중심의 infographics를 빠르게 생성하는 시맨틱 기술 산업	5천만 달러
	Wing.ae	• 배달 대행 플랫폼 산업	미공개
2017	Body Labs(미국)	• 3D 몸 모양과 동작을 이해 AI 기술개발 산업	미공개
	Goo Technologies	• 웹 기반 3D 엔진인 Goo 엔진 개발 산업	미공개
	Blink Home(미국)	• 보안 카메라와 비디오 초인종을 생산 및 유통	9천만 달러

연도	기업명	관련 산업	인수금액
2018	Ring	• 스마트 초인종 제조산업	10억 달러
	PillPack(미국)	• 처방 약을 가정으로 배달하는 의약품 유통 산업	10억 달러
	More	• Aditya Birla Group의 슈퍼마켓 체인산업	미공개
	Tapzo	• 전자결제 기술 관련 산업	3억 500만 달러
2019	CloudEndure(미국)	• 이스라엘에 기반을 둔 data protection provider 산업	200~250만 달러 추정
	TSO Logic(캐나다)	• 워크로드를 실행하는 데 소요되는 비용을 파악할 수 있는 서비스 개발 산업	미공개
	Dispatch	• 6륜 딜리버리 로봇 Scout 개발 산업	미공개
	Eero	• 홈 네트워크 솔루션 개발 산업	97만 달러 추정
	Canvas Technology(미국)	• 자율주행 카트 개발 산업	미공개
	Sizmek Ad Server and Sizmek DynamicCreative Optimization(미국)	• 데이터 활용을 통한 기술 산업	미공개
	Bebo(미국)	• 스트리머 간 토너먼트 조직 및 운영 산업	25 million 추정
	E8 Storage	• 데이터 스토리지 하드웨어 개발 산업	50~60 million 추정
2020	Zoox(미국)	• 자율주행차 개발 산업	미공개
	Rivian(미국)	• 전기자동차 개발 산업	미공개
	Wondery(미국)	• 팟캐스터 제작업체	3억 달러

자료: 회사 홈페이지 및 언론사 자료 종합

아마존은 AI, AR, 핀테크, 유통업 등 다양한 분야의 기업을 M&A를 추진하여 4차 산업혁명을 준비하고 있으며, R&D 투자에 집중하는 등 4차 산업혁명에 끊임없이 투자하고 있다. 경쟁자인 애플과 구글이 다양한 4차 산업혁명 분야에 집중하고 있는 가운데 아마존은 유통과 제조업 분야의 M&A와 투자를 동시에 촉진하여 최강의 IT 기업으로 자리매김하는 한편, 글로벌기업의 새로운 방향을 보여주고 있다.[566]

2) 아마존의 산업별 주요 M&A 사례

<표 6-8> 아마존의 산업별 주요 M&A 사례

산업명	주요 내용
AI	• 텍스트를 생생한 음성으로 변환하는 서비스인 아마존 폴리(Amazon Polly) • Amazon Polly를 이용해 음성 지원 서비스 개발 가능 • 애플리케이션에 이미지 분석 기능을 쉽게 추가할 수 있는 서비스 아마존 레코그니션(Amazon Recognition) 도입 • 물체, 장면 및 얼굴을 탐지하고, 유명 인사를 인식하고, 이미지에서 부적절한 콘텐츠 식별 가능 • 물체 인식, 안면 분석, 안면 비교, 안면인식, 이미지 조정 등의 서비스 제공 • Amazon Lex는 음성과 텍스트를 사용하는 대화형 인터페이스를 구축하는 서비스 • 성을 텍스트로 변환하는 자동음성인식과 텍스트의 의도를 이해하는 자연어 처리(natural language understanding) 기능 제공 • 알렉사(Alexa)와 흡사한 음성 기반 인터페이스 서비스 제공 가능 • 미국 병원 체인 Ohio Health는 아마존 렉스를 이용해 진료 예약 가능한 챗봇 개발 • Capital One은 아마존 렉스를 통해 고객이 각종 금융정보 확인 가능한 스마트 서비스 개발
드론	• 2013년 말 아마존은 배달 드론 서비스인 프라임 에어 발표 후, 2014년부터는 비공식 비행 테스트 진행 • 2016년 이후 미국의 규제가 완화되고, 드론 기술이 급격히 발달하면서 프라임 에어 서비스 시작 단계로 진입 • 2016년 12월, 아마존은 '프라임 에어'를 통해 고객에게 드론으로 TV 셋톱박스, 팝콘 배송 성공 • 현재 아마존은 미국 내 물류창고를 기준으로 반경 25km 이내에 있는 장소로 2.5kg 미만 물품을 드론으로 30분 안에 배송 가능

566 조선비즈(2020.12.31)

산업명	주요 내용
핀테크	• 전자상거래 기업으로서 핀테크 중요성 강조 • 신용카드 정보를 연결한 페이팔과 협력 • 아마존 계정에 카드 정보가 연결되어 있는 고객들은 원 클릭 구매 가능
AR/ VR	• 아마존은 2017 블랙 프라이데이에 쇼핑에 도움이 되는 추가 기능 'AR뷰' 발표 • AR뷰는 AR를 사용해 사용자가 스마트폰 카메라로 자신의 생활공간에 온라인 제품을 시각화할 수 있게 만든 서비스 • 아마존에 있는 다양한 카테고리 내 수천 개 제품에 사용 가능

자료: 회사 홈페이지 및 언론사 자료 종합

6.2.5. 애플(Apple)

1) 애플의 주요 M&A

1976년 창립된 애플은 하드웨어, IT, 콘텐츠 기업이며, 최초의 개인용 컴퓨터 제조회사로 1988년부터 관련 기업들을 적극 인수하여 현재 '앱스토어'의 토대를 기반으로 소셜 네트워크 서비스 중 독보적인 1위 SNS 플랫폼을 구축하고 있으며, 2022년 초 시가총액 3조 달러로 세계 1위의 기업으로 성장하였다. 이후 매킨토시로 마우스를 이용한 컴퓨터 조작과 같은 그래픽 사용자 인터페이스의 보급을 선도하였다. 초기 애플은 AI, AR, VR, IoT 산업에서 후발주자였다. 하지만 현재 애플은 스마트폰 시장, 웨어러블, AI, 가상현실, 데이터, 헬스케어 기업 등 시장에서 다양한 기업들을 M&A하여 애플의 혁신성을 보여주며, 성공적으로 4차 산업혁명을 이끌어나가고 있다. 일례로 애플은 2010년 AI 가상 비서인 Siri를 인수했고, 관련 AI, 음성인식, 안면인식, 가상 비서, 머신러닝 분야의 스타트업 들을 추가로 인수했다. 2012년 보안기술업체 AuthenTec(3.6억 달러)를 인수한 뒤 아이폰의 지문인식 기술 개발 성공이 대표적인 사례이다. 또한 2014년에는 '아이폰'과 '앱스토어'의 생태계에 새로운 수익원인 음원 스트리밍 업체 Beats Electronics를 인수하고, 건강 추적 기능이 내재된 '애플 워치' 발표하고, 2016년 이후 3곳의 보건 관련 업체를 인수하여 보건·의료 분야에도 진출했다. 애플은 창업 후 현재까지 본래 사업 영역에서 21건, 새 사업 분야에서 96건 등 약 117건의 M&A를 추진하였다.[567]

<표 6-9> 애플의 주요 M&A (2015~2020)

년도	기업명	관련 산업	주요 내용
2015	Perceptio	머신러닝	• 애플의 보안 기술인 페이스 ID, 이모티콘인 애니모지를 위한 인수
2016	Tuplejump	머신러닝	• Siri, CoreML에 사용되는 머신러닝 기술을 위한 인수
2016	Turi	머신러닝	• Xcode, 코어 ML 등에 필요한 머신러닝 기술 (2억 달러)
2017	Lattice Data	AI	• 애플사 기기의 사진 어플에 적용할 AI 기술 확보
2017	Realface	머신러닝	• 얼굴 인식과 같은 사이버 보안, 머신러닝 기술을 위한 인수
2018	Akonia Holographics	VR	• 증강현실 안경 렌즈
2018	Asa II	AI	• ITunes, Siri, Apple 음악에 사용되는 AI
2019	Intel의 모뎀칩 사업부	5G	• 애플은 인텔이 보유했던 무선 통신기술 특허 1만 7000개, 각종 통신 장비 이관 • 인텔과의 M&A를 계기로 애플이 자체 개발한 모뎀칩 기반 5G 아이폰 공개 예정
2020	NextVR	VR/AR	• 애플이 추진하는 자체 VR 및 AR 헤드셋의 개발 및 핵심 콘텐츠 확보를 위한 인수
2020	Voysis	AI	• 애플의 AI 시리의 발전과 온라인 쇼핑을 위한 AI 개발을 위한 인수
2020	Dark Sky	딥러닝	• 러닝머신을 통한 날씨 예보

자료: 회사 홈페이지 및 언론사 자료 종합

567 Washington Post(April 21, 2021)

CNBC(2019)에 의하면 애플은 최근 100여개 이상의 기업들을 인수하였는데, 수많은 스타트업 기업의 인수를 통해 기술 인수와 함께 기술인재 확보를 추진하였다.[568] 즉 사업의 특정 분야의 문제점을 해결해줄 개발자가 있는 기업이 우선 인수 대상인데, 일례로 2012년 보안기술업체 AuthenTec를 인수(3.6억 달러)한 뒤 아이폰의 지문인식 기술개발 성공이 대표적인 사례인데, 이는 애플의 기업 M&A 전략의 큰 특징이다.

2) 애플의 산업별 주요 M&A 사례

애플은 2010년부터 2019년 사이 20여 개의 AI 기업을 인수하여, 구글(14곳), 마이크로소프트(10곳), 페이스북(8곳), 아마존(7곳) 등과 비교해 많은 AI 기업을 인수했다. 애플의 AI 분야 관심은 아이폰, 아이패드, 애플워치 등에 AI를 탑재해 디바이스 경쟁력을 높이는 한편, 사업 확장을 추진하는 것으로 애플이 차세대 디바이스에 AI를 구현하여 경쟁력을 제고하는 전략이다. 2014년부터 '프로젝트 타이탄'으로 시작하여 애플은 2024년을 목표로 AI 프로젝트 중 하나로 자율주행 자동차 개발을 2017년 발표하여 애플의 AI

568 CNBC(2019). 이를 인수(Acquisition)와 고용(hire)의 합성어인 애크하이어(Acqhire)이다. "*Apple CEO Tim Cook told shareholders that the company had bought about 100 companies in the past six years... People who have joined Apple through an acquisition and participated in the acquisition process told CNBC that Apple's acquisition strategy focuses on getting talented technical staff from smaller companies, often valuing those companies in terms of the number of engineers working there, and quickly and quietly Integrating them Into teams at Apple. Apple has used acquihires to speed expansion in fields where It needs technical talent or It sees a specific technology that could set It apart from Its rivals. While the acquihire is a common technique among big tech companies, Apple's near-exclusive focus on smaller transactions sets It apart. "We have seen companies such as Google, Facebook, Intel and Amazon going for many billion-dollar deals," said Nicklas Nilsson, analyst at GlobalData, a firm that tracks M&A transactions. "Apple is buying more smaller startups while others spend more on established players." Cook said in an Interview with CNBC in 2019 that the company's approach is to Identify where the company has technical challenges and then to buy companies that address them. One example was the acquisition of AuthenTec in 2012, which led to the IPhone's fingerprint scanner. "We bought a company that accelerated Touch ID at a point," Cook said*"

기술이 자율주행차 시장진입의 지렛대가 될 전망이다.

<표 6-10> 애플의 산업별 주요 M&A 사례

분야	주요 내용
VR/AR	• Flyby Media, Metaio, Vrvana, Akonia Holographics 등 AR, VR 관련 기업 인수 • WWDC(세계 개발자 대회)를 통해 미래형 사업 AR키트 등 발표 • 2020년 아이폰에 바이노럴 레코딩 기술(사운드가 들려오는 방향이 구분되는 녹음기술)을 접목한 특허 공개 • 2020년 웨어러블 장갑 특허 등록(기존 마우스 키보드와 같은 입력장치에서 벗어나 장갑을 이용해 명령을 전달하는 기술) • 2022년 목표로 AR 헤드셋 개발 중
AI, 머신러닝	• AI, 머신러닝 관련 기업 Regaind, Init.AI, Realface, Lattice Data, Turi, Tuplejump 등 인수 • 2011년 AI 비서 프로그램 Siri 발표 • Siri 2011년 발표 이후 기술 개발과 인수합병으로 꾸준히 업데이트 (AI 음악프로그램 개발 기업 아사이, 샤잠 인수를 통해 AI 음악 인식 기능을 새롭게 추가) • Init.ai를 인수 합병함으로써 챗봇 기능을 흡수 예상 • 전기차, 자율주행 전기차 출시 예고 • 대만 TSMC와 자율주행 칩 및 하이브리드 자동차 컨버터와 충전기에 사용될 질화갈륨 기술개발 진행 중
헬스케어	• Gliimpse 등의 헬스케어 관련 기업 인수 • WWDC(세계 개발자 대회)를 통해 헬스킷을 발표하며 헬스케어 시장 진출 공개 • 의료 서비스의 전문성을 NAYO CLINIC과 Stanford, UCLA, Duke 대학의 전문 의료기관을 서비스 제공자로 확보하여 사용자의 신뢰도 제고 • 2014년 이후 애플은 기존 의료기관, 의료 서비스 업체 등과 연계해 지속적으로 데이터 축적 • IOS의 업데이트와 함께 헬스키트의 업데이트 추진 • 2015년 발표된 애플워치는 더 나은 헬스케어 시스템 축적 • 2018년 애플은 웨어러블 기기, 애플워치 5를 출시로 헬스케어 기능 강화

자료: 회사 홈페이지 및 언론사 자료 종합

과거 애플은 소프트웨어 등 다른 분야에 집중했지만, 최근 새로운 기술의 AI를 바탕으로 자율주행차를 개발을 위해 애플의 기술과 디자인에서의 강점을 바탕으로 기존의 차량 제조사와 협력을 추구하여 신산업에 진출을 모색하며 풍부한 자본력을 바탕으로 자율주행 전기차의 핵심기술인 프로

세서, 배터리, 카메라, 센서, 디스플레이 개발에 투자하고 있다.[569]

6.2.6. 마이크로소프트(Microsoft)

1) 마이크로소프트의 주요 M&A

<표 6-11> 마이크로소프트의 주요 M&A (2015년~2020)

년도	기업명	관련 산업	주요 내용
2015	Equivio	AI	• 오피스 365를 개선한 텍스트 분석/ 전자증거개시 소프트웨어 개발업체
2016	Genee	AI	• 일정 관리를 위한 가상 비서 제공하는 스타트업
2016	Solair	IoT	• IoT 서비스 개발 전문업체
2017	Maluuba	AI	• 캐나다 딥러닝 AI 개발 스타트업
2017	AltspaceVR	VR	• 시장 선점 목표로 미래형 소셜미디어 시장에서 윈도 10을 구동하는 헤드셋
2018	Semantic Machines	AI	• 대화형 인공지능 스타트업
2018	GitHub	플랫폼	• 7,800만명의 소프트웨어 개발자가 8,000만개의 소스코드를 보유하고 있는 세계 최대의 오픈소스 소프트웨어 플랫폼
2020	Affirmed Network	5G	• 클라우드 플랫폼에서 통신사의 5G 서비스를 구현하기 위해 인수 (13.5억 달러)
2020	Metaswitch	5G	• 공공 클라우드 인프라에서 발생하는 네트워크 트래픽을 조절할 수 있는 5G 제품 인수

자료: 회사 홈페이지 및 언론사 자료 종합

569 아이폰 12에는 레이저를 쏴 대상에 부딪혀 돌아온 데이터를 바탕으로 거리를 측정하는 센서인 라이다(LiDAR) 스캐너가 장착됐는데, 이는 공간을 매핑하고 개체를 식별하는 기술로 자율주행에 필수적이다.

1975년 빌게이츠가 설립한 마이크로소프트는 세계 최대 컴퓨터 소프트웨어 회사로 컴퓨터 운영체제인 MS도스, 윈도우 등을 출시하며 전 세계적인 소프트웨어 기업으로 성장하였다. 마이크로소프트의 사업은 크게 운영체제인 윈도우 판매, 워드·엑셀·파워포인트 등 MS오피스 구독 서비스, 클라우드 서비스 등 3가지 사업 영역이다. 공격적 M&A로 사업을 확장하는 마이크로소프트는 AI 분야와 데이터 분야에 많은 투자를 하는데, AI를 통한 플랫폼과 클라우딩 컴퓨팅 기술을 통해 데이터를 수집해 다양한 산업에 적용하고 있다. 그 외에도 마이크로페이와 같은 핀테크, 홀로렌즈와 같은 VR, AR 분야, 최근에는 블록체인을 통한 보안시스템 분야의 4차 산업혁명을 진행 중이다.

2) 마이크로소프트의 산업별 주요 M&A 사례

마이크로소프트의 M&A는 다양한 분야에서 미래 산업 진출을 위해 준비되고 있는데, 그중 뚜렷한 상승세를 보이는 분야는 AI와 클라우드 컴퓨터이다. 2010년 IT 플랫폼이 모바일로 전환되면서 경험한 침체기로부터 벗어나게 한 계기가 클라우드 컴퓨팅 서비스사인 Azure의 설립이다. 당시 클라우드는 아마존이 선점하고 있었지만, 마이크로소프트는 데이터를 저장할 수 있는 공간을 파는 것이 아닌 통합 소프트웨어가 구축된 클라우드 컴퓨팅에 주력하여 현재 클라우드 시장점유율 2위이다. 4차 산업혁명의 핵심은 데이터이고 클라우드는 그 데이터를 담을 그릇이기 때문에 마이크로소프트의 클라우드 사업은 향후 더욱 커질 것이며, 4차 산업혁명 시대의 핵심기업으로 계속 성장할 것이다. 마이크로소프트는 클라우드 컴퓨터, AI 분야를 통합한 소프트웨어 분야에서 상당히 많은 M&A의 건수를 보여주며 성장 중이다. 마이크로소프트는 최근 2021년 AI 의료 음성인식 기술 전문업체 Nuance를 인수(197억 달러)하였고, 온라인 메신저 플랫폼인 Discord

인수 시도(100억 달러) 등 SNS 시장 진출을 준비 중이다. 최근 미국 의회의 반독점 규제 대상인 다른 미국의 거대 IT 빅4 기업인 구글, 아마존, 페이스북, 애플에 비해 상대적으로 자유로운 마이크로소프트가 적극적인 M&A를 통하여 IT 디지털 전환을 더욱 가속할 수 있을 것으로 예상된다.

<표 6-12> 마이크로소프트의 산업별 주요 M&A 사례

분야	주요 내용
5G	• 2020년 자사 클라우드 서비스를 통해 통신사들이 애플리케이션 구동 및 데이터 분석에 투입하는 비용을 줄이기 위해 인수합병(M&A)을 통해 5G 산업에 합류
AI	• Equivio, Genee, Solair, Maluuba, Semantic Machines와 같은 AI 스타트업 기업 인수 • 2014년 가상 비서 API Cortana, 2017년 AI for Workplace Safety 발표 • 지능형 클라우드란 인지컴퓨팅 능력을 갖춘 약 인공지능 기술이 접목된 클라우드 서비스를 의미하며, MS는 관련 유사기술 29개 발표
클라우드	• 2010년 클라우딩 플랫폼 Azure 발표 • 2012-2021년 30달러이던 MS 주식이 인텔리전트 클라우드의 강세로 주식시장 고속 성장

자료: 회사 홈페이지 및 언론사 자료 종합

6.2.7. GE(General Electric)

1) GE의 주요 M&A 사례 및 매각 사례

1878년 창립한 GE는 토머스 에디슨의 전기조명회사를 모체로 성장한 세계 최대의 글로벌 인프라 기업으로 다우존스 출범 이후 현재까지 140여 년 이상 존속하는 유일한 기업이다. GE는 전력, 수처리, 에너지 관리, 항공, 헬스케어, 운송 등의 다분야에서 사업을 하지만, GE는 4차 산업혁명 시대에 맞추어 기업 매각, 신기업 인수 등을 통해 적극적으로 기업 체질을 개선하고 있다. GE의 이러한 변신은 거대 다국적 기업 중 가장 과감하고 인상적이다. GE는 기존 제조업 관련 산업과 금융산업 등을 매각하고 소프트웨어, 3D프린팅 같은 4차산업 핵심기술 관련 기업들을 인수하고 있다.

<표 6-13> GE 주요 M&A 사례 및 매각 사례 (2015~2020)

	년도	기업명	주요 내용
M&A	2015	Alstom 전력 및 그리드 사업부	• 기존 발전 설비에 빅데이터 분석을 새롭게 적용, 돌발적 가동 중지 시간을 줄이고, 터빈, 발전소, 풍력발전단지, 전력망 등의 성능을 제고 • GE 핵심 산업의 성장에 기여할 상호보완적인 기술, 글로벌 규모, 기존 설비 등을 인수하여 GE는 종합적인 기술 제공 가능
	2016	Wise.io	• 인공지능 스타트업 기업
	2017	OC로보틱스	• OC로보틱스의 팔 로봇과 전문기술은 엔진 수리 등 GE 에비에이션의 고객 서비스 운영에 투입 예정 • OC로보틱스의 팔 로봇은 도구와 결합하면 각종 검사나 고정이 필요한 작업, 청소 등의 다양한 작업 수행 가능
매각	2015	GE 캐피탈	• 총액 300억 달러 예상
	2018	Bakers Hughes	• 2016년 인수한 석유 서비스업체 베이커휴즈에 대한 투자 종료
	2018	GE 헬스케어	• 2018년 재무관리와 외래진료 관리, 인력관리 등 3개 IT 사업을 사모펀드(PEF) 베리타스 캐피털에 10억 5천만 달러에 매각 • IT 부문 매각을 통해 병원 작업 흐름과 행정적 IT 기능에 주로 집중했던 관행에서 벗어나 커넥티드 장치(connected devices)와 스마트 진단 등 임상치료와 관련한 소프트웨어에 더 집중할 계획
	2019	GE 생명과학	• 산업장비 제조업체 다나허에 214억 달러에 매각 합의 • GE 헬스케어 부문의 일부로 검사기기, 소모품 판매
	2020	GE 조명사업	• 기업의 상징인 전구를 'Savant Systems'에 2억 5,000만 달러 매각

자료: 회사 홈페이지 및 언론사 자료 종합

일례로 4차 산업혁명이 도래하던 2010년 GE가 주력하던 4차 산업혁명

사업은 IoT 분야였는데, 특히 산업용 소프트웨어 운영체제 개발에 주력하여 2015년 산업용 사물인터넷 플랫폼인 '프레딕스'(Predix)를 개발했다. 실적 부진으로 2018년 매각하긴 했지만, 프레딕스를 통해 습득한 산업용 소프트웨어 운영체계 개발 기술은 앞으로 더욱 고도화되어 새롭게 시장에 소개될 것으로 예상하고 있다. 2000년대 GE의 황금기를 만들어준 GE 캐피탈, 인수한 석유 서비스 기업 Bakers Hughes, GE 헬스케어, GE 생명과학, 기업의 상징인 전구를 'Savant Systems'에 2억 5,000만 달러 매각하는 등 과감한 체질 개선을 통해 산업 서비스 전문회사로 변신 중이다.

2) GE의 산업별 주요 M&A 사례

<표 6-14> GE의 산업별 주요 M&A 사례

분야	주요 내용
항공	• 2019년 320억 달러의 매출 증가 • 2020년 코로나바이러스 여파로 전년 동기보다 매출 32% 감소
AI	• 신설 연구소인 Edge Lab에서 로봇과 AI 기술개발 진행 중 • AI 스타트업 기업 Wise 인수
헬스케어	• 인공지능 컴퓨팅 기업 엔비디아와 협력을 통해 GE 헬스케어 의료영상 기기에 최첨단 AI 도입, 의료 데이터처리 속도향상 추진 • 2019년 바이오제약 사업부 매각으로 확보한 자금으로 헬스케어 사업부에 집중 • 2020년 팬데믹 이후 일상생활 모든 것이 변화되어, 특히 헬스케어 분야에서의 디지털 기술·인프라 의존도 가속화 추진
에너지	• 탈탄소(De-carbonization) 미래로의 전환을 위해 상대적으로 이산화 탄소 배출량이 적은 가스 발전 투자

자료: 회사 홈페이지 및 언론사 자료 종합

헬스케어의 경우 AI 컴퓨팅 기업 엔비디아(NVIDIA)와 협력을 통해 의료영상 기기에 AI를 도입하여 코로나 여파로 의료 분야에서 디지털 기술 의존도가 가속화되어 GE의 유망 분야로 성장하고 있다. GE는 4차 산업혁명 준비를 위해 전천후 에너지(energy everywhere), 마인드 매핑(mapped minds), 생각하는 공장(brilliant factories), 극한의 기계(extreme machines), 슈퍼 소재(super materials), 산업 인터넷(industrial internet) 등 소프트웨어 중심 기업으로 변화를 시도 중이다.[570] GE가 오랜 기간 성장을 지속할 수 있었던 비결은 과거의 성장 공식에서 벗어나 지속적인 변화와 혁신을 추구하는 등 사업 포트폴리오를 더욱 다각화시켜 4차 산업혁명 변화에 대응하고 있다.

6.2.8. 테슬라(Tesla)

1) 테슬라 M&A(2015~2020)

테슬라는 2003년 창립한 회사로 전기차, 태양광과 가정용 및 기업용 통합 에너지 솔루션을 통해 지속 가능한 에너지로의 4차 산업혁명을 가속화하고 있는 회사이다. 특히 테슬라는 Grohmann, Solarcity, Hibar Systems, DeepScale, Maxwell Technologies, ATW Automation 등의 기업들을 인수하여, 자율주행과 전기 배터리 기술과 같은 전장사업과 최근 로봇산업 등으로 4차 산업혁명을 준비하고 있다. 테슬라는 다른 글로벌 기업에 비해 상당히 짧은 기업 연혁에도 불구하고 일찍 4차 산업혁명 분야인 친환경 차(전기차, 자율주행차)에 과감히 투자하여 2021년 전통적인 자동차 기업인 GM, 포드를 제치고 시가총액 미국 1위 자동차 업체로 부상하였다.

후발주자인 테슬라가 글로벌 전역에 판매된 테슬라 소유주들의 주행 데이터를 본사가 확보하여 웨이모의 축적 데이터를 크게 앞설 것으로 관

---

570 장경석(2017)

측된다.[571] 테슬라는 친환경차의 선두주자로 4차 산업혁명을 미리 준비하여 성공적으로 성장세를 유지하고 있지만, 향후 GM, 포드, 폭스바겐, 현대, BYD, 루시드 모터스, 리비안 등 미국, 유럽, 한국, 중국의 자동차 업체들의 전기차 양산이 본격화되면 치열한 경쟁이 예상된다. 특히 포드-SK이노베이션, 루시드 모터스-삼성 SDI, GM-LG에너지솔루션과 배터리 협력체제를 구축해 전기차의 핵심인 배터리 미국공장 건설 및 장거리 주행 가능한 전기차 출시, 테슬라 중국공장 자동차용 반도체 및 안정적인 배터리 수급문제, 중국 토종 전기차와의 치열한 경쟁 등이 예상된다.

<표 6-15> 테슬라 주요 M&A (2015-2020)

년도	기업명	관련 산업	주요 내용
2015	Grohmann	전장사업	• 자동차 강판 자체 생산하는 기술 확보 (1억 3500만 달러 인수)
2016	Solarcity	에너지	• 배터리와 태양에너지 사업의 규모 증대 (26억 달러 인수)
2019	Hibar Systems	배터리	• 배터리 공급을 파나소닉 등 외부업체에 의존해온 테슬라가 자체 배터리 셀 생산을 위한 인수
2019	DeepScale	자율주행	• '컴퓨터 비전'과 관련된 상당한 자율주행 기술 확보 인수
2019	Maxwell Technologies	배터리	• 테슬라 전기차에 적용하는 배터리 기술 확보 (2억 1800만 달러 인수)
2020	ATW Automation	배터리	• ATW는 자동차 배터리 모듈과 팩을 조립·공급하는 업체로 자체 배터리 생산능력 강화

자료: 회사 홈페이지 및 언론사 자료 종합

571 테슬라는 2020년 1월 기준 51억 마일의 주행 데이터를 확보할 수 있을 것으로 전망되는데, 이는 구글의 웨이모가 10년 동안 축적한 데이터의 무려 26배 수준이다.

2) 테슬라의 4차 산업별 주요 M&A 사례

<표 6-16> 테슬라의 산업별 주요 M&A 사례

산업명	주요 내용
전기자동차	• 2008년 Tesla의 최첨단 배터리 테크놀로지와 전기 파워트레인을 결합한 전기자동차 Roadster 모델 출시 • 이후 Tesla는 완전히 새롭게 설계된 세계 최초의 프리미엄 순수 전기차 세단으로 안전, 성능 및 효율성의 Model S 공개 • 2015년 SUV Model X 출시 • 2016년 CEO인 Elon Musk의 '시크릿 마스터 플랜'이 완성되며 Tesla는 합리적인 가격의 보급형 전기차 Model 3 발표 후 2017년 생산 개시 • 연료비 절감형 트럭 Tesla Semi 발표 • 2019년 중형 SUV Model Y와 Cybertruck 발표
자율주행	• 자율주행 솔루션 업체는 많지만, 테슬라는 풍부한 주행거리를 보유한 기업 • 2020년 6월 기준 오토파일럿(운전자 감시하에 차선을 변경하고 전방 장애물을 탐지하는 기능) 누적 주행거리는 33.2억 마일 실현 (구글의 자율주행 산업 선도 기업인 자회사 웨이모 실 주행거리의 106배에 달하는 규모) • 신호등과 정지 신호, 제한 속도를 인지하고 회전 로터리에 진입하거나 비보호 좌회전이 가능한 수준이지만, 운전자의 감시와 통제가 항상 필요하다는 점에서 레벨 3 기준에는 미치지 못함 • 사막과 눈길 등 다양한 도로 환경에서 실제 운전자의 주행 데이터를 수집하고 있으며, 보행자나 야생동물 난입, 타이어 펑크, 블랙 아이스 등 돌발 상황에 대한 학습도 진행. 여전히 오토파일럿(auto-pilot) 사고 발생 • 슈퍼컴퓨터인 '도조(Dojo)' 등을 통해 자율주행에 필요한 높은 수준의 인식·판단·제어 기술력 소개 • '의사 라이다(Pseudo-LiDAR)' 방식 채택. 사람이 사물의 속성과 거리를 판단하는 원리를 응용하여 다수 카메라가 수집한 이미지를 통합해 사물을 정교하고 입체적으로 판단하는 기술로 웨이모 등이 채택한 레이저 센서를 활용한 라이다 방식보다 비용상 경제적 장점
로봇/ 로봇택시	• 테슬라는 2021년 휴머노이드 로봇 개발 발표 • 완전 자율주행 기능을 완성하면 고객들이 참여하는 테슬라 네트워크 - 로봇 택시 서비스 • 로봇 택시 서비스가 상용화되면 추가적으로 음식 배달 서비스, 무인 배송 시스템, 무인 트럭 물류 시스템 등 첨단 서비스들을 통하여 많은 수익 창출 가능

산업명	주요 내용
에너지 및 우주사업	• 2015년 LA에서 열린 테슬라 에너지 런칭 행사에서 가정용 배터리 파워월과 산업용 배터리 파워팩 공개 • 제품 기능은 에너지를 저장했다가 필요할 때 사용하는 것인데, 피크타임 요금을 피하거나 전력이 불안정한 지역에서 일종의 UPS 역할 가능 • 태양광 발전 패널을 함께 설치하면 기존 전력망에서 완전한 탈피도 가능 • 미국, 중국 등 전 세계에 '태양열 충전소'를 설치함으로써 에너지 사업 확장 • 전기차를 포함한 모든 탈것에 전기를 유료로 제공하고, 개인 고객에게도 태양열로 전기를 생산해서 쓸 수 있는 '파워월'을 제공함으로써 에너지원을 사고팔 수 있도록 중개 역할 • 민간 우주 항공 Space X 산업 진출

자료: 회사 홈페이지 및 언론사 자료 종합

6.2.9. 지멘스(Siemens)

1) 지멘스 주요 M&A (2007년~2020년)

지멘스는 1800년대 설립되어 자동차 및 제어, 전력, 운송, 의료, 정보통신, 조명 등 76개의 주 사업 부문을 가진 전통적인 독일 복합기업으로 성장하였다. 지멘스의 최근 M&A 사례를 보면 기존의 산업 분야인 가전, IT 및 서비스 산업을 매각한 후, 소프트웨어 산업, 운송산업, 로봇산업, 의료산업 등 4차 산업혁명의 선두 분야 기업들을 적극적으로 인수하여 전력화, 자동화, 디지털화 등의 영역에 핵심 역량을 집중시키고 있다. 또한 지멘스는 4차 산업혁명 관련 기술들에 R&D 투자를 지속하여 관련 산업의 글로벌 수준 경쟁력 유지를 위해 노력하고 있다. 이러한 기술 연구는 2014년 발표한 지멘스사의 '비전 2020'에서 자동화, 디지털화, 전력화로 특히 자동화와 디지털화 분야는 산업인터넷 분야에 주력하고 있다.

<표 6-17> 지멘스 주요 M&A (2007년~2020년)

연도	기업명	관련 산업	인수금액
2007	Vim Ingdesi Automation	• 산업 자동화 기술 산업	미공개
	UGS Corp.(미국)	• 3D 및 2D PLM 소프트웨어를 전문으로 하는 컴퓨터 소프트웨어 산업	3.5억 달러
	Dade Behring(미국)	• 의료 테스트 기계 및 소모품 제조 산업	6.4억 달러
	Gesellschaft für Systemforschung	• 의료 IT 서비스 산업	미공개
2009	Solel Solar Systems(이스라엘)	• 태양열 발전 산업	4억 1800만 달러
2012	Invensy(영국)	• 운송 산업	17억 파운드
	LMS International NV(벨기에)	• 메카트로닉스 시뮬레이션 소프트웨어 솔루션 산업	미공개
2014	Rolls Royce Energy(영국)	• 항공 터빈 산업	10억 파운드
2015	Dresser-Rand Group Inc(독일)	• 유전 장비 제조업체 산업	76억 달러
2016	Mentor Graphics(미국)	• 전자 설계 자동화, PLM 소프트웨어 산업	45억 달러
2017	Fast Track Diagnostics	• 의료 기술, 헬스케어 산업	미공개
	Tass International(네덜란드)	• 시뮬레이션 소프트웨어 산업	미공개
2018	Mendix(미국)	• 빠른 애플리케이션 개발 산업	6억 유로
	Enlighted	• 스마트 IoT 시스템, 스마트센서 산업	미공개
	Sarokal System Oy(핀란드)	• 프런트 홀 네트워크를 위한 테스트 솔루션, 전자 설계 자동화 및 IC 산업	미공개
2019	Corindus Vascular RoboTics(미국)	• 로봇 치료 플랫폼 분야 산업	11억 달러

연도	기업명	관련 산업	인수금액
2020	Varian Medical Systems(미국)	• 암 치료 부문 개발 산업	164억 달러
	Avatar Integrated Systems	• 반도체 설계 배치 및 배선 소프트웨어 개발 산업	미공개

자료: 회사 홈페이지 및 언론사 자료 종합

<표 6-18> 지멘스 매각 사례 (2009년~2017년)

연도	기업명	매각산업	매각금액
2009	후지쯔지멘스컴퓨터(일본)	• IT 산업	미공개
2010	Atos(프랑스)	• IT 솔루션 및 서비스 산업	8억 5천만 유로
2013	Nokia-Siemes Network(핀란드)	• 통신 관련 산업	미공개
2014	Bosch-Siemens(독일)	• 가전부문 산업	30억 유로
2015	Siemens Audiology Solutions	• 보청기 산업	미공개
2017	OSRAM(독일)	• 조명 산업	12억 유로

자료: 회사 홈페이지 및 언론사 자료 종합

2) 지멘스 산업별 주요 M&A 사례

지멘스는 특히 스마트팩토리 분야인 디지털 트윈, 마인드 스피어 기술을 이용하여 생산성 증대, 자동화를 위한 자사의 고성능 제품을 개발하고 이를 통해 엔지니어링 작업 자동연결 및 실행, 제품 수명주기 관리, 가상 시운전, 기계 및 플랜트 보안의 특징을 구현함으로써 다양한 제품과 시너지를 추구하고 있다. 이러한 산업기술은 가상의 환경에서 시운전을 통해 실제 운영에서 발생할 수 있는 위험 요소를 줄이고 기구나 자재 부족 등으로 생기는 손실을 사전에 방지하는 등 4차 산업혁명의 제조업 혁신을 추구하고 있다. 독일 암베르크 공장은 세계 최대의 자동화 공장으로 생산성 향상,

불량률, 제조단가 및 대기시간을 최적화할 수 있는 스마트 생산체제를 갖추고 있다.[572]

<표 6-19> 지멘스 산업별 주요 M&A 사례

산업명	내용
Digital Twin	• 사이버 물리 시스템을 통해 가상현실에서 제품을 만들어 생산비를 절감하는 시스템 • 독일 암베르크 공장은 세계 최대의 자동화 공장 (생산성 향상, 불량률, 제조단가 및 대기시간 축소)
Mind Sphere	• 개방형 IoT 운영 시스템으로 실제 운용 데이터를 활용해 가상세계 시뮬레이션과 현실 세계 엔지니어링 과정 최적화 • 100여 개의 기업과 파트너십을 맺고 있으며 코카콜라, 아마존, SAP 등 많은 기업이 mind sphere 채택

자료: 회사 홈페이지 및 언론사 자료 종합

6.2.10. 필립스(Philips)

1) 필립스 주요 M&A (2015년~2019년)

필립스는 1891년 설립된 네덜란드 다국적 기업으로 탄소 필라멘트와 전구를 시작으로 120년 이상의 역사를 가진 기업이다. 현재 전자제품 민수용 가전, 의료기기 및 병원설비의 헬스케어, 조명, 그리고 디자인 등 크게 4가지 사업부로 구성되어 있다. 필립스는 가전제품 회사로 유명하였지만, 2000년대 이후부터 가전제품 산업의 침체를 겪고 난 후 해당 산업을 철수하고 있다. 일례로 필립스는 커피머신, 진공청소기 등을 생산하는 자사 가전 부문을 중국 투자업체 힐하우스 캐피털에 2020년 매각하고, 보건기술

572 Byun(2020)

분야로 확대 및 집중하고 있다.[573] 2015년부터 꾸준히 의료산업, 소프트웨어 산업, 헬스케어 산업 등을 주도하는 기업에 투자 및 M&A하여 성공적으로 헬스 및 의료산업계의 테크놀로지 선도 기업으로 탈바꿈하였다. 현재 헬스케어 산업과 의료산업의 혁신을 주도하는 다각적 기술 기업으로 거듭하고 있다. 필립스는 특히 Volcano, Wellcentive, Electrical Geodesics, Analytical Informatics, Inc., Night Balance, EPD Solutions, Medumo 등 많은 의료 관련 기업들의 M&A를 통하여 4차 산업혁명 관련 분야를 주도하고 있다.

<표 6-20> 필립스 주요 M&A (2015년~2019년)

연도	기업명	관련 산업	인수금액
2015	Volcano	• 유전자 검사 등 의료산업	36억 유로
	Blue Jay Consulting(미국)	• 응급실 컨설팅 서비스 산업	미공개
2016	PathXL(네덜란드)	• 워크플로우 소프트웨어 산업	미공개
	Wellcentive(네덜란드)	• 클라우드 기반 건강관리 및 데이터 분석 산업	미공개
2017	Australian Pharmacy Sleep Services (오스트레일리아)	• 약학 수면 테스트 산업	미공개
	RespirTech(네덜란드)	• 수면 및 호흡기 관리와 기도 청소 솔루션 산업	미공개
	Electrical Geodesics (미국)	• 의료기기 설계 및 개발 산업	2,900만 파운드

573 연합뉴스(2021.03.25)

연도	기업명	관련 산업	인수금액
2017	Spectranetics Corporation(미국)	• 혈관 조정 및 리딩 관리 솔루션 산업	19억 유로
	Cardio Prolific Inc.	• 카테터 기반 혈전 절제술 개발 산업	미공개
	Health & Parenting Ltd	• 의료 및 모바일 응용 프로그램 개발 산업	미공개
	TomTec Imaging Systems GmbH(독일)	• 지능형 이미지 분석 소프트웨어 산업	미공개
	Analytical Informatics, Inc.(미국)	• 웹 기반 소프트웨어 응용 프로그램 산업	미공개
	Forcare	• 개방형 표준 기반 상호 운용성 소프트웨어 산업	미공개
	VitalHealth(미국)	• 클라우드 기반 집단 건강관리 솔루션 산업	12억 유로
2018	Night Balance	• 디지털 건강 증진 산업	미공개
	EPD Solutions	• 심장 부정맥에 대한 이미지 가이드 산업	2억 9200만 달러
	Remote Diagnostic Technologies	• 모니터링, 심장 요법 및 데이터 관리 솔루션 산업	미공개
2018	Xhale Assurance Inc	• 차세대 센서 기술 개발 및 상용화 산업	미공개
	Blue Willow Systems (캐나다)	• 클라우드 기반 고령자 거주자 안전 플랫폼 개발 산업	미공개
2019	Medumo	• 문자, 이메일, 전화 등을 사용한 예약 관리 플랫폼 산업	미공개

자료: 회사 홈페이지 및 언론사 자료 종합

2) 필립스의 산업별 주요 사례

<표 6-21> 필립스의 산업별 주요 사례

산업명	주요 내용
헬스케어	• Volcano 등 2015년부터 헬스케어 관련 17개 기업 인수 • 스마트폰으로 환자 정보를 연결하는 디지털 헬스 플랫폼 솔루션을 개발하여 환자들은 병원에서 받은 검사 정보를 스마트폰으로 확인 가능한 시스템 구축 • 스마트 헬스 워치로 실시간으로 심박 수, 호흡수, 소모 칼로리 등 데이터 측정 제공
IoT	• 대부분 헬스케어 분야와 연관되어 발전하는 경향 • 자사 IoT 플랫폼을 포함해 AWS 서비스와 함께 약 1만개의 EC2(elastic compute cloud) 및 다양한 데이터베이스 인스턴스 활용 • 필립스 라이팅의 커넥티드 조명 솔루션과 센서 장비, 시스템을 제공하는 IoT 플랫폼 'Interact' 발표 • 헬스케어 분야 외에도 필립스는 Hue Bridge 제품을 통해 인터넷에 연결해 스마트 디바이스로 자유자재로 조명 컬러, 밝기를 조절할 수 있는 IoT 스마트 조명 발표

자료: 회사 홈페이지 및 언론사 자료 종합

필립스는 헬스케어, IoT 등 4차 산업혁명 분야에 집중하고 있다. 필립스의 헬스케어 산업은 영상진단 분야에서 더 나은 치료 효과를 제공하며 환자 경험을 개선하고 워크플로우를 향상하여 의료진의 진료 만족도를 높이고, 의료비용을 줄이고자 하는 자사의 헬스케어의 4대 목표(더 나은 치료 효과 도출, 환자 경험 개선, 워크플로우 개선, 의료비용 절감) 달성이 주요 원칙이다.[574] 이러한 목표와 함께 관련 산업의 M&A를 추진하고 있는데, 헬스케어, IoT 기술인 휴브릿지(Hue Bridge) 등을 통해 쉽게 조명을 제어하여 다양한 스마트 조명 전구와 램프, 스위치, 센서로 스마트홈을 가능케 하고 있다.

574 필립스 <https://www.philips.com/a-w/about/news/>

6.2.11. 삼성

1) 삼성의 주요 M&A

1932년 설립된 삼성의 주력 회사인 삼성전자는 세계의 주요 기업으로 성장하였다. 삼성그룹은 국내 기업 중 지난 10년간 가장 활발한 M&A 규모 성과를 보여주는데, 10년간 M&A는 총 497개인데, 이중 순수 M&A 162건, 지분투자 316건, 조인트벤처 각각 19건이다. 순수 M&A 거래만 보면 삼성그룹이 인수한 기업의 총가치가 22조 7,008억원으로, 매각한 기업의 총 가치 17조 9,844억원 보다 많다.[575] 2013년 이전까지 삼성전자의 M&A는 반도체와 디스플레이에 집중되어 있는 반면, 최근 완료된 M&A 중 상당 비중이 SW기업들로서 AI, IoT, 클라우드 기술 확보를 추진하고 있다.[576] LoopPay, Viv labs, Innoetics, Fluenty, Kngine, Zhilabs, Foodient 등 AI 기업들과 Looppay 핀테크 분야, Tele World Solution, Savari 등 5G, 자율주행 관련 기술기업들을 인수하여 4차 산업혁명을 준비하고 있다. 2016년 80억 달러에 인수한 전장기업인 Harman은 2021년 '디지털 콕핏'(Digital Cockpit, 디지털이 접목된 자동차 조종 공간)을 발표하며 디스플레이 기술과 AI 기술의 접목을 통해 커넥티드카 시장진입이 가능하게 되었다.

---

575 이코노미스트(2021.04.27)

576 삼성전자는 2011년 차세대 메모리 반도체 M램 개발업체 그란디스, 2012년 스웨덴 무선 Lan 칩셋 개발업체 나노라디오를 각각 인수했으며, 2012년에는 네덜란드 반도체 장비업체 ASML에 7,145억원을 각각 투자했다. 디스플레이 분야에서는 2011년 삼성전자가 인수한 S-LCD와 네덜란드 디스플레이 R&D 전문기업인 리콰비스타, 2013년 인수한 독일계 OLED 기업 노바 LED가 대표적인 사례이다. 이코노미스트(2021.04.27)

<표 6-22> 삼성의 주요 M&A (2015-2021)

년도	기업명	관련산업	주요 내용
2015	LoopPay	핀테크	• 삼성페이를 위해 미국의 핀테크 기업 루프페이 인수
2015	Future-Technology & Survice Corpo	반도체	• 반도체 전문 설계기업으로 반도체 설계기술 역량 확보
2016	Viv labs	AI	• AI 서비스 개발업체, AI 빅스비의 메인 기술
2016	Harman	전장사업	• 미래차 디지털 콕핏 개발 등 미래차 전장부품 개발
2017	Innoetics	AI	• 그리스 인공지능 음성인식 스타트업
2017	Fluenty	AI	• 국내 스타트업인 플런티의 음성인식 챗봇 기술
2018	Kngine	AI	• AI 이용 검색엔진 확보
2018	Zhilabs	AI	• 스페인 기업으로 망을 분석해 사용자 서비스 품질을 측정, 네트워크 운영을 자동화하는 기술 확보
2019	Core PhoTonics	IT	• 이스라엘 IT 스타트업으로 스마트폰 광학 줌 카메라 개발
2019	Foodient	AI	• 영국 인공지능 기업으로 삼성전자 냉장고에서 레시피를 추천하고 추천 음식을 살 수 있는 전자상거래 업체로 연결 기능
2020	Tele World Solution	5G	• 미국 5G / LTE 망 설계 전문업체
2021	Savari	5G	• 미국 자율주행 차량사물 간 통신(V2X) 개발 전문업체

자료: 회사 홈페이지 및 언론사 자료 종합

삼성은 삼성 SDI의 우수한 차량용 배터리 제조능력과 전장기업 Harman, 자율주행 업체 Savari 등 전장기업과 차량용 반도체 제조회사인 NXP 인수 등으로 미래 자율형 자동차산업의 기반을 마련하였다. 최근 삼성봇아이 출시를 통하여 미래 성장산업인 로봇시장 진출을 준비하고 있다.

<표 6-23> 삼성 연도별 순수 M&A (2011-2021.1분기)

연도	인수금액	인수건수	매각금액	매각건수
2011년	1조 6,765억 원	11(5)	1조 4,976억 원	2
2012년	9,555억 원	11(7)	1조 115억 원	5(2)
2013년	2조 2,222억 원	10(2)	3조 1,686억 원	10(4)
2014년	1조 181억 원	8(3)	9,549억 원	5(2)
2015년	1조 175억 원	9(3)	2조 6,125억 원	10(6)
2016년	11조 5,153억 원	9(5)	2조 9,524억 원	12(1)
2017년	2,203억 원	4(3)	348억 원	1
2018년	1조 782억 원	8(5)	1조 6,184억 원	3
2019년	2조 9,972억 원	6(1)	8,948억 원	8(3)
2020년		(2)	3조 1,345억 원	4
2021년(1분기)		(1)	1,055억 원	2(1)
계	22조 7,008억 원	79	17조 9,855억 원	62

참조: * ( )는 금액 비공개 건수.
출처: 블룸버그, 금융감독원, 이코노미스트(2021.04.27)에서 재인용

2) 삼성의 산업별 주요 M&A 사례

삼성그룹은 선택과 집중 전략으로 4차 산업혁명을 대비한 구조조정을 단행하였다. 일례로 화학(삼성 SDI케미칼사업부문, 삼성정밀화학, 삼성 BP화학)과 방산(삼성테크윈), HDD(하드디스크 드라이브) 사업, 프린터 사업, 코닝(삼성코닝정밀소재) 등 비주력 사업을 매각하고 핵심 사업에 집중해왔다.

하지만 2016년 Harman 인수 이후 의미 있는 대형 M&A가 부족하여 전방위의 해외기업, 특히 시스템반도체, 로봇, AI, 바이오 및 제약, 전장산업, 재생에너지 분야의 적극적인 M&A가 필요하다. 삼성은 특히 반도체와 IM(IT·모바일) 부문을 통해 4차 산업혁명을 준비하고 있다. 매출액면에서는 IM 부문의 비중이 가장 높고, 영업 이익면에서는 반도체와 IM(IT·모바일) 부

문이 가장 수익이 좋은 분야이다. 하지만 최근 삼성의 휴대폰 사업부문은 샤오미 등 중국 휴대폰 제조업체들의 강력한 도전에 직면해 있어 이에 대한 고가 및 중저가 투트랙(two track) 전략이 더욱 필요하다.[577]

<표 6-24> 삼성의 산업별 주요 M&A 사례

분야	주요 내용
5G	• 2018 인도 등 신흥시장을 적극 공략, 세계 LTE 통신 장비 점유율 10% 돌파 • 삼성전자는 5G 통신장비에서 시장점유율 20% 이상 목표
전장사업	• Harman 인수를 통한 전장사업 진출 Digital Cockpit 발표 • 미국 자율주행 차량 사물 간 통신(V2X) 개발 전문업체 Savari 인수로 자율주행차 시장 진출 기반 마련
AI/ 반도체	• 2017 음성인식 개인비서 빅스비(Bixby) 발표 • 비브 개발진과 협력 해 개발한 딥러닝 기반의 발전된 삼성전자의 소프트웨어 인공지능 서비스 • 반도체 사업 부문 산하에 DIT 센터를 신설한 데 이어 인공지능 솔루션을 활용한 차세대 인공지능 반도체 개발 발표 • 2019 삼성 AI 포럼에서 딥러닝 기반 세계 이해, 자율형 시스템 등 더욱 진화되고 확장된 AI 기술 연구성과 발표 • 2020 삼성 AI 포럼에서 넥스트 AI 개발을 위한 방향 모색

자료: 회사 홈페이지 및 언론사 자료 종합

글로벌 반도체산업 GVC에서 삼성의 반도체 생산, 수출 등의 위상은 상당히 중요한 역할을 하고 있다. 삼성은 향후 제2의 반도체 공장 설립과 함께 한국, 미국에 반도체 투자(960조원)를 진행 중이다. 평택 2공장이 완공되면 D램, 차세대 V낸드, 초미세 파운드리 제품까지 생산하는 세계 최대 규모의

577 미국 정부의 화웨이 제재 이후 2021년 2분기 글로벌 스마트폰 시장에서 1위 삼성전자(19%)에 이어 샤오미(17%)가 애플(14%)을 제치고 2위(17%)로 2010년 샤오미 창사 이후 단기간에 이룬 성과이다. 4위는 오포(10%), 5위는 비보(10%)로 최근 중국시장뿐만 아니라 글로벌 시장에서 중국 휴대폰 업체의 약진이 뚜렷하다.

반도체 첨단 복합 생산라인으로 업계 최초로 EUV(극자외선) 공정을 적용한 첨단 3나노급 메모리 반도체가 생산될 예정이며, 또한 세계 선두 파운드리 업체로 성장 계획이다.[578] 최근 4차 산업혁명의 핵심인 반도체산업은 차량용 반도체 품귀현상, 미·중 기술분쟁, 반도체 GVC 재편 등 복합적인 위기속에서 중장기 안정적인 각국의 반도체 확보가 산업 및 국가경쟁력에 가장 중요한 산업으로 부상되고 있다. 이에 따라 삼성, SK 등 국내 반도체 제조업체들의 상호협력과 초격차 기술개발이 국가적인 과제로 대두되고 있다.

6.2.12. LG

1) LG의 주요 M&A와 매각

1947년에 설립한 LG그룹은 선택과 집중을 통한 사업구조 재편과 미래 사업 육성에 초점을 두고 사업성이 부족하거나 비주력 사업은 과감하게 정리하는 동시에 신사업 관련 투자에는 적극적으로 진행하고 있다. 일례로 최근 휴대폰 사업 정리, 전기차 파워트레인(e-powertrain) 사업에 집중하고 사업 경쟁력을 높이기 위한 전장기업 Magna와의 합작사 설립, TV 광고·콘텐츠 데이터 분석 스타트업 Alphonso 인수 등이 이러한 LG의 4차 산업혁명의 준비 사례이다. LG그룹은 지난 10년 동안 진행한 M&A는 총 179건으로 이 중 순수 M&A 103건, 지분투자 52건, 조인트벤처가 각각 24건이다.

578 반도체시장은 크게 D램(낸드플래시의 메모리반도체)와 시스템반도체(파운드리)로 구분되며, 메모리 반도체는 암기력, 기억력 관련, 시스템반도체는 수학, 연산, 논리, 추론 관련 4차 산업혁명과 긴밀히 연관되어 있다. 전체 시장(2020)은 메모리 30%, 비메모리 시스템반도체 70%인데, 메모리 반도체는 삼성전자 42.1%, 하이닉스 29.5% 총 71.6% 점유율이지만, 최근 마이크론 등 후발주자의 추격이 크다. 시스템반도체(파운드리) 시장점유율은 TSMC(55.6%), 삼성(16.4%), 글로벌파운드리(미국 6.6%), UMC(대만 6.9%), SMIC(중국 4.3%) 순인데, 인텔도 미국 애리조나주에 200억달러를 투자하여 2개 공장을 신규설립하고 파운드리 사업 강화를 추진하고 있다.

순수 M&A 거래 측면에서 LG그룹이 인수한 기업의 총가치는 5조 9,601억 원, 매각한 기업의 총가치는 5조 2,137억원이다.[579]

<표 6-25> LG의 주요 M&A와 매각 (2018~2021)

	년도	기업명	관련 산업	주요 내용
인수	2018	우지막코리아	전장산업	• 전기차 배터리에 사용되는 페라이트 마그네트 제조·판매
	2018	ZKW	전장사업	• 오스트리아 차량용 헤드램프 기업, 1조 4천억 원
	2019	로보스타	AI	• 산업용 로봇 제조 전문업체, 산업용 자율주행로봇의 안전성을 높이기 위한 인수
	2019	Dupont	IT	• OLED 핵심 기술 확보로 향후 프리미엄 디스플레이 소재 시장을 선점할 원동력을 얻기 위한 인수
인수	2020	Magna	전장산업	• 전기차 파워트레인 사업에 집중하고 사업 경쟁력을 높이기 위해 4억 5,300만 달러로 인수
	2021	Alphonso	데이터 분석	• 실리콘밸리에 본사를 둔 TV 광고·콘텐츠 데이터 분석 스타트업 (약 8,000만 달러 투자)
매각	2019	LG 퓨얼셀시스템즈	전기배터리	• AI와 로봇, 자동차 전장 부품을 비롯한 투자 우선순위가 높은 신사업에 집중하기 위한 연료전지 사업 매각
	2019	전자결제 사업부	핀테크	• 본업인 통신사업과의 시너지 효과가 크지 않아 매각
	2020	LG CNS	IT	• 대주주의 배당금 증액을 위한 매각
	2020	LG화학 LCD편광판	IT	• 중국 화학소재 업체에 매각 수익성이 낮은 LCD 사업을 정리하고 고부가가치 제품을 중심으로 사업 구조 재편 목적

자료: 회사 홈페이지 및 언론사 자료 종합

579 이코노미스트(2021.04.29a)

<표 6-26> LG 연도별 순수 M&A 매각 건수 및 금액 (2011-2021.1분기)

연도	인수금액	인수건수	매각금액	매각건수
2011년	3,843억 원	6	39억 원	1
2012년	8,711억 원	7	354억 원	1
2013년	3,442억 원	9(1)	186억 원	1
2014년	5,477억 원	5	-	0
2015년	3,729억 원	5(1)	1,931억 원	6(1)
2016년	8,052억 원	8(2)	-	(1)
2017년	560억 원	2	7,905억 원	7
2018년	1조 8,281억 원	7	35억 원	1
2019년	4,306억 원	5	1조 5,948억 원	8
2020년	2,331억 원	2	2조 5,739억 원	6
2021년(1분기)	869억 원	1		
계	5조 9,601억 원	57	5조 2,137억 원	32

참조: * ( )는 금액 비공개 건수
출처: 블룸버그, 금융감독원, 이코노미스트(2021.04.29a)에서 재인용

LG그룹의 10년간 M&A에서 조 단위 투자는 자동차부품 관련으로 합작사에서 2건, 순수 M&A에서 1건이다. 합작사는 LG에너지솔루션과 GM은 2019년과 2021년 미래형 자동차의 핵심 부품인 전기차 배터리 생산을 위하여 50:50 비율의 2개의 합작법인을 미국에 설립하여 GM에 전기차 배터리를 공급하기로 하였다. LG전자는 2018년 오스트리아의 차량용 헤드램프 기업 ZKW 인수(1조 4,392억원), 2020년 글로벌 3위 부품기업인 캐나다 자동차 부품업체인 Magna International과 파워트레인 분야 합작법인에 4억 5,300만 달러(약 5,016억원) 투자하여 설립하였다. ZKW의 고휘도 LED(발광다이오드) 주간 주행 램프, 레이저 헤드램프, Magna사의 자동차 동력 전달장치로 전기차와 자율주행차의 핵심 부품인 파워트레인은 미래 자동차의 핵심 부

품이다. 이러한 전장부품 기업과의 합작투자 및 인수는 자동차부품 산업이 LG전자의 미래 4차 산업혁명의 성장 동력이다. 또한 LG전자는 AI를 특화한 생활가전부문과 함께 전장사업본부, ZKW, LG 마그나 합작사 등 3개 기업을 중심으로 미래형 전장사업에 주력하고 있다.

2) LG의 산업별 주요 M&A 사례

<표 6-27> LG의 산업별 주요 M&A 사례

분야	주요 내용
AI/ 생활가전분야	• 2017 CTO(최고 기술 책임자) 산하에 '인공지능'을 전담하는 인공지능연구소와 로봇 관련 업무를 전담하는 '로봇 선행연구소' 신설 • 2020 프로액티브 고객 서비스(IoT, 빅데이터 기반의 AI 기술을 활용해 고객이 제품을 사용하는 패턴을 학습하고 제품의 상태·관리방법을 LG 씽큐 앱, 이메일, 문자 등을 통해 알려주는 것) 발표
전장사업	• 2017 자동차 전지와 기초소재 분야 등에 약 2조 7,600억 원 투자 • LG이노텍은 자동차용 LED 시장의 수익이 40조원을 넘을 것으로 예상되어 자동차용 LED 사업 유지 • LG전자의 VS부문은 텔레매틱스·디스플레이 오디오·내비게이션 등 차량용 인포테인먼트 제품과 모터·인버터·배터리팩 등 전기자동차용 구동부품 및 자율주행 부품, 자동차 램프 생산·판매 • 전기차 파워트레인 사업에 집중하고 사업 경쟁력 제고를 위해 관련 기업 인수

자료: 회사 홈페이지 및 언론사 자료 종합

6.2.13. 현대자동차

1) 현대자동차 최근 M&A 사례

현대차 그룹은 2011년부터 2021년 3월까지 총 35건의 순수 M&A를 통하여 24번의 인수(13조 7,927억원 규모)와 11번의 매각(약 4,000억원)을 시행했으며, 계열사 간 인수합병 거래는 7건으로 현대차 그룹의 M&A 건수는 다른 10대

기업들에 비해 상대적으로 적은 편이다.[580]

<표 6-28> 현대자동차 최근 M&A 사례

연도	기업명	관련 산업	인수금액	기타
2019	Aptiv(미국)	자율주행 산업	2조 3,900억 원	현대자동차와 Aptiv 각각 20억 달러 합작투자
2020	Boston Dynamics(미국)	로봇기술개발 산업	8.8억 달러 (소프트뱅크 보유 Boston Dynamics 80% 인수)	현대차 그룹 계열사들 공동인수 (현대차 30%, 현대모비스 20%, 현대글로비스 10%, 정의선 회장 20%, 기타·소프트뱅크 10%)
	Arrival(영국)	스마트 전기자동차 산업(상업용 전기차 전문업체)	1,500억 원	현대·기아차 합작투자

자료: 회사 홈페이지 및 언론사 자료 종합

과거 현대차 그룹의 인수합병 투자는 사업구조 재편과 부동산에 집중돼 있지만, 4차 산업혁명이 대두되고 있는 현재 전 세계적으로 자동차산업이 격변기를 맞으면서 최근 M&A 행보는 미래 자동차 시장에서 경쟁력 제고를 위한 투자이다. 현대차는 2019년 GM의 계열사로 세계적 차량 부품업체인 델파이에서 2017년 분사한 미국 Aptiv에 공동 투자하였는데, Aptiv는 차량용 전장부품과 자율주행 전문업체로 세계 3위 수준의 자율주행 기술력을 보유한 기업이다. 자율주행 분야에서 미국 자율주행 기술개발을 가속화하기 위해 미국의 스타트업 Aurora Innovation과 전략적 제휴를 강화하고, 2018년 레이더와 AI 전문 개발업체 Metawave, 자동차 원격조종 분야 스타트업인 Ottopia 등에 투자했고, 인도 올라, 동남아시아 그랩, 호주 카넥스트도어 등 모빌리티 플랫폼 서비스에도 대규모 투자를 하였다.

580 이코노미스트(2021.04.28)

<표 6-29> 현대차 연도별 순수 M&A 매각 건수 및 금액 (2011-2021.1분기)

연도	인수기업가치 총계	인수건수	매각금액	매각건수
2011년	4,190억 원	2	-	-
2012년	2,690억 원	3	-	-
2013년	-	-	350억 원	1
2014년	10조 8,583억 원	4(1)	-	1(1)
2015년	1,120억 원	1	652억 원	1
2016년	670억 원	3(1)	570억 원	1
2017년	110억 원	2(1)	1,174억 원	2
2018년	-	-	540억 원	2(1)
2019년	1,804억 원	3(1)	-	1(1)
2020년	1조 1,680억 원	4(2)	713억 원	2
2021년(1분기)	7,080억 원	2	-	-
계	13조 7,927억 원	24	3,999억 원	11

참조: * ( )는 금액 비공개 건수
출처: 블룸버그, 금융감독원, 이코노미스트(2021.04.28)에서 재인용

2017년 '현대 크래들'을 출범하여 한국과 미국 실리콘밸리, 이스라엘 텔아비브, 독일 베를린, 중국 베이징에 연달아 지속가능성을 확장하고 새로운 비즈니스를 창출하기 위해 '크래들' 조직을 구성하고, 각 지역의 스타트업을 발굴 및 투자를 집행하고 있다.[581] 현대자동차 또한 최근 20억 달러를 투자하여 Aptiv와 공동으로 자율주행 합작법인 Motional를 설립하고,

581 이코노미스트(2021.04.28) 크래들은 실리콘밸리에 거점을 마련하고 활발한 투자 활동과 신기술을 발굴하고 있는데, 단순히 투자뿐만 아니라, 유망한 스타트업을 발굴, 미래 기술개발을 통하여 새로운 비즈니스를 창출하는 조직이다.

Boston Dynamics, Arrival와 같은 4차 산업혁명의 핵심 산업인 로봇과 스마트 자동차산업의 선두기업과 인수합병을 하며 '스마트 모빌리티 솔루션 기업'으로 변화 중이다. 특히 2020년 소프트뱅크 보유 Boston Dynamics 지분 80%(8.8억 달러) 인수를 통한 모빌리티 플랫폼 서비스에 대규모 투자를 통해서 4차 산업혁명을 대비하고 있다.

2) 현대자동차의 산업별 주요 M&A 사례

현대자동차 그룹은 다양한 분야에서 4차 산업혁명을 준비하고 있다. 일례로 제조업의 경우 상품기획부터 생산공정과 판매 과정에 AI, 무인 로봇, IoT 등의 ICT 기술을 결합한 디지털 자동화 시스템을 접목해 첨단기술을 기반으로 한 스마트팩토리를 구축하고 있다. 보스턴 다이내믹스 인수는 글로벌 로봇 시장이 기술혁신과 로봇 자동화 수요로 급성장할 것으로 예상되어 이 시장을 선점하기 위한 전략으로 볼 수 있다. 또한 보스턴다이내믹스 인수를 통하여 로봇 개발 역량 향상과 자율주행차, 도심 항공 모빌리티(UAM) 및 스마트팩토리 기술과의 시너지도 가능하다.

<표 6-30> 현대자동차의 산업별 주요 M&A 사례

산업명	내용
스마트 팩토리	• 인공지능을 비롯해 다양한 기술의 융·복합이 이뤄지는 4차 산업혁명 시대에 발맞춰 현대자동차 그룹은 첨단기술, 메타버스와 연계한 스마트팩토리(메타팩토리) 추진 • 제조업의 경우 상품 기획부터 생산공정과 판매 과정에 AI, 무인로봇, IoT 등의 ICT 기술을 결합한 디지털 자동화 시스템을 접목한 스마트팩토리 구축 • 디지털 데이터와 ICT 기술을 활용해 제품 기획부터 생산과 판매 이르는 모든 과정을 실시간으로 모니터링하며 생산효율을 높이고 품질 향상으로 고객 요구 빠르게 반영 • 2017년 위치추적 센서, 고용량 메모리, 무선통신 칩으로 이뤄진 스마트 태그 시스템 공개

산업명	내용
수소 전기차	• 수소사회에서 수소 전기차는 친환경 이동수단 이상의 의미 • 수소 전기차에 탑재된 수소연료전지는 안정적인 성능, 튼튼한 내구성, 고출력이 필요하여 신기술을 가늠해볼 수 있는 기준. 또 수소 전기차에 필요한 수소가 무한하고, 생산과정이 친환경적이라는 점에서 인프라에 필요한 에너지·철강·화학 신소재 등 연관산업의 동반성장을 촉진하는 중요한 역할 • 세계 최초로 수소 전기차를 양산하고, 수소 전기 대형트럭을 세계 최초로 양산해 유럽 수출 • 향후 도심형 항공모빌리티(UAM)와 대형 선박, 철도 분야에도 수소연료전지를 활용계획 및 수소 전기차 확대를 위해 수소 충전 인프라 구축 확대
자율주행	• 신개념 자율주행 시대를 선도하기 위해 첨단기술 개발 및 협력 체제 구축 • 레벨 2 수준의 고속도로 주행 보조를 2015년에 상용화에 이어 사람이 운전대를 잡고 있지 않아도 되는 레벨 3 수준의 고속도로 자율주행은 2022년, 도심 구간에서의 레벨 4 수준의 자율주행은 2024년에 각각 상용화 계획 • 자율주행 기술을 주차, 고속도로, 도심 등 총 3가지 환경으로 구분하여 개발

자료: 회사 홈페이지 및 언론사 자료 종합

현대차 그룹 자회사인 현대모비스·현대글로비스 등과 연계해 로봇 시장, 스마트 물류 분야로 사업영역 확장이 가능하며, 로봇 중심의 새로운 밸류체인을 구축할 수 있다. 자율주행의 경우 관련 기술은 자체 기술개발 및 글로벌기업들과의 협력을 통해 개발하고, 미래 친환경 모빌리티인 전기자동차와 미래 수소차 기술 개발과 M&A를 시도하고 있어 4차 산업혁명에 대비하고 있다. 일례로 스마트모빌리티 솔루션 기업으로의 전환과 보스턴 다이내믹스의 로보틱스 기술과의 시너지효과로 미래 모빌리티의 혁신을 추진하며, 최근에는 메타버스와 연계한 메타팩토리를 추진하고 있다.

6.2.14. SK

1) SK 최근 M&A 사례

<표 6-31> SK 최근 M&A 사례 (2011-2020)

	년도	기업명	관련 산업	주요 내용
인수	2011	하이닉스	반도체	• 반도체 사업 진출
	2017	도시바 메모리 사업부	반도체	• 한, 미, 일 연합 컨소시엄으로 인수(SK 3조 8천억원 투자)
	2017	SK실트론	반도체 소재 전문업체	• LG그룹으로부터 인수(총 1조원)
	2018	사이렌홀딩스	보안전문업체	• 보안전문업체 인수(1조 2,760억 원)
	2019	KCF테크놀로지	동박제조업체	• SKC가 동박제조업체인 KCF테크놀로지(현SK넥실리스) 인수(1조 2,000억 원)
	2020	EMC홀딩스	수처리	• SK건설 국내 수처리 1위 기업 EMC홀딩스 인수(1조 500억 원)
	2020	인텔 메모리	반도체	• 인텔의 메모리 반도체(낸드 플래시) 사업부 인수(10조 2,476억 원)
매각	2013	평택에너지서비스, 김천에너지서비스, 전북집단에너지	에너지	• SKE&S 3개 사업장 매각(약 5,800억 원)
	2016	패션사업 및 LPG충전소사업	패션사업 및 LPG충전소	• 패션사업(3,241억 원), LPG충전소사업(3,040억 원) 매각
	2018	SK해운	해운	• 지분 매각(1.5조억원)
	2020	SK네트웍스	주유소	• 324곳 주유소 매각(1조 3,283억 원)

자료: 회사 홈페이지 및 언론사 자료 종합

SK그룹은 공격적인 M&A를 통해 기업을 성장 발전시킨 대표적인 회사로 기업 규모에 비해 M&A 건수가 많은 편으로 빅딜 건수만 495건으로 지난 10년간 진행한 상위 5개 딜 모두 '조 단위' 딜이다. 지난 10년간 SK그룹의 가장 큰 인수는 2020년 인텔의 메모리 반도체(낸드 플래시) 사업부로 10조 2,476억원의 빅딜로 SK그룹의 4차 산업혁명 준비는 반도체 분야 투자에 집중되어 있다.[582]

<표 6-32> SK 연도별 순수 M&A 매각 건수 및 금액 (2011-2021.1분기)

연도	인수금액	인수 건수	매각금액	매각 건수
2011년	1,046억 원	4	459억 원	4(1)
2012년	5,429억 원	5(1)	3,215억 원	5(1)
2013년	828억 원	3	2,384억 원	4
2014년	2,751억 원	6(3)	1조 8,203억 원	8(2)
2015년	6,284억 원	5(1)	1,170억 원	3
2016년	7,588억 원	6(2)	3,820억 원	7(1)
2017년	1조 6,913억 원	12(1)	8,967억 원	7
2018년	3조 5,115억 원	9(2)	2,505억 원	5(1)
2019년	2조 7,441억 원	15(2)	1조 4,383억 원	7
2020년	13조 7,236억 원	16(3)	1조 6,512억 원	5
2021년(1분기)	2,460억 원	3(1)	1조 3,072억 원	4
계	24조 3,091억 원	84	8조 4,690억 원	59

참조: * ( )는 금액 비공개 건수
출처: 블룸버그, 금융감독원, 이코노미스트(2021.04.29b)에서 재인용

2) SK 산업별 주요 M&A 사례

2011년 하이닉스(SK하이닉스) 인수로 반도체 사업 진출, 2017년 도시바 반

582 이코노미스트(2021.04.29b)

도체 사업부문 지분투자(4조원), 2020년 인텔 메모리반도체(낸드 플래시) 사업부 인수(90억 달러)로 낸드 플래시 부문 특화(2021년 8개국 반독점 인수 승인 심사 중국 정부 2021년 최종 승인)로 반도체 산업 투자를 통해 미래 성장산업에 집중하고 있다. SK그룹이 10년간 인수한 기업은 기존의 주력 산업군인 반도체와 화학에 집중되어, 기존 사업의 경쟁력 강화 차원에서 M&A가 진행되었다. SK는 국내 기업 인수는 2018년 보안전문업체 사이렌홀딩스 인수(1조 2,760억원), 2019년 SKC가 동박 제조업체인 KCF테크놀로지(현SK넥실리스) 인수(1조 2,000억원), 2020년 SK건설이 국내 수처리 1위 기업 EMC홀딩스도 인수(1조 500억원) 등이 있다.[583]

6.3. 시사점

M&A 주요 목적은 성장 한계 극복, 신규사업에 소요되는 기간과 비용 절감, 경쟁사 인수를 통한 시장점유율 확대 등의 요인이 있다. 한국기업의 경우, 10대 그룹 361개 기업의 거래는 총 1,727건이며 이중 M&A 755건, 지분투자 841건, 조인트벤처 131건으로 10대 그룹의 경우 최근 10년 동안 360건의 인수(인수기업 가치 금액만 100조 8,090억원)가 있었다. 특히 삼성그룹, 현대차 그룹, SK그룹 등 국내 3대 그룹의 인수 활동이 활발했으며, 지난 10년간 가장 적극적으로 인수를 추진한 회사는 SK그룹이다.

혁신기업들의 M&A를 분석을 통하여 이들 기업들의 4차 산업혁명의 전략과 준비 정도를 알 수 있다. 타 기업에 비해서 애플의 M&A 전략의 특징

583 이코노미스트(2021.04.27)

은 기술이 부족한 부문을 파악하여 이를 해결하기 위해 기업을 인수하는 인재확보형 M&A 전략이다. 즉 사업의 특정 분야의 문제점을 해결해줄 개발자가 있는 기업이 우선 대상인데, 이러한 유형의 M&A 전략은 4차 산업혁명 시대에 더욱 증가할 것으로 예상되어 한국기업에 시사하는 바가 크다. 하지만 이들 선도적인 성공기업들도 4차 산업혁명 추진 과정에서 실패도 있을 수 있어 이를 극복할 필요성이 있다. 페이스북의 경우, 드론 사업으로 2016년 첫 비행에 성공했으나 착륙 직전 사고가 발생해 기체가 심하게 파손되어 2018년 고고도 태양광 드론 '아퀼라' 개발이 취소되었다. 빅데이터 사업에서는 2018년 개인정보 문제로 인한 어닝 쇼크현상으로 이용자가 인터넷 사용 기록을 스스로 삭제할 수 있는 기능인 '클리어 히스토리(clear history)'를 발표하였다. AI 분야에서는 페이스북 AI 채팅로봇(챗봇)이 인류를 지배할 수도 있다는 공상과학적 공포감으로 페이스북 측이 이를 강제 종료했다는 보도 논란도 있었다.

애플, 구글, 페이스북, 아마존은 미국의 빅4로 불리는 IT기업들인데, 이들 기업들은 AI, 전자상거래, 자율주행, 로봇, 보건·의료, 메타버스 산업까지 사업 영역을 확장하고 있다. 이들 기업은 '혁신의 아이콘'으로 인식되었고, 거대한 M&A 전략은 이들 테크기업들의 성장 비결이다. 인터넷 부흥의 핵심인 검색엔진, 현대인의 생활양식을 바꾼 스마트폰, 비대면 교류의 혁명인 SNS를 선도적으로 도입하여 혁신을 주도하였다. 그러나 Washington Post(April 21, 2021)는 '혁신'이 아닌 '거대한 M&A'를 이들 기업들의 성장 비결로 인식하고, 작고 빠른 스타트업의 인수·합병을 끊임없이 혁신하는 원동력이라 분석하고 있다. 최근 M&A 리스트는 이들 기업들이 추구한 '혁신'의 경로를 보여주어 혁신기업들의 M&A 전략은 한국기업에게 시사하는 바가 크다. 따라서 4차 산업혁명 시대에 한국기업들의 결단력이 필요한 시점이다. 최근 국내기업은 Harman, Boston Dynamics 인수 이후 의미 있는

M&A가 부족하며, 특히 시스템반도체 및 반도체 장비업체, 로봇, AI, 바이오 및 제약, 메타버스, 전장산업, 재생에너지 분야의 M&A가 필요하다. 반도체 장비업체 등 전방위 관련 산업의 지속적인 해외기업 M&A로 4차 산업혁명과 GVC에 대비할 필요가 있다. 일례로 차량용 반도체, 반도체 장비업체와 같이 글로벌 공급망 관리 역량을 적극 활용해서 영향을 최소화하는 전략이 필요하다. 4차 산업혁명 시대에 한국기업들의 지속 가능한 성장을 위한 몇 가지 시사점을 살펴보면 다음과 같다.

첫째, 4차 산업혁명 시대에 기업들은 첨단 혁신기술에 대한 시장 수요가 급증하면서 M&A, 특히 AI, 빅데이터, 블록체인, VR/AR/메타버스 등 소프트웨어 테크 스타트업의 M&A는 더욱 활발해질 전망이다.[584] 글로벌 기업들은 M&A를 통하여 신속한 신산업 진출이 가능하고 인수한 기업의 신기술, 인재 등의 내재적 자원 활용을 통해 시너지를 창출하여 지속적인 성장 기반 마련이 가능하다. 특히 미국-중국 기술분쟁 상황에서 4차산업의 핵심인 반도체 기술 경쟁력이 국가경쟁력에 심대한 영향을 미칠 것으로 보인다. 이에 첨단 반도체 산업의 기술유출 차단 및 해외매각을 국가안보 차원에서 우선 고려하고, 해외 소재, 장비 등 관련 기업의 M&A를 적극 추진할 필요가 있다.

둘째, 기업들의 스타트업 기업 M&A는 경쟁력 제고 및 신시장 진입의 효율성을 제고시키는 기업 핵심전략이다. 융합이 가속화되고 산업 간 경계가 허물어지는 4차 산업혁명 시대에 M&A 전략은 과거의 M&A에서 전통산업의 SW 기술 역량 확보를 위한 SW기업 M&A로 변화되고 있다. 특히 금융, 통신, 정보통신, 전문 서비스 등 전통업종을 중심으로 SW기업의

584 김보경, 이유진(2018), 안미소(2019)

M&A가 더욱 가속화될 것이다.[585]

셋째, 4차 산업혁명 시대를 맞아 테크 스타트업 M&A가 주목받고 있지만, 한국기업의 해외 M&A가 크게 미흡한 수준이다.[586] 테크 및 스타트업 글로벌 M&A 트렌드에 의하면, 정보통신기술(ICT) 기업의 M&A를 의미하는 테크 M&A가 연구개발보다 기술개발 및 혁신의 수단으로 활용되면서 전 세계 M&A 건수의 16.2%를 차지해 최근 10년 내 최고치를 기록했다.[587] 따라서 한국기업들도 경쟁력 있는 테크 스타트업을 육성하는 한편 글로벌 수준의 테크 M&A 촉진을 통한 선순환 생태계 조성이 필요하다. 이들 기업의 최근 활발한 M&A 등 사업의 동향은 지속 가능한 성장을 추구하는 기업들에게 시사하는 점이 크다. 4차 산업혁명 시기에는 신기술 개발, 혹은 특히 AI, 빅데이터, 블록체인, VR/AR/메타버스 등 소프트웨어 첨단 테크 스타트업의 M&A를 통해서 지속 가능한 성장을 실현할 수 있다. 4차 산업혁명은 과거와 달리 시간적, 기술적인 발전 속도가 예상 이상으로 상당히 빨라 기존 기업과 사업 영역이 도태되느냐 생존 혹은 발전하느냐의 선택을 강요하고 생태계의 변화를 요구하고 있다. 이러한 메가트렌드의 변화를 정확하게 인지하고 적극 4차 산업혁명의 생태계를 조성 및 적응하지 않으면 안 된다. 과거 코닥, 노키아, 일본기업의 실패 사례를 반면교사로 삼아야 하며, 현재의 선두기업도 미래 기업환경에서 생존을 장담할 수 없어 기업, 국가의 선순환 생태계 조성이 우선 필요하다.

---

585 안미소(2019)

586 한국기업의 테크 M&A 건수는 114건(2013년)에서 197건(2017년)으로 72.8%나 증가했지만, 국내 기업 간 M&A가 대부분을 차지하며, 2017년 한국의 Cross-border M&A 건수는 31건, 비중은 테크 M&A의 15.7%로 미국(822건, 31.8%)과 EU(639건, 45.4%), 중국(84건, 21.3%)이 앞서 있다. Cross-border M&A 증가율도 미국(32.2%), EU(40.1%), 중국(110.0%)이 한국(24.0%)을 상회했다. 김보경, 이유진(2018)

587 김보경, 이유진(2018)

넷째, 4차 산업혁명에 따라 증가하는 M&A는 시장의 독점에 대한 우려도 동시에 증대시키고 있다. 독점을 공고화하려는 기업의 활동은 소비자가 경쟁의 혜택을 누릴 수 없도록 하는 경우가 있는데, 정부도 이런 기업의 움직임에 대응하여, 빅테크 기업과 플랫폼 기업의 시장독점을 막을 수 있는 규제 방안을 강구 중이다.[588] 구글, 아마존, 페이스북 등과 같은 빅테크의 R&D 투자 규모는 전 세계기업들 중 최상위권이지만, 반독점규제가 강화되면 빅테크의 M&A 거래 시도 감소로 우수한 혁신역량을 보유한 스타트업의 생존 가능성이 높아질 수 있다. 미국의 반독점규제 강화, 다국적 기업에 대한 법인세 부과 등은 한국기업에 직간접적인 영향과 기회로 작용할 수 있어, 이들 혁신 스타트업기업을 적극 인수할 필요가 있다.

다섯째, 전 세계적으로 에너지 패러다임은 전기화 및 디지털화, 탈탄소화가 대세로 최근 에너지 산업 M&A가 급속히 증가하면서 본격적인 에너지 사업 재편과 미래 에너지 시장의 선점 경쟁이 본격화되고 있다. 따라서 배터리 제조기술 진입장벽이 높지만, 전기차 등 수요가 증가하고 있어 향후 배터리산업의 발전은 아주 상당하여 전고체 배터리 및 관련 소재 산업(양극재, 음극재, 전해진, 분리막) 등 신기술 개발과 함께 표준화 등의 전략도 필요하다. 차세대 기술확보, 공급망 관리를 포함한 생태계 기반의 강화, 이를 통한 국내투자 확대 등이 필요하다. 한국기업들 역시 적극적인 M&A 전략을 통한 자원 확보 및 글로벌 에너지 시장의 변화에서 새로운 기회를 적극 모색할 필요가 있다.

여섯째, 최근 글로벌기업의 화두는 'ESG(환경·사회·지배구조) 경영'으로 지속가능한 경영과 성장이어서 지속적 관심과 투자가 필요하다. 테슬라는 기후

---

588 비즈한국(2021.03.11)

변화와 ESG 시대에 부합하는 비즈니스를 영위하는 기업이 자체 경쟁력과 함께 시너지 효과로 급격히 대세 기업으로 부상할 수 있다는 것을 보여주는 좋은 사례이다. 기업들의 M&A에 ESG는 이제 반드시 고려되어야 하는 필수 조건이다.

VII.

한국의 4차 산업혁명 대응전략 및 시사점

VII장은 앞장의 분석을 바탕으로 먼저 규제개혁의 개선방안, 그리고 4차 산업혁명 대응전략과 시사점을 각각 제시한다. 고임금, 낮은 노동생산성, 인구문제에 직면한 한국의 경우, 4차 산업혁명은 기술개발과 함께 규제개혁이 중요한 시점이다. 생산성 향상을 위한 규제개혁, 전문인력 확충, 규제 샌드박스 활성화 및 종합적인 규제 거버넌스 체계 구축, 기술·지식재산 가치평가 체계 개선 등을 통해서 4차 산업혁명 시대에 효율적으로 대응할 수 있는 경쟁력을 갖출 수 있다.

7.1. 규제개혁 개선방안

7.1.1. 기술보다 규제개혁

4차 산업혁명 시대에 한국의 경우 기술 수준보다는 행정적 규제가 근본적인 문제이다. V장 산업규제 사례에서 알 수 있듯이 드론은 비행금지구역, 의료, 헬스케어산업은 원격의료 금지, 개인 의료데이터 접근 제약, AI, 빅데이터산업은 개인정보보호 규제, 스마트팩토리, 로봇산업은 서비스 로봇 인증체계 미흡 등의 많은 규제장벽이 존재한다. 한국은 선진기술이 있음에도 이러한 각종 신산업에 대한 각종 행정규제가 제약 요인으로 작용하여 국내에서 신제품의 출시나 신규 비즈니스 창출이 타 경쟁국에 비해 늦어지고 있다. 따라서 일례로 데이터 보호 및 활용을 위한 포괄적 법령·익명 처리지침 인센티브 등의 제공과 관련 규제의 개혁이 필요하다. 규제개혁 선진국들은 이러한 규제문제를 적절히 해소함으로써 관련 산업을 발전시키고 있어 한국도 규제정책 수립에 있어 시사점을 얻을 필요가 있다. 규제의 근본 문제인 열거주의 '포지티브규제'를 포괄주의 '네거티브규제'로 전환하는 것이 우선 필요하다. 다음 절에서 4차 산업혁명과 연계하여 분석한다.

7.1.2. 생산성 향상을 위한 규제개혁

제조업의 경우 주요 선진국(미국, 영국, 일본, 프랑스 등)에 비해 한국의 임금 수준은 더 높고 노동생산성은 낮아 생산성 향상을 위한 규제개혁을 통해서 국가경쟁력을 제고할 필요가 있다. 2011년 대비 2020년 국내 노동자의 평균 근로시간은 9% 감소한 반면, 임금은 35% 증가해 시간당 평균임금은 49%

증가했다. 시간당 평균임금(PPP 기준)의 경우 한국은 2015년 대비 20.1% 증가하여 미국(12.5%), 독일(17.9%), 일본(-1.5%)을 훨씬 상회했다. 2019년 1인당 GDP 대비 평균임금 수준은 한국(1.03)은 미국(0.78), 일본(0.75), 영국(0.79), 프랑스(0.92)보다 높다.[589] 이를 위해서는 산업구조고도화를 추진하고, 생산성 향상을 위한 규제개혁이 무엇보다 절실한 상황이다.

7.1.3. 전문인력 양성

4차 산업혁명 시대는 인재가 곧 경쟁력이며, 규제개혁을 위해서는 전문인력의 양성이 필요하지만, 국내 기업들이 전문인력을 확보하기 어려운 현실적인 문제가 있다. 일례로 4차 산업혁명 핵심 산업인 AI 도입이 전문인력 부족으로 힘든 실정이다. 산업연구원(2021)의 '기업의 AI 활용 실태조사' 보고서에 의하면 AI 도입 및 활용의 애로사항으로 '적합한 기술을 보유한 인력 고용의 어려움'을 지적했다. 따라서 기업의 AI 도입 활성화를 위해 전문인력 부족 문제를 해결하도록 석사 이상 전문 인력양성, AI 투자유인 제고, 인프라 확충, 개인정보 관련 규제개혁 등이 필요한 것으로 나타났다.

7.1.4. 규제샌드박스 활성화 및 규제 거버넌스 구축

규제샌드박스 제도는 긍정적이지만, 아직까지는 해결해야 할 핵심규제는 남아 있으며 제도에 대한 의존성을 줄이는 것이 과제이다. 신산업 융합분야에서 선제적 규제정비를 추진하여 규제샌드박스 특례 필요성 자체를

589 한국산업연합포럼(2021)

줄여야 한다. 따라서 규제로 인해 기업들의 경쟁력이 저하되지 않도록 규제샌드박스 제도를 최대한 활용한 지원은 계속되더라도 혁신성장 정책의 재정비와 기업이 마음 놓고 투자할 수 있는 근본적인 규제개혁이 필요하다. 기업의 규제 불확실성을 제거하는 가이드라인과 근본적인 개혁을 위한 규제개혁 컨트롤타워의 일원화가 필요하다.

7.1.5. 기술·지식재산 가치평가 체계 구축

4차 산업혁명 확산으로 기술 및 노하우 등과 같은 지적재산권과 관련된 무형자산의 중요성이 증가하게 됨으로써 기업의 혁신성장과 첨단기술 개발을 지원하기 위한 기술이전 및 거래의 활성화가 필요하다. 기업의 혁신성장과 신속한 기술개발의 기반인 기술, 지적재산권 이전, 거래 활성화를 위해 '정확하고 신뢰도 있는 가치평가 제도 및 정착'과 같은 규제개혁이 필요한 실정이다.[590] 이를 위해 평가기관 점검, 관리 강화 및 운영 가이드라인 제정을 통해·지적재산권 평가기관 등의 전문성 강화, R&D 및 인력양성 지원강화, 평가기관 간 협업체계 구축이 필요하다.

7.2. 4차 산업혁명 대응전략 및 시사점

본 절은 마지막으로 '한국의 4차 산업혁명의 대응전략 및 시사점'을 종합적으로 분석한다. 한국경제는 고임금과 낮은 노동생산성 등의 저성장 기

590 4차 산업혁명 시대 기술·지식재산(IP) 가치평가 활성화 방안을 제212회 정부업무평가위원회(관계부처 합동)에서 보고되었다.

조, 급속한 인구절벽 및 환경문제, GVC 및 팬데믹으로 인한 글로벌 경제환경의 급격한 변화에 직면하고 있다. 이를 슬기롭게 해결하기 위해서는 4차 산업혁명의 성공적인 추진과 다음의 10가지 정책이 우선 필요하다. 규제개혁, 고급인재 양성, 4차 산업혁명 관련 교육개혁, 규제 관련 담당 공무원 전문화, 기술표준 선도, 선진기술개발 및 유출 방지, 핵심광물 및 원자재의 수입처 다변화, 국가 간 4차 산업혁명 기술 및 산업협력 강화, 혁신 스타트업 육성, 기업 우대 및 경영환경 개선, '선도자' 패러다임 전략 등의 대응전략을 분석하여 '한국은 과연 4차 산업혁명 시대의 초격차 혁신 선도국가가 될 수 있는가?'의 질문에 대해 답하고자 한다.

7.2.1. 규제개혁

한국 4차 산업혁명의 성공적인 추진의 첫 번째 해결 과제는 앞서 언급한 것과 같이 무엇보다 규제개혁이다.[591] 지금은 기술개발과 함께 규제개혁이 중요한 시점으로 단일기술과 단일산업 중심의 현재 법·제도 체제에서는 융·복합의 특징을 반영하기 어려운 한계가 있어 특정 기술과 특정 산업을 엄격히 구분하는 '포지티브(positive) 규제'로는 드론, 의료, 빅데이터, 자율주행, AI, 바이오, 핀테크, IoT, 스마트팩토리 등 4차 산업혁명 시대 원천기술을 활성화하기 어려운 실정이다. 따라서 4차 산업혁명에 대응하기 위한 법규정의 유연한 해석과 네거티브방식으로의 전환을 통해 신기술·신산업의 진입 장벽을 낮추는 것이 우선 필요하다. 신기술 분야에서 선제적으로 일괄 규제개혁 영역 확대, 업태까지도 고려한 규제개선, 규제의 적용과 집

591 대한상공회의소(2021)

행방법의 개혁이 필요하다. 네거티브방식 도입을 통해 유연하고 신속하게 대응하되, 시스템 관점을 통한 통합성 제고와 불확실성 완화, 지역 특성에 적합한 규제전략으로 대응할 필요가 있다.

선진국의 규제개혁을 교훈으로 '혁신을 촉진할 수 있는 스마트규제의 필요성', '규제와 기술 혁신의 공존', '성장을 막는 규제 해소', '사후규제와 감독 철저', '기업 상생을 위한 규제 완화', '수요자 중심 규제 구축'이 반드시 고려될 필요가 있다. 또한 효율적인 4차 산업혁명을 수행하기 위해서는 규제문제를 효율적으로 처리할 컨트롤타워의 거버넌스 기능이 필요하다. 지금까지는 미래 신사업에 대한 규제혁신보다는 현안규제를 발굴하여 단기적으로 해결하는데 정책역량을 집중했다. 또한, 각각 '신산업정책'과 '규제정책'의 컨트롤타워인 4차 산업혁명위원회와 규제개혁위원회 상호 간 정책 연계도 명확하지 않아 한국의 4차 산업혁명을 추진하기 위한 중장기 규제혁신 정책 수립이 어려웠다. 신산업 정책과 규제정책을 유기적으로 연계하고 이를 체계적으로 조율하여 전략을 수립하고 흩어져 있는 거버넌스 조직을 효과적으로 조율할 강력한 컨트롤타워가 우선 필요하다.[592]

7.2.2. 고급인재 양성

4차 산업혁명 시대는 인재가 곧 경쟁력이지만, 한국은 4차 산업혁명 핵심산업이며 다른 산업의 경쟁력에 큰 영향을 미치는 AI, 빅데이터 등의 분야에선 관련 분야 인재와 발표 논문 수가 미국, 중국 등과 비교해서 많이 부족한 실정이다. 한편 최근 AI, 반도체, 전기차 및 자율주행차, 바이오헬스

592 장윤섭(2020)

등의 4차 산업혁명 산업 분야에 필요한 많은 고급 인재양성이 필요한 상황이다. <그림 7-1> 참조. 정부는 AI, 미래차, 바이오헬스, 차세대반도체 등의 분야에 2025년까지 7만 명 이상 인재를 양성한다는 계획이다.[593] 기업이 요구하는 인재를 확보하고, 산업과 기술의 변화에 신속히 대응하려면 정부, 대학, 기업 간 산·관·학 협력이 필수적이며, 정부의 지속적인 첨단 분야 대학원 정원 증원, 국내외 이공계 박사과정 지원(장학금) 등 인재양성 제도 및 추진체계, 관련 교육 강화, 규제 완화가 우선 필요하다.

<그림 7-1> 4차 산업혁명 신규인력 수요 전망 및 주요국 4차 산업혁명 인재양성정책

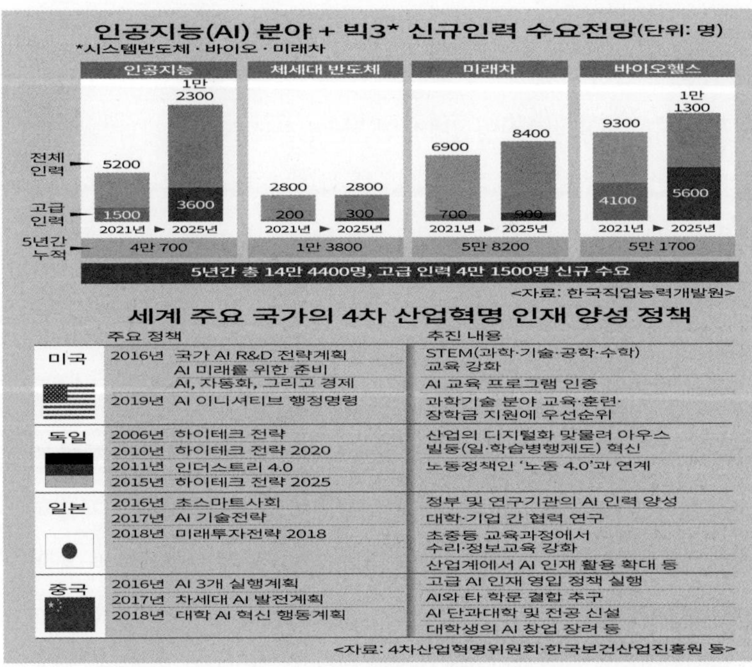

자료: 한국직업능력개발원(2020), 4차 산업혁명위원회(2020), 한국보건산업진흥원(2019), 서울신문(2021.06.28.)에서 재인용

593 교육부(2021). 교육부 장관이 고시하는 첨단 신기술 분야는 AI, 빅데이터, 차세대(지능형) 반도체, 차세대 디스플레이, 차세대통신, IoT 가전, AR 및 VR, 첨단신소재, 미래 자동차(전기차, 자율주행차 등) 분야이다.

7.2.3. 4차 산업혁명 관련 교육개혁

4차 산업혁명의 중장기적인 준비와 AI, 빅데이터, 미래차, 바이오헬스, 시스템반도체 등 미래인재 육성책과 경쟁력을 확보하기 위해서는 4차 산업혁명 교육 및 교육과정 개편이 필요하다. 최근 'AI 대학원 지원사업', 포스텍의 의과학전문대학원 등이 좋은 사례이다. 4차 산업혁명 시대에는 단순 노동보다는 디지털기술, 각종 고도화된 인지 대응 분야의 직업군이 증가할 전망이어서, 인구절벽 문제 해결과 혁신성장산업의 미래인재 양성을 위해서는 유치원과 초등학교부터 코딩, 소프트웨어 교육 등 디지털 교육과 로봇, 드론제작 등 실무(취미)교육을 더욱 강화하는 양질의 교육 전략과 환경개선이 시급하다. 대학교도 4차 산업혁명 시대에 맞는 입시제도의 개선을 통한 기회 제공, 4차 산업혁명과 연관된 전공교육 개발, 학과 및 학교 간 장벽 축소, 최신 기술교육 기회 제공, 산·학·연을 연계한 실전형 인재양성 교육(기업 맞춤형 전공 등), 평생교육 체계 개혁 등이 필요하다. 4차 산업혁명 시대에 경쟁력을 확보하기 위해서는 기술혁신, 규제개혁과 함께 정부 주도의 미래인재 양성을 위한 교육체계에 대한 실질적인 개혁이 필요하다. 이를 위해 이공계 전공 기회 확대(학사편입 등), 중·고등학교 이공계 영재교육(이공계 대학지원), 복잡한 입시지원제도 개선, 무한한 기회의 사다리 제공 등이 필요하다. 실적인 교육개혁 없이는 4차 산업혁명에 필요한 수요의 인재를 배출하는 데는 한계가 분명히 있어 우리 사회가 진지하게 고민해야 한다. 양적 성장시대에 적합한 현재의 교육체계는 창의적 혁신적 성장에 적합한 인재를 양성하기에는 부족함이 많다. 이를 위해서는 창의성을 존중하는 교육과 학벌 지향 사회의 개선과 사회 풍토 조성이 우선 선행되어야 한다.

7.2.4. 규제 관련 담당 공무원 전문화

<그림 7-2> 규제 관련 담당 부서

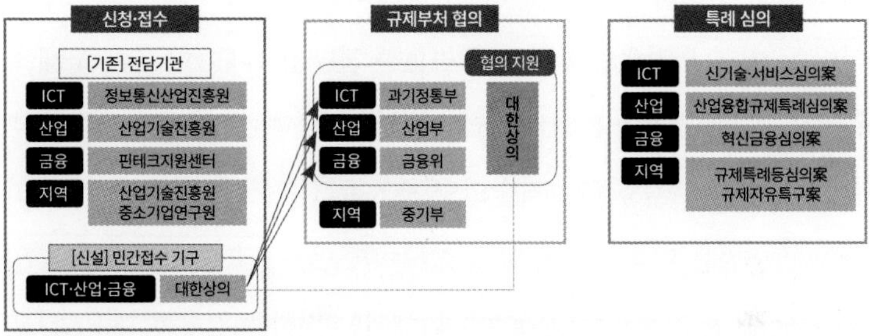

현재 규제 관련 담당 부서는 분야별로 ICT, 산업, 금융, 지역, 신청접수(정보통신산업진흥원, 산업기술진흥원, 핀테크지원센터, 민간접수기관), 규제부처 협의(과학기술정보통신부, 산업부, 금융위, 중기부, 협의지원 대한상의), 특례심사로 나뉘어 있다. <그림 7-2> 참조. 한국경제연구원(2021a)은 '4차 산업혁명과 규제개혁' 보고서를 통해 규제개혁을 전담하는 독립조직이 필요하며, 규제개혁 노하우가 정부 내 축적될 수 있도록 규제개혁독립차관제가 필요하다는 의견이다. 규제를 담당하는 공무원이 현재의 순환보직으로 규제개혁 부서에 일시적으로 근무하는 것은 실질적으로 4차 산업혁명의 변화를 적극적으로 수용하기에는 전문성이 매우 부족하며, 규제개혁이 어렵다는 점을 지적하고 있다. 이 문제를 해소하기 위해서는 규제개혁 노하우가 정부 내 축적될 수 있고 규제개혁에 전문성을 가진 관료를 양성하기 위한 규제개혁독립차관제의 신설도 필요하다.[594]

594 한국경제연구원(2021a)

7.2.5. 기술표준 선도, 선진기술개발 및 유출 보호

4차 산업혁명 시대 하드웨어의 핵심인 반도체와 함께 AI 기반 소프트웨어의 중요성이 더욱 커지고, 특히 AI, 양자기술, 자율주행차, 로봇, 의료, 빅데이터 등 미래 유망산업의 성장에 필요한 첨단기술개발과 함께 국제 기술표준 주도가 필요하다. 일례로 미래 전기차 보급 확산의 핵심 인프라인 급속충전기(무선충전기술) 등 핵심기술의 국제표준 선도가 중요하다. 이에 따라 원하는 연구원은 마음껏 연구할 수 있는 연구풍토 조성이 필요하다. 일례로 반도체, AI 등 최첨단 기술개발을 위해서는 원하는 경우 현재 R&D 인력 '주 52시간 탄력근무제' 적용 면제가 필요하다. 연구의 특성상 연구를 할 수 있을 때 개인 혹은 팀으로 수행해야 하는 것이 연구의 기본 속성인데, 인위적인 '주 52시간 근무제'의 규제는 기술개발과 연구 의욕을 저해하며 연구의 속성과 특수성을 이해하지 못한 아주 잘못된 규제이다. 4차 산업혁명 시대에 기술이 경쟁력인 시대이며, 국가간 치열한 기술경쟁의 상황에서 우리 스스로 연구개발 의욕을 옥죄일 필요가 있는지를 자문해봐야 한다.

또한 R&D 투자는 지식재산 창출에 집중되어 있어 관련 기술의 유출 방지를 위한 다각도의 대책도 필요하다. 최근 세계적으로 기술경쟁이 심화되고, 미·중 기술분쟁으로 첨단기술 사용 차단 조치 등으로 기술개발뿐만 아니라, 기술유출 방지도 4차 산업혁명 시대의 중요한 사안이 되고 있다. 최근 한국도 '국내 산업기술 유출'에 따른 피해가 지속적으로 발생하고 있다. 미국은 2018년 '중국스파이 대응책'(China Initiative), 일본은 2017년 주요 기술(로봇·바이오·탄소섬유) 국외 유출 방지를 위한 '외국무역법', EU는 '기업영업 비밀 보호에 관한 EU 지침'을 각각 제정하였다. 유럽과 미국도 자국의 첨단기술 유출 우려가 있는 산업의 M&A를 엄격히 심사하고 있는 등 세계 각국은 자국 기술 보호를 위한 제도적 장치를 마련하고 있다. 한국도 2006년 산업기술의 부정한 유출 방지, 국내 산업경쟁력 강화, 국가 안전보장과 국민 경제발전에 이바지함을 목적으로 한 '산업기술의 유출 방지 및 보호에 관한 법률'을 제정하였다. 하지만 최근 국가가 1년간 R&D 투자한 비용 100조원의 60% 정도가 중국 등 해외로 유출되어 막대한 손실이 발생하고, 이러한 기술유출에 의한 국가경쟁력 약화 우려가 있다.[595] 이에 따라 과학기술과 밀접하게 관련된 첨단기술과 인력유출 방지를 위한 핵심 이공계 인력의 정년 연장, 산·학 연계 및 국내 유관기관(공공기관 및 일반기업) 재취업 기회 제공 등 제도 개선과 다양한 노력이 필요하다.

7.2.6. 핵심광물 및 원자재 수입처 다변화

4차 산업혁명의 안정적인 추진을 위해서는 핵심광물 및 원자재의 확보와 수입처 다변화는 필수이다. 최근 요소수 품귀현상과 함께 마그네슘, 희토류, 리튬 등 필수 원자재 수급문제 발생의 원인은 이러한 산업 필수 원자재의 수입의존도가 지나치게 높기 때문이다. 특히 한국은 중국에 대한 수입의존도가 지나치게 높아 이에 대한 대책 마련이 시급한 국가적 과제이다. 한국은 중국을 포함해 단 한 국가에서 수입을 80% 넘게 의존하는 품목이 총 3,941개로, 전체 수입품목 12,586개의 31%에 해당한다. 최근 한국이 요소수, 마그네슘, 희토류 등 필수 원자재 수급난에 직면한 것은 특정 국가, 특히 중국에 대한 수입의존도가 지나치게 높기 때문이다. 일례로 마그네슘 잉곳 100%, 차량용 산업용 요소수 97.7%, 희토류를 원료로 하는 영구자석은 86.2%, 수산화리튬은 83.5%를 중국에서 수입한다. 한국무역협회(2021b)

595 매일경제(2021.08.18.). 지난 5년간 해외로 유출된 핵심기술로 발생한 경제적 피해는 20조원으로 연평균 4조원이다.

보고서에 의하면 국내 수입품 12,586개를 분석한 결과, 중국 비율이 80% 이상인 품목이 1,850개, 미국(503개), 일본(438개), 독일(121개), 이탈리아(108개)도 100개가 넘는 심각한 수준이다.[596]

또한 4차 산업혁명 핵심 5대 광물로 분류되는 니켈, 리튬, 텅스텐의 가격이 최근 급속히 상승하면서 원자재 수급이 갈수록 어려워지고 있다.[597] 일례로 2021년 초 대비 전략 수출품인 전기차 배터리에 사용되는 수산화리튬(83% 중국 의존) 가격은 4배, 차량용 경량 소재인 마그네슘은 3배(100% 중국 의존), 희토류는 2배, 알루미늄은 각각 1.5배 인상되었다. 그동안 필수 원자재의 수입처 다변화 추진, 비상 상황에 대비한 선제적 글로벌공급망 관리가 필요했는데, 해외 특히, 중국에 대한 수입의존도가 지나치게 높은 것이 문제이다. 최근 5년간(2017-2021) 한국의 수출 및 해외투자증가율이 다소 개선되었지만, 여전히 한국의 수출시장에서도 25%의 상당히 높은 중국 의존도를 보여주고 있어 다변화와 개선이 아주 시급하다.[598] 특정국(중국)에 대한 무역의존도가 20% 이상 상당히 높아 미국, EU(유럽), 인도, 러시아, 아세안, 신흥국으로 문화수출 다변화처럼 무역시장 다변화 등으로 특정국 무역(수출)의존도를 20% 이내로 조정하는 게 필요하다. 그리고 취약한 GVC 상황에서 해외투자도 핵심시설은 반드시 국내에 유지되어 3:3:4 투자 및 GVC 생산·조달전략(30% 한국, 30% 해외 특정국, 40% 기타국)이 필요하다. 미·중 기술분쟁으로 GVC가 취약해진 상황에서 단순 제품인 요소수처럼 예상치 못한 곳에서 원자재 대란이 더 자주 발생할 것으로 예상되어, 경제와 산업에 줄 수 있는

596 한국무역협회(2021b)

597 유연탄·철 동·희토류·코발트 등 산업·전략적으로 중요한 광물 15종의 가격 변동을 지수화한 광물종합지수(2016년 1월 평균=1000)는 3086.64(2021년 10월 18일 기준)로 최고치이다.

598 경제인연합회(2021b), 한국무역협회(2021a). 한국(2020년)의 전체 수출 비중은 중국(25.87%), 미국(14.46%), 베트남(9.47%) 순이다.

악영향을 최소화하고 공급 불확실성을 축소할 필요가 있는 중요한 시점이다. 현재의 위기를 극복하기 위해서는 수익성에 의한 원자재 수급이 아닌, 필수 원자재 통제에 대응할 수단을 다변화하는 노력이 필요하다. 그리고, 시급히 체계적이며 안정적인 원자재 수급선의 확보 및 다변화와 동시에 수년치의 상당분 재고 물량을 효율적으로 관리하는 국가 차원 및 국내 중견기업 이상 조직 내에 글로벌 공급망 테스크포스팀을 반드시 구성할 필요가 있다. 또한 해외 자원개발 예산을 증액해서 추가적인 해외자원개발투자를 추진해야 한다. 이를 위해 '4차산업위원회'와 함께 필수 원자재 확보와 관리를 담당하는 대통령 직속 '국가전략산업위원회'를 신설하여 주기적으로 자원 수급을 관리할 필요가 있다. 정부도 반도체, 바이오의약품 등 국내 절대적 경쟁우위 산업을 핵심전략산업(물자)으로 지정하여 교역 상대국이 필수 원자재를 포함한 중요 수입 물품의 수출을 통제할 경우를 대비하는 방안도 준비할 필요가 있다. 4차 산업혁명의 성공적인 추진은 혁신적인 기술개발, 규제개혁도 중요하지만, 자원이 부족한 한국의 경우 필수 원자재의 안정적인 확보와 루트(route) 없이는 불가능하여 이를 해결하기 위하여 민간기업뿐만 아니라, 효율적이며 체계적인 관련 부처가 참석하는 범국가적인 GVC 관리와 대책이 시급히 필요하다.

7.2.7. 국가 간 4차 산업혁명 기술 및 산업협력 강화

4차 산업혁명의 안정적인 추진을 위해서는 국가 간 산업 및 기술협력으로 한국의 제한된 시장환경을 극복할 필요가 있다. 미국의 우주 협력 파트너, 러시아와 우주발사체 개발 협력은 좋은 사례이다. 상호보완적인 경제구조와 기초과학기술과 인구를 가진 미국, 유럽(영국, 독일, 프랑스, 이탈리아, 북유럽 등), 인도, 러시아, 일본 등 기존 국가들과의 긴밀한 4차 산업혁명 협력도 중요하며, 적극적인 과학기술협력, FTA 추진 등으로 국내시장의 제약성을 극복하고 미래산업 분야에서 상호 협력하여 안정적이며, 긴밀한 4차 산업혁명을 추진할 필요가 있다. 일례로 자원 대국인 호주, 러시아, 캐나다, 북한, 아세안, 중앙아시아, 남미, 아프리카 등의 국가와 희토류 등을 상호호혜적 공동 자원개발 협력이 필요하다. 반도체, 배터리, 전기차, 수소 경제 등 분야에 협력방안을 합의한 미국, 유럽(동유럽 비세그라드 그룹) 등 기존 국가의 우수한 기초과학 분야 역량과 한국의 ICT 등 응용과학 분야와의 기술협력을 통하여 4차 산업혁명 시대 경쟁력 제고와 다양한 경제적 기회를 창출할 수 있다. 성공적인 추진을 위해서는 후진국의 경우, 정치적 안정성 및 부패지수, 한국 호감도, 산업 및 자원 인프라, 국민성 등을 연구하여 각 대륙별 거점 선도국가를 선정하여, 중장기 상호 '윈윈'(win-win)하는 전략적 산업협력(정부 유학생 및 산업연수생 쿼터 확대 등) 동반자 구축을 통하여 한국형 상호협력개발 상생모델을 추진할 필요가 있다. 또한 한국-북한-러시아-미국간 베링해 연결철도 및 천연가스 파이프라인 인프라, 북극항로 개척, 태국 '크라운하', 이스라엘-요르단 '사해운하' 프로젝트도 상호 호혜주의 중·장기 과제로 추진할 필요가 있다. 성공적인 4차 산업혁명 기술 및 산업협력을 위하여 국내기업간의 상호협력체제 구축도 중요하다.[599]

7.2.8. 혁신 스타트업 육성

4차 산업혁명 시대에 AI, 바이오, 빅데이터, IoT, 스마트팩토리, 가상현

599 LFP 배터리 사례처럼 기술 집착으로 인해 시장 변화를 놓칠 우려가 있다. 글로벌 배터리 시장은 기술수준이 높은 리튬이온 배터리를 주로 생산하는 한국기업이 주도했지만, 최근 다소 기술적 열위이지만, 저가형인 중국의 LFP 배터리 시장이 급팽창하고 있어 휴대폰 산업과 함께 국내기업간 협력도 중요하다.

실, 로봇기술, 5G 등 ICT와 관련된 정보통신기술을 주도하는 차세대 산업이 주력산업으로 부상하면서 시장 확보 및 산업 성장, 표준화 등 경쟁력 제고를 위해 특허권 확보가 과거보다 더 중요해졌다. 이에 따라 기술개발 역량 강화와 더불어 특허 개발과 등록을 활성화하기 위한 다양한 지원 혜택을 마련하고, 스타트업 및 유니콘 기업의 중요성을 인식하고 적극 육성할 필요가 있다. 중소벤처기업부(2021) 조사결과에 의하면 2020년 처음 매출 1000억원을 달성한 기업(벤처천억기업)은 62개사, 매출 1조원을 넘어선 기업은 17개사이며, 벤처천억기업의 평균 업력은 25.6년으로 창업 이후 매출 1000억원을 달성하기까지 평균 17.5년이 걸린다. 벤처천억기업의 수익성도 뛰어나 매출액순이익률(단기순이익을 매출액으로 나눈 값)도 7.3%로 대기업(3.0%), 중견기업(3.7%)보다 2배 이상 높다.[600] 미국의 거대 플랫폼 기업들은 초기 스타트업부터 출발하여 짧은 역사에도 불구하고 세계 최고의 4차 산업혁명 선도기업으로 성장하였다. 미국의 구글, 아마존, 애플, 오라클, 테슬라, 페이스북과 중국의 DJI의 급속한 성장은 좋은 사례이다. 한국은 경쟁국에 비해서 스타트업 및 유니콘 기업수가 적은 편이여서, 4차 산업혁명에 중추적인 역할을 담당할 이들 기업이 성장할 수 있는 정책과 건전한 생태계 조성 및 유망 해외 스타트업 기업에 대한 적극적인 M&A가 필요하다.

7.2.9. 기업 우대 및 경영환경 개선

한국의 기업경영환경이 선진국보다 뒤처지고, 기업규제와 고용비용 등의 부담이 크며, 기업가정신 역시 선진국 대비 낮게 조사되어, 기업·기업

600 중소벤처기업부(2021)

가에 대한 긍정적 인식 조성이 시급한 과제이다. 전국경제인연합회(2021a)의 '기업경영환경 및 기업가정신 전문가 인식 조사'에 의하면 경영학자의 62.3%는 한국의 경영환경이 선진국에 뒤처진다고 평가했으며, 그 이유는 기업규제 부담(39.4%), 고용비용 증가(31.7%), 무역 관련 불확실성(12.8%) 등의 순이며, 기업경영환경을 개선하기 위해서 추진할 정책은 기업규제 완화(34%), 기업의 고용 유연화(26%), 해외시장 개척 및 거래처 다변화 지원(14%) 등을 과제로 제시했다. 현재 경영환경에서 중요한 이슈는 글로벌공급망 재편(30.3%)과 디지털 전환 가속(29.7%), ESG(환경·사회·지배구조) 경영(21.7%) 등으로 나타났다. 현재 경영환경에 가장 필요한 기업가정신으로는 창의와 혁신(40.6%), 위기대처능력(29.7%)과 도전의식(12%) 순이다. 한국의 기업가정신 수준이 선진국에 비해 낮은 이유로는 실패를 용인하지 않는 사회 분위기(23.2%), 기업·기업가에 대한 부정적 인식(17.1%), 청장년층의 안정적인 직업 선호(15.0%) 등으로 나타났다. 기업가정신이 발휘되기 좋은 환경이 되려면 기업·기업가에 대한 긍정적 인식 조성(24.0%)이 우선 과제인 것으로 나타났다. 사업 실패 이후 재도전 기회 제공 및 지원(20.9%), 기업활동을 제한하는 규제 완화(20.3%) 등이다. 따라서 4차 산업혁명의 주체이며 일자리 창출원인 기업과 기업가들이 능력을 발휘하기 위해서는 규제완화, 기업의 고용 유연화와 함께 기업가정신을 고무시킬 수 있는 긍정적 환경 조성이 사회 전반으로 필요하다.

7.2.10. '선도자' 패러다임 전략

한국은 그동안 선진국과 중국에 비해서 4차 산업혁명 대응이 낮은 상황이어서, 급속한 기술 발전과 큰 변화를 초래하는 4차 산업혁명에서 규제개혁의 난제를 현명하게 해결하지 못하였다. 특히 산업별로 미국과 유럽의 정부-민간 합동 정책 추진 성공사례, 중국의 정부 주도 성공사례를 참조하여 체계적인 AI, 빅데이터 등의 분야의 인재양성 정책이 필요하다. 많은 기업들은 4차 산업혁명에 대한 대응이 미흡한 이유로 '과도한 규제'와 '인프라 부족'을 가장 많이 지목했다. 4차 산업혁명 시대에는 '스피드'와 '유연성'을 강조한 '혁신적 기술', '선제적 대응전략'이 가장 중요한데, 이를 위해서는 과거와 다른 기업생태환경에서 기술혁신을 위해서는 과거의 '따라잡기'(catch-up) 패러다임이 아닌, 과감한 '선도자'(first mover, leader) 정신의 패러다임으로의 전환이 요구된다. 한국은 이제 초격차 혁신 '선도자' 패러다임으로 경제, 정치, 사회로 빠르게 전환되어야 한다.

결론적으로 한국은 언급한 10가지 과제를 슬기롭게 해결한다면, 4차 산업혁명 시대에 '초격차 혁신 선도국가'가 될 수 있다. 4차 산업혁명의 성패는 국가, 기업이 디지털혁신을 선도할 수 있는 역량과 의지에 달려있다. 이를 위해 기술혁신 제고, 산업간 및 공공-민간 간 협업을 통한 규제개선(개혁)과 법제도의 선진화로 인프라와 건전한 생태계 구축을 위한 정부의 적극적인 지원과 함께 기업의 강력한 의지가 필요하다. 최근 심화되는 미·중간 기술분쟁과 GVC 위기 상황에서 유연하게 대처할 수 있는 국가와 기업의 기술개발 등의 역량 확보가 중요해진다. 특히 원하는 연구원은 마음껏 연구할 수 있는 건전한 연구풍토 조성이 필요하다. 최첨단 기술개발을 위해서 원하는 연구원은 현재 R&D 인력 '주 52시간 탄력근무제' 적용 면제가 필요하다. 4차 산업혁명 시대에 연구의 속성과 특수성을 고려하지 않는 일방적 규제로 우리 스스로 기술발전을 저해할 필요가 없다. 이런 경우의 규제는 연구자의 의견이 우선 반영되어야 한다. 산업 전반의 디지털화가 급속히 가속되고 있어 국회 등 국가 정책 입안자(공무원)와 기업 경영자의 혁신적인 사고, '선도자' 패러다임 전략과 함께 끊임없는 연구(공부)가 더욱 중요해졌다. 적극적인 식량안보 확보 및 4차 산업혁명에 대한 준비와 대응만이 더욱 치열해진 국가·기업간 경쟁에서 승자가 될 수 있다.

2040년 '빅3' 혁신 선도국가로 성장하기 위해서는 4차 산업혁명의 체계적 추진과 함께 규제개혁, 안정적 글로벌공급망 확보, 교육개혁, '선도자' 패러다임 전환이 최우선으로 시급한 과제이다. 특히 현재의 급변하는 상황에서 국가 및 기업 차원에서 신속하고 안정적인 글로벌공급망 구축과 4차 산업혁명의 핵심인 반도체산업의 초격차기술과 첨단장비가 확보되지 않으면, 4차 산업혁명의 추진도 심각한 어려움에 직면할 수 있다.[601] 4차 산업혁명의 목적은 '신기술 융합을 통한 산업과 기술의 경쟁력 확보'이지만, 목표는 '지속 가능 성장을 통한 인류공영과 인간 존엄성 유지(회복)'가 되어야 한다. 이를 위해서는 건전한 윤리성이 강조되는 인문학의 발전도 반드시 동반되어야 한다. 이제 6G시대의 '인간중심 기술공학'의 '5차 산업혁명'을 대한민국이 먼저 준비해야 한다.

601 AI, 빅데이터, 5G, 로봇 등 모든 4차 산업혁명의 핵심은 반도체산업이어서, 반도체 기술개발과 함께 최첨단 노광장비 등 핵심 반도체 장비의 원활한 수급으로 초격차 반도체 산업경쟁력이 우선 선행되어야 한다.

통합 참고문헌

I. 책, 논문

- 4차 산업혁명위원회(2017a), 4차 산업혁명 대응계획 I-Korea 4.0, 4차 산업혁명위원회.
- 4차 산업혁명위원회(2017b), 4차 산업혁명 해외정책 자료집, 4차 산업혁명위원회.
- 강맹수(2018), 핀테크 산업의 국내외 현황과 시사점, 산은조사월보, 제754호, 한국산업은행, pp. 92-110.
- 강명구(2018), 인도 모디 정부의 경제정책 분석과 시사점, 산은조사월보, 제775호, 한국산업은행, pp. 3-36.
- 강민영, 박도휘, 김광석(2018), 스마트 헬스케어의 현재와 미래, Issue Monitor, 제79호, 삼정KPMG 경제연구원, pp. 3-19.
- 강소라(2016), 자율주행차 법제도 현안 및 개선과제, KERI Brief, 16-21, 한국경제연구원, pp. 1-12.
- 강준모, 김정언, 이시직(2017), [4차 산업혁명 기획시리즈] 4차 산업혁명과 규제개혁, KISDI Premium Report, 13호, 정보통신정책연구원, pp. 1-22.
- 경제인연합회(2021a), '기업경영 환경 및 기업가정신' 설문 조사, 보도자료.

• 경제인연합회(2021b), 최근 5년 대미중 해외비지니스 변화와 과제, 보도자료.
• 경희권, 이준(2021), 미국의 인공지능 전략 방향과 시사점, i-KIET 산업경제이슈, 제110호, 산업연구원, pp. 1-12.
• 계경문(2017), 제4차 산업혁명 시대의 무인 이동체를 둘러싼 법적 문제점, 한국전자파학회논문지, 28(7), 한국전자파학회, pp. 519-527.
• 과학기술정보통신부(2021), 4차 산업혁명 대도약(퀀텀점프)를 위한 「국가초고성능컴퓨팅 혁신전략」 발표, 보도자료.
• 과학기술정책연구원(2021), 독일의 스마트제조혁신 정책 분석 : 주요 현황과 시사점, 과학기술정책연구원.
• 곽진희(2017), 헬스케어와 4차 산업혁명, Issue Report: 제약/바이오, 유진투자증권, pp. 4-34.
• 관계부처합동(2018), 신산업 네거티브 규제 발굴 가이드라인, 제2판, 행정안전부, pp. 1-23.
• 관계부처합동(2021), 규제샌드박스 시행 2년-주요사례, 국무조정실 규제조정실.
• 구병문(2018), 주요국 자율주행차 상용화 입법 추진 사례, 연구보고서, 2018-14, 한국정보화진흥원, pp. 3-30.
• 구본진, 이종선, 이미화, 손석호(2018), 국내 스마트제조 정책과 지원 현황 및 개선 방안, Issue Weekly, 219, 한국과학기술기획평가원.
• 구자근(2017), 중국 핀테크기업의 성공요인 분석 : 알리바바와 텐센트 사례를 중심으로, 석사학위논문, 연세대학교 대학원.
• 구자현(2016), 영국 금융행위감독청 및 핀테크 업체 면담 결과 보고, 금융경제 연구부 보고서, 한국개발연구원, pp. 1-17.
• 국경완(2019), 인공지능 기술 및 산업 분야별 적용 사례, 주간기술동향, 1888호, 정보통신기획평가원, pp. 1-27.
• 국제무역연구원(2019), 신산업 규제개선에 관한 우리나라와 주요국 비교: 사례를 중심으로, 연구보고서, 국제무역연구원, pp. 1-25.
• 국제무역통상연구원(2021), 전 세계 의약품 공급망의 변화와 우리 수출의 경쟁력 분석, Trade Focus, 24호, 무역협회, pp. 1-44.
• 국토교통부(2017), 드론산업 발전 기본계획(안) (2017~2026), 국토교통부, 관계부처 합동.

- 권장호(2020), 신남방국가 과학기술 정책 동향-인도 베트남, 싱가포르-, KISTEP 기술동향브리프, 12호, 한국과학기술기획평가원, pp. 1-31.
- 금융관계기관 합동(2019), 핀테크 활성화를 위한 규제혁신, 금융위원회, pp. 1-18.
- 금융보안원(2016), 싱가포르의 핀테크 추친 현황, 금융보안원 보안연구부 핀테크보안팀, pp. 1-16.
- 금융위원회(2018), 핀테크 혁신 활성화 방안, 금융위원회, pp. 1-31.
- 기획재정부(2019), 2019년 세계경제포럼(WEF)국가경쟁력 평가 결과, 기획재정부, 보도참고자료, pp. 1-10.
- 김경민, 김상욱, 김인현, 박주석, 조광원(2018), 2018 데이터산업 백서, 21호, 한국데이터진흥원, pp. 82-115.
- 김광섭(2016), 빅데이터 산업의 부상 및 시사점, 제731호, 산은조사월보, pp. 82-102.
- 김규판(2017), 일본의 4차 산업혁명 추진 현황과 시사점 : Smart Manufacturing을 중심으로, KIEP 오늘의 경제, 17(25), KIEP, pp. 3-14.
- 김규판(2018), 일본의 제조업 혁신 정책 추진 현황과 시사점: 'Connected Industries'를 중심으로, 오늘의 세계경제, 18(34), 대외경제정책연구원, pp. 1-17.
- 김규판, 이형근, 김종혁, 권혁주(2017), 주요국의 4차 산업혁명과 한국의 성장전략: 미국, 독일, 일본을 중심으로, 연구보고서 17-07, 대외경제정책연구원.
- 김나연(2017), 인도의 벽촌지역 디지털 리터러시 정책, 정보통신방송정책, 제 29(17), 정보통신정책연구원, pp. 18-26.
- 김대진(2016), 드론 기술 및 시장동향 보고서, S&T Market Report, 67(8), 과학기술일자리진흥원, pp. 1-18.
- 김동우(2015), 영국의 테크시티(Tech City)와 핀테크, KB 지식 비타민, 15-8호, KB금융지주 경영연구소, pp. 1-5.
- 김동환(2020), 금융규제 체계 재정비의 필요성과 개선방향, 금융브리프, 29(18), 한국금융연구원, pp. 1-8.
- 김명수(2018), 드론의 안전한 운용과 프라이버시 보장을 위한 법제 정비 방안,

법제, 2018(10), 법제처, pp. 188-221.

- 김명아(2015), 핀테크산업 육성을 위한 규제 개선방안 연구, 한국법제연구원.
- 김미리, 박세진, 권헌영(2016), 사물인터넷: 규제의 새로운 패러다임, 경제규제와 법, 9(1), 한국기술혁신학회, pp. 189-214.
- 김민정(2019), 인도 디지털 결제시장의 동향 및 시사점, BC카드 디지털 연구소 간행물(Card Business Breief), BC카드 디지털 연구소, pp. 2-14.
- 김범석, 이광열, 김기범, 박광빈(2015), 핀테크, 앞서가는 중국 따라가는 한국, Issue Monitor, 삼정KPMG, pp. 1-23.
- 김보경(2018), 미국의 혁신 문화, 미국 유니콘 기업의 혁신비결, Technology & Innovation, 18-04호, 한국무역협회, pp. 33-36.
- 김보경, 이유진(2018), 테크 및 스타트업 글로벌 M&A 트렌드, Trade Focus, 18호, 한국무역협회, pp. 1-38.
- 김상윤(2016), 4차 산업혁명의 핵심 동력 '소프트 파워', 산업일반, 포스코 경영연구원, pp. 1-12.
- 김석관(2003), 미국 생명공학 혁신체제의 특징, 과학기술정책, 144호, 과학기술정책연구센터, pp. 1-9.
- 김성준, 하선권(2016), 의료서비스 규제개혁을 위한 핵심 덩어리 규제의 식별 - 네트워크분석을 활용한 시론적 접근, 한국정책과학학회보, 20(2), 한국정책과학학회, pp. 45-68.
- 김수연, 도지훈, 김보라(2018), 빅데이터, KISTEP 기술동향브리프, 2018-11호, 한국과학기술기획평가원, pp. 3-31.
- 김승현(2017), 4차 산업혁명을 대비한 주요국의 혁신정책, Entrepreneurship Korea, 제5권, 과학기술정책연구원, pp. 3-4.
- 김영국(2016), 자율주행자동차의 법적 쟁점과 입법 과제, 법학논총, 7(36), 숭실대학교 법학연구소, pp. 103-144.
- 김영목, 유수창, 박성훈(2015), IoT 주요 현황 및 이슈, 한국정보통신학회지, 16(2), 한국정보통신학회, pp. 17-21.
- 김영상, 유성민, 박유경(2015), 금융과 IoT 기술의 융합: 핀테크 산업기술 동향분석, 한국정보기술학회지, 13(2), 한국정보기술학회, pp. 46-50.
- 김영신(2019), 정보통신기술(ICT) 규제가 국가경쟁력에 미치는 영향, 경제연구,

37(2), 한국경제통상학회, pp. 19-37.

- 김용민(2019), 주요 국가별 인공지능 인력양성 정책 및 시사점, 보건산업브리프, 276호, 한국보건산업진흥원, pp. 1-20.
- 김유선(2019), 국외 바이오 정책동향, BiolNpro, 61호, 생명공학정책연구센터, pp. 1-22.
- 김익성(2018), 독일기업의 4차 산업혁명 성공사례 및 한국기업과 정부에 대한 시사점-스마트공장을 중심으로, 이슈페이퍼, 10, 고려대학교 미래성장연구소, pp. 1-44.
- 김재덕(2017), 중국 빅데이터산업의 성장과 시사점: 빅데이터거래교역소를 중심으로, 중국산업경제브리프, 2671-4493, 산업연구원, pp. 9-17.
- 김정곤, 이서진(2016), 주요국의 ICT 융합 의료산업 전략 및 시사점, 오늘의 세계 경제, 16(23), 대외경제정책연구원, pp. 3-15.
- 김정석(2016), 국내외 생명공학 정책동향, BioINpro, 22호, 생명공학정책연구센터, pp. 1-38.
- 김정석(2018), 2018년 국내외 바이오 정책 및 투자 동향, BioINpro, 47호, 생명공학정책연구센터, pp. 1-30.
- 김정훈(2017), 스스로 운전하는 자율주행차의 현재와 미래, 주간기술동향, 1819호, 정보통신기술진흥센터, pp. 2-13.
- 김종호(2019), 고부가가치 하이테크 산업, IoT 소프트웨어, 19-14호, 한국IR협의회, pp. 1-18.
- 김지훈(2017), 중국법상 무인기(드론) 규제 현황과 시사점, 경희법학, 52(3), 경희법학연구소, pp. 234-277.
- 김치헌(2017), 4차 산업혁명 시대 문제, 공적 논의의 필요성, 월간 공공정책, Vol. 140, 한국자치학회, pp. 76-81.
- 김태은(2015), 인도 모디노미스의 전개와 ICT: 디지털 인디아를 중심으로, 정보통신방송정책 신규보고서, 27(13) 통권 604호, 정보통신정책연구원, pp. 1-23.
- 김태은(2017), 디지털 인디아의 추진과 캐시리스사회로의 진전, 정보통신방송정책 신규보고서, 29(20) 통권 657호, 정보통신정책연구원, pp. 1-24.

• 김태진(2017), 국내 IoT업계의 현황 및 시사점, 서울시 IoT 실증사업을 중심으로, 주간기술동향, 1806호, 정보통신기술진흥센터, pp. 1-11.
• 김현종(2017), 불확성성의 인내심, 더 나은 규제가 되기 위한 기본, KERI Column, 한국경제연구원, pp. 1-3.
• 김회민(2018), 'Digital India'와 인도 통신시장의 성장, KB 지식비타민, 2018-88호, KB금융지주 경영연구소, pp. 1-10.
• 김희연(2016), 미국 국가과학기술위원회(NSTC)의 인공지능(AI) 기반 준비를 위한 권고안, 정보통신방송정책, 28(19), 633호, 정보통신정책연구원, pp. 12-19.
• 나준호, 최드림(2016), 미국 독일 일본의 스마트 팩토리 전략, LGERI 리포트, LG경제연구원, pp. 1-35.
• 노유나(2017), 주요국 제4차 산업혁명 추진 전략 동향, 미래전략기술특집, 32(2), 한국전자통신연구원, pp. 1-9.
• 대한상공회의소(2017), 신산업 규제, 신산업 규제애로 실태조사, 신산업분야 기업의 절반, "지난 1년새 규제 때문에 사업차질 경험했다", 대한상공회의소 규제혁신팀, 보도자료.
• 대한상공회의소 규제혁신팀(2021), 신산업 규제환경에 대한 기업인식 조사, 보도자료.
• 문승혁(2019), 빅데이터 환경 분석과 글로벌 경쟁력 확보 방안에 대한 연구, The Journal of the Convergence on Culture Technology, 5(2), 국제문화기술진흥원, pp. 361-366.
• 문용식(2018), 인공지능(AI)을 선도하는 주요국의 핵심전략, IT&Future Strategy, 제12호, 한국정보화 진흥원, pp. 1-37.
• 문혜정, 이혜영(2017), 빅데이터의 경제통계 활용 현황 및 시사점, Quarterly National Accounts Review, 3(27), 한국은행, pp. 28-45.
• 민성희(2018), 스마트공장 구축 사례 및 시사점, 산은조사월보, 747, 산업분석리서치센터, pp. 41-64.
• 민세주(2018), 구글이 선택한 바이오 기업들, POSRI 이슈리포트, 포스코경영연구원 산업연구센터, pp. 1-11.
• 박건원(2018), 4차 산업혁명 관련 신산업 해외경쟁력 설문조사 분석, Global

Market Report, GMR 18-008, KOTRA, pp. 2-68.

- 박대수, 백준봉, 신지나, 박현수, 배현표, 나현, 김지수(2016), 2017 한국을 바꾸는 7가지 ICT 트렌드, 한스미디어.
- 박미사(2014), 사물인터넷 활성화를 위한 법제도 개선방안, Internet & Security & Focus, 한국인터넷진흥원, pp. 22-40.
- 박선영(2017), 핀테크 시대의 금융소비자 보호 : 문제점과 검토사항, KIRI Weekly, 411, 보험연구원, pp. 11-19.
- 박소영(2019), 스타트업 사례를 통해 본 2018년 중국 AI 시장 트렌드, Trade Brief, 2권, KITA, pp. 1-12.
- 박소정, 박지윤(2017), 인슈어테크 혁명: 현황 점검 및 과제 고찰, 연구보고서, 보험연구원.
- 박승규(2018), 인공지능 기술 동향, 주간기술동향, 1861호, 정보통신기획평가원, pp. 2-13.
- 박승혁(2019), 중국 첨단산업 발전 현황과 시사점, Trade Focus, 14호, 한국무역협회, pp. 1-25.
- 박아란(2018), 취재 기술의 발전과 프라이버시 침해: 드론 취재를 중심으로, 방송문화연구, 30(1), 한국방송공사, pp. 43-81.
- 박양신, 지민웅(2020), 국내 중소중견기업의 스마트제조 구축실태와 성과, i-KIET 산업경제 이슈, 81, 산업연구원, pp. 1-12.
- 박정원, 심우현, 이준석(2018), 디지털 헬스케어 발전을 위한 규제개선 방안에 관한 연구, 정보화정책, 25(1), 한국정보화진흥원, pp. 60-81.
- 박종국, 조재동(2016), 4차 산업혁명 시기의 한·중 산업 정책 및 경쟁력 비교연구-로봇 등 5대 핵심기술을 중심으로, Issue Report, 2016-지역이슈-12, 한국수출입은행, pp. 2-25.
- 박현수(2018), 글로벌 자율주행차 시장 동향 및 시사점, Issue&Trend, 디지에코보고서, DIEGIECO, pp. 1-7.
- 박형근, 김영훈(2014), 인더스트리 4.0, 독일의 미래 제조업 청사진, POSRI 보고서, 포스코경영연구소, pp. 1-10.
- 배영임(2016), 드론(Drone)산업 육성을 위한 정책 방향, GRI 현안브리프, 2016-02, 경기연구원.

- 백서인(2017), 중국의 4차 산업혁명 동향: 정책, 산업, 기업을 중심으로, 과학기술정책연구원, pp. 1-76.
- 백장균(2020), 자율주행차 국내외 개발 현황, 산은조사월보, 제771호, KDB산업은행, pp. 17-36.
- 백흥기, 이장균(2017), 주요국 정책으로 살펴본 우리나라 제4차 산업혁명정책 수립 방향 - 차세대 산업·사회구조 구축의 체인저(Changer)로 활용, VIP Report, 699권, 현대경제연구원, pp. 1-26.
- 변재웅(2017), 4차 산업혁명이 문화산업에 미치는 영향에 관한 연구, 문화산업연구, 17(3), pp. 107-118.
- 변재웅(2018), 4차 산업혁명시대의 글로벌경영, 탑북스.
- 변재웅(2021), 4차 산업혁명시대의 스마트팩토리 정책과 시사점 연구: 독일과 미국 사례 중심으로, 문화산업연구, 21(3), pp. 143-150.
- 변재웅, 이굳건(2019), 대구경북지역 자동차부품 산업 경쟁력 평가 및 발전 방안, 보고서 2019-63호, 한국은행 대구경북본부.
- 산업경제리서치(2020), 코로나19 동향과 대응전략 및 핵심 언택트 산업(원격의료·원격교육/에듀테크·원격근무·무인화)별 향후 전망, 산업경제리서치.
- 산업경제리서치(2021), 국내외 사물인터넷(IoT) 및 스마트 홈/스마트 가전 시장분석과 비즈니스 전략, 산업경제리서치.
- 산업기술정책센터(2021), 중국의 중장기 발전전략: 2035년 계획, 14차 5개년 계획, 2021년도 경제정책, KIAT 에자일, 6호, 산업기술정책센터, pp. 1-14.
- 산업연구원(2021), 기업의 AI 도입 및 활용 확대를 위한 정책과제, i-KIET산업경제이슈, 105호, 산업연구원, pp. 1-12.
- 산업연구원(2021), 미국의 인공지능 전략 방향과 시사점, i-KIET 산업경제이슈, 제110호, 산업연구원, pp. 2-12.
- 산업통상자원부(2017), 4차 산업혁명 시대 스마트공장 확산을 위한 핵심 분야별 정책방안 연구, 산업통상자원부.
- 산업통상자원부(2020), 포괄적 네가티브 규제 전환, 공공기관 확산 등으로 경제민생 규제혁신에 힘 보탠다, 보도자료.
- 산업통상자원부(2021), 韓, 글로벌 혁신지수 세계 5위, 아시아 1위!, 보도자료.
- 삼정KPMG SIC(2017), 국내 핀테크 산업규제 및 정책방향 리뷰, Platum,

삼정KPMG.
- 생명공학정책연구센터(2020), 유전자 분석기업 23andMe, 신약 후보물질 자체개발하여 기술수출, BioINwatch(BioiN+Issue+Watch): 20-13, 생명공학정책연구센터, pp. 1-2.
- 석호영(2020), 일본·미국의 규제샌드박스 관련 최근 정책현황, 이슈페이퍼, 20-19-①-3, 한국법제연구원, pp. 1-59.
- 성동원(2019), 세계 바이오의약품 산업 동향 및 전망, 이슈보고서, 2019-이슈-20호, 한국수출입은행 해외경제연구소, pp. 1-38.
- 성동원(2021), 바이오의약품 산업 동향과 한국 경쟁력 현황, 수출입은행 해외경제, 가을호, 한국수출입은행, pp. 245-284.
- 소아영(2017), 4차 산업혁명과 국내외 스마트공장 산업 동향, 융합 Weekly TIP, 57, KIST 융합연구정책센터, pp. 1-7.
- 소프트웨어정책연구소(2016), 디지털 전환의 개념, 유형 그리고 조건, 월간SW중심사회, 소프트웨어정책연구소, pp. 4-81.
- 소프트웨어정책연구소(2019a), 2019년 소프트웨어산업 전망, 월간SW중심사회, 제55호, 소프트웨어정책연구소, pp. 4-91.
- 소프트웨어정책연구소(2019b), 인공지능 두뇌지수(AI Brain Index): 핵심인재 분석과 의미, Issue Report, 2019-012, 소프트웨어정책연구소.
- 소프트웨어정책연구소(2021), 2020 인공지능산업 실태조사, 정보통신산업진흥원, 소프트웨어정책연구소, pp. 12-175.
- 송지환, 이중엽, 서영희, 김한성(2021), 4차 산업혁명 시대의 AI SW 인재 육성정책 방안 연구, 연구보고서 RE-101, 소프트웨어 정책연구소.
- 신성장동력산업정보기술연구회(2021a), 2021년 국내외 인공지능(AI) 시장분석과 비즈니스 전략 (상), (하) 합본, 산업경제리서치.
- 신성장동력산업정보기술연구회(2021b), 2021년 국내외 차세대 자동차 기술 및 시장분석과 비즈니스 전략 (상), (하) 합본, 산업경제리서치.
- 신성장동력산업정보기술연구회(2021c), 국내외 스마트 헬스케어 및 첨단 의료기기 시장분석과 비즈니스 전략, 산업경제리서치.
- 신영석, 이진형, 김범준, 이재훈, 이영희, 황도경, 김소운, 박금령(2017), 제4차 산업혁명에 조응하는 보건의료체계 개편 방안, 연구보고서, 2017-06,

한국보건사회연구원.
• 신윤미(2018), 자율주행자동차, S&T Market Report, 65호, 과학기술일자리진흥원, pp. 1-21.
• 심영섭(2017), 4차 산업혁명 시대의 규제개혁 방향, Touch20/20, 2017-04, 파이터치연구원, pp. 1-26.
• 심우현, 박정원(2017), 인공지능(AI)의 규제이슈와 고려 가능한 대응전략, Issue Paper, 53호, 행정연구원, pp. 1-13.
• 심우현, 박정원(2018), 사물인터넷 환경 발전에 따른 규제쟁점과 대응방안 연구, KIPA 연구보고서, 제 2018-05호, 한국행정연구원, pp. 2-282.
• 안미소(2019), SW기업 글로벌 M&A 동향 및 시사점, 산업동향, 8월호, 소프트웨어정책연구소, pp. 61-67.
• 안상희, 이민화(2016), 제4차 산업혁명이 일자리에 미치는 영향, 한국경영학회 통합 학술 발표 논문집, 2016(8), 한국경영학회, pp. 2344-2363.
• 안영수, 정재호(2020), 드론 및 개인용 항공기(PAV) 산업의 최근 동향과 주요 이슈, Issue Paper 2020-20, 산업연구원.
• 안준모(2018), 기술혁신을 촉진하는 최적의 규제 디자인, 혁신생태계 조성을 위한 규제개혁 KDI Research Monograph, 제 2018-2호, 한국개발연구원, pp. 270-317.
• 안준모, 문성욱(2017), 혁신생태계 조성을 위한 수요중심의 중소기업 지원체계: 혁신바우처와 혁신조달, 혁신생태계 조성을 위한 정부개혁, KDI 연구보고서, 2017-02, 한국개발연구원, pp. 270-317.
• 안중기(2016), 바이오산업의 주요 특징과 시사점, VIP Report, 16-30(통권 668호), 현대경제연구원, pp. 1-16.
• 양효은(2016), 영국의 핀테크 산업 지원정책 및 시사점, 오늘의 세계경제, 16(31), 대외경제정책연구원, pp. 3-15.
• 예영선(2015), 소프트웨어 정책 동향, 월간 SW사회, 8월호, SPRI 소프트웨어정책연구소, pp. 4-99.
• 오정연, 선미란(2015), 개인정보보호 법제로 인한 빅데이터 활용 한계사례 조사·분석, 제4호, 한국정보화진흥원 ICT융합본부, pp. 1-18.

- 오종혁, 조충제, 정재완, 송영철(2017), 아시아 주요국의 4차 산업혁명 추진전략과 협력방안: 중국, 인도, 싱가포르를 중심으로, 정책연구 브리핑, 17(26), KIEP, pp. 2-13.
- 오준배(2016), 핀테크(Fintech) 시장 동향, 연구성과보고서, 43(1), 연구성과실용진흥원, pp. 1-20.
- 오철(2016), 중국 드론산업 규제완화정책의 특징과 한국에 대한 시사점, 정책연구, 16-26, 한국경제연구원, pp. 1-46.
- 우리금융경영연구소(2018), 미국 벤처캐피탈의 최근 투자 동향과 신산업 트렌드, WFRI, 연구-신성장-금융니즈02, 우리금융경영연구소, pp. 1-9.
- 우상근(2019), 인공지능(AI)을 선도하는 주요국의 핵심전략, IT & Future Strategy, 제12호, 한국정보화진흥원.
- 우지영(2017), 제4차 산업혁명: 데이터 경제를 준비하며, 한국콘텐츠학회지, 15(1), 한국콘텐츠학회, pp. 14-20.
- 원상호(2016), ICT 기반의 융합형 혁신 클러스터인 Tech City UK의 성공 요인 및 시사점, 주간기술동향, 제1729호, 정보통신기술진흥센터, pp. 13-24.
- 원종현(2015), 핀테크의 도입과 규제환경, ie 매거진, 22(4), 대한산업공학회, pp. 10-21.
- 유영신(2017), 4차 산업혁명을 대비하는 중국의 ICT 산업 및 정책 동향, ICT Spot Issue, 2017-05호, 정보통신기술진흥센터, pp. 1-25.
- 윤대상(2016), 중국의 드론 육성전략 및 시장동향, Issue/Report, 제14호, 한중과학기술협력센터, pp. 1-22.
- 윤미영(2013), 주요국의 빅데이터 추진전략 분석 및 추천사례, 과학기술정책, 23(3), 과학기술정책연구원, pp. 31-43.
- 윤용현(2018), 드론 해외기술규제 가이드, 해외기술규제가이드2, 2018-2호, 한국표준협회, pp 1-48.
- 윤일영(2017), 제조업과 ICT의 융합, 4차 산업혁명, 융합 Weekly TIP, 52, 융합연구정책센터, pp. 2-14.
- 윤자영(2016), 드론의 현황과 규제완화 정책 : 상업용 드론을 중심으로, KIET산업경제, 통권217호, KIET, pp. 7-21.
- 윤혜선(2017), '신흥기술 규제(Emerging Technologies Regulation)' 연구방법론 개발을

위한 기초연구 - 기술규제 시 고려요소를 중심으로, 행정법연구, 제49호, 경제·인문사회 연구회, pp. 103-128.

- 윤혜선(2018), 4차 산업혁명에 대응한 규제개혁의 방향, 혁신생태계 조성을 위한 규제개혁, KDI Research Monograph, 제2018-2호, 한국개발연구원, pp. 7-29.
- 윤희숙, 고영선(2010), 의료서비스부문 규제환경의 문제점과 개선방안, KDI Focus, 제2호, KDI, pp. 1-6.
- 이광용, 서태희, 조민주, 김광석(2017), 국내외 핀테크(Fintech) 규제 동향분석, Issue Monitor, 제71호, 삼정KPMG 경제연구원, pp. 1-23.
- 이길선(2018), 스마트공장 정책 및 산업동향, The Magazine of the IEEE, 45(6), 전자공학회지, pp. 31-34.
- 이동환(2016), 드론규제의 법적 쟁점 및 전망, Law & Technology, 12(4), 서울대학교 기술과법센터, pp. 74-90.
- 이명구, 박도휘, 강민영(2020), 자율주행이 만드는 새로운 변화, Samjong Insight, 제69호, 삼정KPMG 경제연구원, pp. 1-49.
- 이명화(2016), 바이오분야 규제의 최신 동향, BioINpro, 27호, 생명공학정책연구센터, pp. 1-15.
- 이명화, 신은정, 양승우, 류이현, 권보경(2014), 바이오 분야 규제형성과정, 정책연구, 2014-07, 과학기술정책연구원.
- 이명화, 이혜진(2016), 바이오 분야에서의 새로운 규제 방식에 대한 모색, 규제연구, 제25(2), pp. 113-137.
- 이민화(2017), 제4차 산업혁명의 선진국 사례와 한국의 대응전략, 선진화 정책 시리즈, 한반도 선진화 재단, pp. 14-107.
- 이상길(2018), 자율주행자동차 산업활성화를 위한 규제 개혁 이슈, ICT Spot Issue, 제18-16호, 정보통신기술진흥센터, pp. 1-38.
- 이상영(2015), 일본 국가전략특구에서의 의료분야 규제개혁과 시사점, 보건복지포럼, 255(1), 한국보건사회연구원, pp. 80-88.
- 이상윤, 김정현, 손현, 류지성(2017), 빅데이터 관련 개인정보 보호법제 개선방안 연구, 법제처, 한국법제연구원, pp. 9-150.
- 이상현, 장윤종, 김상훈(2018), 독일 인더스트리 4.0전략의 확산·발전 동향과

정책적 시사점, 정책자료 연구보고서, 2018-327, 산업연구원, pp. 9-127.
- 이성복(2017), 자본시장에서의 빅데이터 역할과 시사점, 예탁결제, 제103호, 한국예탁결제원, pp. 5-36.
- 이성엽(2016), 드론 기술현황 및 기술경쟁력 분석, 산은조사월보, 제733호, KDB산업은행, pp. 87-108.
- 이성훈(2013), 빅데이터의 국내외 활용 고찰 및 시사점, 디지털융복합연구, 11(2), 한국디지털정책학회, pp. 229-233.
- 이성희, 김서향, 김한나, 최명례, 박슬기, 경기우, 최효식, 임태형, 김태룡, 박영선(2019), 인도의 CSR 규범 강화 동향과 대응방안, Global Market Report, 19(99), KOTRA, pp. 2-46.
- 이수영, 원혜연(2017), 4차 산업혁명과 규제개혁, 연구보고서, 시장과 정부 연구센터, pp. 1-84.
- 이수일(2017), 규제개혁 어디까지 왔고 어디로 가야하나, 우리나라 규제개혁시스템의 평가 및 개선방안 - 2017 OECD 평가를 중심으로, KDI 보도자료, 한국개발연구원, pp. 1-10.
- 이승민(2018), 자율주행자동차 최근 동향 및 시사점, 정보통신기술진흥센터 정기간행물, 26(4), 통권 344호, 정보통신기술진흥센터, pp. 16-24.
- 이원태, 김정언, 이시직, 김도승, 정경오(2016), 제4차 산업혁명 시대의 ICT법제 주요 현안 및 대응방안, 글로벌법제전략 연구, 16-20-⑩, 한국법제연구원, pp. 25-340.
- 이은민(2016), 구글의 최근 M&A동향과 전략, 정보통신방송정책, 제28권 19호, 정보통신연구원, pp. 1-11.
- 이인희(2018), 장항국가산단 드론산업 육성방안, 현안과제연구, 충남연구원, pp. 1-47.
- 이재원(2016), 제4차 산업혁명: 주요국의 대응현황을 중심으로, 제2016-24호, 국제경제리뷰, 한국은행, pp. 1-20.
- 이재화(2017), 핀테크(FinTech) 확산이 금융부문에 미칠 영향과 감사 시사점, 연구보고서, 감사원 감사연구원, pp. 11-123.
- 이정민(2014), 사물인터넷의 국내외 주요 적용사례 분석과 시사점, KDB 산업은행이슈분석, 30(4), KDB산업은행, pp. 85-89.

- 이정아, 김영훈(2014), 인더스트리 4.0과 제조업 창조경제 전략, IT&Future Strategy 보고서, 제2호, 한국정보화진흥원, pp. 1-33.
- 이정우(2019), 드론 기술 및 시장동향 보고서, S&T Market Report, 67호, 과학기술일자리진흥원, pp. 1-20.
- 이정원, 문형돈(2018), 우리의 인공지능 현황, 4차 산업혁명 시대, 18-05호, 정보통신기술진흥센터, pp. 1-21.
- 이준명, 박준(2019), 영국 사례를 통해 본 금융 규제 샌드박스 도입의 기대효과, Trade Brief, 7, 한국무역협회 국제무역연구원, pp. 1-8.
- 이진면, 박가영, 김화섭, 이준엽, 이연(2021), 중국 빅데이터산업 육성과 정부의 역할, 정책자료 2018-322, 산업연구원, pp. 7-166.
- 이창운(2017), 드론 활성화 지원 로드맵 연구, 연구보고서, 2017-06, 한국교통연구원, pp. 3-298.
- 이항구, 윤자영(2018), 전기동력, 자율주행자동차 산업의 현황 및 전망, 정책자료, 2018-332, 산업연구원, pp. 26-169.
- 이혁우(2018), 4차 산업혁명 시대 규제개혁의 방향, 한국정책분석평가학회 2018년도 추계학술대회 발표논문집, pp. 219-226.
- 이현규(2018), 스마트팩토리 산업 및 시장동향, S&T Market Report, 56, 과학기술일자리진흥원, pp. 1-18.
- 이현준(2019), 주요국 혁신의 엔진, 규제 샌드박스, 이슈리포트, 2019-10호, 정보통신산업진흥원, pp. 1-13.
- 임길환(2017), 4차 산업혁명 대비 미래산업 정책 분석I, 국회예산정책처 분석 보고서, 국회예산정책처, pp. 1-41.
- 임재현(2015), 다시 시작하는 인더스트리 4.0, POSRI 보고서, 포스코경영연구소, pp. 1-9.
- 임정균(2017), 드론 안전실태 조사결과, 드론시장에서의 소비자 보호 방안, 17-1호, 한국소비자원, pp. 1-31.
- 임정성(2019), 인도 'Make in India' 정책 성과가 2019년 총선에 미칠 영향은?, POSRI 이슈리포트, 포스코경영연구원, pp. 1-12.
- 장경석(2017), 소프트웨어 기업으로 변신하는 GE의 생존 전략, KB지식비타민, 17(56), KB금융지주 경영연구소, pp. 2-10.

- 장석인(2017), 제4차 산업혁명 시대의 산업구조 변화 방향과 정책과제, 국토: Planning and Policy, 424호, 국토연구원, pp. 22-30.
- 장윤섭(2020), 한국과 영국의 신사업 규제혁신 정책 비교 및 시사점, 중소기업 포커스, 중소기업연구원, pp. 1-24.
- 장윤종(2017), 4차 산업혁명의 쟁점과 한국형 대응전략의 방향, KIET 산업경제, 2017-09, 산업연구원, pp. 7-23.
- 장태진(2015), 드론 산업 성장에 대한 규제 정책의 영향, 한국항공우주학회 학술발표회 논문집, 2015-11, 한국항공우주학회, pp. 494-497.
- 장현숙(2018), 글로벌 IoT 투자동향과 주요국 비교, Trade brief, No.10, 한국무역협회, pp. 1-8.
- 전국경제인연합회(2020), 글로벌 AI 인덱스로 본 한국 AI 산업의 현주소, 보도자료
- 전보희(2021), 중국 인공지능(AI) 산업 동향과 시사점: 중국의 AI 굴기(崛起)와 성공전략, Trade Focus, 23호, 한국무역협회, pp. 1-36.
- 전은진, 한수현(2017), 바이오에너지 이슈분석 및 정책 제언, Green Tech Review, 제2호, 녹색기술센터, pp. 1-40.
- 정군우(2017), 일본의 4차 산업혁명 대응전략과 시사점, 대경 CEO Briefing, 제517호, 대구경북연구원, pp. 1-10.
- 정도영, 김민창, 김재환(2018), 빅데이터 정책 추진 현황과 활용도 제고 방안, 입법정책보고서, 제2호, 국회입법조사처, pp. 1-51.
- 정보통신기술진흥센터(2016), 미국의 빅데이터 산업 육성정책, 심층분석보고서, GT2016-US17, 정보통신기술진흥센터, pp. 2-21.
- 정보통신기술진흥센터(2017), 미국·독일의 자율주행자동차 관련 지침, 해외 ICT R&D 정책동향, 2017-10호, 정보통신기술진흥센터, pp. 2-13.
- 정보통신기술진흥센터(2017), 중국의 AI 정책 동향, 해외 ICT R&D 정책동향, 2017-05호, 정보통신기술진흥센터, pp. 2-33.
- 정보통신산업진흥원(2019), 품목별 보고서 - 헬스케어, 글로벌ICT포털, 정보통신산업진흥원, pp. 4-27.
- 정분도, 홍미선(2018), 4차 산업혁명의 주요국 현황 비교에 따른 활성화 방안에 관한 연구, e-비즈니스연구, 19(3), 국제e-비즈니스학회, pp. 117-131.

- 정용찬(2018), 4차 산업혁명 시대의 데이터 거버넌스 개선 방향, KISDI Premium Report, 18-05, 정보통신정책연구원, pp. 4-39.
- 정우성, 송정현(2020), 규제혁신관점에서 본 한일 규제샌드박스제도 비교분석, 한국지적정보학회지, 22(1), 한국지적정보학회, pp. 158-175.
- 정우성, 장철순, 이미영, 홍사흠, 김수연(2018), 4차 산업혁명시대의 지역발전을 위한 스마트규제 추진전략, 기본 18-02, 국토연구원, pp. 1-186.
- 정우성, 장철순, 이미영, 홍사흠, 김수연(2019), 4차 산업혁명 시대의 지역산업 발전을 위한 스마트규제 추진전략, 국토정책브리프, No.728, 국토연구원, pp. 1-8.
- 정원준, 이나라(2018), 인공지능 활성화를 위한 주요국의 대응전략과 정책 제언, 주간기술동향, 정보통신기술진흥센터, pp. 2-16.
- 정종필(2020), 스마트팩토리 핵심기술 및 제조혁신 고도화전략, 연구융합리뷰, 6(12), 한국과학기술연구원 융합연구정책센터, pp. 3-25.
- 정준화(2018), 4차 산업혁명 시대의 빅데이터 정책과제, 이슈와 논점, 제1482호, 국회입법조사처, pp. 1-4.
- 정진섭, 조의윤(2018), 인도의 스타트업 정책이 한국의 스타트업 및 정부에게 주는 시사점, Trade focus, 54호, 한국무역협회, pp. 1-35.
- 정해식(2018), 핀테크 시장 최근 동향과 시사점, 주간기술동향, 제1841호, 정보통신기술진흥센터, pp. 16-25.
- 정현용(2020), 바이오산업과 규제, BRIC View 2020-T17, Biological Information Center, pp. 1-12.
- 정현학, 최영임, 이상원(2016), 4차 산업혁명과 보건산업 패러다임의 변화, 보건산업브리프, 215, 한국보건산업진흥원, pp. 3-28.
- 조영선(2019), 4차 산업혁명과 의료기술의 특허법적 문제, 법조, 68(2), 법조협회, pp. 281-308.
- 조영임(2013), 빅데이터의 이해와 주요 이슈들, 한국지역정보화학회지, 16(3), 한국지역정보화학회, pp. 43-65.
- 조은교(2018), 중국 모바일 헬스케어산업의 발전현황과 시사점, KIET 산업경제, 233호, 산업연구원, pp. 23-33.
- 조의윤, 이은미(2017), 인도 사물인터넷(IoT) 제품사례와 현지 시장 진출

시사점, Trade Brief, 26호, 한국무역협회, pp. 1-8.

- 조충제, 송영철(2017), 4차 산업혁명 시대 인도의 디지털인증 플랫폼 구축 현황과 시사점, 오늘의 세계경제, 17(21), 대외경제정책연구원, pp. 1-13.
- 조충제, 윤지현(2018), 신남방시대, 인도 모디노믹스 성과와 한·인도 협력과제, 오늘의 세계경제, 18-25호, 대외경제정책연구원, pp. 1-18.
- 조충제, 정재완, 송영철, 오종혁(2017), 아시아 주요국의 4차 산업혁명 추진전략과 협력방안, 대외경제정책연구원.
- 주강진, 이민화, 양희진, 류두진(2017), 4차 산업혁명과 인공지능, 한국경영과학회지, 제42호, 한국경영과학회, pp. 1-14.
- 주원, 정민, 오준범(2017), 4차 산업혁명에 대한 기업의 인식과 시사점, VIP Report, 17-18(통권 691호), 현대경제연구원, pp. 1-12.
- 중소벤처기업부(2018), 한국형 규제샌드박스 규제자유특구 도입, 보도자료.
- 중소벤처기업부(2019a), 스마트공장 지원사업 성과조사 분석 연구, 중소벤처기업부.
- 중소벤처기업부(2019b), 중소기업 전략기술로드맵 2020-2022 빅데이터, 중소벤처기업부.
- 중소벤처기업부(2021), '2020 벤처천억기업 조사', 보도자료.
- 진상기, 방민석(2018), 제4차 산업혁명에 대응하는 공공관리의 변화와 향후 과제: 사회-기술시스템론적 접근을 중심으로, 한국디지털정책학회논문지, 16(4), 디지털융복합연구, pp. 40-47.
- 차경엽, 황덕연(2019), 주요국의 4차 산업혁명 대응현황 및 시사점, 연구보고서, 2019-07, 감사연구원, pp. 1-68.
- 차상육(2016), 빅데이터의 활용에 따른 개인정보보호법제와의 충돌과 과제, 한양법학, 제53집, 한양법학회, pp. 315-359.
- 차원용(2016), 미국 자율주행차 정책과 구글의 자율주행차 특허가 주는 시사점, 해외경제포커스 R&D InI, 13(2), 한국과학기술기획평가원, pp. 58-70.
- 차정미(2018), 중국의 4차 산업혁명 담론과 전략, 추진체계 분석, 동서연구, 30(1), 연세대학교 동서문제연구소, pp. 143-177.
- 최계영(2016), 4차 산업혁명 시대의 변화상과 정책 시사점, KISDI Premium

Report, 16(4), 정보통신정책연구원, pp. 1-38.

- 최기영(2018), 인공지능[AI] R&D 전략, 6차회의 의결안건, 4차 산업혁명위원회 심의안건 제1호, 과학기술정보통신부, pp. 1-40.
- 최리경(2021), 4차 산업혁명 시대의 미국, 중국, 한국의 핀테크 비교연구, 무역리스크관리, 5(1), 성균관대학교 무역연구소, pp. 1-23.
- 최유성, 안혁근, 심우현, 박정원(2017), 4차 산업혁명에 대응하는 규제개혁 연구: 공유(共有)경제와 디지털헬스케어 분야를 중심으로, 기본연구과제, 2017권-0호, 한국행정연구원, pp. 1-36.
- 최재경(2016), 빅데이터 분석의 국내외 활용 현황과 시사점, KISTEP lnl 14호, KISTEP, pp. 33-43.
- 최정락(2017), 국내 규제샌드박스 제도 도입현황 - 정보통신융합법 개정안 중심으로, 제4차 산업혁명과 소프트파워, 이슈리포트, 2018-제37호, 정보통신산업진흥원, pp. 1-8.
- 최창희(2018), 빅데이터 활용 현황과 개선 방안, 연구보고서, 2018-29, 보험연구원, pp. 1-104.
- 최해옥(2017), 규제 샌드박스(Regulatory Sandbox) 정책 동향 및 시사점, 동향과 이슈, 제33호, 과학기술정책연구원, pp. 1-20.
- 최해옥, 최병삼, 김석관(2017), 일본의 제4차 산업혁명 대응 정책과 시사점, 동향과 이슈, 제30호, 과학기술정책연구원.
- 최혜리, 허정, 안미소(2021), 주요국 통계 현황 비교를 통한 국가 AI 산업 통계 체제 발전방안, Issue Report, IS-113, 소프트웨어정책연구소, pp. 1-23.
- 클라우스 슈밥 외 26인(2016), 4차 산업혁명의 충격, 흐름출판.
- 클라우스 슈밥(2016), 클라우스 슈밥의 제4차 산업혁명, 새로운 현재.
- 하원규, 최남희(2015), 제 4차 산업혁명, 콘텐츠하다.
- 한국 IDC(2020), 국내 IoT 플랫폼 시장 전망 보고서, 한국 IDC
- 한국경제연구원(2018), 한국 4차 산업혁명 기술, 중국보다 뒤처져, 한국경제연구원, 보도자료.
- 한국경제연구원(2019), 주요국 4차 산업혁명 환경, 한국 최하(最下), 중국 최상(最上), 4차 산업혁명 업종 협회 간담회 개최 및 기업환경 조사, 보도자료.

- 한국경제연구원(2020), 청년은 역대 최대 구직난, 4차 산업혁명은 심각한 구인난, 주요국 4차 산업혁명 인력경쟁력 현황 및 전망, 보도자료.
- 한국경제연구원(2021a), '차기정부, 규제개혁독립차관제 신설해야', 보도자료.
- 한국경제연구원(2021b), '신성장 산업 규제의 경제적 영향 및 시사점', 보도자료.
- 한국데이터산업진흥원(2018), 2018 데이터산업 현황 조사, 결과보고서, 한국데이터산업진흥원, 과학기술정보통신부.
- 한국데이터산업진흥원(2019), 2019 데이터산업 현황 조사, 결과보고서, 한국데이터산업진흥원, 과학기술정보통신부.
- 한국데이터산업진흥원(2020), 2020 데이터산업 현황 조사, 결과보고서, 한국데이터산업진흥원, 과학기술정보통신부.
- 한국무역보험공사(2018a), 자동차 부품산업 국내외 동향 및 경쟁력 분석, 연구보고서, 2018.9호, 산업정책조사팀.
- 한국무역보험공사(2018b), 글로벌 완성차 시장 동향 및 국내 완성차 경쟁력 점검, 연구보고서, 2018.9호, 산업정책조사팀.
- 한국무역협회(2021a). 최근 주요국 수입구조 변화와 우리 수출 경쟁력 분석, Trade Focus, 30호, 한국무역협회.
- 한국무역협회(2021b), 수입품목 10개 중 3개, 특정국 의존도 80% 이상. 품목 중 절반은 對 중국 수입품, 무역통상정보-무역뉴스, 한국무역협회.
- 한국사물인터넷협회(2017), 사물인터넷 IoT의 이해, IoT 지식능력검정, 한국사물인터넷협회, pp. 8-41.
- 한국산업기술진흥원(2016), 미국의 빅데이터산업 육성정책, GT2016-US17, 한국기술산업진흥원, pp. 3-21.
- 한국산업기술진흥원(2018), 美國을 중심으로 한 스마트홈(IoT) 가전 등 기술 및 정책 동향, 산업보고서, GT2018-US-01, 한국산업기술진흥원, pp. 4-22.
- 한국산업마케팅연구소(2018), 2018 바이오산업 분야별 시장동향과 유망 기술개발 및 기업 현황, 한국산업마케팅연구소.
- 한국산업연합포럼(2021), "임금, 근로시간, 노동생산성 국제비교와 시사점·한국산업연합포럼, 산업연합포럼, 온라인 공개세미나 Issues on Live 3회".

- 한국은행(2018), 지역경제보고서, 한국은행.
- 한국정보화진흥원(2018), 일본, Society 5.0 실현을 위한 데이터 활용 추진 전략, Special Report, 2018-10, 한국정보화진흥원, pp. 1-13.
- 한형민, 김정곤, 김도연, 이성희, 백종훈(2020), 인도 스타트업 생태계 분석과 정책 시사점, KIEP 정책연구 브리핑, 20-19, 대외경제정책연구원, pp. 2-16.
- 허필강(2017), 4차 산업혁명 기반 보건의료 사업 모델 제안, Weekly Issue, 제38호, 한국건강증진개발원, pp. 1-8.
- 현재호(2016), 4차 산업혁명 정의 및 거시적 관점의 대응방안 연구, 테크노베이션파터노스 최종보고서, 산업통상자원부.
- 홍석한(2015), 사물인터넷의 주요 문제와 규범적 대응방향, 과학기술법연구, 21(3), 한남대학교 과학기술법연구원, pp. 409-442.
- 홍윤정, 김무웅(2019), 글로벌 Red 바이오 시장현황 및 전망, 바이오인더스트리, 133호 2019-1, 생명공학정책연구센터, pp. 1-11.
- 황은진(2015), World Inside 세상 속으로·해외동향 ; 미국의 사물인터넷(IoT) 정책동향, 지역정보화, 제90권, 한국지역정보개발원, pp. 110-114.
- Bank of America(2020), Global Equity Strategy: Technical Shifts in Global Supply Chains, BOA Global Research, pp. 1-15.
- Bloomberg(2021), South Korea Leads World in Innovation as U.S. Exits Top Ten
- Byun, Jae-Woong(2020), The Analysis of Smart Factory During the 4th Industrial Revolution and the Pandemic: Case Studies of Siemens and Samsung, The Myanmar Journal, 7(3), pp. 188-196.
- Byun, Jae-Woong(2021), The Analysis and Implications of Germany's Smart Factory Policy: Case Studies of Bosch and Adidas, The Myanmar Journal, 8(2), pp. 158-170.
- Deloitte(2017), IoT를 안전하게 인도하기, Deloitte, pp. 2-5.
- ETRI(2018), 스마트제조 기술 및 표준, ETRI Insight 2018-1호, ETRI 표준연구본부, pp. 1-57.
- EUROPA(2021), Industrie 4.0 Technologies Promise to Make Radical Efficiency Improvements to the Electronics Manufacturing Industrie,

Publications Office of the European Union
- European Patent Office(2020), "Patents and the Fourth Industrial Revolution, The Global, Technology Trends Enabling the Data-driven Economy", EPO, pp. 1-75.
- Fredette, J. & Marom, R. et al(2012), The Promise and Peril of Hyperconnectivity for Organizations and Societies, World Economic Forum, pp. 113-119.
- Henning Kagermann, Reiner Anderl, Jürgen Gausemeier, Günther Schuh, Wolfgang Wahlster(eds)(2016), Industrie 4.0 in a Global Context: Strategies for Cooperating with International Partners, acatech STUDY, Munich: Herbert Utz Verlag, pp. 5-68.
- National Highway Traffic Safety Administration(2016), Federal Automated Vehicle Policy: Accelerating the Next Revolution in Roadway Safety.
- NATSA(2016), Federal Automated Vehicles Policy, Vehicle Performance Guidance, US Department of Transportation.
- NATSA(2017), Automated Driving System, US Department of Transportation.
- Nye, J.S.(2004), Soft Power: The Means to Success in World Politics, New York: Public Affairs, pp. 2-28.
- Schwab, K.(2016), Global Agenda, Fourth Industrial Revolution: The Fourth Industrial Revolution: What It Means, How to Respond, WEF Global Agenda, Fourth Industrial Revolution.
- The White House(2006), American Competitiveness Initiative.
- The White House(2015), Fact Sheet: The White House Releases New Strategy. for American Innovation, Announces Areas of Opportunity from Self-Driving Cars to Smart Cities - A Spotlight on Nine Areas of Strategic Opportunity.
- The White House(2016), The National Artificial Intelligence Research and Development Strategic Plan.
- World Economic Forum(2020), Agile Regulation for the Fourth Industrial

Revolution, A Toolkit for Regulators, WEF Report December 2020, pp. 1-55.
- Xu, M., David, J. M. Kim, S. H.(2018), Fourth Industrial Revolution: Opportunities and Challenges, Sciedu Press, pp. 90-95.

Ⅱ. 신문 기사, 인터넷 자료

- 글로경제신문(2020.09.15), 韓 AI, 인프라·특허 상위권 vs 인재 정부전략·기업환경 하위권
- 동아일보(2021.08.08), 中, AI 연구 분야서 양적-질적으로도 美 앞섰다
- 리테일온(2019.08.08), [지식정보] 인공지능(AI) 시장 글로벌 동향
- 매일경제(2018.06.18), "트럼프 정부, 규제개혁으로 산업부흥 선도"
- 매일경제(2019.11.13), 아디다스, 獨스마트공장 4년 실험 접고…다시 중국행
- 매일경제(2021.8.18.), 기술개발에 100조 쓰는데 60조 영업비밀 유출로 줄줄 샌다
- 비즈한국(2021.03.11), 소셜 공룡 페이스북, 반독점 소송 기각 요청
- 서울경제(2019.08.27), 개인정보법 독소조항 39조 데이터경제 망치는 덫 되나
- 서울신문(2021.06.28.), 고급인력 4만 명 필요… 인재 양성 '부처 칸막이'부터 걷어내자
- 아주경제(2017.09.19), 구글, 인도 전용 모바일 결제 '테즈' 론칭... 인도 모바일결제 시장 선점 속도낼까
- 약업신문(2019.09.15), 미국 '21C 치료법' 첨단 바이오 기본틀...한국도 '첨바법' 첫 걸음
- 연합뉴스(2019.09.19), 진화하는 중국 빅데이터 감시망…유령번호판 잡아내
- 연합뉴스(2021.03.25), 필립스, 커피메이커 등 가전부문 중국업체에 5조원에 매각
- 오마이뉴스(2019.05.31), 자율주행차의 오늘과 내일
- 의학신문(2020.05.21), 바이오·헬스 산업 육성 위해 규제 완화 필요하다
- 의협신문(2019.06.17), 의료기기 신산업 성장 장애물 뭐가 있을까
- 이데일리(2019.02.18), [갈길 먼 빅데이터 규제혁신] 해외 기업은 펄펄 나는데… IT 강국 무색
- 이데일리(2021.04.12.), 네이버·카카오에 데이터 API 주는 회사…하반기 자산관리앱 출시
- 이코노미스트(2021.04.27), 삼성의 10년 M&A, 이재용의 '뉴 삼성' 전략이 보인다
- 이코노미스트(2021.04.28), M&A 소극적이던 현대차…정의선호 깃발 달며 확 달라졌다

- 이코노미스트(2021.04.29a), LG, 구광모 취임 이후 1조 빅딜 성사...전장에 미래 걸었다
- 이코노미스트(2021.4.29b), 인수 상위 5건 모두 '조단위'… SKT 분할로 M&A 날개 달까
- 이코노미톡뉴스(2018.02.27), 평창동계올림픽 군집 드론쇼, 일반인도 가능?
- 전자신문(2019.08.26), 공정위, 빅데이터 불공정 행위 규제 마련 착수
- 조선비즈(2020.12.31), 아마존이 4400억원에 '팟캐스트 기업' 인수한 이유는?
- 조선일보(2018.04.07), 미래 AI 실리콘밸리는 중국에 있을 것이다
- 조선일보(2020.09.15), 우리나라 AI특허는 많은데, 사람도 전략도 없다
- 조선일보(2020.10.28), 중국, 2035년 내연기관 자동차 퇴출
- 중앙일보(2018.08.04), 원격의료 46조원 시장, 미·일·중은 족쇄 풀고 육성 한창
- 청년의사(2017.02.06), 4차 산업혁명 선점 발목 잡는 한국의료 약점은?
- 파이낸셜뉴스(2018.07.20), 자율주행차 엑셀 밟는 美.. 걸음마도 못 뗀 한국
- 한국경제(2018.09.06.), AI가 이끄는 4차 산업혁명 시대… 데이터 경제로 산업구조 바꿔야
- 한국일보(2019.02.28), <트렌드> 세계 각국 규제 풀어 4차 산업혁명 준비… 우리는?
- Bain, M.(November 11, 2019), Adidas is Shutting Down the Robotic Factories that were Supposed to be Its Future
- BRUNCH(2016), 핀테크 규제, 무엇을 놓치고 있나, 구테언의 테크앤로
- CEO&(2019.09.01), 규제 샌드박스 중심, 신산업 창출 위한 규제개혁 방향
- CNBC(2019), How Apple does M&A: Small and Quiet, with No Bankers.
- Cosgrove, E.(November 12, 2019), Adidas moves High-tech Speedfactory to Asia, Closing Factories in US, Germany
- EUROPA(2021), Industry 4.0 Technologies Promise to make Radical Efficiency Improvements to the Electronics Manufacturing Industry, Publications Office of the European Union.
- KOTRA(2015.10.08), 모디의 '디지털 인도', 13억 명을 연결시키기 위한 첫 단추, 해외시장뉴스
- KOTRA(2017.09.04), 中 국무원, 차세대 인공지능 발전계획 발표

- KOTRA(2017.12.28), 미국 스마트팩토리 시장동향
- KOTRA(2018.01.08), [유망] 일본 의료기기 시장동향, 해외시장뉴스
- KOTRA(2018.03.30), 세계 최초 눈길 자율주행 성공한 핀란드, 미래자동차 시대에 어떻게 대응하나, 해외시장뉴스
- KOTRA(2018.06.14), 흩어진 데이터부터 모으는 일본
- KOTRA(2018.09.08), 인도, 경제성장과 함께 비상하는 유니콘 기업, 해외시장뉴스
- KOTRA(2018.10.08), 디지털 인디아와 연계되는 인도의 4차 산업혁명, 해외시장뉴스
- MOBILE INSIGHT(2019.04.01.), 세계 주요 국가들의 인공지능 기술경쟁력 확보 전략
- SNE리서치(2020.11.23), 2020년 1~9월 전세계 전기차 그룹 순위에서 현대·기아 4위로 선전
- Washington Post(April 21, 2021), How Big Tech got so big: Hundreds of Acquisitions
- ZDNet Korea(2019.11.14), 데이터 3법 중 개인정보보호법 개정안, 소위 통과
- ローランドベガ- <自動車世界のメガトレンド>
- 內閣官(2015a), 日本再興戰略 2015, pp. 1-41.
- 內閣官(2016a), 日本再興戰略 2016 "第4次産業革命に向けて一". pp. 1-241.
- 內閣府(2015b), 科學技術イノベ ション總合戰略 2015, pp. 1-81.
- 內閣府(2016b), 科學技術イノベ ション總合戰略 2016, pp. 1-100.
- 內閣府(2017), 科學技術イノベ ション總合戰略 2017, pp. 1-127.
- 岩本隆(2016), 第4次産業革命による就業構造変化
- 李金華(2015), "德國"工業4.0"与"中國制造2025"的比較及啓示." 『中國地質大學學報』 5, pp. 71-79.
- 経濟産業省(2015), ロボット新戰略 - ビジョン·戰略·アクションプラン-, pp. 1-92.
- 経濟産業省(2018), Connected Industries」關連政策の進捗等について, pp. 1-35.
- 胡晶(2015), "工業互聯网,工業4.0和 '兩化'深度融合的比較研究" 『學術交流』250(1), pp. 151-158.

- 교육부(2021) <www.moe.go.kr>
- 구글 <https://about.google/?fg=1&utm_source=google-US&utm_medium=referral&utm_campAign=hp-header>
- 규제정보포털 <https://www.better.go.kr/sandbox.SandboxTaskSlPL.laf>
- 대한민국 국토교통부 항공정책 <http://www.molit.go.kr/USR/WPGE0201/m_36343/DTL.jsp>
- 마이크로소프트 <https://www.microsoft.com/en-us/>
- 변재웅(2020), 코로나 이후, 한국의 해외투자전략 어떻게 조정할 것인가? <https://youtu.be/krQE9WOk0wo>
- 삼성전자 <https://www.samsungsvc.co.kr/>
- 아마존 <https://www.amazon.com/ref=nav_logo>
- 애플 <https://www.apple.com/>
- 오라클 <https://www.oracle.com/corporate/contact/>
- 인도 전자정보 기술부 국립정보센터(National Information Centre), e-Vidhan 정의 <http://www.nic.In/projects/e-Vidhan/>
- 중국국무원(中華人民共和國國務院) <http://www.gov.cn>
- 중국상업연구원 <http://www.askcI.com/reports>
- 중소벤처기업부 <http://rfz.go.kr/?menuno=69>
- 지멘스 <https://www.siemens.com/global/en.html>
- 테슬라 <https://www.tesla.com/>
- 페이스북 <http://www.facebook.com>
- 필립스 <https://www.philips.com/a-w/about/news/>
- 한국바이오협회 <http://www.koreabio.or.kr/cms/cmsview.do?menu1=1&menu2=2>
- 현대자동차 <https://www.hyundai.com/kr/ko/e/>
- CBINSIGHTS(2021), The Complete List of Unicorn Companies, <https://www.cbinsights.com/research-unicorn-companies>
- DRONE II (2021), Drone Market Report 2021-2026. <www.https://drone II .com/>
- Element AI(2019), 2019 Global AI Talent Report, <https://jfgagne.AI/

talent-2019/>

- Fortune(2021), Fortune 500 list of companies 2021, <https://fortune.com/global500/>
- FutureBrand(2021), The FutureBrand Index 2021, <https://www.futurebrand.com>
- GE <https://www.ge.com/>
- IMD(2021), 'World Competitiveness Yearbook', <https://worldcompetitiveness.Imd.org>
- Interbrand(2020), 'Best Global Brands 2020', <https://www.Interbrand.com/>
- International Federation of Robotics(2022) <https://ifr.org/>
- Lan, Xiang(2015.01.04), Industry 4.0: China's New Opportunities, Beijing Review, <http://www.bjreview.com.cn/print/txt/2015-01/04/content_662245.htm>
- LG전자 <https://www.lge.co.kr/>
- MAPI Foundation, The Internet of Things: Industrie 4.0 vs. the Industrial Internet, <https://mapifoundation.org>
- Markets & Markets(2020) <https://www.marketsandmarkets.com/PressReleases/smart-manufacturing.asp>
- Nye, J.S.(2006), Think Again: Soft Power, <https://foreignpolicy.com/2006/02/23/think-agian-soft-power>
- Qianzhan(2020.10.19.) <https://bg.qianzhan.com/report/detAil/300/201019-910cae82.html>
- SK <https://www.sk.co.kr/>
- Statista Research Department(2021.09.06.), Global Fintech Revenue 2018 with a Forecast until 2024, <https://www.statista.com/statistics/1214244/global-fintech-revenue/>
- WEF(2020), 'The Global Competitiveness Report', <https://www.weforum.org>

- World Economic Forum <www.wef.org>
- 中華人民共和國國務院(2015.03.11.),
國務院辦公廳關于發展衆創空間推進大衆創新創業的指導意見,
<http://www.gov.cn/zhengce/content/2015-03/11/content_9519.htm>
- 中華人民共和國國務院,(2015.05.19.), 中國制造2025,
<http://www.gov.cn/xinwen/2015-05/19/content_2864538.htm>
- 中華人民共和國國務院(2015.07.04.),
國務院關于積极推進"互聯网+"行動的指導意見,
<http://www.gov.cn/zhengce/content/2015-07/04/
content_10002.htm>
- 中華人民共和國國務院(2017.07.20.),
國務院關于印發新一代人工智能發展規划的通知,
<http://www.gov.cn/zhengce/content/2017-07/20/
content_5211996.htm>
- 中華人民共和國國務院(2017.11.27.), 國務院關于深化"互聯网+先進制造業"
發展工業互聯网的指導意見,
<http://www.gov.cn/zhengce/content/2017-11/27/
content_5242582.htm>
- 中國汽車工程學會(China Society of Automotive Engineers)(2020) <http://en.sae-
china.org/>
- 內閣府 <https://www8.cao.go.jp/cstp/society5_0/>
- 內閣府 「society5.0」<https://www8.cao.go.jp/cstp/society5_0/>
- 新華社(2017.05.29.), 財經觀察：强强聯合——当
"中國制造2025"携手德國"工業4.0",
<http://www.gov.cn/xinwen/2017-05/29/content_5198045.htm>
- 経済産業省 「Connected Industries 東京イニシアティブ2017」,
<https://Iotnews.jp/archives/70584>
- 騰訊研究院(2017), 2017 全球人工智能人才白皮書, <https://
bg.qianzhan.com/>

<부록> 한국의 주요 4차 산업혁명 정책

1) 4차 산업혁명 주요 정책

<표 1> 4차 산업혁명 주요 정책

기관(연도)	정책명	주요 내용
관계부처 합동 (2013.06.05.)	창조경제 실현계획- 창조경제 생태계 조정방안	• 생태계 조성 및 성장동력 창출 • 과학기술 강화 및 창의인재 양성
산업통상자원부 (2015.03.03.)	제조업 혁신 3.0으로 융합형 신산업 육성 본격화	• 제조업 혁신 3.0의 3대 전략, 6대 과제, 후속대책
산업통상자원부 (2015.03.19.)	제조업 혁신 3.0 전략으로 2024년 제조업 4강 도약	• 제조업 혁신 3.0 전략 주요 정책
산업통상자원부 (2015.08.28.)	19대 미래성장동력 육성방안	• 주력산업 고도화 및 미래 신시장 선점 • 복지, 산업 동반 육성 및 지성장 기반조성
관계부처 합동 (2016.12.30.)	지능정보사회 중장기 종합대책	• 기술, 산업, 사회 측면의 정책 전략과제
환경부 (2017.07.16.)	저탄소 친환경 + 4차산업기술기반의 발전 적극 육성	• 친환경 산업의 경쟁력 강화 • 4차 산업혁명위원회를 통해 관련 정책추진 • AI IoT 5G 커넥티드카 분야 적극 육성
국무조정실 국무총리비서실 (2017.09.07.)	새 정부 규제개혁, 혁신과 민생에 중점을 두고	• 신산업 분야 네거티브규제 전환 및 신산업 규제개선 로드맵 추진
4차 산업혁명위원회 (2017.10.12.)	4차 산업혁명위원회 출범 및 제1차 회의 개최	• 산업·경제 / 사회·제도 / 과학·기술 분야에서 4차 산업혁명 기반으로 정책 마련
기획재정부 (2020.07.14.)	한국판 뉴딜 종합계획	• 10대 대표과제와 전체 28개 과제 선정
기획재정부 (2020.07.14.)	한국판 뉴딜 2.0 추진	• 디지털 뉴딜, 그린뉴딜, 휴먼뉴딜, 지역균형 뉴딜 발표

자료 : 정부 발표 보도자료를 기초로 정리 (<부록> 참고문헌 참조)

2) 주요 4차 산업혁명 산업정책

드론, 의료, 빅데이터, 자율주행, AI, 바이오, 핀테크, IoT, 스마트팩토리, 로봇, 조선, 반도체, 스마트팜, 스마트시티, 블록체인, 우주항공, 물산업 17개 4차 산업혁명 관련 주요 산업의 발표 정책을 분석하면 다음과 같다.

<표 2> 정부 주요 4차 산업혁명 산업정책 요약

산업	기관	정책	주요 내용
드론	국토교통부 (2017.12.21.)	드론산업 발전 기본계획	• 글로벌 수준의 운영환경과 인프라 구축
	국토교통부 (2019.04.05.)	드론 활용의 촉진 및 기반조성에 관한 법률 제정	• 산업계 실태 조사, 드론 산업 협의체 운영
	국토교통부 (2019.10.16.)	드론 분야 선제적 규제 혁파 단계별 계획(로드맵) 마련	• 단계별 계획(로드맵) 마련
	국토교통부 (2019.12.27.)	2020년도 무인이동체 기술개발사업 시행계획	• '저고도 무인 비행장치 교통관리체계 기술개발' 지속 추진
	국토교통부 (2020.02.18.)	드론 실명제 도입	• 드론을 4가지 단계로 분류해 관리하는 개정안 입법 예고
	국토교통부 (2020.11.13.)	드론산업 육성정책 2.0	
의료	과학기술정보통신부 (2019.06.03.)	5세대(5G) 이동통신 및 인공지능(AI) 기반 응급의료시스템 개발사업 착수	• 인공지능 응급의료시스템 개발
	식약처 (2020.04.03.)	'의약품 안전관리 종합계획'	• 의약품 안전관리 종합계획 수립
	과학기술정보통신부 (2021.08.12.)	'정밀 의료 SW 선도계획'	• 디지털 치료제와 메디컬 메타버스 기술 확보

산업	기관	정책	주요 내용
빅데이터	경찰청 (2020.12.28.)	'경찰청 빅데이터 플랫폼'	• 범죄 위험도 예측분석 시스템 시범운영 준비
	보건복지부 (2021.02.25.)	'K-Cancer 통합 빅데이터'	• 'K-Cancer 통합 빅데이터' 2024년까지 완성
	국회 (2021.09.01.)	'국회 회의록 빅데이터'	• 국회회의록 빅데이터 서비스는 다양한 데이터 제공
자율주행	미래창조과학부, 국토교통부 (2014.07.28.)	미래부, 국토부 등 범부처 규제	• 자율주행 자동차를 시험 운행할 수 있도록 법과 제도 정비
	산업통상자원부 (2019.10.15.)	미래 자동차산업 발전전략	• 2030년 미래차 경쟁력 1등 국가로 도약하기 위한 전략
	한국자동차연구원 (2021.08.06.)	'자율주행 레벨 3 상용화'	• 자율주행 구축에 필요한 4대 핵심과제 및 중장기적 전력
	과학기술정보통신부, 국토교통부 (2021.08.26.)	자율주행 통신기술 조기 실증, 고속도로 병행 구축 시범사업	• 이동통신기술을 적용한 C-ITS를 실제 도로 검증
AI	정부 (2019.11.04.)	'인공지능 기본구상'	• 사람 중심의 AI실현을 위한 추진과제 구상
	과학기술정보통신부 (2020.12.24.)	인공지능 시대를 준비하는 법, 제도, 규제 정비 로드맵	• 산업안전보건 개선 방안을 연구하는 등 플랫폼 종사자를 위해 지속적으로 관련 대책을 추진 계획
	한국전자통신연구원 (2021.09.29.)	외국인용 한국어 AI 대화 기술 개발	• 효과적 한국어 학습 촉진
	과학기술정보통신부 (2021.09.30.)	'마이 멘탈 포켓'	• 비대면 정서장애 예방 및 관리 플랫폼 기술개발을 통해 인공지능 정서장애 관리 서비스
바이오	과학기술정보통신부 (2020.07.28.)	바이오 데이터 엔지니어 인력 양성	• '바이오 데이터 엔지니어' 양성 예산 264억원 확보
	과학기술정통부 (2020.12.18.)	바이오헬스 R&D 투자전략 수립	• R&D 투자의 사각지대 제거 • 산업동향 및 정책과의 연계 강화
	중소벤처기업부 (2021.09.27.)	'대스타 해결사 플랫폼'	• '대스타 해결사 플랫폼' 결선 무대 참가 업체들이 선정

산업	기관	정책	주요 내용
바이오	과학기술정보통신부 (2021.09.28.)	과기부 409억 쏟아부은 일자리 사업	• 2020년 264억원, 2021년 145.5억원 사업 예산 투입
핀테크	과학기술정보통신부 (2019.11.11.)	'K-솔루션 페어'	• 싱가포르를 중심으로 신남방 시장에서 새로운 진출 기회 마련
	금융위원회 (2021.01.28.)	디지털 금융 혁신 추진	• 핀테크 육성 가속화, 언택트 금융서비스 활성화, 디지털 혁신
	금융위원회. (2021.01.28.)	디지털 샌드박스	• 혁신적 금융서비스로 이어지도록 핀테크 산업의 육성 가속화
	한국핀테크지원센터 (2021.09.07.)	그린 데이터 플랫폼	• 크라우드펀딩을 통해 274개 기업 452억 원 조달
IoT	과학기술정보통신부 (2020.05.29.)	'사물인터넷 보안인증 제도 개선' 연구반	• 사물인터넷 보안인증 제도개선 및 활성화
	과학기술정보통신부 (2020.10.04.)	사물인터넷 기기 정보보호 인증	• 최근 5G 상용화
	과학기술정보통신부 (2021.07.26.)	내 삶을 바꾸는 IoT	• 국내 IoT 시장 약 13조 4,637억원 규모로 성장
스마트 팩토리	중소벤처기업부 (2020.11.12.)	스마트 제조혁신 실행정책	• 외투기업 투자유치, 반도체 관련 규제 완화, 특별법 제정, 성장기반 관련 지원 확대 등 • 신규 또는 업그레이드로 지원하던 체계를 레벨 향상에 따라 차등 지원하는 질적 고도화 중심으로 개편
	중소벤처기업부 (2021.06.28.)	스마트 공장 구축지원 정책	• 실시간 원격제어가 가능한 스마트공장 구축을 K-스마트 대공장 10개사 지원
	산업부 (2021.09.23.)	스마트공장 구축 및 고도화 정책	• 고도화 지원을 통한 중소·중견기업의 제조혁신 지원
로봇	산업통상자원부 (2014.07.25.)	제2차 지능형 로봇 기본계획 발표	• 로봇기술의 발전과 주력산업 융·복합 추세에 맞춰 '로봇산업 외연 확대'
	산업통상자원부 (2019.08.29.)	제3차 지능형 로봇 기본계획	• 로봇산업 시장규모 확대, 1천억 원 이상 로봇 전문 기업수 20개 증대
	정부 (2020.06.17.)	규제혁신 10대 아젠다	• 비대면 산업 활성화 디지털 시대 유망 신산업 지원, 글로벌 밸류체인 재편 및 특화산업 강화

산업	기관	정책	주요 내용
조선	산업통상자원부 (2016.12.21.)	신산업 창출 정책과제	• 조선분야 : 스마트/친환경 선박 기술 신산업 선정
	해양수산부 (2021.07.30.)	해양교육 및 해양문화 활성화 기본계획	• 대국민 접근성 강화를 목표로 3대 추진전략과 9개 중점 추진과제 제시
	정부 (2021.09.09.)	K-조선 재도약 전략	• 수주실적을 뒷받침하는 생산 역량 확보하고, 친환경/스마트화 선도하며 산업생태계 경쟁력 강화
	해양수산부 (2021.09.15.)	원양산업 경쟁력 강화 방안	• 안전·책임 강화, 어장 확보 협력, 국제규범 대응, 고부가가치 산업육성, 선원 육성
반도체	산업통상자원부 (2021.07.01)	「K-반도체 전략」 반도체 성장기반 본격 조성	• 세액공제·금융지원·규제완화 등 반도체 공급 인프라 지원 강화 • 반도체 인력양성·기술개발을 위한 제도·예산 지원 확대 • 반도체 등 국가핵심전략산업 육성을 위한 특별법 마련 착수
	산업통상자원부 (2021.09.28.)	반도체 연대·협력 협의체 출범	• 정부의 '투자애로 접수창구'를 개설, '반도체 투자 점검회의' 구성
스마트팜	농림축산식품부 (2021.05.27.)	스마트팜 보급사업 정책	• 정보통신기술을 접목시켜 청년의 농업 창업을 장려하는 스마트팜 보급
	농림축산식품부 (2021.06.09.)	스마트팜 혁신 밸리 육성정책	• 스마트팜 청년 농업을 육성하고 첨단 미래농업 기술을 생산하는 농업혁신
	농림축산식품부 (2021.07.22.)	스마트팜 청년창업 장기교육 정책	• 농업과 정보통신기술의 융복합을 이끌어갈 전문인력 양성 및 청년들의 농업·농촌 분야 유입 유인
스마트 시티	국토교통부 (2018.01.26.)	스마트 시티 사업지구 조성 정책	• 스마트시티를 본격화하기 위하여 미래 신기술이 집약될 국가 시범도시 조성
	국토교통부 (2019.09.02.)	스마트 시티 구축 정책	• 민간의 혁신적 아이디어를 활용하여 지역이 당면한 도시문제 해결
	국토교통부 (2020.08.23.)	스마트시티 통합 플랫폼 연계 정책	• 스마트시티 통합운영센터와 군부대 상황실 간 연계망 구축으로 효율적인 군 작전·훈련 지원과 안보 확립

산업	기관	정책	주요 내용
블록체인	국세청 (2021.09.02.)	국세행정시스템 블록체인 도입 정책	• 국민에게 신뢰성을 제공하고, 기관과 단체와 얼라이언스 구축을 통해 납세협력비용 절감 효과
	한국인터넷진흥원, 과학기술정보통신부 (2021.09.13.)	블록체인 사업화 아이디어 공모전 정책	• 공모전을 통해 국민들이 블록체인의 가치를 공감하는 계기를 만들고, 국민이 직접 참여할 수 있는 블록체인 혁신
	과학기술정보통신부 (2021.09.15.)	초연결 신산업 육성 정책	• 제조·의료·교육 등 주요 공공·민간 분야에서 확장 현실과 블록체인, 사물인터넷 등 대형 프로젝트 추진
우주산업	한국법제연구원 (2020.06.09.)	우주개발진흥법 개정안	• 우주산업 개발을 체계적으로 진흥, 우주물체를 효율적으로 이용 • 관리하여 우주공간의 평화적 이용과 과학적 탐사를 촉진하며, 국가의 안전보장 및 국민경제의 건전한 발전과 국민 생활의 향상
	과학기술정보통신부 (2021.07.29.)	민간중심 우주산업 육성	• 위성항법시스템과 6G 위성통신과 같은 새로운 위성정보 서비스 산업 육성방안, 우주 전문인력 양성 및 기업 우주개발 참여 촉진
물산업	환경부, 한국환경공단 (2021.05.25.)	물기술 능동형 디지털화 지원사업	• 강소 물기업 육성을 위해 물기술 제품에 스마트 기능 탑재를 위한 기술개발, 기능 향상, 국산화 등 스마트 상하수도 관리체계 추진, 국가 물산업클러스터의 실증·연구시설 활용 및 사업화 추진

자료: 정부 발표 보도자료를 기초로 정리 (<부록> 참고문헌 참조)

<표 1> 4차 산업혁명 주요 정책 보도자료

- 관계부처 합동(2013.06.05), 창조경제 실현계획-창조경제 생태계조정방안
- 산업통상자원부(2015.08.28), 19대미래성장동력 육성방안
- 산업통상자원부(2015.03.19), 제조업 혁신 3.0전략으로 2024년 제조업 4강 도약
- 관계부처합동(2016.12.30), '지능정보사회중장기 종합대책' 발표
- 산업통상자원부(2015.03.03), 제조업혁신3.0으로 융합형 신산업 육성 본격화
- 환경부(2017.07.16.), 저탄소 친환경 + 4차산업기술기반의 발전 적극 육성
- 4차 산업혁명위원회(2017.10.12.), 4차 산업혁명위원회 출범 및 제 1차회의 개최
- 국무조정실 국무총리비서실(2017.09.07.), 새 정부 규제개혁, 혁신과 민생에 중점을 두고
- 기획재정부(2020.07.14.), 한국판 뉴딜 종합계획
- 기획재정부(2020.07.14.), 한국판 뉴딜 2.0 추진 계획

<표 2> 정부 주요 4차 산업혁명 산업정책 요약

드론

1. 국토교통부(2020.11.13.), 드론산업 육성정책 2.0
2. 국토교통부(2017.12.21.), 드론산업발전 기본계획
3. 국토교통부(2019.04.05.), 드론 활용의 촉진 및 기반조성에 관한 법률 제정
4. 국토교통부(2019.10.16.), 드론분야 선제적 규제혁파 단계별 계획(로드맵) 마련
5. 국토교통부 (2019.12.27.), 2020년도 무인이동체 기술개발사업 시행계획
6. 국토교통부(2020.02.18.), '드론 실명제' 도입

의료

7. 식약처(2020.04.03.), 의약품 안전관리 종합계획

8. 과학기술정보통신부(2021.08.12.), 정밀의료SW 선도계획
9. 과학기술정보통신부(2019.06.03.), 5세대(5G) 이동통신 및 인공지능(AI) 기반 응급 의료시스템 개발사업 착수

빅데이터

10. 보건복지부(2021.02.25.), K-Cancer 통합 빅데이터
11. 국회(2021.09.01.), 국회회의록 빅데이터
12. 경찰청(2020.12.28.), 경찰청 빅데이터 플랫폼

자율주행

13. 한국자동차연구원(2021.08.06.), 자율주행 레벨3 상용화
14. 미래창조과학부, 국토교통부(2014.07.28.), 자율주행 자동차 법과 제도 개선
15. 과학기술정보통신부, 국토교통부(2021.08.26.), 자율주행통신기술조기실증, 고속도로병행구축 시범사업
16. 산업통상자원부(2019.10.15.). 미래자동차 산업 발전전략

AI

17. 정부(2019.11.04), 인공지능 기본구상
18. 과학기술정보통신부(2021.09.30), 마이멘탈포켓
19. 한국전자통신연구원(2021.09.29.), ETRI, 외국인용 한국어 AI 대화 기술개발
20. 과학기술정보통신부(2020.12.24.), 인공지능 시대를 준비하는 법·제도·규제 정비 로드맵

바이오

21. 과학기술정통부(2020.07.28.), 바이오데이터엔지니어 인력 양성 사업
22. 중소벤처기업부 (2021.09.27.), 대-스타 해결사 플랫폼
23. 과학기술정통부(2021.09.28.), 과기부 409억 쏟아부은 일자리 사업
24. 과학기술정통부(2020.12.18.), 바이오헬스 R&D 투자전략 수립

핀테크

25. 금융위원회(2021.01.28.), 디지털 금융 혁신 추진 계획
26. 한국핀테크지원센터(2021.09.07.), 그린 데이터 플랫폼
27. 과학기술정보통신부(2019.11.11.), 싱가포르에서 'K-솔루션 페어' 개최
28. 금융위원회(2021.01.28.), 디지털 샌드박스

IoT

29. 과학기술정통부(2021.07.26.), 내 삶을 바꾸는 AIoT
30. 과학기술정통부(2020.05.29.), '사물인터넷 보안인증 제도 개선' 연구반
31. 과학기술정보통신부(2020.10.04), 사물인터넷 기기 정보보호인

스마트팩토리

32. 중소벤처기업부(2021.6.28.), 스마트 공장 구축지원
33. 산업부(2021.09.23.), 스마트공장 구축 및 고도화
34. 중기부(2020.11.12.), 스마트 제조혁신 실행

로봇

35. 산업통상자원부(2019.08.29.), 제3차 지능형 로봇 기본계획
36. 산업통상자원부(2014.07.25), 제2차 지능형로봇 기본계획 발표
37. 정부(2020.6.17), 규제혁신 10대 아젠다

조선

38. 정부(2021.09.09.), K-조선 재도약 전략
39. 해양수산부(2021.07.30.), 해양교육 및 해양문화 활성화 기본계획 발표
40. 해양수산부(2021.09.15), 원양산업 경쟁력 강화 방안
41. 산업통산자원부(2016.12.21), 신산업 창출 정책과제

반도체

42. 산업통상자원부(2021.09.28.), 반도체 연대·협력협의체 출범

43. 산업통상자원부(2021.07.01.), 'K-반도체 전략', 반도체 성장기반 본격 조성

스마트팜

44. 농림축산식품부(2021.7.22.), 스마트팜 청년창업 장기교육
45. 농림축산식품부(2021.06.09.), 스마트팜 혁신밸리 육성
46. 농림축산식품부(2021.05.27.), 스마트팜 보급사업

스마트시티

47. 국토교통부(2020.08.23.), 스마트시티 통합플랫폼 연계
48. 국토교통부(2018.01.26.), 스마트시티 사업지구 조성
49. 국토교통부(2021.09.02), 스마트시티 구축

블록체인

50. 과학기술정통부(2021.09.15.), 초연결 신산업육성
51. 국세청(2021.09.02.), 국세행정시스템 블록체인 도입
52. 한국인터넷진흥원, 과학기술정보통신부(2021.09.13.), 블록체인 사업화 정책

우주산업

53. 과학기술정보통신부(2021.07.29.), 민간중심 우주산업 육성
54. 한국법제연구원(2020.06.09.), 우주개발진흥법 개정안

물산업

55. 환경부, 한국환경공단(2021.05.25.), 물기술 능동형 디지털화 지원사업

저자소개

변재웅(卞載雄 | BYUN, JAE-WOONG)

- 계명대학교 사회과학대학 국제통상학과 교수

학력

- 영국 Leicester 대학교 경제학 박사(국제경영 전공)
  (영국 정부 ORS(Overseas Research Students Awards Scheme) Scholarship 수혜)
- 영국 Warwick 대학교 경제학 Diploma, 석사 수료
- 계명대학교 경제학사(국제무역학 부전공)

주요 경력

- (현) 한국영국협회(The Korea-UK Association) 사무국장
- 듀크대학교(Duke University) 방문교수(Visiting Scholar)
- 대구시, 경상북도 자문 및 심사위원. (전) 대구광역시 경제정책지원실 근무
- 무료급식소 복지재단 "자비의 집" 운영위원
- "Marquis Who's Who in the World" 2010년, 2017-2021년 인명사전 등재
- IBC 2010년 인명사전 등재(2000 Outstanding Intellectuals of the 21st Century)
- ABI(American Biographical Institute) 2011년 인명사전 등재

학회

- (현) 한국무역통상학회 회장, 한국무역학회, 한국문화산업학회,
  한국통상정보학회 부회장, 한국국제경영학회, 한국국제경영관리학회,
  한국지역경제학회, 한국전문경영인학회 등 이사

주요 연구저서

- 변재웅(2018), "4차 산업혁명시대의 해외직접투자전략론", 탑북스.
- 변재웅(2018), "4차 산업혁명시대의 글로벌경영", 탑북스.
- 변재웅(2015), "외국인직접투자와 규제개혁", 계명대학교 출판부.
- 변재웅, 이로리(2012), "한-EU FTA 특수문제연구", 계명대학교 출판부.
- 변재웅, 이로리(2010), "EU통상정책 특수문제연구 I", 계명대학교 출판부. (2011년 문화체육관광부 우수도서 선정)
- Jae-Woong Byun(2021), "The Analysis and Implications of Germany's Smart Factory Policy: Case Studies of Bosch and Adidas", The Myanmar Journal.
- 변재웅, 이군건(2019), "대구경북지역 자동차부품 산업 경쟁력 평가 및 발전 방안", 한국은행 대구경북본부 연구용역 보고서.
- Jae-Woong Byun(2012), "Success Factors in Finnish Business Environment and Its Implications", Asia Pacific Journal of Innovation and Entrepreneurship.
- Jae-Woong Byun, S. Pudney(1994), "Estimation of Discrete Dynamic Models from Endogenously-Sampled Company Panel Data: An Analysis of Direct Investment by Korean Firms in the EU" 외 국내외 다수 논문 발표 및 연구용역 수행